全国普通高等院校公共基础课"十三五"规划精品教材

计算机应用基础
项目化实训教程

主　编　李荣辉

中国商业出版社

图书在版编目(CIP)数据

计算机应用基础项目化实训教程/李荣辉主编.—北京:中国商业出版社,2017.9
ISBN 978-7-5044-9947-9

Ⅰ.①计… Ⅱ.①李… Ⅲ.①电子计算机-高等职业教育-教材 Ⅳ.①TP3

中国版本图书馆 CIP 数据核字(2017)第 154174 号

责任编辑:蔡凯

中国商业出版社出版发行
010-63180647　www.c-cbook.com
(100053　北京广安门内报国寺1号)
新华书店经销
北京世嘉印刷有限公司印刷

* * * *

787×1092 毫米　开本:1/16　印张:25　字数:360千字
2017年9月第1版　2017年9月第1次印刷

定价:49.80元

* * * *

(如有印装质量问题可更换)

前 言

计算机应用基础课程是高等院校必修的一门公共基础课，所涉及的学生人数多、专业面广、影响大。它向学生普及计算机基础知识，帮助学生熟练掌握计算机基本技能，尤其是三个办公软件 Word、Excel 和 PowerPoint，它们是每个学生职业生涯中必不可少的工具软件，也是进行信息化处理的基本工具。

根据多年的教学经验和人才培养需求，发现目前的计算机应用基础教程有一些不适合学生的方面，主要体现在理论性和实践性的内容比例不适度，项目中对知识点和技能点的系统性考虑不周，对于任务过于强调局部解决而缺乏对完整性的关注，学生实际动手能力锻炼不够等。

本书根据作者多年从事计算机应用基础教学的经验，从现实生活中遇到的实际问题出发，以体现职业化教育特点为方向，遵循基于信息处理的项目化教学思想，采用"项目引领、任务驱动"的项目化教学编写方式，体现"基于工作过程"、"教、学、做"一体化、"信息化教学"的教学理念和教学特点。

本书的教学环境为"Windows 7 + Office 2010"，教学内容分为五个单元，共有15个项目，具体内容包括：认识计算机、Windows 7 的认识和应用、自荐书的设计与制作、表格型校刊的设计与制作、艺术小报的设计与制作、毕业论文的设计与排版、录取通知书的设计与制作、学生考勤表的设计与统计分析、学生作业表的设计与统计分析、学生成绩表的设计与统计分析、职工工资发放表的设计与统计分析、毕业论文答辩稿的设计与制作、"我的爱好"演示文稿的设计与制作、"学院简介"演示文稿的设计与制作、电子相册的设计与制作。这15个经典教学项目，和日常生活、职业发展息息相关，通俗易懂，知识点和技能点系统性地融入其中，灵活锻炼学生的专业技能。在项目实施过程中点出可能遇到的现象或问题，促使学生主动思考、讨论、探究，培养学生逻辑思维能力、分析问题和解决实际问题的能力。

本书具有以下特点：

1. 基于信息处理的项目化教学。这种教学模式，需要建立层次化的信息处理能力需求模型，创新以信息处理能力培养为主线的教学模式，引导学生从信息处理过程出发（信息获取、信息加工、信息存储、信息分析、信息发布和成果展示等），合理利用计算机软件、硬件工具和信息处理方法，形成较强的信息处理能力和较高的信息素养。

2. 体现"项目引领、任务驱动"的教学特点。本书内容从实际应用出发，从项目出发，从工作过程出发，以现代办公软件应用为主线，采用"项目引领、任务驱动"的方式，主要通过"提出问题"→"分析问题"→"解决问题"→"总结提高"四个部分内容进行展开。突破了传统以知识点的层次递进为理论体系的教学设计，将职业工作过程系统化，培养学生的职业技能和职业素养。

3. 体现"教、学、做"一体化的教学理念和实践特点。以典型项目为出发点，以学到实用技能、提高职业能力为出发点，注重提高学生综合应用能力和处理实际办公事务的能力。以"做"为中心，"教"和"学"都围绕着"做"展开，在学中做，在做中学，从而完成知识学习、技能训练和提高职业素养的教学目标。

4. 教学内容安排由易到难、由简单到复杂、循序渐进。通过对项目的学习，可以完成相关知识点的学习和技能的训练，从需求开始，以够用为基础，后续还提供提升的空间和训练，让知识和技能有效地融合。

5. 教学内容体现实用性、趣味性、可操作性、职业性。从实用性出发，激发学生学习兴趣和动力，在宽松的教学环境中理解知识、掌握技能，职业发展和专业特色相融合，同时逐步提高职业素养和职业技能。

6. 符合学生认知规律，有助于实现有效教学，提高教学效率和教学效果。本书打破传统的学科体系结构，将各个知识点和技能点恰当地融入到各个项目中，突出了现代职业教育的职业性、实践性、应用性，培养学生实践动手能力，在教学过程中，注重因材施教，注意情感交流，以学生为主体，以教师为主导，提高教学效果。

本书甄选实践性强的、具有实际应用价值的、和职业发展相关的、真实或接近真实的完整"工作项目"，并通过对其实施过程来实现知识、技能之间的联结，发展完整的职业能力。注重从学生所在专业及专业群出发，将信息技术与专业领域进行深度融合。

本书项目所涉及的素材取材于实际需求，更多的是侧重学习者自己在学习、生活、工作中选取适合自己的素材进行实际操作，促进学习者在学习的同时热爱生活，拓展知识，提升能力。本书采取信息化处理的逻辑思维，运用大量图片、说明、注意、重要总结、提示等形式，突出应用性、实用性、操作性和职业性。对于缺乏经验的读者来说，可以丰富其感性认识，对于有经验的读者来说，可以加强对读者的知识、技能与创新能力的训练。

本书适合于大、中专职业学校、社会培训机构、对提高信息处理能力和应用办公软件能力有需求的社会人员和大学在校生。

本书由李荣辉编著，负责全书统稿工作。尽管在本书的编写方面做了许多努力，但由于作者水平有限，本书中难免会有疏漏和不足之处，敬请各位读者和同行给予批评指正。

编者

2017 年 9 月

目 录

单元一　计算机基础知识

项目1　认识计算机 ……………………………………………………………… (2)
1.1　项目提出 …………………………………………………………………… (2)
1.2　项目分析 …………………………………………………………………… (2)
1.3　相关知识点 ………………………………………………………………… (3)
1.4　项目实施 …………………………………………………………………… (15)
　　任务1：认识主机箱接口 ………………………………………………… (15)
　　任务2：计算机的启动与关闭 …………………………………………… (17)
　　任务3：熟悉鼠标和键盘的使用方法 …………………………………… (18)
　　任务4：查看计算机软硬件配置 ………………………………………… (22)
　　任务5：使用反病毒软件查杀计算机病毒 ……………………………… (23)
　　任务6：使用计算器程序验证数制转换 ………………………………… (24)
1.5　总结与提高 ………………………………………………………………… (26)
1.6　思考与练习 ………………………………………………………………… (28)

单元二　Windows 7 操作系统

项目2　Windows 7 的认识和应用 …………………………………………… (34)
2.1　项目提出 …………………………………………………………………… (34)
2.2　项目分析 …………………………………………………………………… (35)
2.3　相关知识点 ………………………………………………………………… (35)
2.4　项目实施 …………………………………………………………………… (41)
　　任务1：中文输入法的使用 ……………………………………………… (41)
　　任务2：文件管理 ………………………………………………………… (42)
　　任务3：磁盘管理 ………………………………………………………… (47)
　　任务4：Windows 环境设置 ……………………………………………… (48)

任务5:常用软件的下载与安装 …………………………………………… (54)
　2.5 总结与提高 ……………………………………………………………………… (55)
　2.6 思考与练习 ……………………………………………………………………… (63)

单元三　Word 2010 的认识和应用

项目3　自荐书的设计与制作 …………………………………………………… (70)
　3.1 项目提出 ……………………………………………………………………… (70)
　3.2 项目分析 ……………………………………………………………………… (70)
　3.3 相关知识点 …………………………………………………………………… (71)
　3.4 项目实施 ……………………………………………………………………… (73)
　　3.4.1 项目调研 ………………………………………………………………… (73)
　　3.4.2 确定项目 ………………………………………………………………… (73)
　　3.4.3 项目实施 ………………………………………………………………… (74)
　　　任务1:页面设置 ……………………………………………………………… (74)
　　　任务2:设计与制作封面 ……………………………………………………… (74)
　　　任务3:设计与制作自荐信 …………………………………………………… (77)
　　　任务4:设计与制作表格型简历 ……………………………………………… (79)
　　　任务5:打印输出 ……………………………………………………………… (84)
　3.5 总结与提高 …………………………………………………………………… (85)
　3.6 思考与练习 …………………………………………………………………… (85)

项目4　表格型校刊的设计与制作 ……………………………………………… (91)
　4.1 项目提出 ……………………………………………………………………… (91)
　4.2 项目分析 ……………………………………………………………………… (91)
　4.3 相关知识点 …………………………………………………………………… (92)
　4.4 项目实施 ……………………………………………………………………… (93)
　　4.4.1 项目调研 ………………………………………………………………… (93)
　　4.4.2 确定项目 ………………………………………………………………… (93)
　　4.4.3 项目实施 ………………………………………………………………… (93)
　　　任务1:设计版面 ……………………………………………………………… (94)
　　　任务2:编辑文字 ……………………………………………………………… (96)
　　　任务3:插入艺术字 …………………………………………………………… (99)
　　　任务4:插入图形图像 ………………………………………………………… (100)
　　　任务5:添加文本框 …………………………………………………………… (100)
　　　任务6:添加底纹 ……………………………………………………………… (101)

　　　　任务7:线条美工处理 …………………………………………………… (102)
　　　　任务8:页眉和版式设置 …………………………………………………… (103)
　　　　任务9:打印设置 …………………………………………………………… (103)
　4.5 总结与提高 ……………………………………………………………………… (104)
　4.6 思考与练习 ……………………………………………………………………… (104)

项目5　艺术小报的设计与制作 …………………………………………………… (113)
　5.1 项目提出 ………………………………………………………………………… (113)
　5.2 项目分析 ………………………………………………………………………… (113)
　5.3 相关知识点 ……………………………………………………………………… (114)
　5.4 项目实施 ………………………………………………………………………… (114)
　　5.4.1 项目调研 …………………………………………………………………… (114)
　　5.4.2 确定项目 …………………………………………………………………… (114)
　　5.4.3 项目实施 …………………………………………………………………… (115)
　　　　任务1:版面设置 …………………………………………………………… (115)
　　　　任务2:版面布局 …………………………………………………………… (118)
　　　　任务3:报头艺术设计 ……………………………………………………… (120)
　　　　任务4:正文格式设置 ……………………………………………………… (124)
　　　　任务5:分栏设置 …………………………………………………………… (125)
　　　　任务6:插入形状及设置 …………………………………………………… (126)
　　　　任务7:插入剪贴画及设置 ………………………………………………… (128)
　　　　任务8:插入图片及设置 …………………………………………………… (128)
　　　　任务9:文本框设置 ………………………………………………………… (134)
　5.5 总结与提高 ……………………………………………………………………… (137)
　5.6 思考与练习 ……………………………………………………………………… (138)

项目6　毕业论文的设计与排版 …………………………………………………… (143)
　6.1 项目提出 ………………………………………………………………………… (143)
　6.2 项目分析 ………………………………………………………………………… (143)
　6.3 相关知识点 ……………………………………………………………………… (144)
　6.4 项目实施 ………………………………………………………………………… (146)
　　6.4.1 项目调研 …………………………………………………………………… (146)
　　6.4.2 确定项目 …………………………………………………………………… (146)
　　6.4.3 项目实施 …………………………………………………………………… (146)
　　　　任务1:设置页面和文档属性 ……………………………………………… (146)

任务2:设置标题样式和多级列表 …………………………………… (147)
　　任务3:添加题注和脚注 ……………………………………………… (152)
　　任务4:自动生成目录 ………………………………………………… (155)
　　任务5:插入分节符 …………………………………………………… (157)
　　任务6:利用插入域的方法添加论文正文的页眉 …………………… (158)
　　任务7:在页脚中添加页码并更新目录 ……………………………… (161)
　　任务8:添加论文摘要和封面 ………………………………………… (164)
　　任务9:使用批注和修订 ……………………………………………… (165)
6.5 总结与提高 …………………………………………………………… (169)
6.6 思考与练习 …………………………………………………………… (169)

项目7 录取通知书的设计与制作 ………………………………………… (177)

7.1 项目提出 ……………………………………………………………… (177)
7.2 项目分析 ……………………………………………………………… (177)
7.3 相关知识点 …………………………………………………………… (178)
7.4 项目实施 ……………………………………………………………… (179)
　7.4.1 项目调研 ………………………………………………………… (179)
　7.4.2 确定项目 ………………………………………………………… (179)
　7.4.3 项目实施 ………………………………………………………… (179)
　　任务1:制作"录取通知书"主文档 ………………………………… (179)
　　任务2:制作数据源文档 ……………………………………………… (184)
　　任务3:利用"邮件合并"功能,把数据源合并到主文档中 ………… (184)
7.5 总结与提高 …………………………………………………………… (189)
7.6 思考与练习 …………………………………………………………… (190)

单元四　Excel 2010 的认识和应用

项目8 学生考勤表的设计与统计分析 …………………………………… (198)

8.1 项目提出 ……………………………………………………………… (198)
8.2 项目分析 ……………………………………………………………… (198)
8.3 相关知识点 …………………………………………………………… (198)
8.4 项目实施 ……………………………………………………………… (202)
　8.4.1 项目调研 ………………………………………………………… (202)
　8.4.2 确定项目 ………………………………………………………… (202)
　8.4.3 项目实施 ………………………………………………………… (202)
　　任务1:学生考勤表的设计 …………………………………………… (202)

任务2：学生考勤表的统计分析 …………………………………………………… (204)
　　　任务3：学生考勤表的美化 ………………………………………………………… (206)
　8.5 总结与提高 …………………………………………………………………………… (207)
　8.6 思考与练习 …………………………………………………………………………… (207)

项目9　学生作业表的设计与统计分析 ………………………………………… (214)
　9.1 项目提出 ……………………………………………………………………………… (214)
　9.2 项目分析 ……………………………………………………………………………… (214)
　9.3 相关知识点 …………………………………………………………………………… (214)
　9.4 项目实施 ……………………………………………………………………………… (217)
　　9.4.1 项目调研 ………………………………………………………………………… (217)
　　9.4.2 确定项目 ………………………………………………………………………… (217)
　　9.4.3 项目实施 ………………………………………………………………………… (217)
　　　任务1：学生作业表的设计 ………………………………………………………… (217)
　　　任务2：学生作业表的统计分析 …………………………………………………… (218)
　　　任务3：学生作业表的美化 ………………………………………………………… (224)
　9.5 总结与提高 …………………………………………………………………………… (225)
　9.6 思考与练习 …………………………………………………………………………… (226)

项目10　学生成绩表的设计与统计分析 ……………………………………… (232)
　10.1 项目提出 …………………………………………………………………………… (232)
　10.2 项目分析 …………………………………………………………………………… (232)
　10.3 相关知识点 ………………………………………………………………………… (233)
　10.4 项目实施 …………………………………………………………………………… (234)
　　10.4.1 项目调研 ……………………………………………………………………… (234)
　　10.4.2 确定项目 ……………………………………………………………………… (234)
　　10.4.3 项目实施 ……………………………………………………………………… (234)
　　　任务1：利用公式，计算"学生成绩表"的"总评分" ……………………………… (234)
　　　任务2：根据"总评分"，计算相应的"名次"，并按降序排列(默认排名状态) …… (235)
　　　任务3：根据"总评分"，计算相应的"评级" ……………………………………… (236)
　　　任务4：根据"学生成绩表"的"期末成绩"统计"各分数段的学生人数" ………… (237)
　　　任务5：利用公式，根据"各分数段的学生人数"计算"各分数段所占比例" …… (238)
　　　任务6：学生成绩表的美化 ………………………………………………………… (238)
　　　任务7：期末成绩分析表的美化 …………………………………………………… (239)
　　　任务8：设置"学生成绩表"的"期末成绩"不及格的分数用红色显示 ………… (239)

任务9：筛选"期末成绩"不及格的学生，并降序排列 …………………… (241)
　　　　任务10：用图表显示"期末成绩"各分数段的学生人数 ………………… (243)
　　10.5　总结与提高 ………………………………………………………………… (245)
　　10.6　思考与练习 ………………………………………………………………… (246)

项目11　职工工资发放表的设计与统计分析 ……………………………… (255)
　　11.1　项目提出 …………………………………………………………………… (255)
　　11.2　项目分析 …………………………………………………………………… (255)
　　11.3　相关知识点 ………………………………………………………………… (255)
　　11.4　项目实施 …………………………………………………………………… (257)
　　　　11.4.1　项目调研 …………………………………………………………… (257)
　　　　11.4.2　确定项目 …………………………………………………………… (257)
　　　　11.4.3　项目实施 …………………………………………………………… (257)
　　　　　任务1：职工工资发放表的设计 ……………………………………… (257)
　　　　　任务2：职工工资发放表的美化 ……………………………………… (259)
　　　　　任务3：职工工资发放表的样式设置 ………………………………… (260)
　　　　　任务4：职工工资发放表的排序 ……………………………………… (264)
　　　　　任务5：职工工资发放表的筛选 ……………………………………… (267)
　　　　　任务6：职工工资发放表的分类汇总 ………………………………… (269)
　　　　　任务7：职工工资发放表的数据透视 ………………………………… (270)
　　　　　任务8：职工工资发放表的工资计算、统计与分析 ………………… (273)
　　　　　任务9：职工工资发放表的图表制作 ………………………………… (277)
　　11.5　总结与提高 ………………………………………………………………… (278)
　　11.6　思考与练习 ………………………………………………………………… (279)

单元五　PowerPoint 2010的认识和应用

项目12　毕业论文答辩稿的设计与制作 …………………………………… (290)
　　12.1　项目提出 …………………………………………………………………… (290)
　　12.2　项目分析 …………………………………………………………………… (290)
　　12.3　相关知识点 ………………………………………………………………… (291)
　　12.4　项目实施 …………………………………………………………………… (292)
　　　　12.4.1　项目调研 …………………………………………………………… (292)
　　　　12.4.2　确定项目 …………………………………………………………… (293)
　　　　12.4.3　项目实施 …………………………………………………………… (293)
　　　　　任务1：制作8张幻灯片 ……………………………………………… (293)

任务2:添加超链接和动作按钮 ……………………………………………… (297)
　　　任务3:设置页眉页脚、动画效果和主题 ………………………………… (298)
　　　任务4:设置放映方式和打印演示文稿 …………………………………… (300)
　12.5 总结与提高 ………………………………………………………………………… (302)
　12.6 思考与练习 ………………………………………………………………………… (303)

项目13 "我的爱好"演示文稿的设计与制作 ……………………………… (310)

　13.1 项目提出 …………………………………………………………………………… (310)
　13.2 项目分析 …………………………………………………………………………… (310)
　13.3 相关知识点 ………………………………………………………………………… (310)
　13.4 项目实施 …………………………………………………………………………… (311)
　　13.4.1 项目调研 …………………………………………………………………… (311)
　　13.4.2 确定项目 …………………………………………………………………… (311)
　　13.4.3 项目实施 …………………………………………………………………… (312)
　　　任务1:创建静态演示文稿 ………………………………………………… (312)
　　　任务2:创建动态演示文稿 ………………………………………………… (330)
　13.5 总结与提高 ………………………………………………………………………… (335)
　13.6 思考与练习 ………………………………………………………………………… (336)

项目14 "学院简介"演示文稿的设计与制作 ……………………………… (342)

　14.1 项目提出 …………………………………………………………………………… (342)
　14.2 项目分析 …………………………………………………………………………… (342)
　14.3 相关知识点 ………………………………………………………………………… (343)
　14.4 项目实施 …………………………………………………………………………… (344)
　　14.4.1 项目调研 …………………………………………………………………… (344)
　　14.4.2 确定项目 …………………………………………………………………… (344)
　　14.4.3 项目实施 …………………………………………………………………… (345)
　　　任务1:设置母版 …………………………………………………………… (345)
　　　任务2:制作9张幻灯片 …………………………………………………… (345)
　　　任务3:插入超链接和动作按钮 …………………………………………… (351)
　　　任务4:插入日期和幻灯片编号 …………………………………………… (352)
　　　任务5:设置动画 …………………………………………………………… (352)
　14.5 总结与提高 ………………………………………………………………………… (354)
　14.6 思考与练习 ………………………………………………………………………… (355)

项目15 电子相册的设计与制作 (365)

15.1 项目提出 (365)
15.2 项目分析 (365)
15.3 相关知识点 (366)
15.4 项目实施 (366)
  15.4.1 项目调研 (366)
  15.4.2 确定项目 (367)
  15.4.3 项目实施 (367)
    任务1：创建相册 (367)
    任务2：添加背景音乐 (369)
    任务3：插入Flash动画 (370)
    任务4：插入视频动画 (371)
    任务5：控制放映 (373)
    任务6：打包输出 (374)
15.5 总结与提高 (376)
15.6 思考与练习 (377)

单元一 计算机基础知识

项目1 认识计算机

电子计算机是人类最伟大的技术发明之一,它的出现和广泛应用把人类从繁重的脑力劳动中解放出来,在社会各个领域中提高了信息的收集、处理和传播的速度与准确性,直接加快了人类向信息化社会迈进的步伐,是科学技术发展史上的里程碑。

计算机经过短短几十年的发展,计算机技术的应用已经十分普及,它对人类的政治、经济、文化和生活方式等方面所产生的巨大影响是不言而喻的,从国民经济的各个领域到个人生活、工作的各个方面,可谓无所不在。

21世纪是信息化社会,电子计算机已经进入日常百姓家,社会生活各个领域的应用都需要它,不懂信息技术就会逐渐成为现代文明的新"文盲"。因此,计算机知识是每一个现代人所必须掌握的知识,而使用计算机应该是人们必备的基本技能之一。

1.1 项目提出

小李同学经过十多年的寒窗苦读,终于考上了大学。小李同学了解到,计算机是大学必修的一门公共基础课,在即将到来的大学生活中会经常使用计算机,并且计算机将会一直伴随着自己的一生,无论是学习、工作还是生活。于是,在朋友的帮助下,小李同学购买了一台台式计算机,可是,他对计算机的相关知识所知不多,为了用好这台计算机,节省自己的宝贵时间,他需要尽快掌握计算机常用知识和基本技能。在考上大学的第一次计算机课上,小李同学向任课教师提出了如下几个自己关心和感兴趣的问题:

1. 计算机机箱后面的各种接口是什么?有什么用?
2. 如何正确开关机?
3. 键盘和鼠标的各个按键有什么用?
4. 如何查看计算机的软硬件配置?
5. 如何做好计算机安全防护?

1.2 项目分析

一般台式机的图示如1-1所示。从外观上看,计算机硬件主要有主机箱、显示器、键盘、鼠标等,从逻辑功能上可以分为:控制器、运算器、存储器、输入设备、输出设备5个部分。主机箱内还装有很多硬件设备,为了计算机能安全、稳定地运行,人们把所有不需要或者不宜裸露在外面的设备安装在主机箱内,主要有中央处理器(CPU)、主板、内存储器、硬盘、光盘驱动器、声卡、显卡、网卡等设备,所以,主机箱很重要。

大多数主机箱正面主要有电源按钮、USB 接口、音频接口,部分主机箱正面还有重启按钮、光盘驱动器。主机箱背面主要是各种接口,用于连接各种外接设备。

为了更好地保护主机免受瞬间电流冲击,开机时应先开外部设备电源(如显示器电源等),再开主机电源,关机时则刚好相反。

图 1-1 台式计算机

键盘和鼠标是常用的输入设备,各种计算机操作均离不开它们。显示器是常用的输出设备,主要用于显示操作界面和操作结果。

查看计算机各个硬件及其型号、参数等,可以将计算机主机箱打开逐一查看,但这种做法太麻烦,可以借助 Windows 操作系统中的工具软件来查看软硬件配置。

现在的计算机,由于工作、学习、娱乐等方面的需要,大多需要接入互联网。可是,互联网上陷阱重重、危机四伏,木马病毒、流氓软件、无德黑客等经常出没,稍不留神就会中招,导致系统瘫痪、账号被盗等不良后果。因此,计算机上一般需要安装一款安全性较高的反病毒软件,如卡巴斯基、金山毒霸、360 安全卫士、腾讯电脑管家等。

由于计算机内的信息都是以二进制数的形式来表示,而我们日常习惯使用的是十进制数,因此要熟练运用计算机掌握二进制数与十进制数之间的转换。

由以上分析可知,"认识计算机"可以分解为以下六大任务:认识主机箱接口;计算机的启动与关闭;熟悉鼠标和键盘的使用方法;查看计算机软硬件配置;使用反病毒软件查杀计算机病毒;使用计算器程序验证数制转换。

1.3 相关知识点

1.3.1 计算机概述

1.3.1.1 计算机的发展过程

计算机(Computer)是一种能够按照事先存储的程序,自动、高速地进行大量数值计算和各种信息处理的现代化智能电子设备。世界上公认的第一台电子数字计算机,是 1946 年 2 月 15 日,在美国宾夕法尼亚大学莫尔电气工程学院制造并面世的 ENIAC(Electronic Numerical Integrator And Calculator,电子数值积分计算机),它主要是用于计算弹道。它的体积庞大,占地面积 170 多平方米,重量约 30 吨,拥有 7000 只电阻,1500 多个继电器,18800 只电子管,消耗近 150 千瓦的电力,可以进行每秒 5000 次的加减法运算。这台电子计算机的缺点是:耗电大,存储容量小,可靠性差,计算程序是靠接线板来设定,问题改变时,要重新接线,有的问题虽然计算几分钟,接线却几个小时,如图 1-2 所示。即便如此,ENIAC 的问世,标志着计算机时代的到来,它的出现具有划时代的历史意义。

图1-2 世界上第一台电子计算机 ENIAC

从世界上第一台电子计算机诞生至今,计算机的发展历经了四个成熟的发展时代,并正在向第五代过渡,习惯上,人们根据计算机所采用的主要元器件作为计算机发展年代划分的依据,计算机发展概况如图1-3所示。

	第一代	第二代	第三代	第四代
年代	1946~1957	1958~1964	1965~1971	至今
器件	电子管	晶体管	中、小规模集成电器	大、超大规模集成电器
内存	泵延迟线	磁芯存储器	半导体存储器	半导体存储器
外存	穿孔卡片	磁带	磁带、磁盘	磁带、光盘
速度	几千~几万	几十万~几百万	几百万~几千万	几亿~数十亿
语言	机器	汇编	高级语言	高级语言
机型	IBM650	IBM7094	小型机	微机
应用	科学计算、军事领域	扩展到数据处理、工业控制	扩展到文字处理、企业管理、自动控制等	广泛应用于社会生活的各个领域

图1-3 计算机发展概况

1.3.1.2 计算机的发展方向

随着人类社会的不断发展和对计算机技术的要求不断提高,以及科学技术的不断进步,在未来的计算机领域不论是在硬件方面还是在软件方面都会不断推出新技术和新产品,但总的发展方向可以归纳为:巨型化、微型化、网络化、智能化和多媒体化。

1.3.1.3 计算机的分类

随着计算机技术的迅速发展和应用领域的不断扩大,计算机的种类也越来越多,可以从不同角度对计算机进行分类。

1. 按照计算机工作原理分类,可以分为模拟式电子计算机、数字式电子计算机和混合式电子计算机。
2. 按照计算机使用范围,可以分为通用计算机和专用计算机。
3. 按照计算机性能,可以分为巨型机、大型机、小型机、微型机、工作站、服务器。

1.3.1.4 计算机的特点

计算机是一种可以进行自动控制,具有记忆功能的现代化计算工具和信息处理工具,它的特点主要归纳为以下几点:运算速度快、计算精度高、具有记忆和逻辑判断能力、自动化程度高、通用性强和可靠性高。

以上几个特点,赋予了计算机高速、自动、持续的运算能力,使计算机成为处理信息的有力工具。

1.3.1.5 计算机的应用

计算机的应用领域非常广泛,几乎进入了一切领域,它服务于国防、军事、科研、生产、交通、商业、卫生、教育等各个领域,并将其应用不断地向更多的领域扩大。计算机的应用很多,最主要的应用包括数值计算(重点:科学计算)、数据处理(核心:信息处理)、控制功能(自动控制、过程控制、实时控制等)、计算机辅助功能(计算机辅助设计 CAD、计算机辅助制造 CAM、计算机辅助测试 CAT、计算机辅助教育 CAI 等)、人工智能、通讯与网络等。

1.3.2 计算机硬件

一个完整的计算机系统是由硬件系统和软件系统两大部分组成,如图 1-4 所示。硬件系统和软件系统是一个有机的结合体,是组成计算机系统不可分割的部分,两者相辅相成,缺一不可。

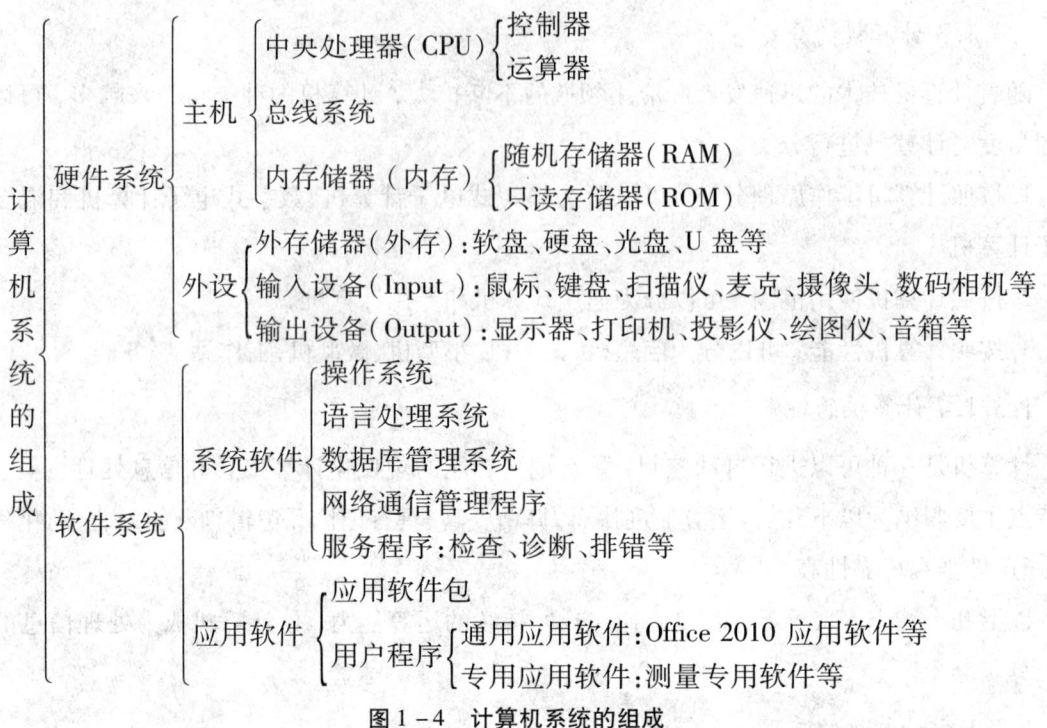

图1-4 计算机系统的组成

计算机硬件系统的主要组成部件介绍如下:

1. 运算器

运算器是计算机的核心部件,是执行各种算术和逻辑运算操作的部件,它负责对信息的加工处理,运算器还具有暂存运算结果的功能。它由算术逻辑单元(ALU)、累加器、状态寄存器、通用寄存器组等逻辑电路组成。

2. 控制器

控制器是计算机的指挥中心,根据事先给定的命令发出控制信息,使整个电脑指令执行过程一步一步地进行,是计算机的神经中枢。控制器负责从存储器中取出指令,并对指令进行译码;根据指令的要求,按先后顺序,负责向其他各部件发出控制信号;保证各部件协调一致地工作。控制器主要由指令寄存器、译码器、程序计数器和操作控制器等组成。

●提示:运算器和控制器集成在一块芯片上,形成了中央处理器(CPU, Central Processing Unit)。

3. 存储器

存储器(Memory)是计算机系统中的记忆设备,用来存放程序和数据。存储器容量是衡量存储器性能的一个指标,其基本单位是字节(Byte,B),最小单位是位(bit)。字节和位的关系是:1个字节包含8位,即1Byte=8 bit。为了表示大容量存储器,实际应用中,还有其他单位,如KB、MB、GB、TB,它们之间的关系如下:

1KB=1024B, 1MB=1024KB, 1GB=1024MB, 1TB=1024GB

●提示:计算机使用二进制存储,数值1024可以转换成2的次幂形式,即$1024=2^{10}$。根据这个形式,上述关系可以表示为:

$1KB = 2^{10}B$,$1MB = 2^{10}KB$,$1GB = 2^{10}MB$,$1TB = 2^{10}GB$

按照存储器的作用可以把存储器分为主存储器（内存）和辅助存储器（外存）。

（1）主存储器，简称为主存，又称为内存，按照存取方式划分，主存可以分为随机存储器（RAM，Random Access Memory）和只读存储器（ROM，Read Only Memory）。

①随机存储器：又称为读写存储器，只要断电，内容全部消失。动态RAM集成度高，主要用于大容量的内存储器；静态RAM存储速度快，主要用于高速缓冲存储器。

②只读存储器：只能读出内容，断电后信息不会消失。

（2）辅助存储器：简称为辅存，又称为外存，一般具有存储容量大，可以长期保存暂时不用的程序和数据，信息存储性价比较高的特点。常见外存有硬盘、光盘、U盘等。

内存特点：存取速度快，容量小，价格贵，内存用于存放立即要用的程序和数据；外存特点：容量大，价格低，存取速度慢，外存用于存放暂时不用的程序和数据。

4. 输入设备

输入设备用于接收用户输入的原始程序和数据。它是重要的人机接口，负责将输入的程序和数据转换成计算机能识别的二进制代码，并放入内存中。常见的输入设备有键盘、鼠标、扫描仪、话筒、数码相机、摄像头、手写板等。

（1）键盘

键盘是指经过系统安排操作一台机器或设备的一组键，主要的功能是输入资料。键盘的按键数曾出现过83键、93键、96键、101键、102键、104键、107键等。不同按键的键盘形状有所不同，键盘的样式如图1－5所示。键盘的接口类型主要有PS/2和USB两种。

图1－5　人体工程学键盘　　图1－6　人体工程学鼠标　　图1－7　扫描仪

（2）鼠标

鼠标全称为显示系统纵横位置指示器，因形似老鼠而得名"鼠标"。鼠标的使用是为了使计算机的操作更加简便，来代替键盘那繁琐的指令。鼠标的接口类型主要有PS/2和USB两种，鼠标的样式如图1－6所示。PS/2鼠标通过一个六针微型DIN接口与计算机相连，它与键盘的接口非常相似，使用时注意区分；USB鼠标通过一个USB接口，直接插在计算机的USB口上。目前，还有一种新型鼠标——无线鼠标，无线鼠标采用无线技术与计算机通信，从而省去了电线的束缚。由于在接收无线信号方面存在问题，所以其应用范围受限。目前主流的鼠标主要是USB接口的鼠标，主要原因是便携。

（3）扫描仪

扫描仪是一种静态图像输入设备，能够将图片或书籍上的文字转换成计算机可识别的图像数据，并传送给计算机设备，扫描仪的样式如图1－7所示。它还能用于文字识别、图像识别、影像保存等领域。如果我们通过专业的OCR光学字符识别软件，可以将扫描仪获取的图文信息转换为文字,这样可以减少录入的工作量。扫描仪的性能主要通过扫描分辨率来衡量。扫描分辨率表示输入设备在每英寸线内捕捉到的信息量,以每英寸的点数(dpi)来衡量。现在市场上的扫描仪分辨率都在1000dpi以上,色彩位数可以达到32位以上。

5. 输出设备

输出设备将计算机运算处理的结果以用户熟悉的信息形式反馈给用户。通常输出形式有数字、字符、图形、视频、声音等类型。常见的输出设备有显示器、打印机、绘图仪、音箱、投影仪等。

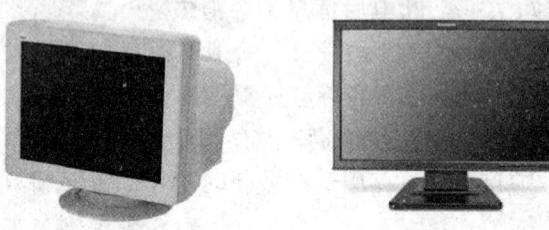

图1-8　CRT显示器和液晶显示器

(1) 显示器

显示器是将一定的电子文件通过特定的传输设备显示到屏幕上再反射到人眼的一种显示工具,常见显示器的主要样式如图1-8所示。目前显示器主要有五种:CRT显示器、LCD显示器、LED显示器、PDP显示器、3D显示器。

(2) 打印机

打印机(Printer)是计算机的输出设备之一,用于将计算机的运算结果或中间结果以人所能识别的数字、字母、符号和图形等,依照规定的格式印在纸上的设备,常见打印机的样式如图1-9所示。衡量打印机好坏的指标有三项:打印分辨率、打印速度和噪声。

目前国内外使用最多的打印机有三种,即针式打印机(又称串行击打式打印机)、喷墨打印机和激光打印机。最近几年,比较流行3D打印机。3D打印机又称三维打印机(3DP),是一种累积制造技术(即快速成形技术)的一种机器。它以一种数字模型文件为基础,运用特殊蜡材、粉末状金属或塑料等可粘合材料,通过打印一层层的粘合材料来制造三维的物体。3D打印机的原理是把数据和原料放进3D打印机中,机器会按照程序把产品一层层造出来。

图1-9　针式打印机、喷墨打印机和激光打印机(从左到右)

(3) 绘图仪

绘图仪(Plotter)是能够按照人们要求自动绘制图形的设备,如图1-10所示。它可将计算机的输出信息以图形的形式输出,用于绘制各种管理图表和统计图、大地测量图、建筑设计图等。现代绘图仪已具有智能化功能,自身带有微处理器,使用绘图命令,具有直线和字符演算处理以及自检测等功能。这种绘图仪一般还可选配多种与计算机连接的标准接口。

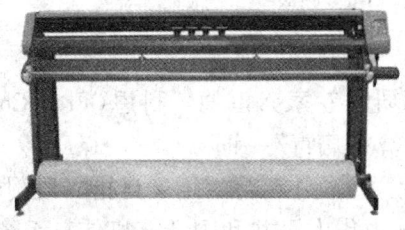

图1-10 绘图仪

6.总线

总线(Bus)是计算机各部件的通信线。总线是连接计算机中CPU、内存、外存、各种输入/输出设备的一组物理信号线及其相关的控制电路,它是计算机中用于在各部件间传送信息的公用通路。

总线的分类方式比较多,下面介绍几种:

(1)按相对于CPU或其他芯片的位置可分为:片内总线和片外总线。

(2)按总线的功能可分为:地址总线、数据总线和控制总线。

(3)按照总线的传送方式可分为:并行总线和串行总线。

1.3.3 计算机软件

计算机软件是计算机程序及相关文档的综合。通常,计算机软件系统是由系统软件和应用软件组成。用户、软件和硬件之间的关系如图1-11所示。

1.系统软件

系统软件能够调度、监控和维护计算机资源,扩充计算机功能,提高计算机效率。系统软件是用户和裸机的接口,主要包括操作系统、语言处理系统、数据库管理系统、服务程序等,其核心是操作系统。

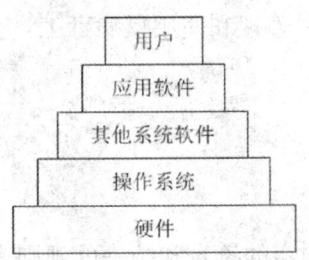

图1-11 用户、软件和硬件之间的关系

2.应用软件

应用软件是用户利用计算机及其提供的系统软件为解决实际问题而设计的计算机程序,是指除了系统软件外的所有软件,是由各种应用软件包和各种应用程序组成。

由于计算机应用的日益普及,各行各业、各个领域的应用软件越来越多。应用软件因其应用领域的广泛而丰富多彩,进而又促进了应用软件的不断开发和推广,进一步显示出计算机无比强大的威力和无限广阔的前景。

1.3.4 计算机病毒

1. 计算机病毒的定义

1984年，美国计算机病毒研究专家弗雷德·科恩（Fred Cohen）博士，在他的论文《电脑病毒实验》中，首次提出了"计算机病毒"一词。

"计算机病毒"有很多种定义，国外流行的定义是指一段附着在其他程序上的可以实现自我繁殖的程序代码。在国内，《中华人民共和国计算机信息系统安全保护条例》第二十八条对计算机病毒作了定义：计算机病毒，是指编制者在计算机程序中插入的破坏计算机功能或者破坏数据，影响计算机使用并且能够自我复制的一组计算机指令或者程序代码。

从广义上讲，凡是能够引起计算机故障，破坏计算机数据的程序统称为计算机病毒。计算机病毒就是对计算机资源进行破坏的一组程序或指令集合。该组程序或指令集合能通过某种途径潜伏在计算机存储介质或程序里，当达到某种条件时即被激活。它用修改其他程序的方法将自己的精确拷贝或者可能演化的形式放入其他程序中，从而感染它们。

2. 计算机病毒的特征

计算机病毒的特征，主要表现为：繁殖性、传染性、潜伏性、触发性、破坏性、隐蔽性、不可预见性、非授权可执行性等。

3. 计算机病毒的分类

计算机病毒种类繁多而且复杂，按照不同的方式以及计算机病毒的特点及特性，可以有多种不同的分类方法。同时，根据不同的分类方法，同一种计算机病毒也可以属于不同的计算机病毒种类。感兴趣的同学可以利用互联网查阅一下计算机病毒的分类。

4. 计算机病毒的防范

计算机病毒的防范包括计算机病毒的预防、检测和清除。防治计算机病毒要以预防为主。如果发现计算机已经感染了病毒，通常的方法是采用现成的反病毒软件将其清除。常见的防病毒软件有卡巴斯基、诺顿、麦咖啡、瑞星、金山、360安全卫士、腾讯电脑管家等。计算机病毒防治的主要措施有：提高警惕、加强管理和使用反病毒工具。

1.3.5 数制及其转换

1.3.5.1 数制

1. 基本概念

数制也称计数制，是用一组固定的符号和统一的规则来表示数值的方法。按进位的方法进行计数，称为进位计数制。例如，生活中常用的是十进制数，计算机中使用的是二进制数。下面介绍数制的相关概念。

（1）数码：数制中表示基本数值大小的不同数字符号。例如，十进制有10个数码：0、1、2、3、4、5、6、7、8、9。

（2）基数：在一种数制中，一组固定不变的不重复数字的个数称为基数，即数制所使用数码的个数，用R表示，例如，二进制的基数为2；十进制的基数为10。

（3）位权：数制中某个位置上的数所代表的数量大小（即所处位置的价值），例如，十进制的 123，1 的位权是 100，2 的位权是 10，3 的位权是 1。

一般来说，如果数值只采用 R 个基本符号，则称为 R 进制。进位计数制的编码遵循"逢 R 进一"的原则。各位的权是以 R 为底的幂。对于任意一个具有 n 位整数和 m 位小数的 R 进制数 N，按各位的权展开可表示为：

$$(N)_R = a_{n-1}R^{n-1} + a_{n-2}R^{n-2} + \cdots + a_1R^1 + a_0R^0 + a_{-1}R^{-1} + \cdots + a_{-m}R^{-m}$$

公式中 a_i 表示各个数位上的数码，其取值范围为 $0 \sim R-1$，R 为计数制的基数，i 为数位的编号。

2. 常用数制

人们通常采用的数制有十进制、二进制、八进制和十六进制。具体介绍如下：

（1）十进制

十进制数具有以下特点：

①数码：是十个不同的符号，即：0、1、2、3、4、5、6、7、8、9。

②基数：R = 10。每一个数码根据它在这个数中所处的位置（数位），按照"逢十进一"的原则来决定其实际数值。

③位权：各数位的权是 10 的若干次幂，即 10^n。

除了使用脚码的形式表示十进制数以外，还可以使用字符"D"（Decimal）表示，例如 123D。

（2）二进制

二进制数具有以下特点：

①数码：是两个不同的符号，即：0、1。

②基数：R = 2。每个数码符号根据它在这个数中的数位，按"逢二进一"的原则来决定其实际的数值。

③位权：各数位的权是 2 的若干次幂，即 2^n。

可以使用字符"B"（Binary）表示二进制数，例如 1001.01B。

（3）八进制

八进制数具有以下特点：

①数码：是八个不同的符号，即：0、1、2、3、4、5、6、7。

②基数：R = 8。每个数码符号根据它在这个数中的数位，按"逢八进一"的原则来决定其实际的数值。

③位权：各数位的权是 8 的若干次幂，即 8^n。

可以使用字符"O"（Octal）表示八进制数，例如 34.125O。

（4）十六进制

十六进制数具有以下特点：

①数码：是十六个不同的数码符号，10 个数字（0~9）和 6 个字母（A~F），即：0、1、2、3、4、5、6、7、8、9、A、B、C、D、E、F。

②基数：R = 16。每个数码符号根据它在这个数中的数位，按"逢十六进一"的原则来决

③位权:各数位的权是 16 的若干次幂,即 16^n。

可以使用字符"H"(Hexadecimal)表示十六进制数,例如 3AB.48H。

●提示:常用数制的对应关系如表 1-1 所示。

1.3.5.2 不同数制间的转换

1. 二进制数转换为十进制数

方法:按位权展开法。

基本原理:以小数点为分界线,将二进制数从小数点开始,往左从 0 开始对各位进行正序编号,往右序号则分别为 -1,-2,-3……直到最末位,然后分别将各个位上的数乘以 2 的 k 次幂,对所得的值求和,其中 k 的值为各个位所对应的上述编号。

表 1-1　常用数制的对应关系

二进制	十进制	八进制	十六进制
0	0	0	0
1	1	1	1
10	2	2	2
11	3	3	3
100	4	4	4
101	5	5	5
110	6	6	6
111	7	7	7
1000	8	10	8
1001	9	11	9
1010	10	12	A
1011	11	13	B
1100	12	14	C
1101	13	15	D
1110	14	16	E
1111	15	17	F

[例 1] 将二进制数 1010.01 转换为十进制数。

解答:转换过程如下:

编号: 3　2　1　0　-1 -2

$$1010.01 = 1\times 2^3 + 0\times 2^2 + 1\times 2^1 + 0\times 2^0 + 0\times 2^{-1} + 1\times 2^{-2}$$
$$= 1\times 8 + 0\times 4 + 1\times 2 + 0\times 1 + 0\times 0.5 + 1\times 0.25$$
$$= 8 + 0 + 2 + 0 + 0 + 0.25$$

$$= 10.25$$

结果为:$(1010.01)_2 = (10.25)_{10}$

●提示:同理,非十进制数转换为十进制数的方法是,把各个非十进制数按位权展开,求和即可。

[例2] 将八进制数256.24转换为十进制数。

解答:

$$256.4 = 2 \times 8^2 + 5 \times 8^1 + 6 \times 8^0 + 4 \times 8^{-1}$$
$$= 2 \times 64 + 5 \times 8 + 6 \times 1 + 4 \times 0.125$$
$$= 128 + 40 + 6 + 0.5$$
$$= 174.5$$

$(256.4)_8 = (174.5)_{10}$

[例3] 将十六进制数3D.8转换为十进制数。

解答:转换过程如下:

$$3D.8 = 3 \times 16^1 + 13 \times 16^0 + 8 \times 16^{-1}$$
$$= 3 \times 16 + 13 \times 1 + 8 \times 0.0625$$
$$= 48 + 13 + 0.5$$
$$= 61.5$$

$(3D.8)_{16} = (61.5)_{10}$

2. 十进制数转换为二进制数

十进制数转换为二进制数,将整数部分和小数部分,进行分别处理。基本原理如下:

(1)整数部分:采用"除2取余法",即将十进制整数不断除以2取余数,直到商为0停止,最先得到的余数排在最低位。简短总结:除2取余,商为0止,余数逆取。

(2)小数部分:采用"乘2取整法",即将十进制小数不断乘以2取整数,直到小数部分为0或达到所要求的精度为止(小数部分可能永远不会得到0),最先得到的整数排在最高位。简短总结:乘2取整,按需求止,整数正取。

[例4] 将十进制数123.3628转换为二进制数,保留四位有效数字。

解答:

(1)整数部分的转换过程如图1-12所示,得出二进制数的整数部分为:1111011。

(2)小数部分的转换过程如图1-13所示,得出二进制数的小数部分为:0101。

所以,最终结果为:$(123.3628)_{10} = (1111011.0101)_2$

●提示:同理类推,十进制数转换为非十进制数的方法一样,只需每次操作的基数随着进制数变化即可,例如:八进制数每次乘或除的数字是8,十六进制数每次乘或除的数字是16,其他原理都一样。

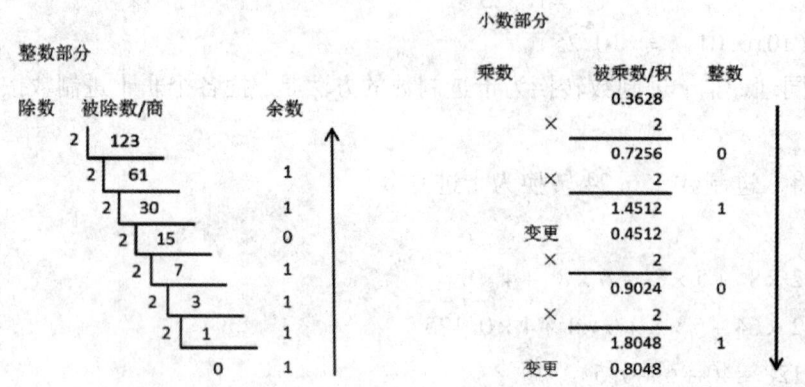

图 1-12 整数部分的转换过程　　图 1-13 小数部分的转换过程

3. 二进制数与八进制数之间的转换

（1）二进制数转换为八进制数

二进制数转换为八进制数，将整数部分和小数部分，进行分别处理。基本原理：合三为一，详细阐述如下：

整数部分：从小数点开始，从右向左（从低位到高位），每三位为一组，不足三位的整数部分左补 0，然后将每组二进制数所对应的数，用八进制数表示出来即可。

小数部分：从小数点开始，从左向右（从高位到低位），每三位为一组，不足三位的小数部分右补 0，然后将每组二进制数所对应的数，用八进制数表示出来即可。

[例 5] 将二进制数 10111011.1101 转换为八进制数。

解答：转换过程如图 1-14 所示，结果为：$(10111011.1101)_2 = (273.64)_8$。

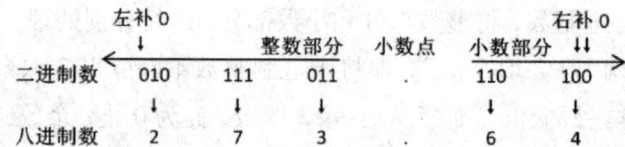

图　1-14　二进制数转换为八进制数

（2）八进制数转换为二进制数

八进制数转换为二进制数，基本原理：一分为三，详细阐述为：将八进制数的每一位上的数转换为三位二进制数表示，如果最高位和最低位有 0，最终结果可以省略 0。

[例 6] 将八进制数 372.56 转换为二进制数。

解答：转换过程如图 1-15 所示，结果为：$(372.56)_8 = (011111010.101110)_2$ 或 $(372.56)_8 = (11111010.10111)_2$。

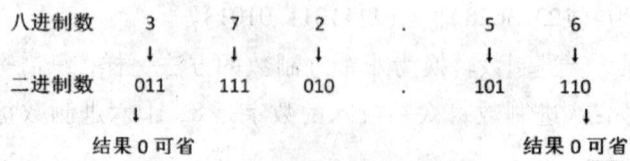

图 1-15　八进制数转换为二进制数

4. 二进制数与十六进制数之间的转换

(1) 二进制数转换为十六进制数

二进制数转换为十六进制数,将整数部分和小数部分,进行分别处理。基本原理:合四为一,详细阐述如下:

整数部分:从小数点开始,从右向左(从低位到高位),每四位为一组,不足四位的整数部分左补0,然后将每组二进制数所对应的数,用十六进制数表示出来即可。

小数部分:从小数点开始,从左向右(从高位到低位),每四位为一组,不足四位的小数部分右补0,然后将每组二进制数所对应的数,用十六进制数表示出来即可。

[例7] 将二进制数 101010011001001.1010011 转换为十六进制数。

解答:转换过程如图1-16所示,结果为:(101010011001001.1010011)$_2$ =(54C9.A6)$_{16}$。

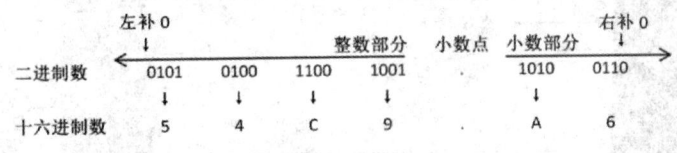

图1-16 二进制数转换为十六进制数

(2) 十六进制数转换为二进制数

十六进制数转换为二进制数,基本原理:一分为四,详细阐述为:将十六进制数的每一位上的数转换为四位二进制数表示,如果最高位和最低位有0,最终结果可以省略0。

[例8] 将十六进制数 6A8F.D2 转换为二进制数。

解答:转换过程如图1-17所示,结果为:(6A8F.D2)$_{16}$ =(0110101010001111.11010010)$_2$ 或(6A8F.D2)$_{16}$ =(110101010001111.1101001)$_2$。

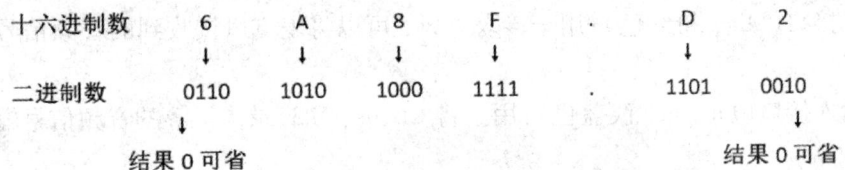

图1-17 十六进制数转换为二进制数

1.4 项目实施

任务1:认识主机箱接口

计算机外接设备都必须正确连接到主机箱的相应接口上才能正常工作,这些接口形状、大小不一,要注意识别,防止接错(大部分接口具有接错设计)。

步骤1:主机箱前面板样式不一,综合各种样式,主要接口如图1-18(a)所示,主要包含:光驱、电源开关(Power)、USB接口、音频输出接口、麦克风接口等。其中,USB接口、音频输出接口、麦克风接口,在后面板上也有,促进了使用的便利性。

①光驱:全称光盘驱动器,功能:向光盘读取或写入数据。

②电源开关(Power):按此按钮可以打开或关闭计算机。

步骤2：在主机箱前面板上找到这些接口。

步骤3：主机箱后面板如图1-18(b)所示，主要包含：电源接口、鼠标接口、键盘接口、串行接口、并行接口、网卡接口、USB接口、麦克风接口、音频输入接口、音频输出接口、显示器接口等。

①电源接口：用于向主机供电。

②鼠标接口(PS/2，绿色)：用于接PS/2接口的鼠标。

③键盘接口(PS/2，紫色)：用于接PS/2接口的键盘。

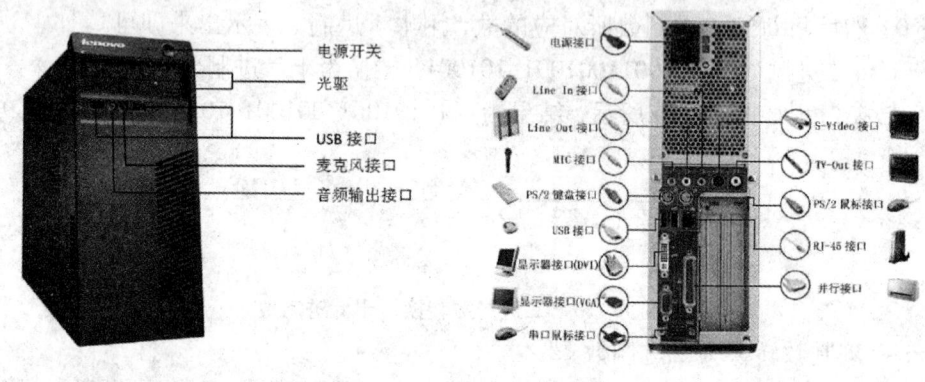

图1-18(a)　前面板　　　　　图1-18(b)　后面板

④串行接口：用于接串行接口的设备。

⑤并行接口：用于接并行接口的设备。

⑥网卡接口(RJ-45)：用于连接局域网或宽带上网设备。

⑦USB接口：用于接USB接口的设备。

⑧麦克风接口(Mic，粉红色)：用于接麦克风，可以将麦克风接收到的音频信号输入到计算机中。

⑨音频输入接口(Line in，浅蓝色)：用于将CD机、MP3、录像机等的音频信号输入到计算机中。

⑩音频输出接口(Line out，草绿色)：用于接音箱或耳机，需要接耳机时，将音箱的接头拔下，换上耳机接头。

⑪显示器接口(VGA、DVI)：用于输出显示信号到显示器，接显示器的信号线。

⑫视频输出接口(S-Video、TV-Out)：用于输出视频信号到指定设备上。

步骤4：在主机箱后面板上找到这些接口。

●说明：

①各个接口旁边一般都有相应图标，便于识别。

②键盘接口和鼠标接口，均为PS/2接口，它们的形状类似，因此要注意它们的位置、识别图标和颜色。

③麦克风接口(Mic)、音频输入接口(Line in)、音频输出接口(Line out)，形状也类似，也要注意它们的位置、识别图标和颜色。

④显示器接口，标准不同，功能不同，要根据需求选择。

⑤视频输出接口，标准不同，功能不同，要根据需求选择。

任务2：计算机的启动与关闭

1.计算机的启动

要使用计算机，首先进行的就是，启动计算机。

步骤1：开机前，先按下显示器电源开关，显示器指示灯亮，表明显示器已接通电源。

步骤2：找到主机前面板上的电源开关，按下，电源开关所在位置变亮，显示器指示灯的颜色由黄色变为黄绿色，并伴随着主机箱内发出的一声"嘀"声，表明主机已接通电源。这种启动方式称为"冷启动"，系统首先进行自检，然后启动操作系统。要注意观察计算机启动顺序及屏幕上的显示信息。

步骤3：正常情况下，很快就会看见 Windows 7 的登录界面，输入正确的用户名和密码后，将进入 Windows 7 的桌面。至此，计算机启动完毕，可以进入下一步的工作。

●说明：

①开机顺序是先开显示器和其他外接设备电源，再开主机电源，而关机顺序与开机顺序正好相反。

②在计算机启动过程中，或在 DOS 环境下，按下 Ctrl + Alt + Delete 组合键可对计算机进行重新启动，这种启动方式称为"热启动"。如果计算机进入到 Windows 7 的界面，再按 Ctrl + Alt + Delete 组合键，则不会重新启动计算机，而是进入到 Windows 7 的管理界面，如图1-19所示。

③在计算机运行过程中，如果主机箱上有复位键(Reset)，按住 Reset 来重新启动计算机，这种启动方式称为"复位启动"。

复位启动与热启动的区别是：复位启动要运行自检程序，而热启动不运行自检程序，因此热启动速度快。一般来说，为避免反复开关主机而影响机器的工作寿命，只有在热启动无效的情况下，才用复位启动。

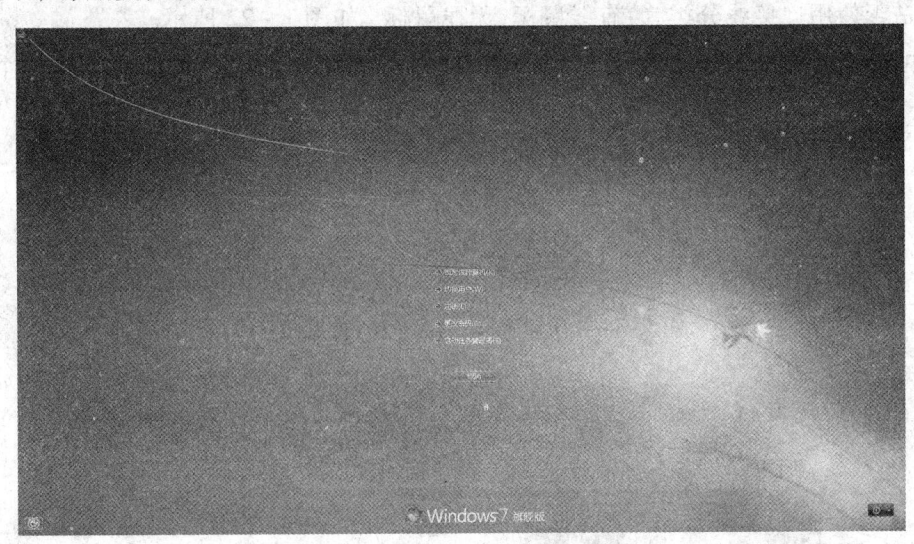

图1-19　Windows 7 的管理界面

2. 计算机的关闭

计算机使用完以后，应关闭计算机。

步骤1：选择菜单"开始"→"关机"命令，计算机就会自动执行关机过程，稍后，主机箱电源会自动关闭。

步骤2：关闭显示器电源。

说明：

①一般情况下，关机前，必须先进行保存操作，根据需求，选择哪些需要保存，哪些不需要保存，否则可能会损坏甚至丢失重要资料。

②关机后，不宜立即再次重新启动计算机，一般应至少要十几秒钟，最好时间再延长一些，1－3分钟后才可以再次重新启动计算机，以便保持计算机硬件的良好性能。

③如果计算机在使用过程中，出现死机（计算机停止工作，鼠标和键盘都没有任何反应），此时无法使用常规关机操作，可按住主机箱上的电源按钮5秒钟或更长时间松开，计算机会自动关闭，这种方法称为"软关机"或"强制关机"。

任务3：熟悉鼠标和键盘的使用方法

1. 熟悉鼠标的使用方法

鼠标基本上已经成为操作计算机的基本工具，学习计算机操作首先必须学会鼠标操作。基本的鼠标操作方法有：指向、单击、双击、右击和拖动5种，不同的操作方法完成不同的操作任务。

步骤1：认识鼠标的分类。鼠标的常见分类方式如下：

①按工作原理分类为：机械式鼠标、光机式鼠标和光电式鼠标。

②按接口分类为：串行鼠标、总线鼠标、PS/2接口鼠标、USB接口鼠标。

③按按键分类为：两键鼠标、三键鼠标、多键鼠标，如图1－20所示。

④按有无滚轮分类为：无滚轮鼠标、有滚轮鼠标，如图1－21所示。

⑤按是否使用连接线分类为：有线鼠标、无线鼠标，如图1－22所示。

一个鼠标可能不局限于一种分类，即一个鼠标可能拥有上述分类的两个或两个以上功能，例如：有线、USB鼠标。请观察你手中鼠标的样式，判断一下于哪种类型的鼠标。

图1－20 两键鼠标、三键鼠标、多键鼠标

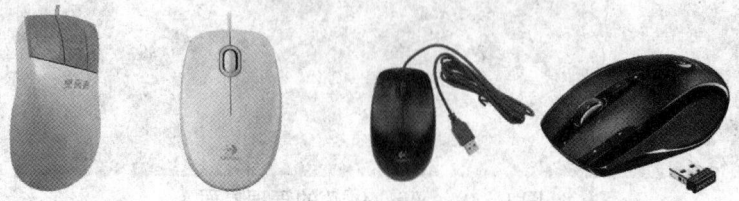

图1－21 无滚轮鼠标、有滚轮鼠标　　图1－22 有线鼠标、无线鼠标

步骤2：显示器上鼠标指针的形状反映了不同的操作状态，操作时要注意指针形状的变化。请对照表1-2，查看你的鼠标指针是什么形状，处于什么操作状态。

表1-2 鼠标指针形状及含义

指针形状	含义	指针形状	含义
▷ 或	正常选择	↕ 或 ↕	垂直调整
▷? 或	帮助选择	↔ 或 ↔	水平调整
▷ 或 ▷	后台运行	⤡ 或 ⤡	沿对角线调整1
⏳ 或 ⌛	忙	⤢ 或 ⤢	沿对角线调整2
+	精确选择	✥ 或 ✥	移动
I	文本选择	↑ 或 ↑	候选
✎ 或 ✎	手写	☝	链接选择
⊘ 或 ⊘	不可用		

●说明：可以通过单击"开始"→"控制面板"→"硬件和声音"→"设备和打印机"→"鼠标"命令，打开"鼠标属性"窗口，切换到"指针"选项，鼠标未操作时默认的指针形状如图1-23所示。鼠标在进行操作后，默认的指针形状如图1-24所示。可以通过"鼠标属性"窗口，切换到其他选项卡，进行鼠标的其他设置。

下面请练习鼠标的5种操作方法：指向、单击、双击、右击和拖动。

步骤3：指向并单击桌面上的"计算机"图标，此时"计算机"图标处于选中状态。

●说明：如果桌面上没有"计算机"图标，可选择"回收站"图标或其他图标进行操作。

步骤4：拖动"计算机"图标到某一个空白处，该图标会停留在目标处。

步骤5：右击"计算机"图标，会弹出一个快捷菜单，该快捷菜单包含有针对当前项目的常用命令，用户可选择相应命令实现快速操作。

步骤6：双击"计算机"图标，可打开"计算机"窗口。

●说明：

①指向操作就是把鼠标指针移动到某一个操作对象上。

②单击操作就是按下并松开鼠标左键一次。

③双击操作就是快速连续并松开鼠标左键两次，用于启动程序或打开文档窗口。

④右击操作就是按下鼠标右键并快速松开。使用鼠标右键单击任何项目都将会弹出一个快捷菜单，其中包含可用于当前项目的常用命令。

⑤拖动操作就是按住鼠标左键不松开，并移动鼠标。

图1-23　鼠标未操作时默认的指针形状　　图1-24　鼠标操作后默认的指针形状

2. 熟悉键盘的使用方法

键盘是计算机系统最基本的输入设备之一，它的使用非常基础，也非常重要。它实现了鼠标无法实现的输入操作，例如：文字和数据的输入、快捷方法的实现等，因此，必须熟练掌握键盘的使用方法。

步骤1：当前，常用的鼠标键盘主要是104键，如图1-25所示。观察你的键盘上有多少个键？

步骤2：键盘布局主要分为五个分区，分别是：主键盘区（打字键盘区）、功能键区、数字小键盘区、编辑键区（光标控制键区）和指示灯区。请在你的键盘上找出这五个分区。

步骤3：选择"开始"→"所有程序"→"附件"→"记事本"命令，打开"记事本"窗口。

图1-25　键盘（104键）

下面练习一些常用键的操作，在"记事本"窗口中输入，如图1-26所示的内容。

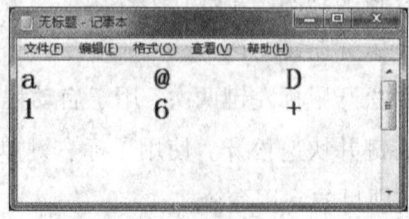

图1-26　"记事本"窗口

步骤4：先输入小写字母a，按Tab键一次，观察光标向后移动多少格。

步骤5：同时按住Shift键和数字2键，将会输入"@"，再按Tab键一次，然后按Caps

Lock 键，此时 Caps Lock 指示灯亮，输入"D"。

步骤6：再按一次 Caps Lock 键，此时 Caps Lock 指示灯灭，按 Enter 键换行。

步骤7：观察 Num Lock 指示灯状态，如果不亮，按 Num Lock 键，启动数字小键盘。

步骤8：在数字小键盘区，用数字键输入数字1，按 Tab 键一次，输入6，再按 Tab 键一次，输入"＋"。

● 说明：在主键盘区，同时按住 Shift 键和"＝"键，也会实现输入"＋"。

步骤9：将光标放置在6后面，按 Backspace 键一次，可实现删除5；或者将光标放置在6前面，按 Delete 键一次，也可实现删除5。

● 说明：

① Enter 键：回车键。表示命令的结束或段落的结束。

② Shift 键：上档控制键。主要用于辅助输入双字符键的上档字符。

③ Ctrl 键：控制键。经常与其他键联合使用，起某种控制作用。例如：Ctrl＋C 组合键，实现复制功能，即复制选中的内容。

④ Alt 键：转换。经常与其他键联合使用，起某种转换或控制作用。

⑤ Tab 键：制表键，或称，跳格键。每按一次，光标向右移动（跳）到指定位置（8格的整数倍），在表格中，移动（跳）到下一个单元格。

⑥ Delete 键：删除键。每按一次，删除光标后面的一个字符。

⑦ Backspace 键：退格键。每按一次，删除光标前面的一个字符。

⑧ Caps Lock 键：大小写字母转换键。要注意 Caps Lock 指示灯的变化。

⑨ Num Lock 键：数字/光标转换键。要注意 Num Lock 指示灯的变化。

⑩ Esc 键：取消键。取消当前正在进行的操作。

⑪ Space 键：空格键。

⑫ Insert 键：插入与改写状态转换键。

⑬ Print Screen 键：屏幕打印键。将整个屏幕截图，以图像方式存到剪贴板内。如果同时按下 Alt 键和 Print Screen 键，则可将当前活动窗口（不是整个屏幕）截图，以图像方式存到剪贴板内。

⑭ Home、End、PgUp、PgDn 键：光标快速移动键。控制光标移动到行首、行尾、向上翻页和向下翻页。

⑮ ←、→、↑、↓ 键：方向键。控制光标左、右、上、下移动。

⑯ 字母键：直接按键输入字母。可以通过 Caps Lock 键进行大、小写字母的转换。

⑰ 数字键：直接按键输入数字。通过数字小键盘区的数字键也可实现输入数字（此时 Num Lock 指示灯要亮）。双字符键的上档字符可以借助 Shift 键输入。

● 提示：上述按键说明，是针对非"数字小键盘区"的。

在数字小键盘区，针对双字符键，如果 Num Lock 指示灯亮，按键时输入双字符键的上档字符；如果 Num Lock 指示灯灭，按键时输入双字符键的下档字符。

在数字小键盘区，针对单字符键，如果 Num Lock 指示灯亮，按键时实现正常输入；如果 Num Lock 指示灯灭，按键时实现非数字键的正常输入，即数字键无效（例如：数字5）。

任务4:查看计算机软硬件配置

1.查看计算机硬件配置

查看计算机的硬件配置,主要是查看计算机的各个硬件型号、参数等,可以将计算机主机箱打开,逐一查看计算机的各个硬件。但是这种做法太麻烦,可以借助 Windows 操作系统中的工具软件来查看计算机的软、硬件配置。

步骤1:右击桌面上的"计算机"图标,在弹出的快捷菜单中,选择"属性"命令,打开"系统"窗口,如图1-27所示。

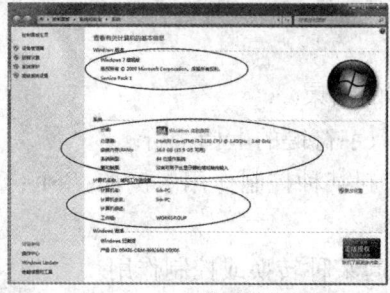
图1-27 "系统"窗口

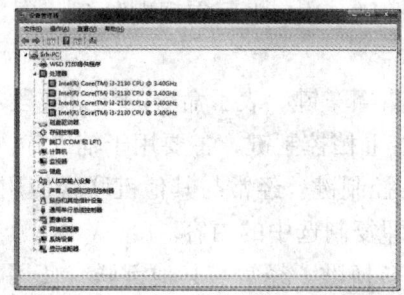
图1-28 "设备管理器"窗口

●说明:

如果桌面上没有"计算机"图标,可以通过双击"回收站"图标,打开定位在"回收站"的"资源管理器"窗口,在窗口左侧找到"计算机"命令,鼠标右键,在弹出的快捷菜单中,选择"属性"命令,打开"系统"窗口。

步骤2:在"系统"窗口中,可以查看以下内容:

①所用的操作系统的版本。

②处理器(CPU)的型号及速度。

③内存的大小。

④系统的类型。

⑤计算机名和工作组名。

步骤3:单击"系统"窗口左侧的"设备管理器"命令,打开"设备管理器"窗口。

步骤4:在"设备管理器"窗口中,列出了所有的硬件,只要单击某硬件设备前的"▷"(此时,"▷"变成"◢"),实现展开操作,即可查看该硬件的型号,处理器的硬件型号,如图1-28所示。

步骤5:查看你的计算机中各个硬件的型号。

2.查看计算机软件配置

计算机的硬件是计算机进行工作的物质基础,计算机的硬件需要在软件的支持下,才能发挥作用。

步骤1:在"系统"窗口中,首先查看操作系统(最基本、最重要的系统软件)的版本。要查看其他已经安装的软件及其版本,可以通过"控制面板"窗口中的"程序和功能"选项来查看。

步骤2:选择"开始"→"控制面板"命令,打开"控制面板"窗口,如图1-29所示。

步骤3:在"控制面板"窗口中,单击"程序"命令,打开"程序"窗口,如图1-30所示。

   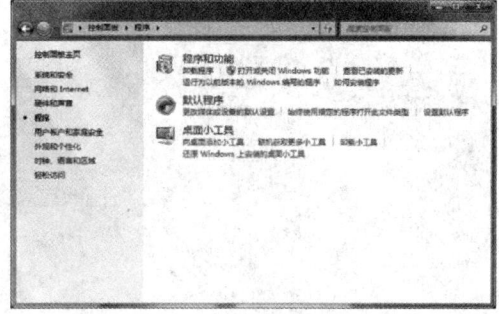

图1-29 "控制面板"窗口　　　　　　图1-30 "程序"窗口

步骤4:在"程序"窗口中,单击"程序和功能"命令,打开"程序和功能"窗口。

步骤5:在"程序和功能"窗口中,显示了所有已经安装的软件,如果想要卸载某个软件,只需要右击该软件的名称,在弹出的快捷菜单中,选择"卸载/更改(U)"命令,即可卸载该软件。

任务5:使用反病毒软件查杀计算机病毒

360杀毒软件是常见的反病毒软件,下面将介绍如何使用360杀毒软件查杀计算机病毒。

步骤1:从"360安全中心"网站(www.360.cn)下载某一个版本的360杀毒软件(本文以5.0版本为例进行讲解,其他版本功能类似)并安装,安装后的主界面,如图1-31所示。

图1-31 "360杀毒软件"主界面

步骤2:单击主界面中的"全盘扫描"命令,360杀毒软件就会开始对"系统设置"、"常用软件"、"内存活跃程序"、"开机启动项"、"所有磁盘文件"等对象进行全盘扫描,如图1-32所示。此种扫描方式,花费时间是最多的,扫描是最彻底的。

图1-32 全盘扫描

步骤3:单击主界面中的"快速扫描"命令,360杀毒软件就会开始对"系统设置"、"常用软件"、"内存活跃程序"、"开机启动项"、"系统关键位置"等对象进行快速扫描。此种扫描方式,花费时间比"全盘扫描"少,没有"全盘扫描"扫描的彻底。

步骤4:单击主界面中的"自定义扫描"命令,打开"选择扫描目录"对话框,选中某个扫描对象进行扫描,例如选择操作系统(C:)盘,如图1-33所示,单击"扫描"命令进行扫描。在扫描过程中,如果发现计算机病毒,会及时报告并采取相应措施(例如清除病毒或隔离染毒文件),如图1-34所示。如果没有发现计算机病毒,也会给出相应报告。

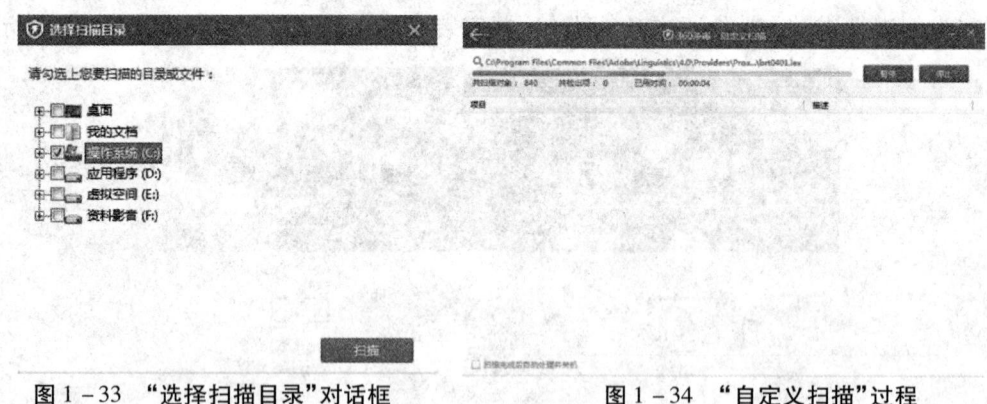

图1-33 "选择扫描目录"对话框　　　图1-34 "自定义扫描"过程

任务6:使用计算器程序验证数制转换

人们习惯使用十进制进行运算,而计算机采用二进制进行工作,所以必须熟练掌握二进制和十进制之间的转换,其他数制之间的转换也应该有所了解和掌握。数制之间的转换可以通过手工实现,但是手工转换既麻烦,又容易出错。Windows操作系统中的计算器程序可以实现整数的数制转换,下面将举例说明如何使用计算器程序验证数制转换。

步骤1:选择"开始"→"所有程序"→"附件"→"计算器"命令,打开"计算器"默认窗口,如图1-35(a)所示,默认类型是"标准型(T)",如图1-35(b)所示。

步骤2:在图1-35(a)中,选择"查看(V)"→"程序员(P)"命令,如图1-36(a)所示,将标准型计算器窗口转换成程序员计算器窗口,如图1-36(b)所示。

步骤3:先在草稿上计算:$65 = ( )_2 = ( )_8 = ( )_{16}$。

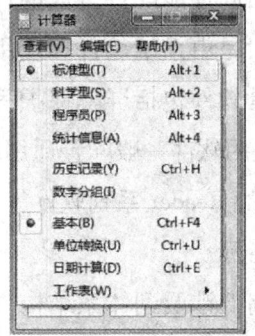

图1-35(a) "计算器"默认窗口　　图1-35(b) "计算器"默认类型

步骤4:在程序员计算器窗口中,选择"十进制"单选按钮,并输入65。

步骤5:选择"二进制"单选按钮,验证显示值与自己的计算值是否一致。

步骤6:选择"八进制"单选按钮,验证显示值与自己的计算值是否一致。

步骤7:选择"十六进制"单选按钮,验证显示值与自己的计算值是否一致。

●说明:在计算器中只能进行整数的数制转换,如果一个数既有整数部分又有小数部分,如65.625,可以先在计算器程序中,对整数部分65进行数制转换,而对小数部分0.625需要进行手工转换。

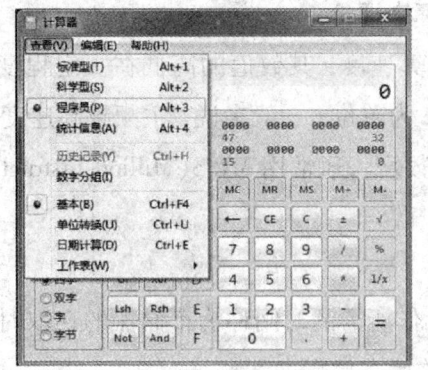

图1-36(a) "查看(V)"→"程序员(P)"命令　　图1-36(b) 程序员计算器窗口

1.5 总结与提高

计算机硬件一般是由主机(运算器、控制器、内存储器等)和外设(外存储器、输入设备、输出设备等)构成。一台计算机性能的高低,不仅取决于各配件的性能,更重要的是各配件间的配合是否协调。由高性能配件构成的计算机,其整体性能未必会高。

计算机软件一般是由系统软件和应用软件构成。系统软件一般配置操作系统、服务程序和工具软件等。工具软件包括屏幕保护程序、反病毒程序、数据备份程序、数据压缩程序、磁盘碎片整理程序等。应用软件一般配置通用应用软件,例如微软公司开发的 Office 办公软件、Adobe Systems 公司开发的 Reader 系列软件等。根据需要,可以配置相关专用软件或定制软件。

1. 计算机性能指标

计算机性能的高低涉及到体系结构、软硬件配置、指令系统等诸多因素,一般说来,主要有以下三种技术指标。

(1)数据单位:基本的数据单位主要有:字长、位、字节和字。

①字长(Word Length):又称为"数据宽度",是指计算机运算部件一次能直接处理的二进制数据位数。字长位数越多,计算机运算能力就越强,精度就越高。

②位(Bit):位是数据的最小单位,也是计算机处理的最小单位,简称为 b。

③字节(Byte):是数据的基本单位,也是计算机存储的基本单位,简称为 B。

④字(Word):一般是字节的整数倍,默认情况下,一个单字是由两个字节(16 位)组成,还有半字、双字、三字、四字等情况。字一般是运算器处理数据的基本单位。

(2)速度:可以用时钟频率和运算速度两个指标来评价。

①时钟频率:又称为主频,用来表示 CPU 的运算速度,其数值的高低在一定程度上决定了计算机运算速度的快慢。现在,主频通常以 GHz 为单位,一般来说,主频越高速度越快。

②运算速度:是指计算机每秒钟能执行的指令数目。通常用 MIPS(Million Instructions Per Second,每秒百万条指令)来表示。

(3)存储器指标:主要有存取速度和存储容量。

①存取速度:内存完成一次读(取)或写(存)操作所需的时间称为存储器的存取时间或者访问时间。而连续两次读(或写)所需的最短时间称为存储周期。

②存储容量:一般用字节(Byte)数来度量。内存容量反映了主存储器能够容纳的数据总量。内存的容量越大,存储的程序和数据就越多,能运行的软件功能就越丰富,处理能力就越强。

2. 信息编码

计算机中采用的是二进制编码存储信息,所以输入到计算机中的信息最终都要转换成二进制编码来表示。信息编码,一般情况下分为数值数据的编码和非数值数据的编码。数值数据的编码,主要是指数制及其数制之间的转换。下面将重点介绍非数值数据的编码。

(1) ASCII 码

目前,计算机中一般采用国际标准化组织规定的 ASCII 码来表示。ASCII(American Standard Code for Information Interchange,美国标准信息交换码),用来表示英文字母和符号。ASCII 码用一个 8 位二进制数(1 字节)表示,分为基本 ASCII 码和扩充 ASCII 码两种,基本 ASCII 码字符表如表 1-3 所示。

表 1-3 基本 ASCII 码字符编码表

$b_7b_6b_5$ / $b_4b_3b_2b_1$	000	001	010	011	100	101	110	111
0000	NUL	DEL	SP	0	@	P	`	p
0001	SOH	DC1	!	1	A	Q	a	q
0010	STX	DC2	"	2	B	R	b	r
0011	ETX	DC3	#	3	C	S	c	s
0100	EOT	DC4	$	4	D	T	d	t
0101	ENQ	NAK	%	5	E	U	e	u
0110	ACK	SYN	&	6	F	V	f	v
0111	BEL	ETB	'	7	G	W	g	w
1000	BS	CAN	(	8	H	X	h	x
1001	HT	EM	)	9	I	Y	i	y
1010	LF	SUB	*	:	J	Z	j	z
1011	VT	ESC	+	;	K	[	k	{
1100	FF	FS	,	<	L	\	l		
1101	CR	GS	-	=	M	]	m	}
1110	SO	RS	.	>	N	^	n	~
1111	SI	US	/	?	O	_	o	DEL

(2)汉字编码

常用的汉字编码方式阐述如下：

①国标码

1981年，国家标准局公布了《信息交换用汉字编码字符集·基本集》（GB 2312-1980），简称汉字标准交换码，又称国标码，基本集共收入汉字6763个和非汉字图形字符682个。根据汉字使用频率分为两级，一级汉字有3755个，按照汉语拼音字母的顺序排列，二级汉字有3008个，按照部首排列。

②汉字输入码

汉字输入码，又称外码，是指直接从键盘输入的各种汉字输入方法的编码。汉字输入码的类型大致可以分为数码、音码、形码和音形码等几种。

③汉字内部码

汉字内部码，又称机内码，是汉字在设备和信息处理系统内部最基本的表达形式，是在设备和信息处理系统内部存储、处理和传输汉字用的代码。

④汉字字形码

汉字字形码，又称输出码。汉字字形码是汉字字库中存储的汉字字形的数字化信息，用于汉字的显示和打印，用在输出时产生汉字的字形，通常采用点阵形式产生，根据输出汉字的要求不同，点阵的多少也不同。

(3)图形、图像、声音的编码

文字可以使用二进制代码编码，图形、图像和声音，也可以使用二进制代码编码。

一幅图像是由像素阵列构成的。每个像素点的颜色值可以用二进制代码表示：1位二进制位可以表示黑白两（即$2^1=2$）种颜色，2位二进制位可以表示四（即$2^2=4$）种颜色，24位二进制位可以表示真彩色（即$2^{24}\approx1600$万种颜色）。

声音信号是一种连续变化的波形，可以将它分割成离散的数字信号，将其幅值划分为$2^8=256$个等级值或$2^{16}=65536$个等级值。显然，这样得到的代码数量是非常大的。

综上所述，图像和声音编码总是同数据压缩技术密切联系在一起的。目前公认压缩编码标准有JPEG、MPEG、H.261等。

1.6 思考与练习

一、单项选择题

1. 世界上第一台电子计算机于（　　）年诞生于（　　）。
   A. 1946 法国　　　　B. 1946 美国　　　　C. 1946 英国　　　　D. 1946 德国

2. 世界上第一台通用电子数字计算机的名字是（　　）。
   A. UNIVAC　　　　B. EDSAC　　　　C. ENIAC　　　　D. EDVAC

3. 计算机的发展经历了4个阶段，这4个阶段的划分依据是（　　）。
   A. 体积　　　　B. 存储器　　　　C. 计算机语言　　　　D. 电子器件

4. 科学家（　　）被计算机界誉为"计算机之父"，他的存储程序原则被誉为计算机发展史上的里程碑。

   A.冯·诺依曼　　　　B.阿兰·图灵　　　　C.香农　　　　　　　D午治·布尔

5.主机由( )组成。

   A.系统硬件和系统软件　　　　　　B.中央处理器和内存储器

   C.主机和外部设备　　　　　　　　D.主机、键盘、显示器和辅助存储器

6.软件系统包括( )。

   A.系统软件和应用软件　　　　　　B.操作系统和应用软件

   C.数据库管理系统和语言编译系统　D.BIOS 和 WINDOWS

7.计算机的 CPU 是由( )组成。

   A.内存储器和控制器　　　　　　　B.控制器和运算器

   C.内存储器和运算器　　　　　　　D.内存储器、运算器和控制器

8.计算机的存储系统通常分为( )。

   A.内存储器和外存储器　　B.软盘和硬盘　　C.ROM 和 RAM　　D.内存和硬盘

9.下列各项不属于输入设备的是( )。

   A.扫描仪　　　　　　B.手写板　　　　　C.触摸屏　　　　　　D.显示器

10.下列各项不属于输出设备的是( )。

   A.投影仪　　　　　　B.手写板　　　　　C.打印机　　　　　　D.显示器

11.计算机中的字节是一个常用单位,它的英文单词是( )。

   A.bit　　　　　　　　B.byte　　　　　　C.bool　　　　　　　D.baud

12.1MB 等于( )字节。

   A.1024　　　　　　　B.1024×8　　　　　C.1024×1024　　　　D.1024×1024×1024

13.计算机运算速度的单位是( )。

   A.GB　　　　　　　　B.MHz　　　　　　 C.MIPS　　　　　　　D.bps

14.微机配置中常看到"处理器 Pentium4/3.2G"字样,其中数字 3.2G 表示( )。

   A.处理器时钟频率是 3.2GHz　　　　　B.处理器运算速度是 3.2 MIPS

   C.处理器产品设计系列号是第 3.2 号　D.处理器与内存间数据交换速率是 3.2GB/s

15.个人计算机简称为 PC,这种计算机属于( )。

   A.微型计算机　　　　B.小型计算机　　　C.大型计算机　　　　D.巨型计算机

16.在计算机应用中,"计算机辅助设计"的英文缩写是( )。

   A.CAM　　　　　　　B.CAD　　　　　　C.CAI　　　　　　　D.CAT

17.在计算机应用中,"计算机辅助教学"的英文缩写是( )。

   A.CAM　　　　　　　B.CAD　　　　　　C.CAI　　　　　　　D.CAT

18.计算机能够直接识别的语言是( )。

   A.机器语言　　　　　B.自然语言　　　　C.汇编语言　　　　　D.高级语言

19.十进制数 32.625 转换为二进制数是( )。

   A.110001.101　　　　B.100101.011　　　C.100101.101　　　　D.100011.101

20.以下对计算机病毒的描述,( )是不正确的。

A. 计算机病毒是人为编制的一段恶意程序
B. 计算机病毒不会破坏计算机硬件系统
C. 计算机病毒具有潜伏性
D. 计算机病毒具有感染性

二、实践操作题

填写装机配置清单

在购置计算机之前，需要制订配置方案，配置性价比相对较高的计算机，不能在选购配件时一味追求高性能和新产品，否则配置出来的计算机很可能会造成资源浪费，并且超出资金预算。在购买计算机之前，应注意总结以下几个问题：

（1）购买计算机的用途是什么？例如：处理文档、娱乐、玩游戏、上网、多媒体处理等。不同的需求需要不同的购置，一定要量身定做。

（2）购买的预算是多少？在预算之内，合理选择品牌、配置、性价比等。

（3）根据自身需要，合理搭配各种配件。

通过阅读、搜索 IT 行业最新信息和对当地计算机市场的实地调查，根据自身需要组装 4000 元左右的学习型 MPC（多媒体个人计算机），填写装机配置清单（如表 1-4 所示），并简述你的配置策略。

表 1-4 装机配置清单

序号	配件名称	配件型号	价格（元）	备注
1	CPU			
2	主板			
3	内存			
4	硬盘			
5	显卡			
6	声卡			
7	网卡			
8	光驱			
9	机箱			
10	电源			
11	散热器			
12	显示器			
13	鼠标			
14	键盘			
15	音箱			

配置策略：

三、 拓展训练

安装计算机竞赛

安装计算机的基本步骤如下:
①在主板上安装 CPU 和内存条,在 CPU 上加装散热器。
②根据机箱底板上螺丝定位孔的位置,将主板安装到机箱中,并用螺丝钉紧固。
③安装机箱电源并连接主板电源。注意,此时不要通电。
④在机箱中固定好硬盘、光驱并连接数据线和电源线。
⑤在扩展槽中安装显卡、声卡、网卡等扩展卡。
⑥将机箱面板上的指示灯、开关、前置 USB 接口等连线正确地连接到主板上。
⑦将显示器、键盘、鼠标和音箱等正确地连接到主机箱接口上。
⑧初步检查与调试。
⑨加电测试,测试无问题,整理机箱内部线缆,安装机箱的侧面板。
⑩硬盘分区和格式化,并安装操作系统。
⑪安装操作系统后,安装显卡、声卡、网卡等设备的驱动程序。
⑫新装配的计算机,应该进行拷机测试,让其不关机运行 1-2 天,来测试软硬件的兼容性与系统稳定性,用来检测出硬件在长时间工作下是否会有问题。

要求:
①以 3~5 人为一个小组,在小组之间组织一场装机竞赛。每组派代表 1 人参加计算机组装竞赛,装机结束后参赛人员填写学生自评表(如表 1-5 所示)。小组内其他同学担任评委,交叉组合对竞赛人员给予打分。打分表可参照学生自评表。
②将提供的零散计算机部件组装成一台个人计算机,并在此计算机上安装 Windows 7 操作系统和有关硬件的驱动程序,保证计算机系统各部件能正常工作,并对安装过程中出现的各种故障进行正确处理,同时对计算机一些常见的硬件故障和软件故障能正确地进行维护,及时解决问题。
③指导教师在装机竞赛结束后,对每个小组进行点评。

表1-5 学生自评表

被测人姓名：

序号	评分内容	分数	得分	备注
1	能通过不同渠道获取计算机硬件基本资料，填写的装机配置清单合理，无明显错误	10		
2	能识别计算机硬件并检查是否完好	5		
3	能正确安装CPU和散热器	10		
4	能正确安装内存条	10		
5	能正确安装主板	10		
6	能正确安装机箱电源	10		
7	能正确安装硬盘、光驱及数据线、电源线	10		
8	能正确安装显示、声卡、网卡等扩展卡	10		
9	能正确连接外部设备	5		
10	能正确安装操作系统及设备驱动程序	10		
11	能正确安装和使用应用软件	10		
12	在装机过程中没有使用防静电工作台	-10		
13	在装机过程中没有佩戴防静电腕带或无接地	-10		
14	在装机过程中碰触设备芯片	-10		
15	在装机过程中排除问题时没有切断电源	-10		
16	机箱内数据线、电源线没有捆扎或捆扎不合理	-5		

自我评价：（根据评分项目真实评价自己的操作） 总分：____

单元二 Windows 7 操作系统

项目 2　Windows 7 的认识和应用

在计算机系统中，计算机硬件是基础，计算机软件是灵魂。操作系统是最基础、最核心的系统软件，它管理和控制着所有的计算机硬件资源与软件资源。目前广泛应用的操作系统是微软公司推出的 Windows 7，该产品主旨在于让日常计算机操作更加简单和快捷，提供更加高效易行的工作环境。Windows 7 可供家庭及商业工作环境、笔记本电脑、平板电脑、多媒体中心等使用。

Windows 7 可供选择的版本有：入门版（Starter）、家庭普通版（Home Basic）、家庭高级版（Home Premium）、专业版（Professional）、企业版（Enterprise）（非零售）、旗舰版（Ultimate）。

2009 年 7 月 14 日，Windows 7 正式开发完成，并于同年 10 月 22 日正式发布于美国、10 月 23 日发布于中国。2015 年 1 月 13 日，微软正式终止了对 Windows 7 的主流支持，但仍然继续为 Windows 7 提供安全补丁支持，直到 2020 年 1 月 14 日正式结束对 Windows 7 的所有技术支持。

本项目以"Windows 7 的认识和应用"为例，介绍在 Windows 7 环境下，如何进行文件管理、磁盘管理、系统环境设置等方面的相关知识。

2.1　项目提出

小李同学即将大学毕业，需要撰写一篇毕业论文（设计）：图书馆信息资料管理系统的研究与设计。小李上网搜集、下载了各种与论文有关的资料，但论文的进度不够理想。

论文指导于老师，针对小李同学论文进度缓慢问题，与他沟通交流，两人经过一番讨论后，于老师发现小李同学存在以下几个问题：

1. 小李同学的文字输入速度比较慢，对中文输入法的用法不够熟悉。
2. 下载的大量文件没有进行合理地分门别类，导致文件管理混乱。
3. 系统盘（一般默认为 C 盘），可用剩余空间不足，计算机的运行速度变慢。
4. 系统中只有小李同学一个账户，而其他同学也偶尔使用该账户，并共用小李同学的计算机，缺乏安全性和隐私性。
5. 毕业设计过程中，需要用到一些辅助软件，不会下载与安装。

2.2 项目分析

于老师针对小李同学的这些问题,进行了详细的分析,具体如下。

对于论文中的中文文字输入,比较常用的是利用汉语拼音进行文字输入,汉语拼音输入简单易学,输入效率较高,并且还支持输入一些特殊的符号。

Windows 7 文件管理系统采用了树形目录,就是把目录按照一定的类型进行分组,而每个分组下又可以划分为小组,层层细化,最后整个文件目录看上去像一颗倒置的树。将各种文件分门别类地存放在各自的文件夹内,而且文件和文件夹的命名要做到"见名知义",这样既会不显得杂乱无章,也方便用户很快找到需要的文件。

关于计算机运行速度慢的问题,一部分原因是,计算机在运行过程中会产生很多临时文件,这些文件会挤占计算机系统盘的可用空间,导致系统盘的空闲空间越来越小,降低运行速度。Windows 7 提供了一些专门管理磁盘的工具软件,使用它可以有效提高系统运行速度。

计算机管理员(Administrator 账户)可以设立新的账户,做到一人一账户,不同的账户有不同的操作环境,各账户之间互不干扰,可提高计算机的安全性。

综上所述,可将上述内容归纳为五大任务:中文输入法的使用;文件管理;磁盘管理;Windows 环境设置;常用软件的下载与安装。

2.3 相关知识点

2.3.1 Windows 7 简介

Windows 7 是由微软公司开发的,具有革命性变化的操作系统。该系统旨在让人们的日常电脑操作更加简单和快捷,为人们提供高效易行的工作环境。Windows 7 是一款目前世界上广泛使用、兼容性较强的操作系统。

2.3.1.1 Windows 7 的各种版本

Windows 7 包含 6 个版本。这 6 个版本分别为 Windows 7 Starter(简易版)、Windows 7 Home Basic(家庭普通版)、Windows 7 Home Premium(家庭高级版)、Windows 7 Professional(专业版)、Windows 7 Enterprise(企业版)和 Windows 7 Ultimate(旗舰版)。

在这六个版本中,Windows 7 家庭高级版和 Windows 7 专业版是两大主力版本,前者面向家庭用户,后者针对商业用户。另外,32 位版本和 64 位版本没有外观或者功能上的区别,但在内存上有一点不同。64 位版本支持 16GB 最高至 192GB 内存,而 32 位版本只能支持最大 4GB 内存。目前所有新的和较新的 CPU 都是 64 位兼容的,可以使用 64 位版本。

2.3.1.2 Windows 7 的启动与退出

1. Windows 7 的启动

首先打开所有的外部设备(包括显示器、打印机等),然后打开主机的电源开关。通常在每次启动计算机时经过自检就直接进入 Windows 7 系统，不必使用特殊的启动命令。Windows 7 在启动过程中会出现提示信息，要求用户输入用户名和密码，Windows 7 确认是合法用户后，加载用户的个人信息和设置，进入 Windows 7 桌面。

2. Windows 7 的退出

当用户要结束对计算机的操作时，一定要退出 Windows 7 系统，然后再关闭显示器，否则会丢失文件或破坏程序。如果用户在没有退出 Windows 7 系统的情况下就关机，系统将认为是非法关机，当下次再开机时，系统会自动执行自检程序。

关于正常关机的相关操作及命令为：单击显示器左下角"开始"按钮，在弹出的菜单中，可以直接单击"关机"命令进行关机，或者单击"关机"命令右侧的三角按钮，在弹出的菜单中，如图 2-1 所示，选择其他命令进行相关操作，主要有：切换用户、注销、锁定、重新启动和睡眠。

图 2-1　"关机"列表

2.3.1.3　Windows 7 的外观

1. Windows 7 的桌面

Windows 7 的桌面（以下简称桌面），是安装好中文版 Windows 7 后，用户启动计算机登录到系统后看到的整个屏幕界面，如图 2-2 所示。桌面是用户和计算机交流的界面，上面可以存放用户经常用到的应用程序和文件夹图标，用户可以根据自己的需要在桌面上添加各种快捷图标，在使用时双击图标就能够快速启动相应的程序或文件。

图 2-2　Windows 7 桌面

如图 2-2 所示，桌面上主要由三个部分组成：桌面图标、桌面背景和任务栏。

(1)桌面图标:是桌面上排列的小图像,主要分为系统图标和快捷图标。系统图标是安装操作系统后创建的,快捷图标是用户安装软件后创建的。两者主要的显式区别是快捷方式图标上有一个弧形箭头。可以对图标进行:排列、查看、重命名和删除等操作。

(2)桌面背景:主要是为了让用户观看桌面更舒适。设置合理的桌面背景,可以起到保护眼睛、调节心情、彰显个性等作用。

(3)任务栏:是位于桌面下方的一个小长条,由"开始"菜单按钮、快速启动工具栏、窗口按钮栏和通知区域等几部分组成,如图 2-3 所示。用户通过任务栏可以完成许多操作,而且也可以对它进行一系列的设置。

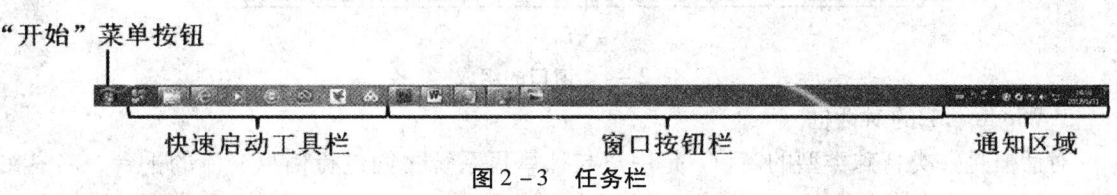

图 2-3 任务栏

2. Windows 7 的窗口

当用户打开一个文件或者应用程序时,Windows 7 都会在桌面上开辟出一个矩形区域,用来查看相应的程序或文档,这个矩形区域称为窗口。窗口是用户进行操作时的重要组成部分,熟练地对窗口进行操作,会提高用户的工作效率。

(1)窗口的组成

在中文版 Windows 7 中有许多种窗口,其中大部分都包括了相同的组件,如图 2-4 所示,它是一个标准的窗口,主要是由地址栏、菜单栏、搜索栏等几部分组成。

(2)窗口的分类

按照窗口的性质,可以将窗口分为:程序窗口、文件夹窗口和文档窗口。

按照窗口的状态,可以将窗口分为:活动窗口和非活动窗口。

(3)窗口的操作

窗口操作在 Windows 系统中是很重要的操作,不但可以通过鼠标使用窗口上的各种命令来操作,而且可以通过键盘来使用快捷键进行操作。基本的操作有打开、关闭、移动、缩放、最小化、最大化、还原、切换窗口等。

(4)窗口的排列

当用户在对窗口进行操作时打开了多个窗口,而且需要多个窗口都处于显示状态,这就涉及到多个窗口的排列问题。在中文版 Windows 7 中,为用户提供了三种排列方案可供选择:层叠窗口、堆叠显示窗口、并排显示窗口。

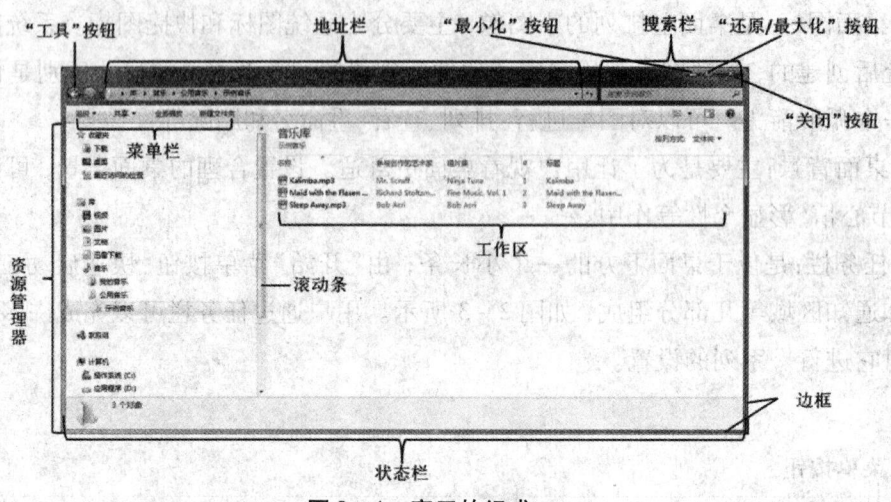

图2-4 窗口的组成

3. Windows 7 的对话框

对话框是一类特殊类型的窗口,是用户与计算机系统之间进行信息交流的平台,在中文版 Windows 7 中占有重要的地位。在对话框中,用户可以对选项选择、对系统进行对象属性的修改或者设置。

(1)对话框的组成

对话框的组成与窗口有相似之处,它一般包括标题栏、选项卡与标签、文本框、列表框、命令按钮、单选按钮、复选框等几个部分,如图2-5所示。

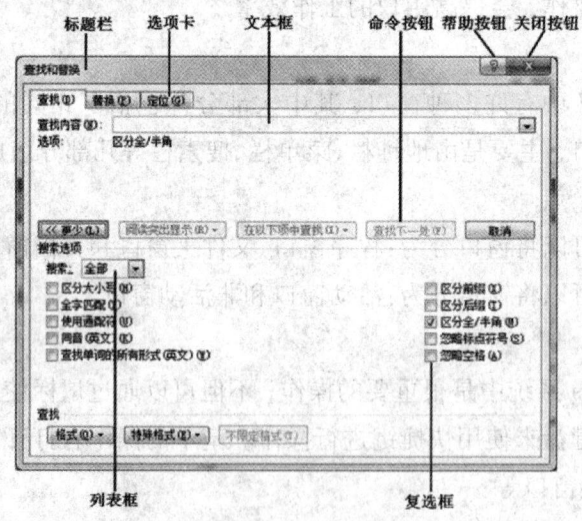

图2-5 对话框

(2)对话框的操作

对话框的操作类似于窗口的操作,主要包括:移动、关闭、切换、使用对话框的帮助信息等。移动、关闭、切换对话框的操作与窗口的相应操作类似,这里说一下"使用对话框的帮助信息"操作。当用户操作对话框时,如果不清楚某选项组或者某个按钮的含义,可以在标题栏上单击帮助按钮,操作后,会弹出一个相应的帮助窗口,在该窗口中,可以在现有内容中选择文本，查看其帮助信息，或者在搜索栏中输入你想要查找的信息，按回车键，也会显示相应的帮助信息。帮助信息查找完成后，单击窗口右上角的"关闭"按钮，关闭窗口。

4．Windows 7 的菜单

菜单实际上是一组"操作名称（命令）"的列表，可以将其看作是一个操作向导，它提供了应用程序不同的功能选项。

（1）菜单分类

①一般菜单（或称固定菜单）：此类菜单有固定的位置和明显的标志或名称。它包括"开始"菜单（单击"开始"按钮打开的菜单）、窗口的控制菜单（单击控制按钮打开的菜单）、下拉菜单（单击菜单名称打开的菜单）。

②快捷菜单：此类菜单没有固定的位置，它是通过单击鼠标右键打开的菜单。由于鼠标所指对象的位置不同，则打开菜单的位置、菜单的内容也会不同。

（2）菜单的符号约定

在菜单中的每一项都习惯称为命令，在命令的两侧有一些约定的标记，如图 2-6 所示的为典型的菜单，各种标记的含义阐述如下：

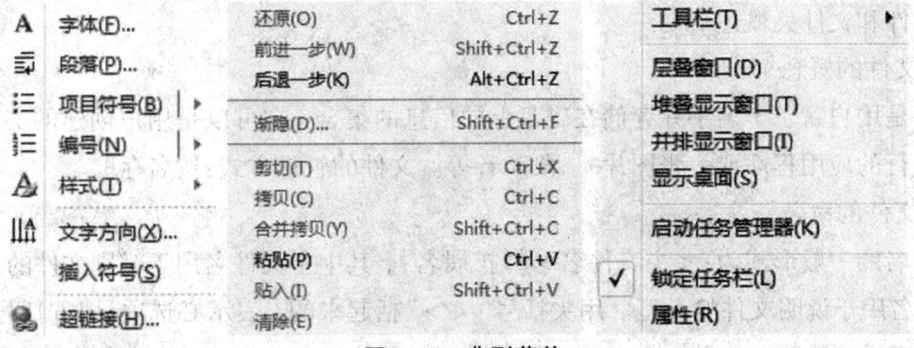

图 2-6　典型菜单

①菜单的分组线（横线）：把菜单中同属于一类的项目放在一起，成为一组，各组间使用横线分割，方便用户查找。

②灰色菜单项：表示当前条件下不能使用该命令。

③省略号（…）：表示单击该命令项会弹出一个对话框，然后再继续做进一步的操作。

④右三角（▶）：表示该菜单项是级联式菜单，单击它会展示出它的下一级菜单。

⑤菜单项左侧有对号：表示此命令项被选中，且在这一组命令项中可以选择多个，也可以一个也不选，即此组为复选框。

⑥命令项后面括号中的字母：表示键盘操作代码，其约定的使用方法是：按下键盘上的 Alt＋字母的组合键，即可打开相应的操作，与鼠标操作效果是一样的。

⑦命令项后面的组合键：约定为该命令项的快捷键，不打开菜单，直接输入此组合键，即可执行该命令项的功能。

（3）菜单的操作

①利用鼠标操作：通过单击鼠标右键，或者鼠标左键打开菜单，然后再单击相应的命令项即可。

②利用Alt+命令项后面括号中的字母实现操作:先按下Alt键,然后再按下包含某一命令项的菜单括号中的字母即可。

③利用快捷键操作:即某命令项后面的组合键。

2.3.2 Windows文件系统及文件管理

1. 文件系统及文件目录组织

(1)文件系统

文件系统是操作系统对文件命名、存储和组织的总体结构,它负责为用户建立文件,存入、读出、修改、转储文件,控制文件的存取,当用户不再使用时撤销文件等。Windows 7推荐用户使用的是NTFS(New Technology File System)文件系统,NTFS更为安全、可靠。

(2)文件目录组织

Windows 7的文件目录组织是采用了多级目录组织形式,称为树形目录,也称为文件系统的层次结构。使用层次型文件系统,用户可以合理地组织和管理自己的文件。

2. 文件和文件夹概述

(1)文件的概念

文件是用户赋予了名字并存储在磁盘上的信息的集合,它可以是用户创建的文档,也可以是可执行的应用程序或一张图片、一段声音等。文件的管理方式:按名存取。

(2)文件的命名

文件名的一般形式为:<主文件名>[.扩展名],其中主文件名用于辨别文件的最基本信息,扩展名用于说明文件的类型。用尖括号"< >"括起来的,表示必选项;用方括号"[ ]"括起来的,表示可选项。如果一个文件有扩展名,必须使用一个圆点".",将其与主文件名分隔开。

文件名的命名规则为:

①文件名长度不得超过255个字符。

②文件名可以包含字母、汉字、数字和部分特殊符号,例如:~、!、@、#、$、&、-、()、{ }等,但不能包含?、*、|、/、\、<、>、:、;、"等。

③文件名除了开头之外任何地方都可以使用空格。

④文件名不区分大小写,但在显示时可以保留大小写格式,例如A3b。

⑤文件名中可以包含多个间隔符,例如"我的文件。我的音乐。001"。

⑥在同一个存储位置,不能有文件名(包括扩展名)完全相同的文件。

扩展名由创建文件的应用程序自动生成,不同类型的文件,显示的图标和扩展名是不同的,表2-1给出了常见扩展名及其含义。

表 2-1 常见扩展名及其含义

扩展名	文件类型	扩展名	文件类型
.txt	文本文件	.bmp	位图文件
.rtf	带格式的文本文件	.jpg	图片文件
.rar	RAR 压缩文件	.mp3	音频文件
.zip	ZIP 压缩文件	.mp4	视频文件
.exe	可执行文件	.avi	视频文件
.com	系统命令文件	.swf	Flash 动画文件
.sys	系统文件	.docx	Word 2010 文档
.bak	备份文件	.xlsx	Excel 2010 电子表格
.tmp	临时文件	.pptx	PowerPoint 2010 演示文稿
.bat	批处理文件	.html	网页文件

(3) 文件的属性

文件属性是反映该文件的一些特征的信息。常见文件属性分为以下几类：

① 时间属性，主要包括：创建时间、修改时间和访问时间。

② 空间属性，主要包括：位置、大小和占用空间。

③ 操作属性，主要包括：只读、隐藏、系统和存档。

(4) 文件夹

文件夹是文件系统组织和管理文件的一种形式，是为方便用户分类、查找、存储等管理而设置的，用户可以将文件分门别类地存放在不同的文件夹中。

3. 文件和文件夹的管理

文件和文件夹的管理，是通过一系列操作实现的，主要包括：创建、保存、打开、关闭、选择、复制、移动(剪切)、粘贴、重命名、删除、还原、搜索、查看、排列、共享、更改属性等操作实现的。

2.3.3 磁盘管理

Windows 7 操作系统附带了一些专门用来管理磁盘的工具，主要包括：磁盘格式化、磁盘清理、磁盘碎片整理和磁盘属性查看。

2.4 项目实施

任务1：中文输入法的使用

在"记事本"窗口中，用"微软拼音 ABC 输入风格"输入法输入以下文字内容，如图 2-7 所示。

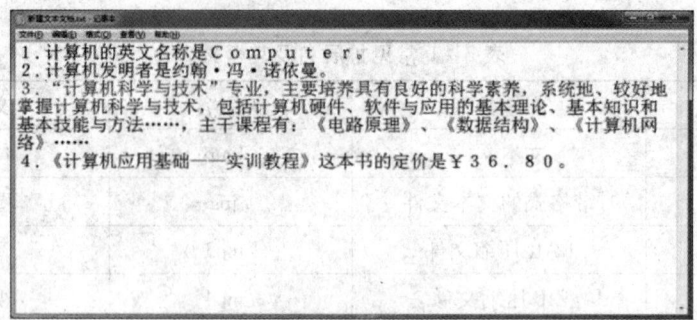

图 2-7 "记事本"窗口

步骤1：选择"开始"→"所有程序"→"附件"→"记事本"命令，打开"记事本"窗口，再单击桌面右下角的输入法图标，选择"微软拼音 ABC 输入风格"输入法。

步骤2：按 Shift + Space(空格)组合键，切换到中文全角状态，依次输入如图2-7 所示的文字。

● 说明：

(1)输入单个字符时，一般采用全拼。例如：输入"计"字，输入拼音"ji"，按空格键，在输入法候选提示框进行选择，如果首页没有出现该字，按1次"+"键，翻到第2页继续寻找，或者使用鼠标单击提示框的向下箭头，依次向下寻找，直到找到为止，按汉字前面的数字键或者鼠标单击均可实现选择该字。如果字下面有虚线，请敲击空格一次，实现输入确认。

(2)输入中文词组时，一般采用"首字全打+其余字打首字母"的做法。例如：输入"计算机"，可以输入拼音"jisj"，按空格键，在输入法候选提示框进行选择，选择后，按空格键，完成该词组的输入。

(3)"记事本"窗口中的"computer"是英文全角字符串，需要事先按中英文切换键 Shift 切换到英文状态，并按 Shift + Space(空格)组合键切换到全角状态，在输入法状态条中出现"英文全角"提示符后再输入该字符串。

(4)输入中文标点符号(例如：、。《》¥…等)时，需要事先按住"Ctrl + ."组合键切换到中文标点符号状态，否则出现的是英文标点符号。

(5)按 Ctrl + Space 组合键可快速实现中文输入法与英文输入法的切换。

(6)中文标点符号的输入参见表2-2。

表2-2 中文标点符号的输入

符号	对应的键	符号	对应的键
、	\	——	Shift + -
。	.	……	Shift + 6
·	Shift + 2	《	Shift + <
¥	Shift + 4	》	Shift + >

任务2：文件管理

1. 新建文件和文件夹

使用"计算机"窗口,在 C 盘根目录下建立一个文件夹,命名为"毕业论文",并分别建立如图 2-8 所示的各个文件夹;完成之后,在"毕业论文"文件夹内新建一个 Word 文档,命名为"图书馆信息资料管理系统的研究与设计.docx";再在"技术参考"文件夹中新建一个 PowerPoint 文档,命名为"数据库设计.pptx"。

步骤 1:双击桌面上的"计算机"图标,或者单击"开始"→"计算机"命令,打开"计算机"窗口,在窗口左侧的导航窗格中,单击"本地磁盘(C:)"选项,进入 C 盘根目录;鼠标右击窗口的空白区域,在弹出的快捷菜单中,选择"新建"→"文件夹"命令,执行后,出现如图 2-9 所示的界面,在"新建文件夹"的框内输入"毕业论文"即可。

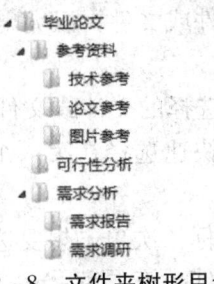

图 2-8　文件夹树形目录　　　图 2-9　文件夹命名

步骤 2:使用步骤 1 同样的方法,建立如图 2-8 所示的各个文件夹。

步骤 3:在"计算机"窗口左侧的导航窗格中,单击"毕业论文"文件夹,先按 Alt,然后单击"文件"→"新建"→"Microsoft Word 文档"命令,如图 2-10 所示,输入文件名称:"图书馆信息资料管理系统的研究与设计.docx"。

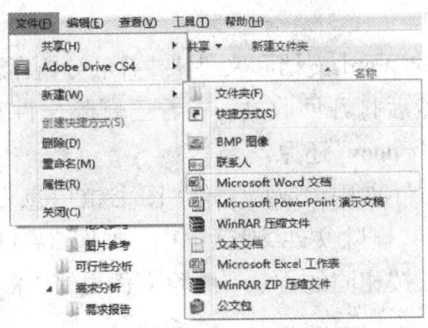

图 2-10　"文件"→"新建"→"Microsoft Word 文档"命令

步骤 4:打开"技术参考"文件夹,先按 Alt,然后单击"文件"→"新建"→"Microsoft PowerPoint 演示文稿"命令,如图 2-10 所示,输入文件名称:"数据库设计.pptx"。

2. 复制、剪切、粘贴、重命名文件和文件夹

将文件"图书馆信息资料管理系统的研究与设计.docx"复制到子文件夹"论文参考"内;再将文件夹"论文参考"剪切到文件夹"毕业论文"中;然后把文件夹"论文参考"的名称更改为"论文版本";最后将文件夹"需求分析"下的 2 个子文件夹移动到"参考资料"文件夹内。

步骤 1:在"毕业论文"文件夹中,单击选择"图书馆信息资料管理系统的研究与设计.docx"文件,按 Ctrl + C 组合键复制;然后打开文件夹"论文参考",按 Ctrl + V 组合键粘贴。

步骤 2:在文件夹"参考资料"中,单击选择文件夹"论文参考",右键单击,在弹出的快捷

菜单中，选择"剪切"命令，打开文件夹"毕业论文"，右键单击，在弹出的快捷菜单中，选择"粘贴"命令。

步骤3：单击选择文件夹"论文参考"，右键单击，在弹出的快捷菜单中，选择"重命名"命令，将文件夹的名称更改为"论文版本"。

步骤4：打开文件夹"需求分析"，按住Ctrl键，选择其内的2个子文件夹，按住鼠标左键直接拖动到"计算机"窗口左侧的导航窗格中的"参考资料"文件夹上，释放鼠标。

● 说明：

（1）在Windows中，对文件和文件夹的操作必须遵循的原则是"先选择，后操作"。一次可以选择一个或多个文件或文件夹，选择后的文件或文件夹以突出方式显示。

（2）选择多个文件或文件夹的方法有4种：

①连续多选：使用Shift键。先单击第一个要选择的文件或文件夹，再按住Shift键，然后单击最后一个要选择的文件或文件夹，这样就能快速选择在第一个和最后一个之间（包含第一个和最后一个）的多个文件或文件夹。

②不连续多选：使用Ctrl键。按住Ctrl，用鼠标依次单击想要选择的文件或文件夹即可。

③全选。方法：第一种：按Ctrl + A组合键实现；第二种：单击"组织"→"全选"命令；第三种：单击"编辑"→"全选"命令。

④反选。单击"编辑"→"反向选择"命令。

（3）关于"复制、剪切、粘贴、重命名"命令的使用，可以选择"文件"菜单、"编辑"菜单、右键快捷菜单和组合键的方式来实现。

3. 删除文件和回收站操作

将"毕业论文"文件夹下的Word文档和文件夹"需求分析"删除放到回收站内，将文件夹"可行性分析"永久性删除，然后打开回收站，查看已删除文件和文件夹，并将文件"图书信息资料管理系统的研究与设计.docx"还原。

步骤1：在"毕业论文"文件夹中，选择文件"图书馆信息资料管理系统的研究与设计.docx"，按Delete键，在弹出的"删除文件"对话框中，如图2-11所示，单击"是"按钮，则该文件被删除（放在回收站中），按相同的方法，删除文件夹"需求分析"。

图2-11 "删除文件"对话框

步骤2：选择文件夹"可行性分析"，按Shift + Delete组合键，永久性地删除此文件夹（不放在回收站中）。

步骤3：双击桌面上的"回收站"图标，打开"回收站"窗口，可以看见"回收站"中有刚才被删除的一个文件和一个文件夹，选择文件"图书馆信息资料管理系统的研究与设计.docx"，鼠标右键，在弹出的快捷菜单中，选择"还原"命令，即可将该文件还原。

●说明：按 Shift + Delete 组合键，直接删除文件或文件夹，该文件或文件夹将不放在回收站内，也将不会被还原；放在回收站内的文件或文件夹，如果删除，那么也将不会被还原。

4. 设置文件夹属性

将文件夹"毕业论文"的属性设置为"隐藏"，再将此文件夹恢复为可见。

步骤1：选择文件夹"毕业论文"，鼠标右键，在弹出的快捷菜单中，选择"属性"命令，在"常规"选项卡中"属性"区域，选择"隐藏"复选框，如图2-12所示，单击"确定"按钮。

步骤2：在弹出的"确认属性更改"对话框中，选择"将更改应用于此文件夹、子文件夹和文件"单选按钮，如图2-13所示，再单击"确定"按钮，这时文件夹"毕业论文"的图标颜色变淡，然后在窗口空白处右击，在弹出的快捷菜单中，选择"刷新"命令，此时文件夹"毕业论文"就不见了（已经隐藏）。

步骤3：先按Alt，然后选择"工具"→"文件夹选项"命令，打开"文件夹选项"对话框，在"查看"选项卡中，选中"显示隐藏的文件、文件夹和驱动器"单选按钮，如图2-14所示，然后单击"应用"按钮，即可显示隐藏的文件或文件夹。

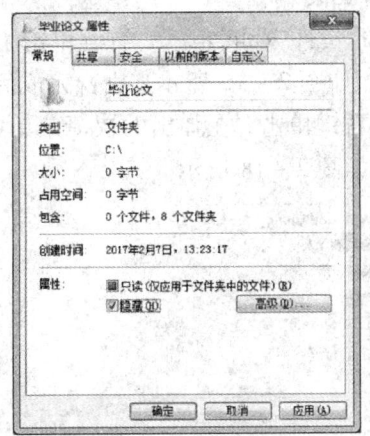

图2-12 设置"隐藏"属性

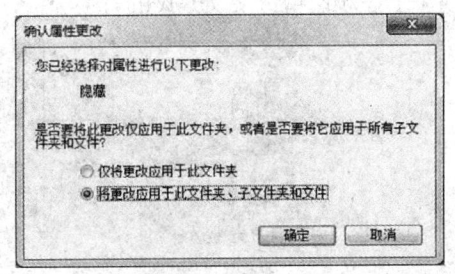

图2-13 "确认属性更改"对话框

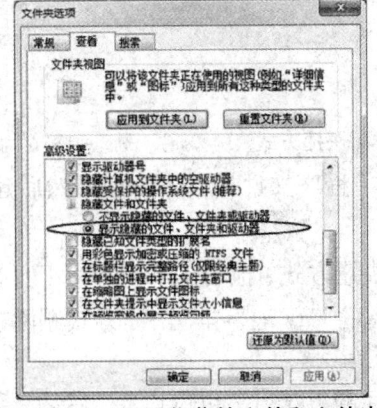

图2-14 显示隐藏的文件和文件夹

5. 搜索文件与建立快捷方式

在C盘中搜索"计算器"程序文件calc.exe，然后为文件calc.exe建立一个桌面快捷方式,命名为"我的计算器";再搜索"记事本"程序文件 notepad.exe,然后建立一个快捷方式,命名为"My 记事本",放到"开始"→"所有程序"→"启动"程序组中。

步骤1:在"计算机"窗口中,打开"本地磁盘(C:)"窗口,在窗口右上角的"搜索栏"中输入"calc.exe",立即开始搜索,显示结果,如图 2-15 所示。

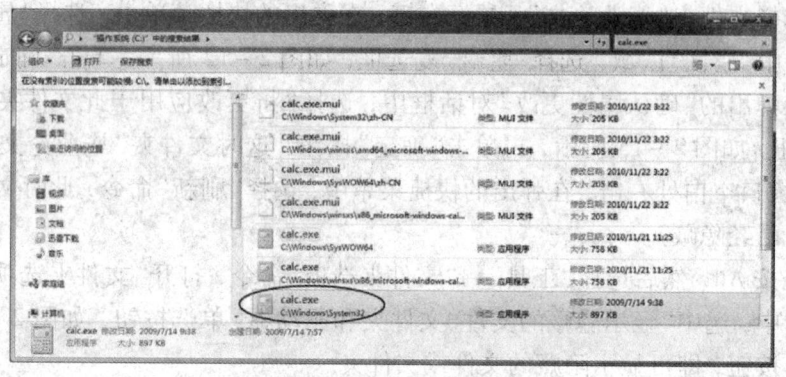

图 2-15 搜索结果

步骤2:在搜索结果中,选中如图 2-15 所示的文件"calc.exe",右键单击,在弹出的快捷菜单中,选择"发送到"→"桌面快捷方式"命令,如图 2-16 所示,执行完成后,在桌面上显示其快捷图标,如图 2-17 所示,选中该图标,右键单击,在弹出的快捷菜单中,选择"重命名"命令,将快捷方式重命名为"我的计算器",如图 2-18 所示。

图 2-16 "发送到"→"桌面快捷方式"命令

图 2-17 "calc.exe"的桌面快捷方式　　图 2-18 "我的计算器"桌面快捷方式

步骤3:同理,搜索"记事本"程序文件 notepad.exe,然后建立一个桌面快捷方式,并重命名为"My 记事本"。

步骤4:选择"My 记事本"快捷方式,拖动到"开始"→"所有程序"→"启动"程序组中,然后释放鼠标,最后将桌面上遗留的"My 记事本"快捷方式删除。

● 说明:

创建菜单快捷方式除了拖动的方法外,也可以将"启动"菜单所在文件夹(C:\Users\Administrator\AppData\Roaming\Microsoft\Windows\Start Menu\Programs\Startup)打开,然后将创建的桌面快捷方式放入该文件夹内即可。其中:Administrator 管理员账户根据个人情况而定。打开"启动"菜单所在文件夹的具体方法为:鼠标移动到"开始"→"所有程序"→"启动"选项,然后右击,在弹出的快捷菜单中,选择"打开"命令,即可打开"启动"文件夹。

任务3:磁盘管理

1. 查看磁盘信息与磁盘清理

查看 C 盘信息,观察磁盘的文件系统及空间大小;清理 C 盘中的垃圾文件。

步骤1:在"计算机"窗口中,选择"本地磁盘(C:)"选项,然后右击,在弹出的快捷菜单中,选择"属性"命令,打开"本地磁盘(C:)属性"对话框,如图 2-19 所示,在"常规"选项卡中,可以看到 C 盘的文件系统(NTFS)、已用空间、可用空间和容量等磁盘信息。

步骤2:单击"磁盘清理(D)"按钮,打开"磁盘清理"对话框,如图 2-20 所示。

步骤3:选中要删除的文件选项(例如:已下载的程序文件、Internet 临时文件等),单击"确定"按钮,在弹出的磁盘清理确认对话框中,如图 2-21 所示,单击"删除文件"按钮,确认要永久删除这些文件,然后会执行磁盘清理操作。磁盘清理操作需要花费一定时间。

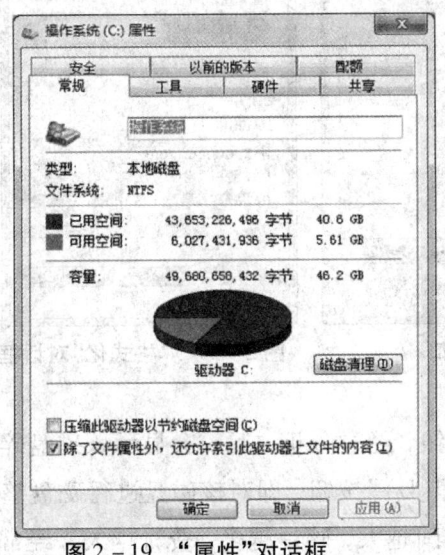

图 2-19 "属性"对话框

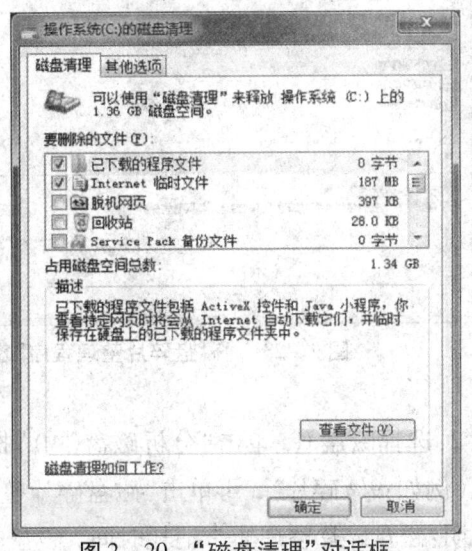

图 2-20 "磁盘清理"对话框

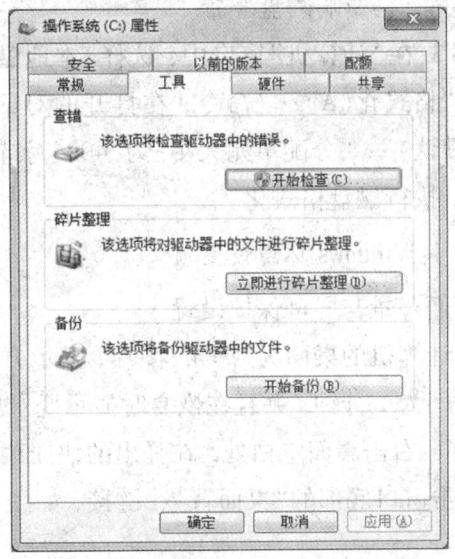

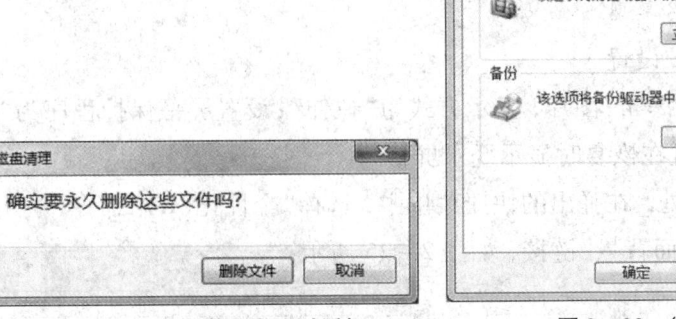

图 2-21 磁盘清理确认对话框   图 2-22 "工具"选项卡

2. 磁盘碎片整理与格式化

分析 C 盘的磁盘碎片情况，并对 C 盘进行磁盘碎片整理；对 F 盘进行格式化操作。

步骤1：在如图 2-19 所示的对话框中，切换到"工具"选项卡，如图 2-22 所示，单击"立即进行碎片整理(D)…"按钮，打开"磁盘碎片整理程序"窗口，如图 2-23 所示。

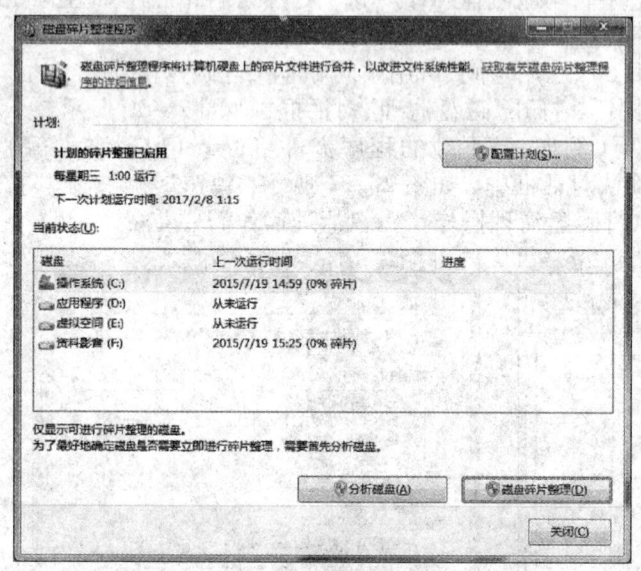
图 2-23 "磁盘碎片整理程序"窗口

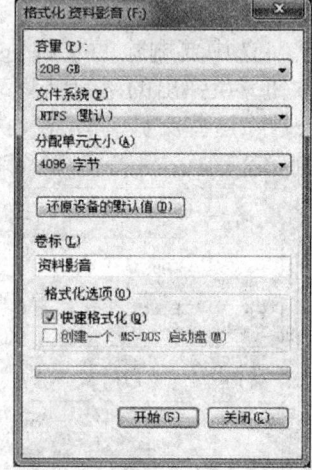
图 2-24 "格式化"对话框

步骤2：选择磁盘 C，单击"分析磁盘(A)"按钮，经过分析之后，会显示该磁盘碎片所占的百分比(例如:9%碎片)，再单击"磁盘碎片整理(D)"按钮，即对该磁盘进行磁盘整理。

● 说明：磁盘碎片整理非常消耗时间，磁盘空间越大，碎片越多，费时越久。经常进行磁盘碎片整理，会影响磁盘寿命。

步骤3：在"计算机"窗口中，选择"本地磁盘(F:)"选项，然后右击，在弹出的快捷菜单中，选择"格式化(A)…"命令，在打开的对话框中，如图 2-24 所示，选择"文件系统"为"NTFS(默认)"，"分配单元大小"为"4096 字节"，选中"快速格式化"复选框，然后单击"开始"按钮，执行磁盘格式化。

任务 4：Windows 环境设置

1. 桌面背景与屏幕保护设置

设置计算机的桌面为"瀑布"图片，显示方式为"拉伸"；设置屏幕保护程序为"彩带"，设置等待时间为 1 分钟，并且在恢复时显示登录屏幕。

步骤1：右击桌面空白处，在弹出的快捷菜单中，选择"个性化(R)"命令，打开"个性化"窗口，单击窗口底部的"桌面背景"链接，如图 2-25 所示。

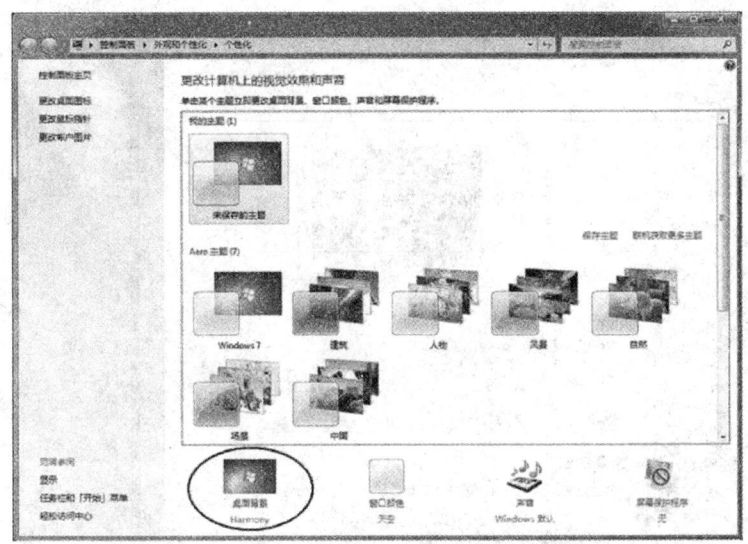

图2-25 "个性化"窗口

步骤2:打开"桌面背景"窗口,找到并选中风景组的"瀑布"图片,在"图片位置"下拉框中,选择"拉伸"效果,如图2-26所示,最后单击"保存修改"按钮,返回"个性化"窗口。

图2-26 "桌面背景"窗口

步骤3:单击窗口底部的"屏幕保护程序"链接,打开"屏幕保护程序设置"对话框,在"屏幕保护程序(S)"下拉框中选择"彩带"选项,在"等待(W)"后的微调器上调整为1分钟,并选中"在恢复时显示登录屏幕(R)"复选框,如图2-27所示,最后单击"确定"按钮。

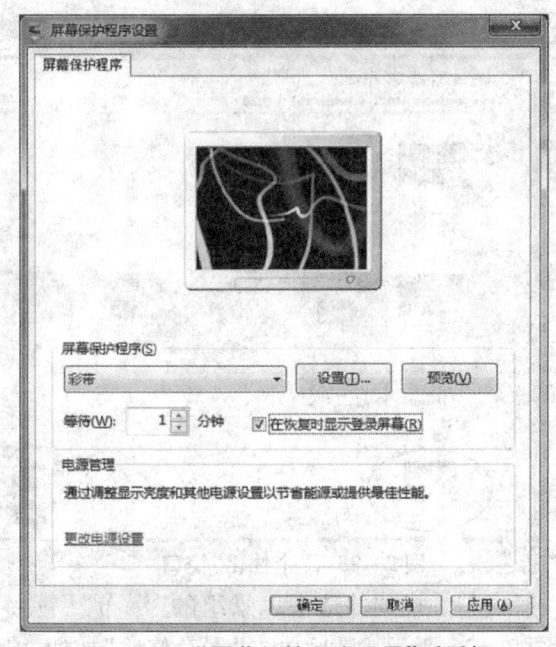

图2-27 "屏幕保护程序设置"对话框

2. "区域和语言"设置

"区域"设置为:小数位数为2,货币格式为"￥1.1",长时间格式为"HH:mm:ss",短日期格式为"yyyy-MM-dd";删除已有的"微软拼音 ABC 输入风格"输入法之后,再将它添加复原,查看中英文输入法之间的切换键设置情况。

步骤1:选择"开始"→"控制面板"命令,在打开的"控制面板"窗口中,单击"时钟、语言和区域"链接,如图2-28所示,在打开的窗口中,单击"区域和语言"链接,如图2-29所示,打开"区域和语言"对话框,在"格式"选项卡中,单击"其他设置(D)…"按钮,如图2-30所示,打开"自定义格式"对话框,如图2-31所示。

步骤2:分别在"数字"、"货币"、"时间"、"日期"选项卡中设置:小数位数为2,货币格式为"￥1.1",长时间格式为"HH:mm:ss",短日期格式为"yyyy-MM-dd",设置完成后,单击"确定"按钮,返回到"区域和语言"对话框。

图2-28 "时钟、语言和区域"链接

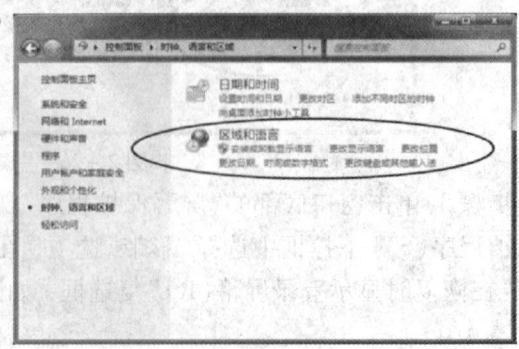

图2-29 "区域和语言"链接

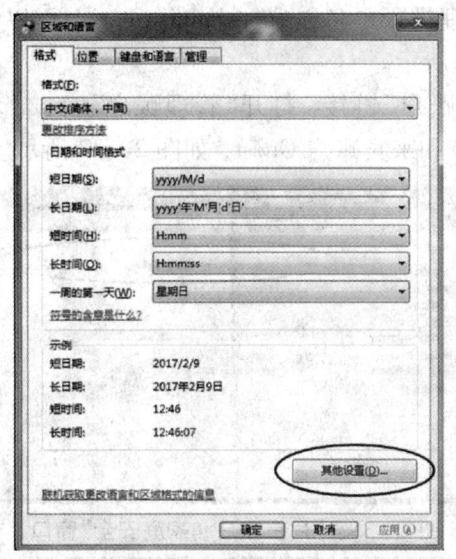
图2-30 "区域和语言"对话框

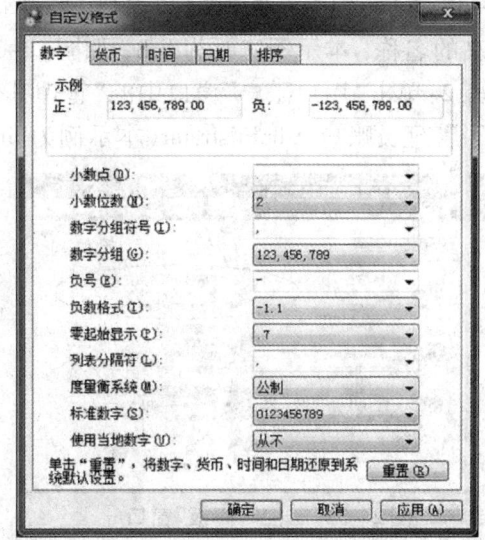
图2-31 "自定义格式"对话框

步骤3：在"区域和语言"对话框中，如图2-32所示，选择"键盘和语言"选项卡，单击"更改键盘(C)…"按钮，打开"文本服务和输入语言"对话框，如图2-33所示，选择"中文（简体）-微软拼音ABC输入风格"输入法，单击"删除(R)"按钮，删除该输入法。

步骤4：在如图2-33所示的对话框中，单击"添加(D)…"按钮，在打开的"添加输入语言"对话框中，选择"中文（简体）-微软拼音ABC输入风格"复选框，再单击"确定"按钮，即可重新添加该输入法。

步骤5：在如图2-33所示的对话框中，选择"高级键设置"选项卡，进行相应设置。

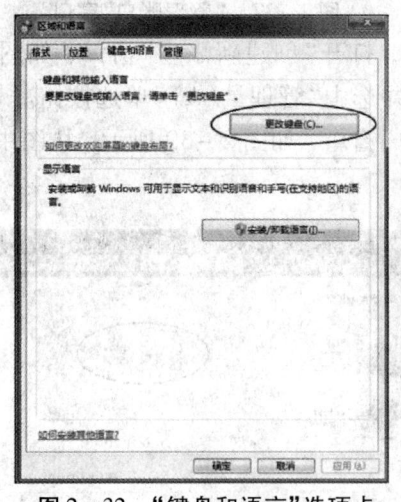
图2-32 "键盘和语言"选项卡

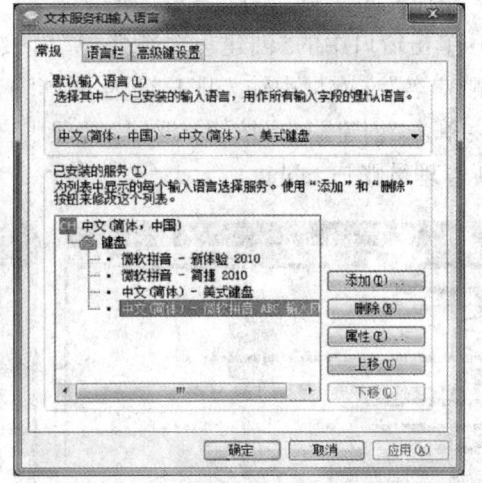
图2-33 "文本服务和输入语言"对话框

3. 账户管理

为计算机另外设置一个管理员账户，账户名称为rabbit，密码为abc123。

步骤1：选择"开始"→"控制面板"命令，在打开的"控制面板"窗口中，单击"用户账户和家庭安全"链接，如图2-34所示，打开"用户账户和家庭安全"窗口，单击"用户账户"链接，如图2-35所示,打开"用户账户"窗口,默认管理员账户名称为"Administrator",可以修改为自己定义的名称,本示例修改为lirh,如图2-36所示。

步骤2:单击"用户账户"窗口中的"管理其他账户"链接,打开"管理账户"窗口,该窗口中列出了管理员账户Administrator(本示例为lirh)和来宾账户Guest,如图2-37所示。

图2-34 "控制面板"窗口　　　　图2-35 "用户账户和家庭安全"窗口

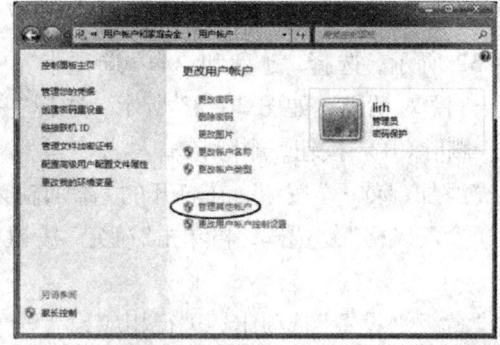 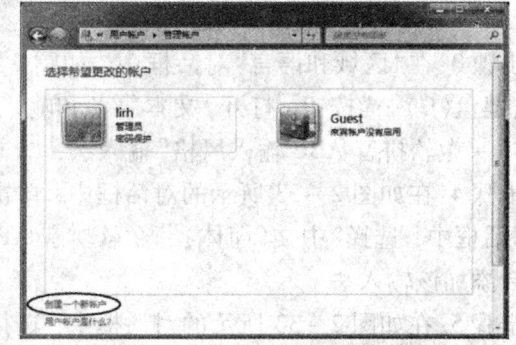

图2-36 "用户账户"窗口　　　　图2-37 "管理账户"窗口

步骤3:单击窗口中的"创建一个新账户"链接,打开"创建新账户"窗口,如图2-38所示,在"新账户名"文本框中输入账户名为rabbit,并选中"管理员(A)"单选按钮。

步骤4:单击"创建账户"按钮,返回"管理账户"窗口,如图2-39所示,从图中可见,已经添加了新管理员账户rabbit。

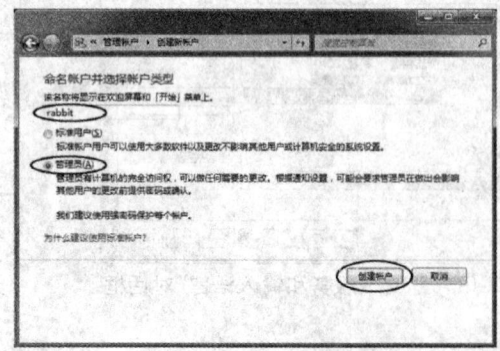 

图2-38 "创建新账户"窗口　　　　图2-39 "管理账户"窗口

步骤5:在"管理账户"窗口中,单击新管理员账户rabbit,打开"更改账户"窗口,如图2-40所示。

步骤6：单击"更改账户"窗口中的"创建密码"链接，打开"创建密码"窗口，在"新密码"文本框中输入密码"abc123"，在"确认新密码"文本框中再次输入密码"abc123"，最后单击"创建密码"按钮，如图2-41所示，完成密码的创建。

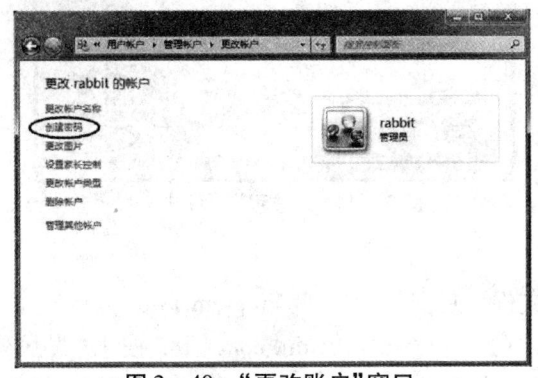
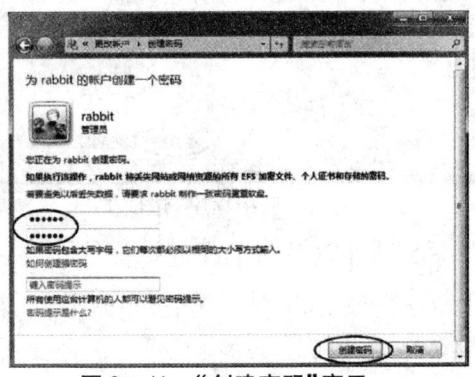

图2-40 "更改账户"窗口　　　　　　图2-41 "创建密码"窗口

4. 任务管理

当打开一个文件或运行某一程序时，系统如果没有反应，出现假死机现象，此时可以通过"Windows任务管理器"窗口，来结束相关应用程序或进程。

步骤1：按 Ctrl + Shift + Esc 组合键，打开"Windows 任务管理器"窗口，如图2-42所示。

步骤2：如果要结束某一个应用程序，在"应用程序"选项卡中，选中要结束的程序（"正在运行"或"未响应"状态），单击"结束任务(E)"按钮，如图2-43所示，或鼠标右键单击，在弹出的快捷菜单中，选择"结束任务(E)"命令。

步骤3：如果要结束某一个进程，在"进程"选项卡中，选中要结束的进程，单击"结束进程(E)"按钮，如图2-44所示，或鼠标右键单击，在弹出的快捷菜单中，选择"结束进程(E)"命令。

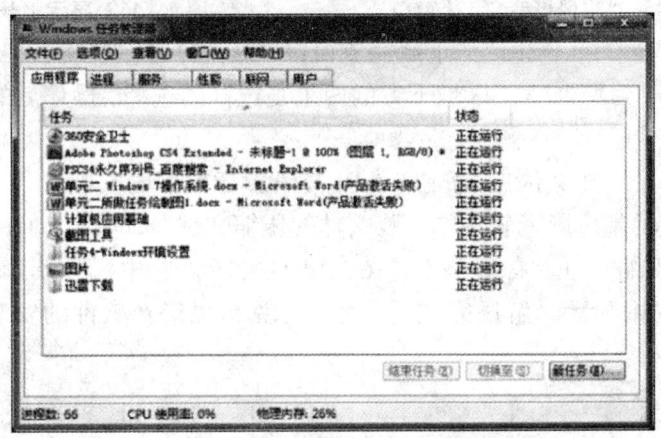

图2-42 "Windows 任务管理器"窗口

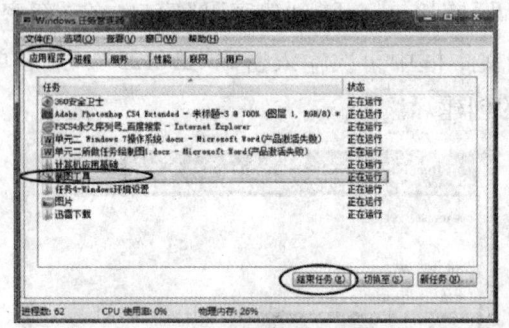
图2-43 "应用程序"选项卡

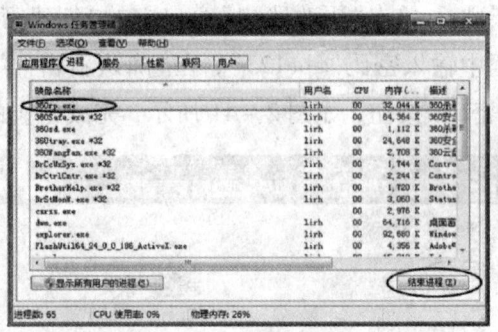
图2-44 "进程"选项卡

任务5：常用软件的下载与安装

下载一款最新的"暴风影音"软件的安装文件，并安装在D盘Program Files文件夹下。

步骤1：打开任意一个浏览器，在百度网站（http://www.baidu.com）上，搜索"暴风影音官网"，打开相关网页，下载一款最新的"暴风影音"安装文件，存在默认的"下载"文件夹内。

步骤2：双击该文件，打开"暴风影音2017"窗口，该窗口有一些不必要的选项，需要取消掉。取消掉窗口右侧"热门推荐软件："区域下方的四个复选框的选择，取消掉窗口下方"使用360安全导航"和"UC浏览器"复选框的选择，操作后的结果，如图2-45所示。

步骤3：单击"快速安装"按钮，显示暴风影音软件的安装文件的下载进度，如图2-46所示。

图2-45 "暴风影音2017"窗口

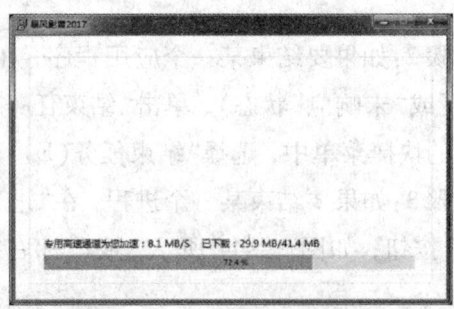
图2-46 显示下载进度

步骤4：下载完成后，打开相应的下载完成窗口，该窗口有一些不必要的选项，需要取消掉。取消掉窗口上方"为您推荐："区域下方的两个复选框的选择，操作后的结果，如图2-47所示。

步骤5：单击"打开所在文件夹"按钮，打开暴风影音软件的安装文件所在的默认下载文件夹，可以看到下载的暴风影音软件的安装文件的压缩文件"baofeng_setup.zip"。

步骤6：选中该压缩文件，右键单击，在弹出的快捷菜单中，选择"解压到当前文件夹（X）"命令，如图2-48所示。解压完成后，可以看见暴风影音软件的安装文件"Baofeng5-5.67.0116.exe"。

项目 2　Windows7的认识和应用

 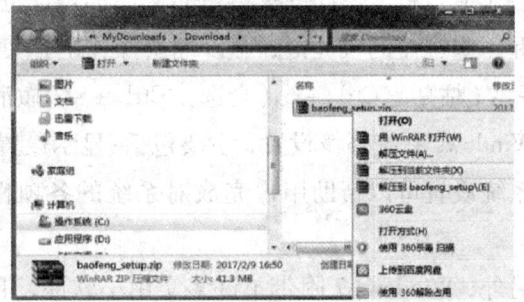

图2-47　操作后的下载完成窗口　　　　图2-48　"解压到当前文件夹"命令

步骤7：双击安装文件，弹出"暴风影音5"的安装窗口，在该窗口中，单击右下角的"自定义选项"命令，展开设置窗口，将安装路径手动修改为"d：\Program Files（x86）\Baofeng\StormPlayer\"，或者单击"选择目录"命令，实现此安装路径的设置。取消掉"影视库快捷方式"和"暴风简助手"复选框的选择，操作后的结果，如图2-49所示。

图2-49　"自定义选项"的具体设置　　　　图2-50　操作后的安装完成窗口

步骤8：单击"开始安装"按钮，进行实际的安装过程。安装完成后，显示相应的安装完成窗口，在该窗口下方，取消掉"安装360安全卫士，最受欢迎的免费安全软件"和"酷狗音乐-8亿用户首选音乐平台"复选框的选择，操作后的结果，如图2-50所示。单击"立即体验"按钮，运行暴风影音软件，自己亲身体验此软件。

2.5　总结与提高

Windows 7是微软公司发布的一款视窗操作系统，可视化效果较好，简单易学，深受用户欢迎。要熟练掌握Windows 7的操作，必须勤学多练。同时，Windows 7对于同样的任务提供了多种操作方法，用户可以根据个人喜好采取合适的方法完成操作。Windows 7的基本操作主要有两大块，分别是文件管理和系统环境设置。

对于文件的管理，用户必须先明白所要操作文件的名称、类型、所在文件夹，接着进行打开、重命名、复制、剪切、粘贴、删除等操作。对于粘贴操作，必须先对文件进行复制或剪切操作之后才能执行,并且每次粘贴的文件都是最近一次复制或剪切的文件。在进行操作时,应该掌握一些键盘的快捷键,可以加快操作的速度。例如:Ctrl + C(复制)、Ctrl + X(剪切)、Ctrl + V(粘贴)、Ctrl + A(全选)、Ctrl + Z(撤消)等。

Windows 系统环境设置,主要包括:显示设置(外观和个性化)、账户设置(用户账户)等,通过系统设置可以帮助用户完成对系统的各项性能参数的修改,使系统更加符合用户的要求。

另外,Windows 7 附带了许多实用小软件,下面介绍几个常用的软件工具。

1. 画图

画图软件是 Windows 中简单实用的图形处理软件,可以实现绘制图片、编辑图片、为图片着色等。可以像使用数字画板那样使用画图软件来绘制简单图片、有创意的设计,或者将文本和设计图案添加到其他图片。

画图软件的打开方式有两种:分别是程序菜单法和命令行法。

(1)程序菜单法。单击"开始"→"所有程序"→"附件"→"画图"命令,或者,单击"开始"菜单,在"搜索栏"内输入"mspaint. exe",如图 2 - 51 所示,按回车键,就会打开"画图"窗口。

(2)命令行法。命令行法是完全的键盘操作,按住键盘的 Windows 徽标键 + R 键,会打开"运行"命令窗口,在其中输入 mspaint,如图 2 - 52 所示,按"确定"按钮或回车键,就可以打开"画图"窗口,如图 2 - 53 所示。

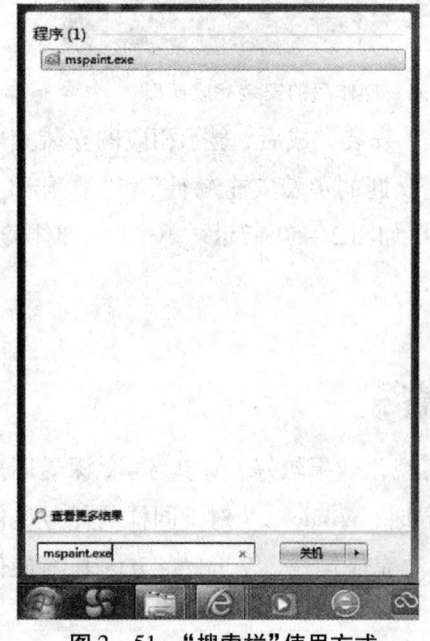

图 2 - 51 "搜索栏"使用方式

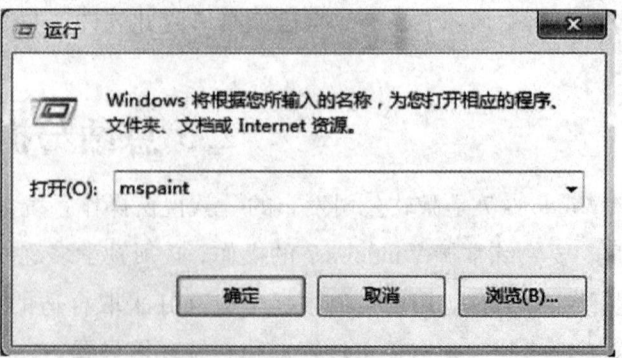

图 2 - 52 "运行"命令窗口

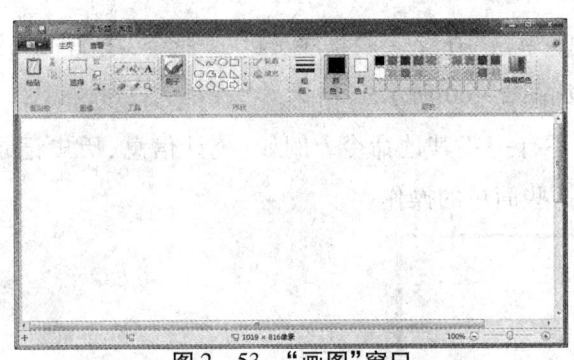

图 2-53 "画图"窗口

在"画图"窗口中,默认是定位在"主页"选项卡,该选项卡下面分为"剪贴板"、"图像"、"工具"、"形状"、"颜色"共 5 组,在编辑图片时,这 5 个组的功能经常配合使用。对图片的编辑,主要和常用功能就是裁剪、擦除、添加标注、添加文字等。

画图默认是不打开标尺和网格的,如果确实有作图的需要,可以在"查看"选项卡下的"显示和隐藏"组,将"标尺"和"网格线"复选框选中。设置后的效果,如图 2-54 所示。

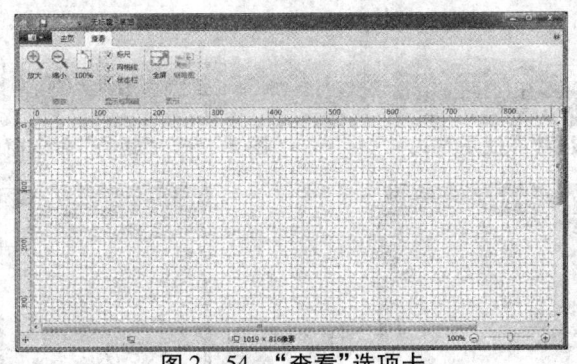

图 2-54 "查看"选项卡

对图片的绘制,主要是灵活使用"主页"选项卡→"工具"组的相关命令和设置,再结合自己的创意,一定会绘制出令人满意的图片。具体绘制时,首先使用鼠标选中某个工具,然后进行该工具的具体设置(轮廓、填充、粗细、颜色等),然后将鼠标指针移入绘图区(画图窗口中最大的空白区域),开始画图,即可。

画图软件的文件扩展名默认为".png",也可以保存为 bmp、jpg、gif、tif 等其他类型的图形格式。

2. 计算器

计算器是非常实用的计算工具,可以进行简单的算术运算、数学运算、进制转换等操作。

计算器的打开方式,同画图软件的打开方式类似,有两种:分别是程序菜单法(如图 2-55 所示)和命令行法(如图 2-56 所示),打开的"计算器"窗口,如图 2-57 所示。

默认情况下,"计算器"的类型是"标准型(T)",如图 2-58 所示,进行基本的算术运算。

在"计算器"窗口中,单击"查看"→"科学型(S)"命令,打开"科学型"计算器,进行基本的数学运算，如图2-59所示。

在"计算器"窗口中，单击"查看"→"程序员(P)"命令，打开"程序员"计算器，进行基本的数制及其转换运算，如图2-60所示。

在"查看"菜单下，还有一些其他命令，例如：统计信息、历史记录、数字分组、单位转换等，可以帮助用户完成一些简单的操作。

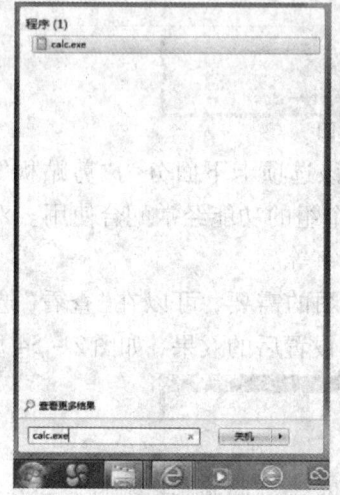
图2-55 "搜索栏"使用方式

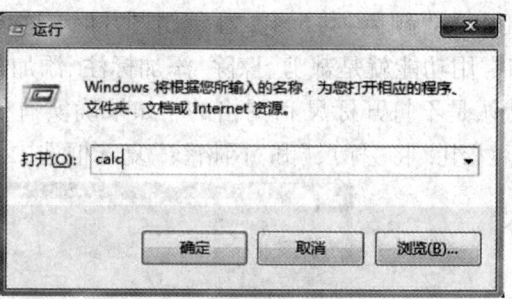
图2-56 "运行"命令窗口

图2-57 "计算器"窗口

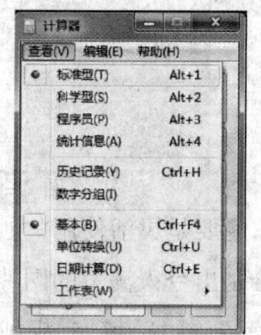
图2-58 "标准型"计算器

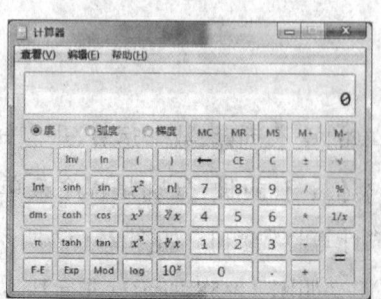
图2-59 "科学型"计算器

图2-60 "程序员"计算器

3. 记事本

记事本是最基本、最常用的文本编辑工具。它不提供复杂的排版与打印格式，不包含任何格式符、控制符和图形，只存放基本的字符，功能比较简单，适合于最基本的文本编辑。

记事本的打开方式，同画图软件的打开方式类似，有两种：分别是程序菜单法（如图2-61所示）和命令行法（如图2-62所示），打开的"记事本"窗口，如图2-63所示。

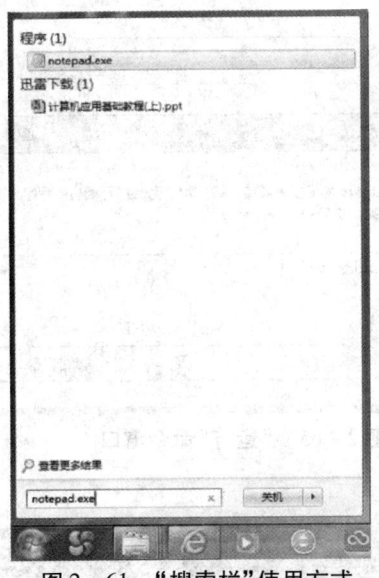
图2-61 "搜索栏"使用方式

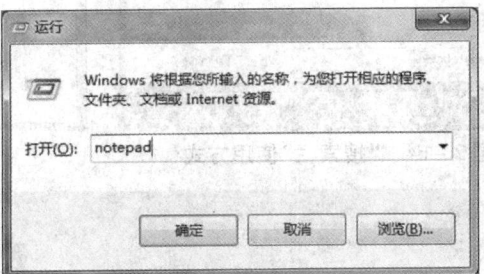
图2-62 "运行"命令窗口

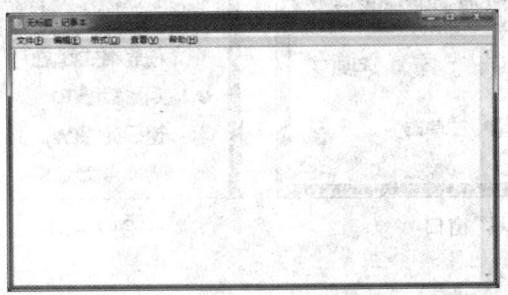
图2-63 "记事本"窗口

记事本的文件扩展名为".txt"。基本上大多数文件都可以用记事本格式打开。

4. 截图工具

截图工具是最基本、最常用的图片编辑工具，它的主要功能就是截取图片。

截图工具的打开方式，同画图软件的打开方式类似，有两种：分别是程序菜单法（如图2-64所示）和命令行法（如图2-65所示），打开的"截图工具"窗口，如图2-66所示。

截图工具最基本的功能就是截图，它截图的形式比较灵活。在"截图工具"窗口中，单击"新建(N)"菜单，在其展开的下拉式菜单中，可以选择截图的方式，如图2-67所示，默认是"矩形截图(R)"，最灵活的是"任意格式截图(F)"。

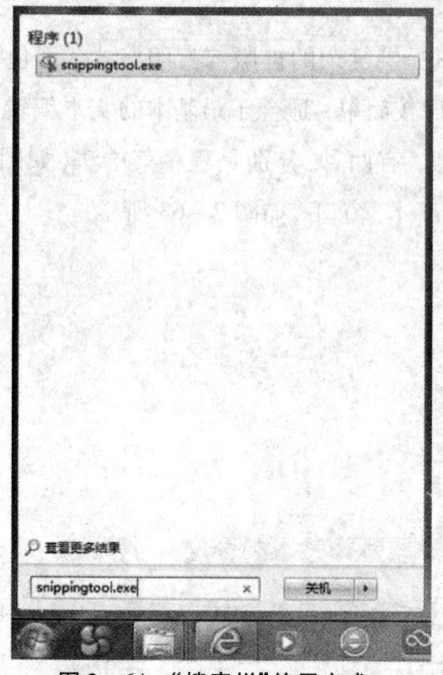

图2-64 "搜索栏"使用方式

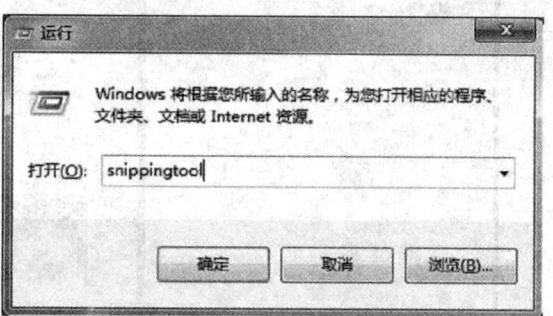

图2-65 "运行"命令窗口

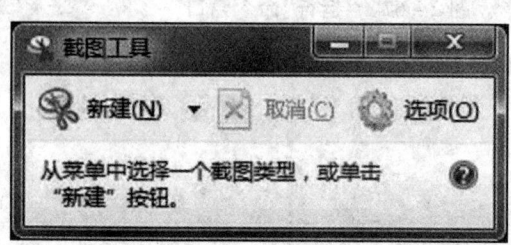

图2-66 "截图工具"窗口

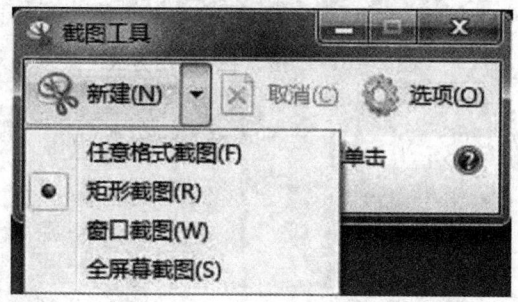

图2-67 "新建"菜单

5. Windows Media Player

Windows Media Player 是一个基本的媒体播放软件，可以使用它查找和播放计算机或网络上的数字媒体文件，播放 CD 和 DVD，以及来自 Internet 的数据流。还可以从音频 CD 翻录音乐，将喜爱的音乐刻录成 CD，与便携设备同步媒体文件，以及通过在线商店查找和购买 Internet 上的内容。

Windows Media Player 的打开方式，同画图软件的打开方式类似，有两种：分别是程序菜单法（如图2-68所示）和命令行法（如图2-69所示），打开的"Windows Media Player"窗口，如图2-70所示。

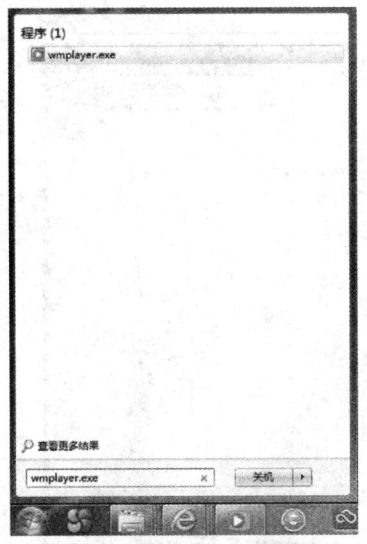

图2-68 "搜索栏"使用方式

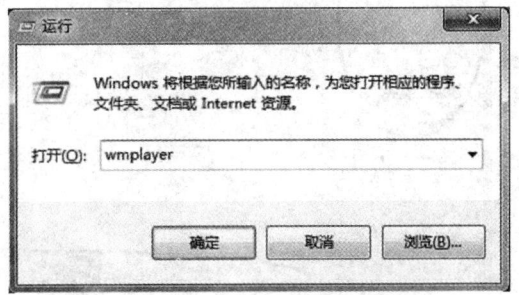

图2-69 "运行"命令窗口

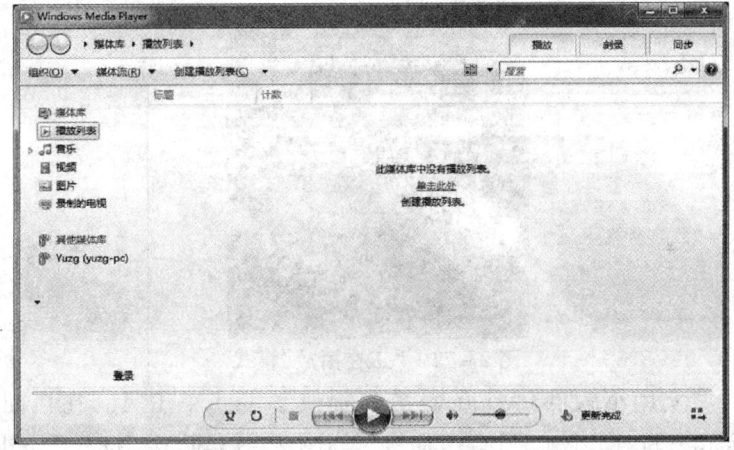

图2-70 "Windows Media Player"窗口

可以通过两种模式来享受媒体:"媒体库"模式和"正在播放"模式,默认是"媒体库"模式,如图2-71所示。

(1)"媒体库"模式:可以全面控制播放器的大多数功能,在窗口右上角,有三个主要功能:播放、刻录和同步;在菜单栏上,有三个主要菜单:组织、媒体流和创建播放列表;在窗口左侧,还有一些主要资源管理列表:播放列表、音乐、视频、图片等;在窗口下方,给出了关于播放操作的一些按钮。

(2)"正在播放"模式:提供最适合播放的简化媒体视图。

使用Windows Media Player,可以在两种模式之间进行切换。在"媒体库"模式中,单击窗口右下角的"切换到正在播放"按钮，可以切换到"正在播放"模式,如图2-72所示。在该窗口中,单击窗口右上角的"切换到媒体库"按钮，或者单击窗口中间的"转至媒体库"按钮，可以切换到"媒体库"模式。

图 2-71 "媒体库"模式

图 2-72 "正在播放"模式

除了上述的一些实用小软件，Windows 7 还提供了一些小工具。在桌面的空白处右击，在弹出的快捷菜单中，选择"小工具(G)"命令，如图 2-73 所示，打开 Windows 自带的一些"小工具"窗口，如图 2-74 所示。根据需求，选择某一个小工具，进行实际应用。

图 2-73 "小工具"命令

图 2-74 "小工具"窗口

2.6 思考与练习

一、单项选择题

1. Windows 7 操作系统是一个（　　）。
   A. 单用户单任务操作系统　　　　　　B. 单用户多任务操作系统
   C. 多用户单任务操作系统　　　　　　D. 多用户多任务操作系统

2. 在 Windows 7 的各个版本中，支持的功能最少的是（　　）。
   A. 家庭普通版　　　B. 家庭高级版　　　C. 专业版　　　D. 旗舰版

3. 在 Windows 7 的各个版本中，支持的功能最多的是（　　）。
   A. 家庭普通版　　　B. 家庭高级版　　　C. 专业版　　　D. 旗舰版

4. 以下关于 Windows 7 文件名命名规则的描述，不正确的是（　　）。
   A. 文件名中可以使用中文　　　　　　B. 文件名不允许使用西文"？"
   C. 文件名中不能有空格　　　　　　　D. 文件名的长度可以超过 56 个字符

5. Windows 7 提供了长文件命名方法，一个文件名的长度最多可达（　　）个字符。
   A. 128　　　B. 255　　　C. 256　　　D. 200

6. 根据 Windows 7 文件命名规则，下列字符串中，合法文件名是（　　）。
   A. ABC*.txt　　　B. #abc%.apk　　　C. ab:c.gif　　　D. aBD/.sql

7. 下列文件格式中，（　　）表示图像文件。
   A. *.sys　　　B. *.html　　　C. *.bmp　　　D. *.txt

8. Windows 7 的文件夹组织结构是一种（　　）。
   A. 线形结构　　　B. 树形结构　　　C. 网状结构　　　D. 表格结构

9. 在 Windows 7 中，文件夹中还可以包含（　　）。
   A. 只有文件　　　B. 只有子文件夹　　　C. 文件和子文件夹　　　D. 根目录

10. 在 Windows 7 中，文件夹中不可存放（　　）。
    A. 文件　　　B. 多个文件　　　C. 文件夹　　　D. 字符

11. 在 Windows 7 中，桌面是指（　　）。
    A. 开机后看到的整个界面　　　　　　B. 活动窗口
    C. "资源管理器"窗口　　　　　　　　D. 窗口、图标、对话框所在的屏幕

12. 在 Windows 7 中，桌面上的快捷方式图标不可以代表（　　）。
    A. 应用程序　　　B. 文件夹　　　C. 用户文档　　　D. 打印机

13. 关于 Windows 7 窗口的大小，一般情况下（　　）。
    A. 仅变大　　　B. 大小皆可变　　　C. 仅变小　　　D. 不能变大和变小

14. 在 Windows 7 中，将打开窗口拖动到屏幕顶端，窗口会（　　）。
    A. 关闭　　　B. 消失　　　C. 最大化　　　D. 最小化

15. 一个应用程序窗口被最小化后，该应用程序将（　　）。
    A. 被终止执行　　　B. 暂停执行　　　C. 在前台执行　　　D. 被转入后台执行

16. 在 Windows 中，窗口最小化是将窗口（　　）。
    A. 变成一个小窗口　　　　B. 关闭　　　　C. 平铺　　　　D. 缩小为任务栏的一个按钮
17. 在 Windows 中，任务栏（　　）。
    A. 只能改变位置不能改变大小　　　　　　B. 只能改变大小不能改变位置
    C. 既不能改变位置也不能改变大小　　　　D. 既能改变位置也能改变大小
18. 记事本是用于编辑（　　）文件的应用程序。
    A. 图片　　　　B. ASCII 文本　　　　C. 表格　　　　D. 音乐
19. "记事本"程序默认的文件扩展名是（　　）。
    A. .txt　　　　B. .doc　　　　C. .rtf　　　　D. .gif
20. "画图"程序默认的文件扩展名是（　　）。
    A. .bmp　　　　B. .jpg　　　　C. .png　　　　D. .gif

二、实践操作题

1. 个性化设置：更改桌面背景，自己选择多个图片创建一个幻灯片，图片位置设置为"拉伸"，更改图片时间间隔为"10 分钟"；选择屏幕保护程序为"气泡"，等待时间为"5 分钟"，并设置在恢复时显示登录屏幕。

2. 屏幕分辨率设置：将屏幕分辨率分别设置成 1024×768 和 800×600，并且观察结果，最后再把屏幕分辨率更改成默认设置。

3. 设置任务栏属性：自动隐藏任务栏，锁定任务栏，使用小图标，任务栏按钮始终合并、隐藏标签。

4. 打开一个窗口，练习窗口最小化、最大化、向下还原、移动、调整窗口大小等操作。

5. 多个窗口排列操作：先打开多个窗口，然后通过右击任务栏空白处，来实现窗口的 3 种排列方式：层叠窗口、堆叠显示窗口、并排显示窗口。

6. 在 D 盘中，新建一个如图 2-75 所示的树形结构文件夹，然后做如下操作：

（1）打开公用文件夹"图片"→"示例图片"窗口，复制文件"考拉.jpg"和"企鹅.jpg"，粘贴到"图形图像资源"文件夹内（要求使用快捷菜单中的命令）。

（2）打开公用文件夹"图片"→"示例图片"窗口，使用"Windows 照片查看器"打开文件"八仙花.jpg"，并制作副本到"图形图像资源"文件夹内，命名为：八仙花.jpg。

（3）利用"画图"程序，绘制一张和"月亮"相关的图片，命名为：月亮.png，保存在"图形图像资源"文件夹内。

（4）在"文本资源"文件夹内，新建一个文本文档，命名为：班级姓名自我介绍.txt，并将该文件的属性设置为"隐藏"。

（5）在"提交文件"文件夹内，新建一个 Microsoft Word 文档，命名为：班级姓名作业1.docx，复制、粘贴该文件到"作业文件"文件夹内（要求使用编辑菜单中的命令）。

（6）在"提交文件夹"文件夹内，新建一个文本文档，命名为：班级姓名说明.txt，剪切、粘贴该文件到"班级姓名作业1"文件夹内（要求使用快捷键）。

（7）将"提交文件夹"文件夹内的"班级姓名作业1"文件夹复制到"作业文件"文件夹内（方法自选）。

(8)将图2-75所示的树形结构文件夹折叠起来,只显示"班级姓名"文件夹。

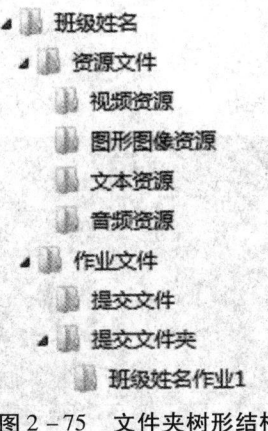

图2-75 文件夹树形结构

7.在桌面上,新建一个Microsoft Excel工作表文件,命名为:我的工作表.xlsx,然后将其删除,放到"回收站"内,再将其还原。

8.在D盘中,将所有隐藏的文件和文件夹显示出来,并将所有的文件和文件夹按照"详细信息"的方式查看,并按"修改日期、递减"的方式排列。

9.搜索文件mspaint.exe(使用"运行"命令窗口方式),观察该文件的路径,然后建立其桌面快捷方式,命名为"我的画图"。

10.搜索文件calc.exe(使用"开始"→"搜索栏"方式),观察该文件的路径,然后建立其菜单快捷方式,放在"开始"→"程序"→"启动"列表中。

11.新建一个标准账户,账户名为"abc",密码为"123",为账户设置图片。

12.设置系统的短日期格式为:yyyy-MM-dd,长日期格式为:yyyy年MM月dd日′,长时间格式为:HH:mm:ss,并使系统时间与Internet同步。

三、拓展训练

安装 Windows 7 操作系统

1.准备工作

(1)准备好Windows 7简体中文旗舰版安装光盘,并检查光驱是否支持自启动。

(2)在可能的情况下,在运行安装程序前用磁盘扫描程序扫描所有硬盘分区,检查硬盘错误并进行修复,否则运行安装程序时,如果检查到有硬盘错误,会比较麻烦。

(3)使用纸张记录安装文件的产品密钥(安装序列号)。

(4)可能的情况下,用驱动程序备份工具(例如:驱动精灵)将原Windows 7中的所有驱动程序备份到硬盘上。最好能记下主板、网卡、显卡等主要硬件的型号、生产厂家,预先下载驱动程序以备用。

(5)如果想在安装过程中格式化C盘或D盘(建议安装过程中格式化C盘),请先备份C盘或D盘中的重要数据。

●说明:磁盘扫描程序的打开方式:选中磁盘,右键单击,在弹出的快捷菜单中,选择"属性"命令,切换到"工具"选项卡,在"查错"框内,单击"开始检查(C)…"按钮,检查完毕后,即可打开磁盘扫描程序。

2. 安装过程

假设,已经设置好光盘引导,插入光盘后,直接安装。

(1)插入光盘,读光盘,启动安装程序,如图2-76所示。

图2-76 启动安装程序

(2)启动完安装程序,进入安装 Windows 7 的过程,如图2-77所示,依次执行:复制 Windows 文件、展开 Windows 文件、安装功能、安装更新、完成安装5个阶段。其中,在"安装更新"阶段,需要重新启动。重新启动后,安装程序进行更新注册表设置,如图2-78所示。设置完成后,安装程序需要启动服务,如图2-79所示,完成"安装更新"。

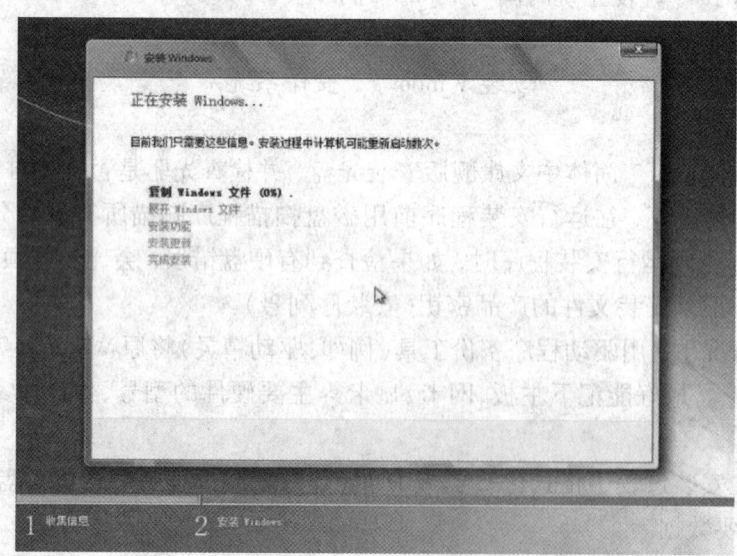

图2-77 复制系统文件

图 2-78　安装程序进行更新注册表设置　　图 2-79　安装程序启动服务

（3）完成安装过程后，需要重新启动。重新启动后，安装程序要为首次使用计算机做准备，如图 2-80 所示。设置完成后，安装程序需要检查视频性能，如图 2-81 所示。

图 2-80　为首次使用计算机做准备　　图 2-81　安装程序检查视频性能

（4）计算机需要再一次重新启动，首先进入"欢迎"界面，如图 2-82 所示。然后准备进入桌面，准备好以后，进入桌面，如图 2-83 所示。

（5）进入桌面后，会给出网络设置的提示，如图 2-84 所示。默认是"公用网络"，可以设置"家庭网络"，单击"家庭网络"连接，进入"家庭网络"的设置，如图 2-85 所示。

（6）网络设置结束后，会给出共享设置的提示。以"家庭网络"为例，默认共享的有"图片、音乐、打印机、视频"，可以先取消所有共享，如图 2-86 所示，需要时再进行设置。共享时，需要密码，如图 2-87 所示。

图 2-82　进入"欢迎"界面　　图 2-83　桌面

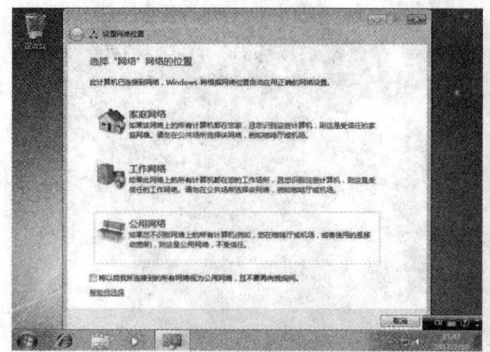
图2-84 设置网络位置

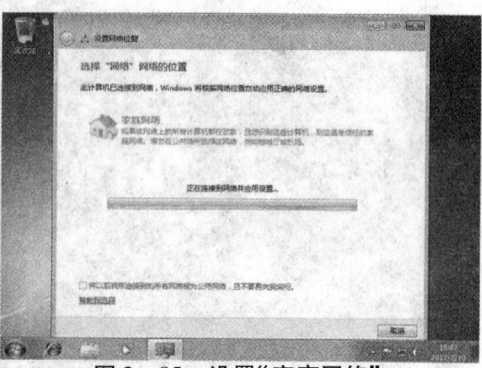
图2-85 设置"家庭网络"

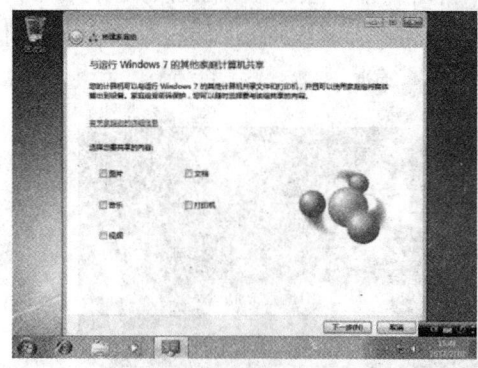
图2-86 取消所有共享

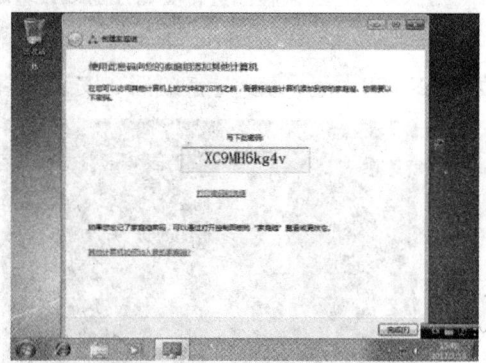
图2-87 共享的密码

●说明:

(1)关于上述的安装步骤,不同版本可能会稍微有所不同。有些经过改版的Windows 7系统支持全自动安装,中间过程无须手动设置。

(2)安装过程需要多次重启,不用紧张。

(3)安装程序为首次使用计算机做准备时,要求输入用户名(账户)和计算机名称,输入完成后单击"下一步"按钮继续。创建账户后,需要为账户设置一个密码,如果不需要密码(以后计算机启动时不会出现输入密码的提示,而是直接进入系统),直接单击"下一步"按钮即可。接下来要输入Windows 7的产品序列号,此时可以先不填写,等待进入系统后再激活系统。

(4)安装完成后,进入桌面环境,需要进行一系列的环境设置,根据个人需求设置。

(5)安装完成后,进入桌面环境,还可能需要安装网卡、显卡、声卡等硬件的驱动程序,安装杀毒软件、防火墙和一些常用软件,对系统进行必要的优化等。

(6)有些Windows 7系统附带了种类繁多的硬件驱动程序,这些硬件驱动程序支持大多数厂商生产的各种型号的硬件。因此,除了品牌机、一些特殊配置的计算机外,一般不需要额外去安装驱动程序。如果计算机已经连网,可以利用驱动程序管理和维护工具(例如:驱动精灵)去网络上自动寻找相关驱动,下载后,进行安装。

单元三 Word 2010 的认识和应用

项目3 自荐书的设计与制作

3.1 项目提出

大学快要毕业了，小李同学和其他同学一样，即将面临找工作的问题。通过学哥、学姐的介绍和学校的就业指导课，小李同学意识到找工作这个问题的严峻性：随着社会经济的发展、产业结构的调整、社会分工的细化，社会对人才的要求越来越高、越来越专业化、职业化，若想在激烈竞争的就业市场中占有一席之地，除了过硬的知识储备和工作能力之外，还应该让用人单位尽快、全面地了解自己。了解到自荐书的作用：自荐书是求职者生活、学习、经历和成绩的概括和集中反映。自荐书，作为一个能综合展示个人能力的文档，会给用人单位留下良好的第一印象，对于即将就业的莘莘学子，一份精心制作的自荐书非常有必要。正好，就业指导老师要求大家制作一份符合自身特色和专业特色的自荐书，作为就业指导课程的期末考核成绩。因此，小李同学和其他同学一样，都在思考如下问题：

1. 自荐书中应该包含哪些内容？
2. 如何制作一份具有自身特色的自荐书？
3. 制作自荐书应该掌握哪些知识点？

3.2 项目分析

自荐书是求职者向招聘者或招聘单位所提交的一种信函，它在一定程度上展示了求职者针对用人单位的特定工作所拥有的知识、技能、资质、态度和素养。如何让你的才能、潜力在有限的空间里闪耀出夺人的光彩，在瞬间能够吸引住用人单位挑剔的眼光，这里，自荐书的设计与制作非常关键。

自荐书是求职者生活、学习、经历和成绩的概括和集中反映。一般情况，自荐书包括三个部分：封面、自荐信和个人简历。主要内容涉及：求职者的个人基本情况、教育经历、社会实践、特长爱好、专业技能、求职的动机与目的等。

综上，设计与制作自荐书一般可以分为三个步骤：

第一步，设计与制作封面。自荐书的封面，相当于对人的第一印象，非常关键。封面设计的构思、布局、色彩均需考究，封面上的内容主要是：求职者的毕业院校、姓名、专业、联系电话、电子邮箱等。

第二步，设计与制作自荐信。主要是使用文字来叙述求职者的思想、学习、生活、专业、爱好、兴趣、特长等，要注意自荐信的内容要适量适度，简洁而不简单，丰富而不冗长；字体、字号、缩进、行间距、段间距等设置要保持一致，最终的效果是使自荐书的内容在页面中分布合理、没有太多空白，也不要太拥挤。

第三步，设计与制作个人简历。主要是使用表格来介绍求职者的学习经历、社会实践等，主要包括：个人基本信息、教育情况、专业课程、爱好特长、自我评价等，表格可以使个人简历清晰、整洁、规范、有条理。

自荐书制作完成以后，可先用打印预览功能查看打印效果，确保打印出来的内容与所期望的一致，如有出入，可以进行再修改，修改无误后，进行打印输出。

由以上分析可知，自荐书的设计与制作，可以分解为五大任务：页面设置；设计与制作封面；设计与制作自荐信；设计与制作表格型简历；打印输出。

3.3 相关知识点

1. Word 2010 概述

Word 2010 是 Microsoft Office 2010 的一个组件，是一个性能优越的文字处理软件，特别适合一般办公人员和排版人员使用。Word 2010 中文版具有文字输入、编辑、排版和打印等功能，可以处理一般的中英文文字编排，可以处理各种样式的商业表格等。利用其中自带的各种模板和向导，可以让用户更方便地创建和编辑专业的文档，包括简历、报告、发票、日程表等。

Word 2010 的主要特点：

(1) 发现改进的搜索和导航体验。
(2) 与他人同步工作。
(3) 几乎可从在任何地点访问和共享文档。
(4) 向文本添加视觉效果。
(5) 将您的文本转化为引人注目的图表。
(6) 向文档加入视觉效果。
(7) 恢复您认为已丢失的工作。
(8) 跨越沟通障碍。
(9) 将屏幕快照插入到文档中。
(10) 利用增强的用户体验完成更多工作。

2. Word 2010 工作界面

Word 2010 工作界面，同其他 Office 办公软件的工作界面类似，主要包括：Office 组件按钮、功能区、文档编辑区、快速访问工具栏、功能选项卡、标题栏、"功能区最小化"按钮、"帮助"按钮、状态栏、视图栏、缩放比例工具等，Word 2010 工作界面如图 3-1 所示，可以由用户根据自己的需要自行修改和设定。

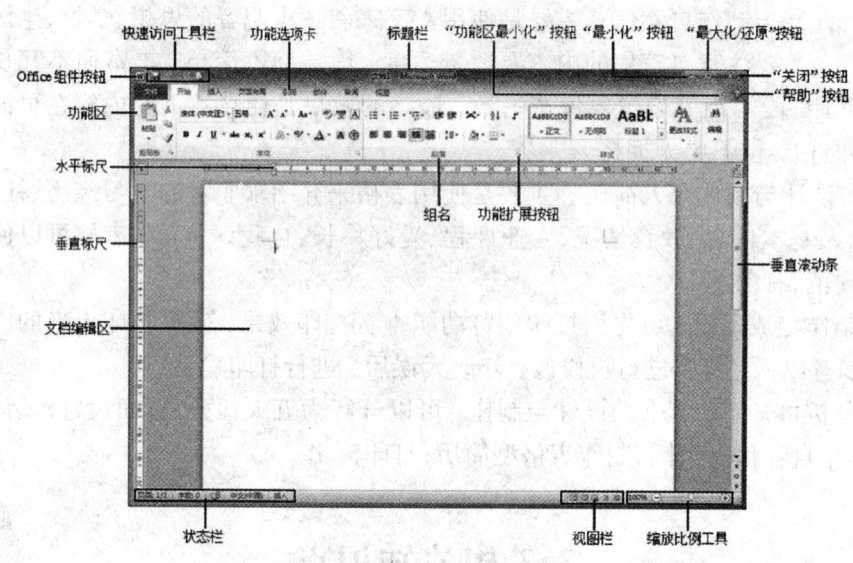

图 3-1 Word 2010 工作界面

3. 字符和段落的格式化

(1) 字符的格式化

字符是文档编辑的基础,字符的格式化非常重要。字符的格式化,包括对各种字符的字体、大小、颜色、字符间距、字符样式、文字效果等进行设置。

Word 2010 所有的输入文字在默认情况下,中文是宋体、五号字,英文是 Times New Roman 体、五号字。用户可以根据自己的需要,改变文档内容的字体、字形、字号等设置。

(2) 段落的格式化

段落是独立的信息单位,具有自身的格式特征,每个段落的结尾处都有段落标记 。段落格式化是指在一个段落的范围内对内容进行排版,使得整个段落显得更美观大方、更符合规范。段落的格式化,包括对段落左右边界的定位、段落的对齐方式、缩进方式、行间距、段间距等进行设置。

文档中段落的格式化设置取决于文档的用途以及用户所希望的外观。通常,会在同一篇文档中设置不同的段落格式。当按 Enter 键结束一段并开始另一段时,生成的新段落会具有与前一段相同的段落格式。

4. 项目符号和编号

项目符号和编号,用于对一些重要条目进行标注或编号,可以使这些条目看起来清晰、有条理,可以使文档更容易阅读和理解。用户可以为选定段落添加项目符号或编号,Word 2010 提供了多种项目符号和编号的形式,用户也可以自定义项目符号和编号。

5. 表格的设计与制作

表格是由若干行和若干列组成的,行和列交叉所形成的矩形区域称为单元格,在单元格中可以添加文本、数字、图片等。

表格主要用于组织和显示信息,但是还有其他许多用途。可以用表格按列对齐数字,然后对数字进行排序和计算;可以用表格创建引人入胜的页面版式以及排列文本和图形等。在

Word 2010 中，表格的一个主要功能是用来组织对文档的排版，使文档中的内容规范、有条理、方便观看。

表格的设计与制作，重在表格的编辑，主要包括两个方面，一是以表格为对象进行编辑，包括表格的大小、移动、对齐方式、文字环绕、样式，设置行高和列宽，设置边框和底纹等；二是以单元格为对象进行编辑，包括单元格的选定（单个单元格或单元格区域）、单元格的插入和删除、单元格的合并和拆分、单元格中对象的对齐方式等。

6. 制表位

制表位是指水平标尺上的位置，它指定文字缩进的距离或一栏文字开始的位置。制表位可以让文本向左、向右或居中对齐；可以将文本与小数点对齐或竖线对齐等。制表位是一个对齐文本的有力工具。

设置制表位的方法：单击水平标尺最左端的"左对齐式制表符"└，直到它更改为所需制表符类型："左对齐式制表符"└、"居中式制表符"┴、"右对齐式制表符"┘、"小数点对齐式制表符"或"竖线对齐式制表符"│，然后在水平标尺上单击要插入制表符的位置即可。

7. 页面边框

页面边框，主要是在页面四周设置一个矩形边框，可对页面边框的样式、颜色、宽度、艺术型、应用范围等进行设置。

8. 打印预览及打印输出

"打印预览"就是在正式打印之前，预先在屏幕上观看即将打印文档的打印效果，查看是否符合设计要求，如果符合，即可打印；如果不符合，进行修改后再打印。

打印之前，可以对打印的份数、范围、是否双面打印、纸张等进行设置。

3.4 项目实施

3.4.1 项目调研

分组调研自荐书的各个组成部分，并讨论每个组成部分的细节。选中其中两组，老师进行深入调研，其他组进行组内讨论，然后再进行组间交流，初步形成本项目的大致框架。

3.4.2 确定项目

全体组及组员进行讨论，最终确定适合本班思想的自荐书的设计与制作整体方案，形成图片，作为后续操作的依据。根据所形成的整体方案，各组分别进行资源的采集和处理。

●项目说明：

自荐书包括三个部分：封面、自荐信和个人简历。

（1）封面：整体布局要求一致，内容可以变化。

（2）自荐信：格式要求一致，内容可以变化。

（3）个人简历：整体布局要求一致，内容可以变化。

3.4.3 项目实施

任务1：页面设置

在文档排版之前，一般要先对文档页面进行设置。

步骤1：打开资源文件"自荐书(素材).docx"。

步骤2：设置纸张大小。在"页面布局"选项卡中，单击"页面设置"组中的"纸张大小"下拉按钮，在打开的下拉列表中，选择"A4"纸张，如图3-2所示。

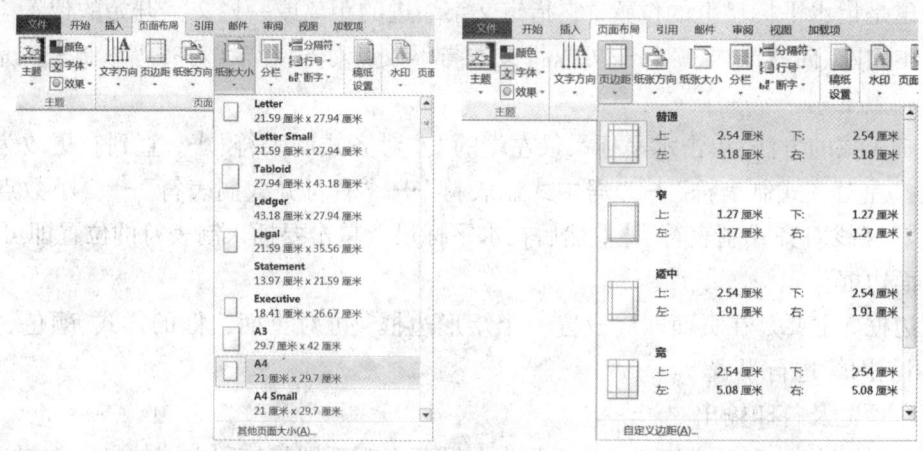

图3-2 设置纸张大小　　　　图3-3 设置页边距

步骤3：设置页边距。在"页面布局"选项卡中，单击"页面设置"组中的"页边距"下拉按钮，在打开的下拉列表中，选择"普通"页边距，如图3-3所示。

步骤4：设置纸张方向。在"页面布局"选项卡中，单击"页面设置"组中的"纸张方向"下拉按钮，在打开的下拉列表中，选择"纵向"纸张方向，如图3-4所示。

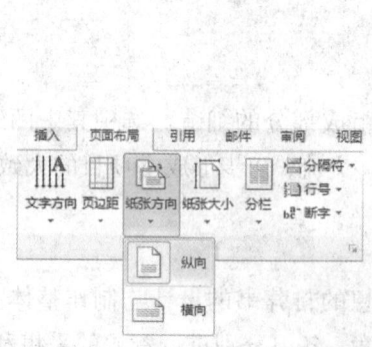 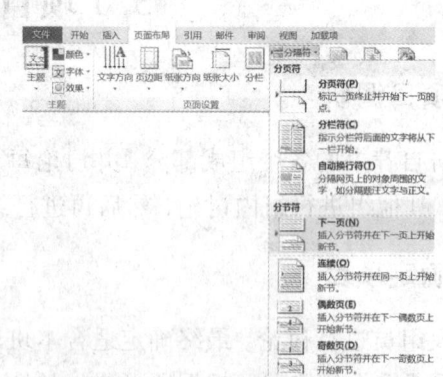

图3-4 设置纸张方向　　　　图3-5 "分隔符"下拉列表

任务2：设计与制作封面

在"自荐书"封面中，主要包括求职者的学校名称、姓名、专业、联系电话、电子邮箱等信息，通常还添加学校标志性建筑物(比如：图书馆、校门、行政楼、校徽等)的图片。

1. 插入分节符

步骤1:将光标置于"自荐信"(不是"自荐书")文字所在行的行首,在"页面布局"选项卡中,单击"页面设置"组中的"分隔符"下拉按钮,在打开的下拉列表中,选择"下一页"分节符,如图3-5所示。

步骤2:使用相同的方法,在"个人简历"文字所在行的行首,插入"下一页"分节符。这样,将文档共分为3个页面(封面、自荐信、个人简历)。

●重要总结:分隔符分为分页符和分节符两种,每种分隔符的含义均不相同,要根据具体需求来选择合适的分隔符。

2.设置字体与段落格式

步骤1:在第1页中,选中文字"××职业技术学院",在"开始"选项卡的"字体"组中,设置格式为"华文行楷,小初,加粗",如图3-6所示。单击"段落"组中的"居中"设置,使文字水平居中,再单击"段落"组中的"行和段落间距"下拉按钮,在打开的下拉列表中,选择"行距选项…",如图3-7所示。

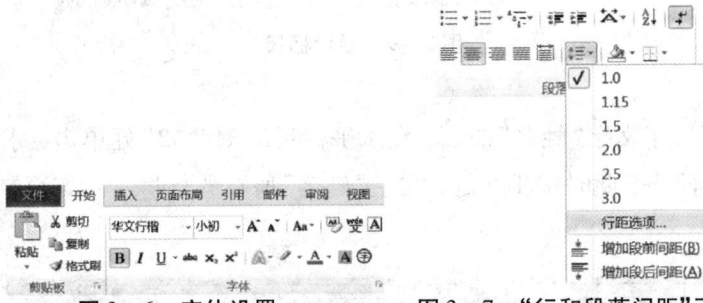

图3-6 字体设置　　　　图3-7 "行和段落间距"下拉按钮

步骤2:在打开的"段落"对话框中,设置"段前"间距为"1行",如图3-8所示。

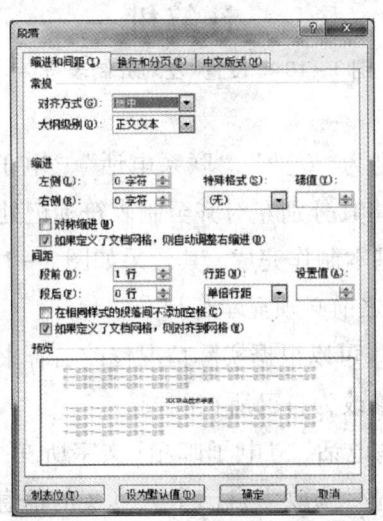

图3-8 "段落"对话框

步骤3:选中文字"自荐书",设置其格式为"隶书,92,水平居中"。

步骤4:选中封面上的图片,拖动图片的控制柄,适当缩放该图片并使之水平居中。

步骤5:选中"姓名"、"专业"、"联系电话"、"电子邮箱"文字所在的4行,设置其格式为

"宋体(正文)，二号，加粗"。

步骤6:仅选中"姓名"文字所在的行，设置其"段前"间距为"3行"。

●重要总结:"字号"的灵活设置。如果在规定的字号设置区域没有找到所需求的字号，可以在该设置区域直接输入字号大小。

3. 设置制表符并对齐文本

步骤1:显示标尺。在"视图"选项卡的"显示"组中，勾选"标尺"复选框，如图3-9所示。

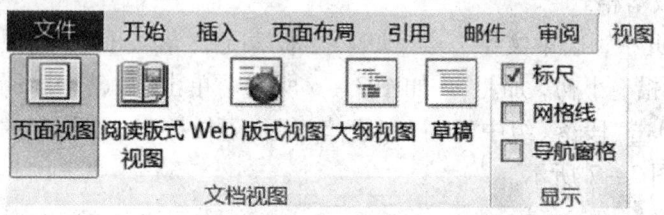

图3-9　显示标尺

步骤2:将光标置于文字"姓名"前面，在水平标尺的刻度"2"处单击，水平标尺中将出现一个"左对齐制表符"↳，此时按Tab健，文字"姓名"所在的行将左对齐至制表符标记处，如图3-10所示。

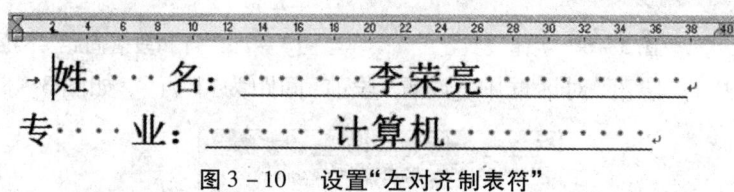

图3-10　设置"左对齐制表符"

步骤3:使用相同方法，分别为"专业"、"联系电话"、"电子邮箱"文字所在行添加"左对齐制表符"↳，此时按Tab健，将其分别左对齐至制表符标记处。

至此，"自荐书"的封面已基本制作完成，其效果如图3-11所示。

●重要总结:在使用制表符之前必须显示标尺。

●说明:在具体操作过程中，可以根据实际情况修改自荐书封面信息。

1. 将"××职业技术学院"修改为自己所在院校。

2. 将"姓名"、"专业"、"联系电话"、"电子邮箱"文字所在行后面的信息，修改为自己的个人信息，其中，"姓名"和"专业"修改为自己个人真实的信息，"联系电话"和"电子邮箱"可以任意填写。

3. 将封面的图片更换为本校的标志性建筑物。

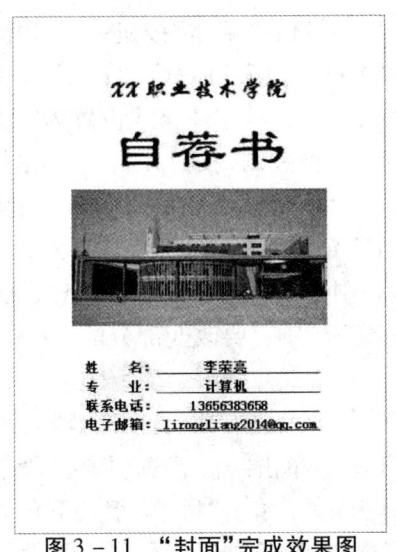

图 3-11 "封面"完成效果图

任务 3:设计与制作自荐信

1.插入日期

步骤 1:在第 2 页(自荐信)中,把光标置于最后一行空行中,在"插入"选项卡中,单击"文本"组中的"日期和时间"按钮,打开"日期和时间"对话框。

步骤 2:在打开的"日期和时间"对话框中,选择合适的日期格式,并选中"自动更新"复选框,如图 3-12 所示,单击"确定"按钮,插入当前日期,并在今后打开该文档时会自动更新日期。

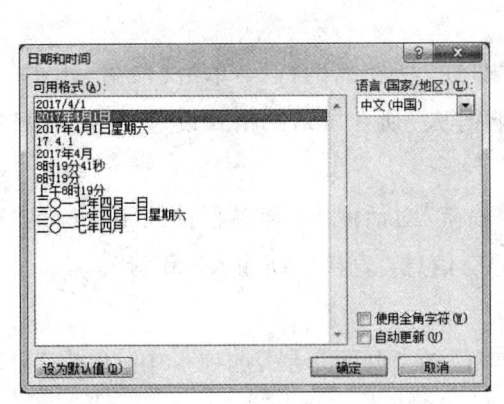

图 3-12 "日期和时间"对话框

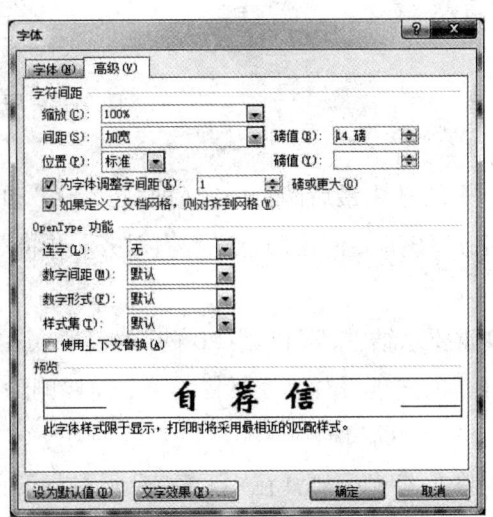

图 3-13 "字体"对话框

2.设置字体格式

字体格式设置主要是对文字(汉字、英文字母、数字字符以及其他特殊符号)的大小、字形、颜色、字间距和各种修饰效果等进行设置。

步骤 1:选中首行文字"自荐信",在"开始"选项卡的"字体"组中,将字体设置为"华文新魏,一号,加粗";单击"字体"组右下角的"字体"按钮,打开"字体"对话框,如图3-13所示,切换到"高级"选项卡,设置字符间距为"加宽"、"14磅",单击"确定"按钮。

步骤2:选中文本"尊敬的领导:",将其字体格式设置为"幼圆,四号",保持选中"尊敬的领导:"文字,单击"剪贴板"组中的"格式刷"按钮,拖动鼠标(此时鼠标指针形状变为"格式刷")选中"自荐人:"和"日期"所在段落,将格式设置为"幼圆,四号"。

步骤3:将正文文字(从"您好"到"敬礼"为止)字体格式设置为"宋体(正文)、小四"。

●重要总结:格式刷的作用是刷格式。操作步骤:刷格式之前,首先要选中一种格式,然后选中"格式刷",最后用"格式刷"去"刷"要改变部分的(文字或段落)格式。

3.设置段落格式

段落格式设置主要包含对齐方式、缩进方式、行间距、段间距等的具体设置。

步骤1:选中标题文字"自荐信",单击"开始"选项卡、"段落"组中的"居中"按钮。选中正文段落(从"您好"到"敬礼"为止),单击"段落"组右下角的"段落"按钮,打开"段落"对话框,如图3-8所示,在"缩进和间距"选项卡中,设置段落格式为"左对齐,首行缩进2字符,1.75倍行距",单击"确定"按钮。

步骤2:将光标定位在"敬礼"所在的段落,拖动水平标尺中的"首行缩进"滑块至左边界(即:水平标尺上刻度为0的位置),如图3-14所示,实现"敬礼"两个字之前没有缩进(或者空格),即:取消"敬礼"所在段落的首行缩进。

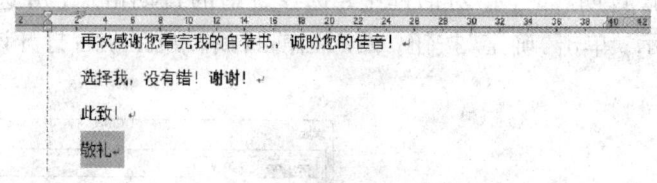

图3-14 取消首行缩进

步骤3:选中最后两行内容(即"自荐人"和"日期"所在的两行),单击"段落"组中的"文本右对齐"按钮,使这两行内容右对齐,并将"自荐人"所在段落的格式设置为"段前间距20磅"。

●重要总结:"段前间距20磅"的设置。在"段落"对话框中,默认段前间距单位是"行",没有"磅"的选项设置。实际操作时,需要删除原有信息,直接手动输入"20磅"。

4.添加页面边框

步骤1:将光标放置在"自荐信"所在行的前面,在"页面布局"选项卡中,单击"页面背景"组中的"页面边框"下拉按钮,打开"边框和底纹"对话框。

步骤2:在"设置"区域中选择"方框"选项,在"颜色"下拉框中选择"白色,背景1,深色50%"颜色,如图3-15所示;在"艺术型"下拉框中选择合适的艺术边框,在"应用于"下拉框中选择"本节"选项,如图3-16所示,单击"确定"按钮。

— 78 —

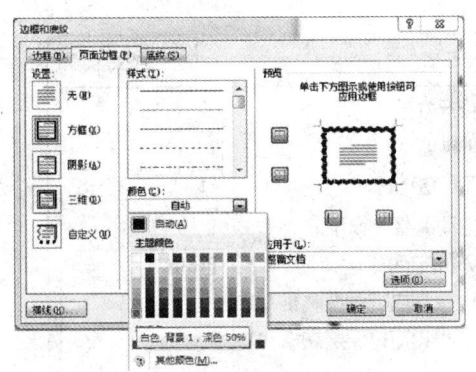 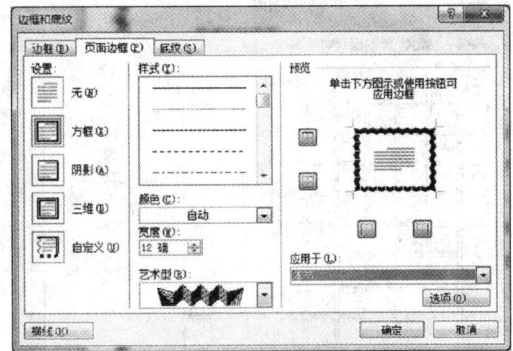

图 3-15　颜色设置　　　　　　　图 3-16　综合设置

至此，自荐信已经制作完成，其效果如图 3-17 所示。

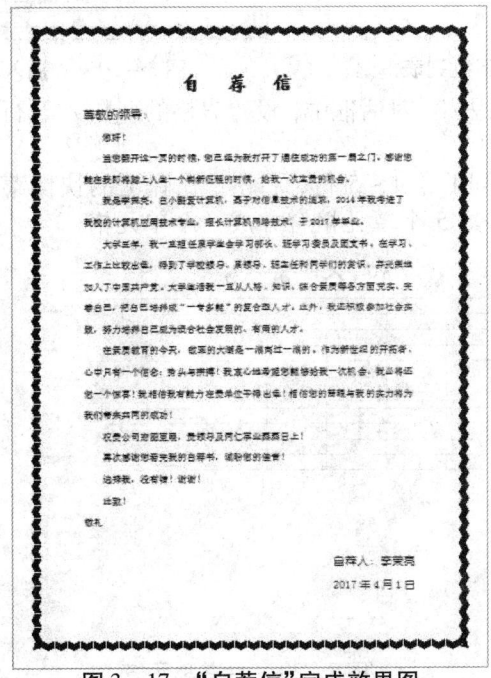

图 3-17　"自荐信"完成效果图

● 说明：在具体操作过程中，可以根据实际情况修改自荐信的信息。

任务 4：设计与制作表格型简历

1. 插入表格

步骤 1：在第 3 页中，使用"格式刷"工具，将第 2 页中文字"自荐信"的格式，应用到第 3 页中文字"个人简历"。

步骤 2：将光标定位在"个人简历"下一空行（第 2 行），在"插入"选项卡中，单击"表格"组中的"表格"下拉按钮，在打开的下拉列表中，选择"插入表格"选项，如图 3-18 所示。

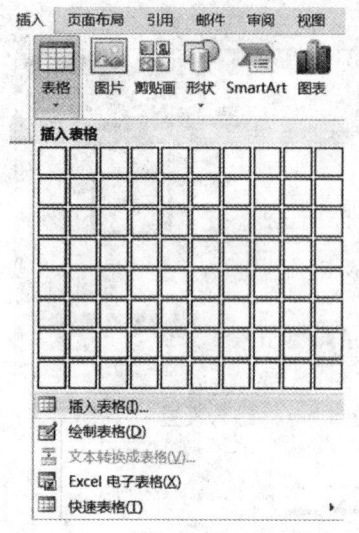
图 3-18 "表格"下拉列表

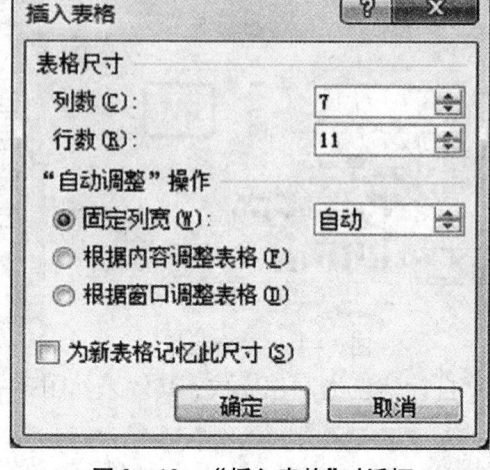
图 3-19 "插入表格"对话框

步骤3：在打开的"插入表格"对话框中，设置表格的列数为7、行数为11，如图3-19所示。

2. 合并单元格

步骤1：选中表格第7列的第1~5行，右击，在弹出的快捷菜单中，选择"合并单元格"命令，如图3-20所示，将这5个单元格合并成一个单元格。

图 3-20 合并单元格

步骤2：选中表格第4行的第2~4列单元格，右击，在弹出的快捷菜单中，选择"合并单元格"命令；使用相同方法，选中表格第5行的第2~4列单元格，将单元格合并；再分别将第6、7、8、9、10、11行的第2~7列单元格合并，单元格合并后的效果如图3-21所示。

图 3-21 合并单元格后的效果图

3. 设置表格的底纹

设置表格的底纹,主要是对表格进行修饰,达到美化版面的效果。

步骤1:选中表格第1列中的第1~11行,右击,在弹出的快捷菜单中,选择"边框和底纹"命令,打开"边框和底纹"对话框,在"底纹"选项卡中,将底纹的填充颜色设置为"白色,背景1,深色25%",如图3-22所示。

步骤2:使用相同方法,将第3列的第1~3行单元格和第5列的第1~5行单元格的底纹的填充颜色设置为"白色,背景1,深色25%",设置底纹后的效果图如图3-23所示。

4. 输入表格内容

步骤1:在已设置底纹的单元格中输入"姓名"、"性别"等文字,字体格式设置为"仿宋,小四,加粗"。

步骤2:在其他空白单元格中添加相关文字,字体格式设置为"宋体(正文),五号",如图3-24所示。

● 说明:表格内,单元格内带有"底纹"的部分,文字严格按照图3-24所示的填写,其他部分的文字,需要根据个人的实际情况进行填写。

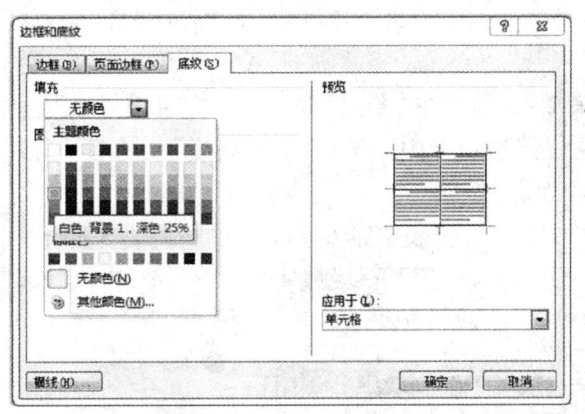

图3-22 "边框和底纹"对话框

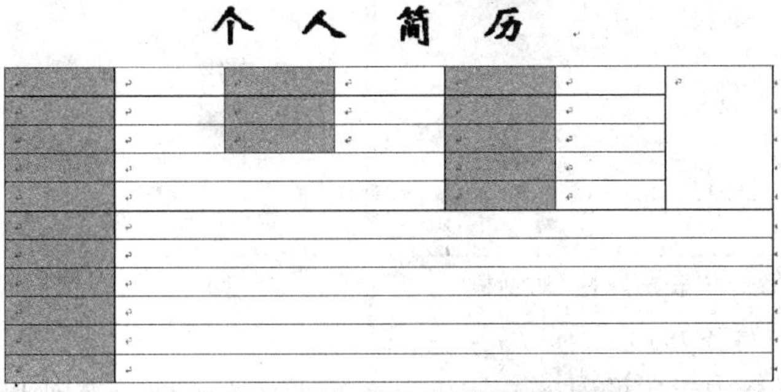

图3-23 添加底纹后的表格效果图

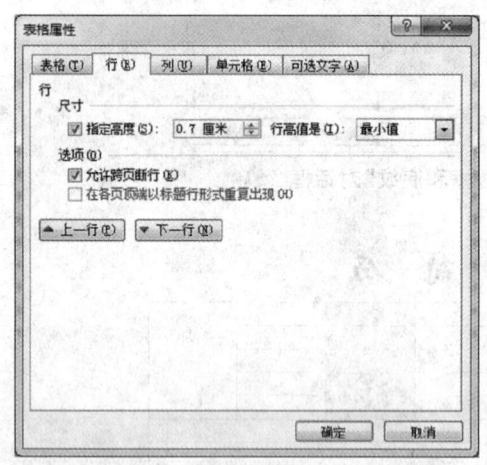

图3-24　添加相关文字后的表格

5. 设置表格行高

步骤1：选中表格第1~5行，在"布局"选项卡中，单击"表"组中的"属性"按钮，打开"表格属性"对话框，在"行"选项卡中，选中"指定高度"复选框，并将行高设置为0.7厘米，如图3-25所示，单击"确定"按钮。

步骤2：使用相同的方法，设置表格第6~11行的行高为3厘米。

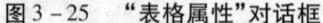
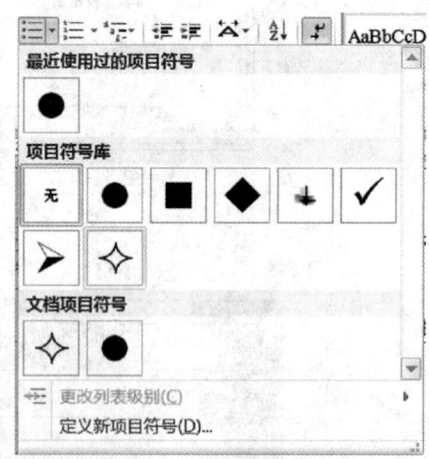

图3-25　"表格属性"对话框　　　　图3-26　选择项目符号

6. 设置单元格的对齐方式

在表格中，单元格中对象的对齐方式可以在水平和垂直两个方向上进行调整。

步骤1：选中表格中第1~5行单元格，在"布局"选项卡中，单击"对齐方式"组中的"水平居中"按钮，使单元格中的文字在水平和垂直两个方向上都居中。

步骤2:使用相同的方法,设置表格中第6~11行第1列单元格的所有文字在水平和垂直两个方向上都居中。

步骤3:选中表格中第6~11行第2列单元格的所有文字,在"布局"选项卡中,单击"对齐方式"组中的"中部两端对齐"按钮，使单元格中的文字在垂直方向上居中。

7. 设置文字方向

步骤1:选中"教育情况"、"专业课程"、"获得证书"、"爱好特长"、"自我评价"、"求职意向"所在的单元格,在"布局"选项卡中,单击"对齐方式"组中的"文字方向"按钮，单元格中的文字将垂直排列。

步骤2:使用相同的方法,设置"照片"所在单元格的文字方向为"垂直"。

8. 添加项目符号

为了使个人简历中的相关内容层次分明,易于阅读和理解,可以为各栏目中的段落添加各种形式的项目符号。

步骤1:选中"教育情况"、"专业课程"、"获得证书"、"爱好特长"、"自我评价"、"求职意向"等栏目右侧的所有文本,即选中第6~11行第2列单元格中的所有文本。

步骤2:在"开始"选项卡中,单击"段落"组中的"项目符号"下拉按钮,在打开的下拉列表中,选择最后一个项目符号,如图3-26示。

9. 设置表格边框

默认情况下,表格的所有边框线都为"0.5磅"的黑色直线。为了达到美化表格的目的,可对表格边框的线型、粗细、颜色等进行修改。

以下将对表格的外侧框线设置为"双细线 ————",内侧框线设置为"虚线 ------------"。

步骤1:选中整个表格,右击,在弹出的快捷菜单中,选择"边框和底纹"命令,打开"边框和底纹"对话框,在"边框"选项卡中,在"设置"区域中选择"方框"选项,在"样式"中选择"双细线 ————",在对话框右侧可预览设置效果,如图3-27所示,单击"确定"按钮,从而将表格的外侧框线设置为四周双细线边框。

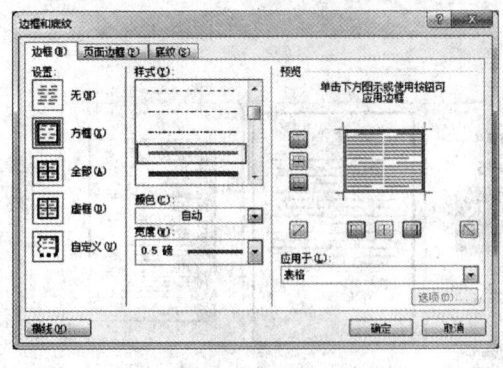

图3-27 设置外侧框线

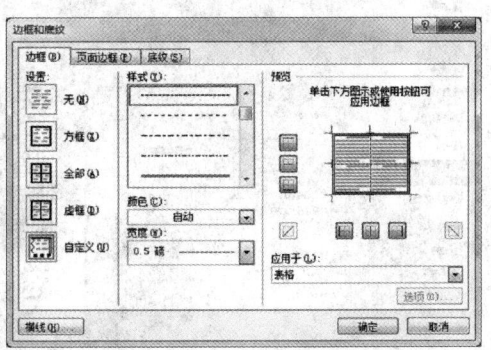

图3-28 设置内侧框线

步骤2:选中整个表格,右击,在弹出的快捷菜单中,选择"边框和底纹"命令,打开"边框和底纹"对话框,在"边框"选项卡中,在"设置"区域中选择"方框"选项,在"样式"中选择"虚线 ------------",单击对话框右侧"预览"效果图中心的某一位置将出现十字形虚线,如图3-28所示,单击"确定"按钮,从而将表格的内侧框线设置为虚线。

至此,"表格型简历"已制作完成,其效果如图3-29所示。

●说明:最后的完成效果根据个人喜好来调整,不用严格遵照完成效果图去完成,要体现个人特色。

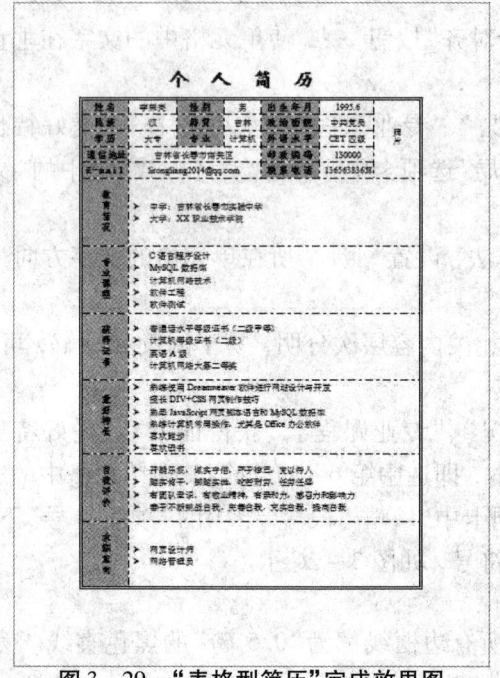

图3-29 "表格型简历"完成效果图

任务5:打印输出

打印文档之前,最好先预览一下打印效果,以确保打印出来的内容与所期望的一致。

步骤1:选择"文件"→"打印"命令,如图3-30所示,在窗口右侧预览区域可以查看打印预览效果,并且还可以通过调整窗口的缩放滑块来缩放预览视图的大小。

在确认需打印的文档正确无误后,即可打印文档。

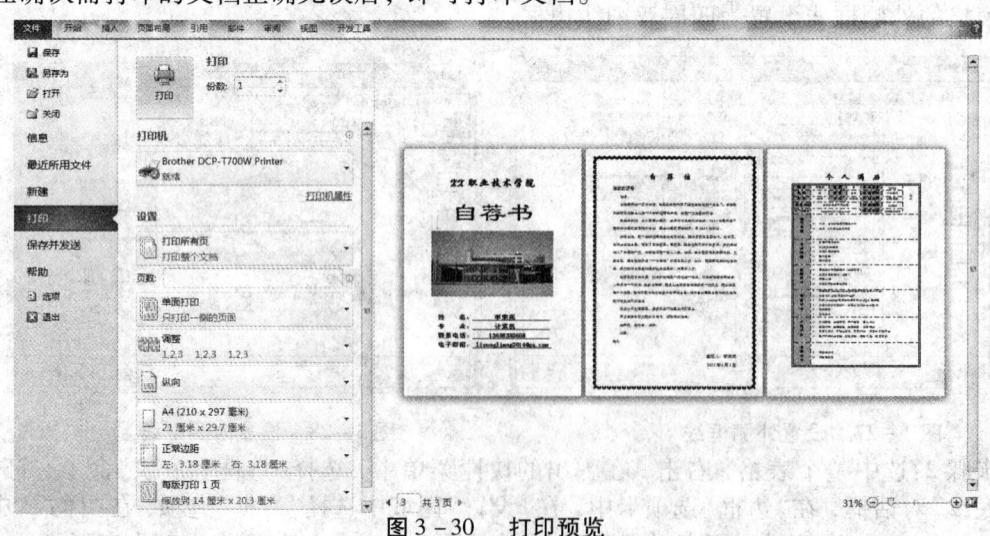

图3-30 打印预览

步骤2:在如图3-30所示的界面中,在"打印机"下拉列表中选择已安装的打印机,设置合适的打印份数、打印范围等参数后,单击"打印"按钮,开始打印输出。

3.5 总结与提高

在本项目中,主要介绍了如下知识点:页面设置、页面边框设置、字符格式化、段落格式化、项目符号、表格的设计与制作(插入表格、边框和底纹的设置、合并单元格、单元格属性设置、单元格内容对齐方式设置等)、制表位的使用、文档的分节等。

进行任何操作之前,首先进行选中操作。进行文字排版时,对文字格式的调整,首先选中文字本身;对段落格式的调整,需要将光标定位在需要调整格式的段落或选中段落本身。

进行表格操作时,插入表格前,要确定好表格的行数和列数后再进行插入;合并单元格时,也要注意行和列所确定的单元格的选择。设置边框和底纹时要选择好对象(是单元格还是整个表格)。表格的设计与制作,除了传统的插入方法,还可以使用绘制表格工具进行绘制表格,如果绘制出现问题,可以使用擦除工具进行擦除操作。特殊形式的表格,例如表格中有斜线表头的,可以使用绘图工具绘制或其他方法绘制斜线表头,绘制出来后,根据需求,填入相应的内容。

制表位是对齐文本的有效工具,可以精确地对齐文本,熟练掌握制表位的使用,可以快速、准确地对文本进行对齐设置。

在进行正式打印之前,最好先进行"打印预览",确保排版效果与预期的一致;开始打印之前,还要进行打印设置,包括打印份数、选取打印机、打印范围、单/双面打印等。

3.6 思考与练习

一、选择题

1. Word 2010 是 Microsoft 公司开发的一个(   )。
   A. 操作系统   B. 文字处理软件   C. 表格处理软件   D. 演示处理软件
2. Word 2010 软件处理的主要对象是(   )。
   A. 表格   B. 文档   C. 图片   D. 数据
3. Word 2010 文档的文件扩展名是(   )。
   A. .txt   B. .wps   C. .docx   D. .dotx
4. 新建的文档,第一次保存时会弹出(   )对话框。
   A. 保存   B. 保存为   C. 另存为   D. 全部保存
5. 按 Ctrl+C 组合键后,对选中的文本执行(   )操作。
   A. 复制   B. 剪切   C. 粘贴   D. 移动
6. 按 Ctrl+V 组合键后,对选中的文本执行(   )操作。
   A. 复制   B. 剪切   C. 粘贴   D. 移动
7. 按 Ctrl+X 组合键后,对选中的文本执行(   )操作。
   A. 复制   B. 剪切   C. 粘贴   D. 移动

8. 按 Ctrl+S 组合键后,实现的功能是( )。
   A. 删除文字　　　　B. 粘贴文字　　　　C. 保存文件　　　　D. 复制文字
9. 在 Word 2010 中,要设置字体颜色,应选择( )选项卡( )组中的命令。
   A. 开始,字体　　　B 开始,文本　　　　C. 开始,段落　　　　D. 插入,文本
10. 在 Word 2010 中,要设置首行缩进,应选择( )选项卡( )组中的命令。
    A. 开始,字体　　　B 开始,文本　　　　C. 开始,段落　　　　D. 插入,文本
11. 在 Word 2010 中,项目符号在( )选项卡( )组中。
    A. 开始,字体　　　B 开始,文本　　　　C. 开始,段落　　　　D. 插入,文本
12. 在 Word 2010 中,插入图片默认的文字环绕方式为( )。
    A. 嵌入型　　　　　B. 浮于文字上方　　　C. 衬于文字下方　　　D. 紧密型
13. 在 Word 2010 文档的字体对话框中,不可设置文字的( )。
    A. 字间距　　　　　B. 字号　　　　　　　C. 删除线　　　　　　D. 行距
14. 在 Word 2010 文档的段落对话框中,不能进行的操作是( )。
    A. 设置行距　　　　B. 设置缩进　　　　　C. 设置字体大小　　　D. 设置对齐方式
15. 在 Word 2010 中,关于表格操作,正确的说法是( )。
    A. 可以调整每列的列宽,但不能调整每行的行高
    B. 可以调整每行的行高,但不能调整每列的列宽
    C. 可以调整每行的行高和每列的列宽,但不能任意修改表格线
    D. 以上都不对
16. 在 Word 2010 中,要删除表格中某单元格所在行,在"删除单元格"对话框中,应选择( )命令。
    A. 右侧单元格左移　　B. 下方单元格上移　　C. 删除整行　　　　D. 删除整列
17. 在 Word 2010 中,如果要设置精确的缩进量,应当使用( )方式。
    A. 段落格式　　　　B. 页面设置　　　　　C. 标尺　　　　　　　D. 行距
18. 在 Word 2010 中,精确设置制表位的操作是( )。
    A. 开始→制表位　　B. 开始→段落　　　　C. 插入→制表位　　　D. 视图→制表位
19. 在 Word 2010 中,如果要隐藏文档中的标尺,可以通过( )选项卡来实现。
    A. 插入　　　　　　B. 编辑　　　　　　　C. 视图　　　　　　　D. 文件
20. 在 Word 2010 中,打印预览时显示的文档外观与( )的外观完全相同。
    A. 大纲视图显示　　B. 页面视图显示　　　C. 草稿视图显示　　　D. 实际打印输出

二、实践操作题

1. 自荐书的封面设计,样例如图 3-31 和图 3-32 所示,选择一个进行操作。
   ●重要知识点提示:字体(下划线)、艺术字、图片、页面背景。
2. 个人简历的结构设计,样例如图 3-33 和图 3-34 所示,选择一个进行操作。
   ●重要知识点提示:字体(下划线)、艺术字、图片、表格、页面背景。

项目 3 自荐书的设计与制作

图 3-31　自荐书封面样例 1

图 3-32　自荐书封面样例 2

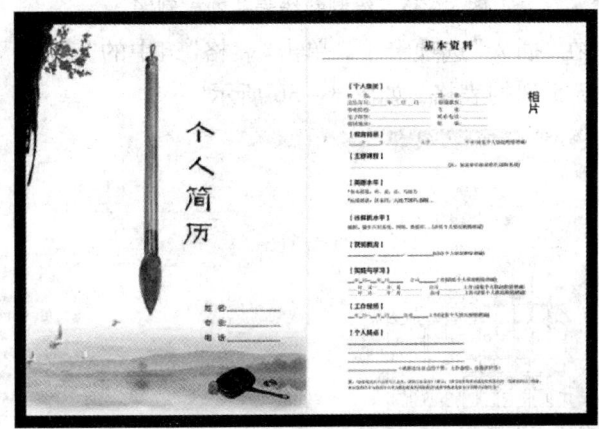

图 3-33　个人简历结构设计样例 1

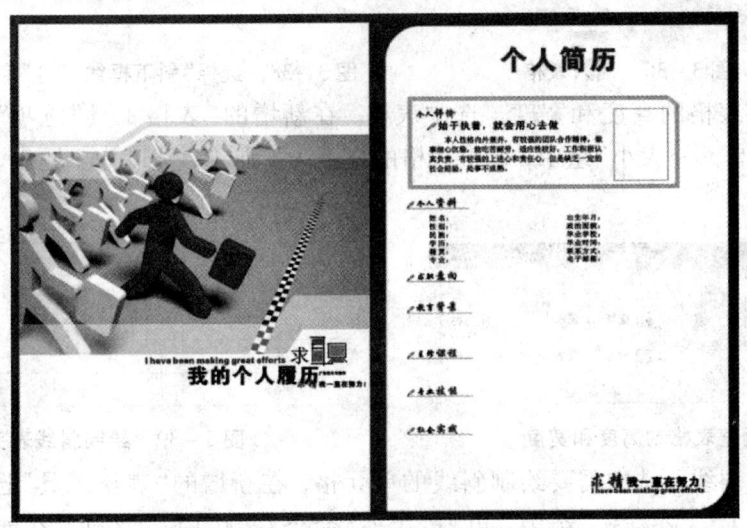

图 3-34　个人简历结构设计样例 2

三、拓展训练

Word 2010 表格的应用

1. 绘制斜线表头

在日常生活中,关于表格的斜线表头样式较多,下面将以最简单的形式进行介绍,样例如图3-35所示。

科目 姓名	语文	数学	计算机	总分
华雨童	92	96	98	
陈璇霜	87	85	88	
左丘茗	83	88	81	
贺一山	76	68	66	

图3-35 绘制斜线表头的样例图

步骤1:插入表格。在"插入"选项卡中,单击"表格"组中的"表格"下拉按钮 ,在打开的下拉列表中,选择5行5列的表格,如图3-36所示。

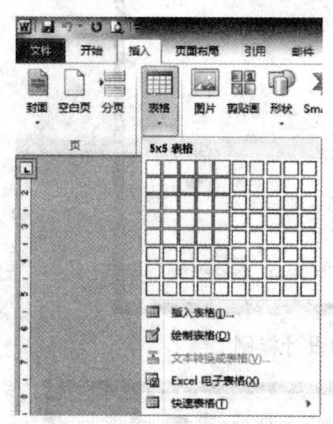

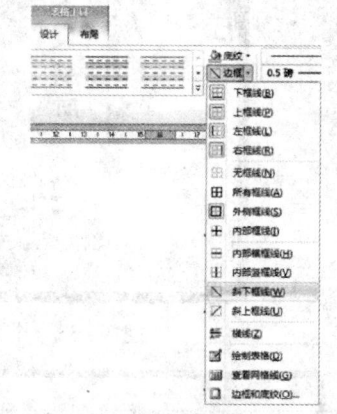

图3-36 插入表格　　　　图3-38 选择"斜下框线(W)"命令

步骤2:调整表格的高度和宽度。选中表格,在新增的"表格工具"选项卡中,选择"布局"选项卡,在"单元格大小"组中,调整表格的高度为1厘米,宽度为3厘米,如图3-37所示。

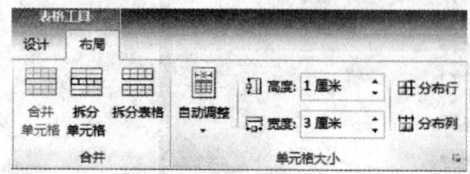

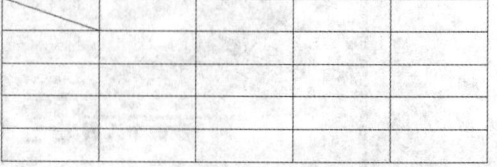

图3-37 调整表格的高度和宽度　　　图3-39 绘制斜线表头后的空表

步骤3:绘制斜线。选中需要绘制斜线的单元格,在新增的"表格工具"选项卡中,选择"设计"选项卡,在"表格样式"组中,单击"边框"命令右侧的下拉按钮,在展开的下拉列表中,选择"斜下框线(W)"命令,如图3-38所示。绘制出来的效果,如图3-39所示。

步骤4:填充表格数据。在绘制好斜线表头的单元格内,一次性输入表头的文字,通过空格和回车,控制文字到适当的位置,效果如图3-40所示。按照图3-35所示的效果,将其他数据填充到单元格内。

姓名＼科目				

图3-40 输入文字后的斜线表头效果图

2.表格中数据的计算

在 Word 2010 的表格中,可以借助 Word 2010 提供的数学公式运算功能,对表格中的数据进行数学运算,包括加、减、乘、除等简单的计算,还可以提供一系列用来计算的函数,例如:求和函数 SUM( )、求平均值函数 AVERAGE( )、求最大值函数 MAX( )、求最小值函数 MIN( )、计数函数 COUNT( )等。用户可以使用运算符号和 Word 2010 提供的函数进行各种运算。

在 Word 2010 表格中,通过使用单元格的名称来引用单元格,单元格的名称使用行号和列号来表示,具体为:列号+行号,即列号在前,行号在后。其中:列号使用大写字母顺序表示,第1列使用大写字母A表示,依次类推。行号使用阿拉伯数字顺序表示,第1行使用阿拉伯数字1表示,依次类推。例如,B2表示第2行第2列,D6表示第6行第4列。在单元格操作中,冒号表示一个连续的单元格区域,例如,A1:E5表示以A1单元格为左上角,以E5单元格为右下角所构成的一个连续的、矩形单元格区域。

在表格计算的公式中,可以引用单元格的左侧(LEFT)、右侧(RIGHT)、上面(ABOVE)和下面(BELOW)来定义一组单元格,例如,"=SUM(LEFT)"表示对当前单元格左侧的数据求和;"=SUM(ABOVE)"表示对当前单元格上方的数据求和。

实例:对图3-35所示的成绩表进行总分的计算,操作步骤如下。

步骤1:将光标定位于存放计算结果的单元格E2中,在"表格工具"选项卡中,选择"布局"选项卡,单击"数据"组中的"公式"按钮,如图3-41所示,打开"公式"对话框,如图3-42所示,如果单击"粘贴函数"下拉按钮,则会在下拉列表中显示所有可用的函数。

步骤2:在"公式"编辑框中,Word 2010 会根据表格中的数据和当前单元格所在的位置自动推荐一个公式,例如,"=SUM(LEFT)"表示计算当前单元格左侧单元格的数据之和,也可以输入公式"=B2+C2+D2"或者"=SUM(B2:D2)",单击"确定"按钮,即可得到计算结果。如果参与计算的数据发生变化,需要通过"更新域"命令(右键快捷菜单中有此命令)来更新计算结果。

步骤3:使用相同的方法,计算所有学生的总分,计算结果如图3-43所示。

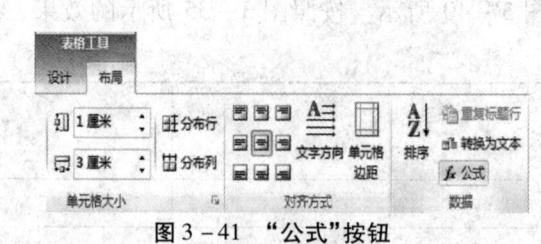
图3-41 "公式"按钮

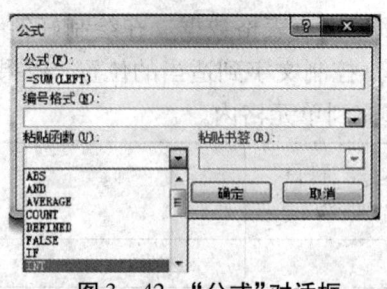
图3-42 "公式"对话框

科目 姓名	语文	数学	计算机	总分
华雨童	92	96	98	286
陈璇霜	87	85	88	260
左丘茗	83	88	81	252
贺一山	76	68	66	210

图3-43 计算"总分"后的效果图

3. 表格中数据的排序

可以对表格中的数据按字母顺序、数字大小、日期先后或笔画的多少进行升序或降序排列。先要选择一列作为排序的依据，当该列(称为主要关键字)内容有多个相同的值时，则根据另一列(称为次要关键字)排序，以此类推，最多可选择3个关键字进行排序。

将光标定位于表格的最后一列("总分"所在的列)的某个单元格中，在"表格工具"选项卡中，选择"布局"选项卡，单击"数据"组中的"排序"按钮，如图3-44所示，打开"排序"对话框，如图3-45所示，选择"主要关键字"为"总分"，"类型"为"数字"，并选择"降序"单选按钮，表示按"总分"进行降序排列，然后单击"确定"按钮，排序结果如图3-46所示。

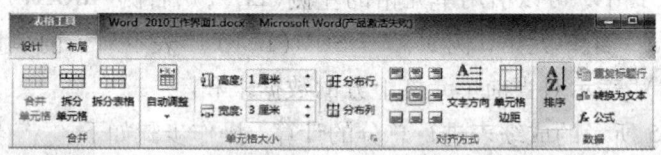
图3-44 "排序"按钮

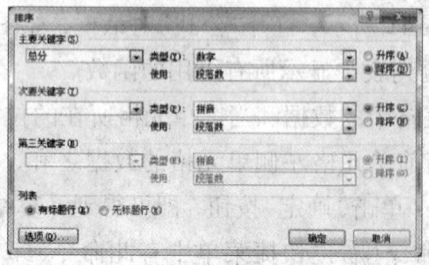
图3-45 "排序"对话框

科目 姓名	语文	数学	计算机	总分
华雨童	92	96	98	286
陈璇霜	87	85	88	260
左丘茗	83	88	81	252
贺一山	76	68	66	210

图3-46 按"总分"进行降序排列的结果

项目4 表格型校刊的设计与制作

4.1 项目提出

小李同学进入大学后,积极参与系里和学校的各项活动,近日,系里安排包括小李同学在内的5个学生一起制作一份校刊,主题为"青春"。

为了很好地完成这项任务,通过各种方式,小李同学了解到校刊的作用:校刊是丰富校园生活的一个组成部分,它传递社会新思潮,生活新动态,教学新理念,青春正能量。校刊通过图文并茂的形式,将最新的、最热点的、最贴近现实生活的、最有益于身心健康的信息传递给学生。

现在摆在他们目前的问题,有如下几个:
1. 校刊怎么布局,才能使版面设计更合理、更规范?
2. 校刊的设计与制作,怎样才能美观、实用?
3. 校刊的每个版面放置什么内容,怎么放置?
4. 校刊的设计与制作,需要哪些知识点?

4.2 项目分析

校刊的版面布局可以规范设计,可以灵活设计,考虑到初次设计校刊,采取以规范设计为主。规范设计一般情况下,是以表格为主,即用表格来规划版面布局。使用表格来规划校刊的布局,校刊版面设计要合理。整个校刊内容要设计合理,图文并茂,不能有太多空白,不能太零散,也不能太紧凑。

校刊的内容很重要,所以在制作校刊之前,必须收集有关"青春"主题的文本和图片等素材,必要的时候,集思广益,自我创作和编辑一些有关"青春"主题的文本和图片素材。

为了使制作好的校刊美观、实用,应该在校刊中插入艺术字、图形图像;添加文本框、底纹;对线条进行美工处理。

为了使校刊能够充分发挥其价值,可以合理利用页面,使页面空间得到充分利用,所以应该进行页眉和版式设置,为了使做出来的效果更好,要做好打印设置。设置完成以后,可先用打印预览功能查看打印效果,确保打印出来的内容与所期望的一致,如有出入,可以进行再修改,修改无误后,进行打印输出。

由以上分析可知,表格型校刊的设计与制作,可以分解为九大任务:设计版面;编辑文字;

插入艺术字;插入图形图像;添加文本框;添加底纹;线条美工处理;页眉和版式设置;打印设置。

4.3 相关知识点

1. 设计版面

版面是书报杂志上每一页的整面,是指印刷好的页张,包括图文、余白整个部分。版面展示了书报杂志的每一面上文字、图画等的编排形式。版面是各类稿件在报纸上编排布局的整体产物,是读者第一接触到的对象。

版面的功能是:

(1)版面语言是报纸引导舆论的重要方式。

(2)版面是帮助和吸引读者阅读的重要手段。

(3)版面是形成报纸个性的重要组成部分。

设计版面,要求布局合理,语言正确,图文并茂。

2. 页面设置

页面设置主要包括纸张大小、纸张方向、页边距、页面版式,还有其他辅助功能,包括:文字方向、行号、网络等。一般情况下,页面设置主要设置纸张大小、纸张方向、页边距等。在特殊情况下(例如:设置页眉页脚的情况),根据实际情况,还需要进行页面版式设置。

3. 表格操作

本项目中,表格的主要操作有:插入表格、设置表格属性(行高、列宽)、表格边框的设置(隐藏、显示)、合并单元格。

4. 图形图像

图形是指由外部轮廓线条构成的矢量图,即由计算机绘制的直线、圆、矩形、曲线、图表等;可以任意缩放不会失真;适用于描述轮廓不很复杂,色彩不是很丰富的对象。

图像是由扫描仪、摄像机等输入设备捕捉实际的画面产生的数字图像,是由像素点阵构成的位图;在缩放过程中会损失细节或产生锯齿;适用于表现含有大量细节的对象。

5. 图片

图片是指由图形、图像等构成的平面媒体。图片的格式很多,但总体上可以分为点阵图和矢量图两大类,常用BMP、JPG等格式都是点阵图形,而SWF、CDR、AI等格式的图形属于矢量图形。在Word 2010中,图片是图形图像的一种表现形式,它的应用是最常见和最灵活的。

6. 形状

形状表示特定事物或物质的一种存在或表现形式。在Word 2010中,形状是图形的一种表现形式,形状的分类较细,灵活应用形状,可以实现更多更好的图形效果。

7. 艺术字

艺术字是一种特殊的图形,它以图形的方式来展示文字,具有美术效果,能够美化版面,广泛应用于宣传、广告、商标、标语、黑板报、报纸杂志和书籍的封面设计等,效果较好,深受大众喜欢。

8. 文本框

在Word 2010中,文本框是一个可移动、可调整大小的文字或图形的容器。文本框,主要是存放文本的容器,使用文本框,可以将文本放置在页面的任何位置,而且在一个页面上可以放置多个文本框。文本框也属于一种图形对象,可以为文本框设置填充色、设置轮廓、设置边框格式、设置文字环绕方式、添加阴影等,还可以为文本框中的文字设置不同于文档中的其他文字的排列方向(横排或竖排)。

9. 底纹

在 Word 2010 中,底纹实际上是背景设置,主要分为填充和图案两种形式,填充主要是填充颜色,图案可以综合设置样式和颜色。底纹可以应用于文字、段落、单元格和表格。

10. 线条美工处理

在 Word 2010 中,线条是一个特殊的存在,可以是简单的形状(例如:直线、曲线等),也可以是图片(例如:线条构成的图片)。它可以单独使用,也可以配合其他对象使用。

11. 页眉设置

页眉,是对传统书籍、文稿、现代电脑电子文本等多种文字文件载体的特定区域位置的描述。在现代电脑电子文档中,一般称每个页面的顶部区域为页眉。它常用于显示文档的附加信息,可以插入时间、图形、公司微标、文档标题、文件名或作者姓名等。这些信息通常打印在文档中每页的顶部。页眉设置,主要是在页面的顶部区域插入需要的附加信息。

4.4 项目实施

4.4.1 项目调研

分组调研表格型校刊的版面布局和所有可能的组成元素,并讨论每个版面布局内的组成元素。其中两组老师进行深入调研,其他组进行组内讨论,然后再进行组间交流,初步形成方案的大致框架。

4.4.2 确定项目

全体组及组员进行讨论,最终确定适合本班思想的表格型校刊的设计与制作整体方案,形成图片,作为后续操作的依据。

●项目说明:

表格型校刊能够合理地规范校刊的布局,在每个布局里面要合理地放置组成元素,在知识丰富的同时,要综合考虑到图文并茂的视觉效果,使知识能够快乐地传递给每一个人。

(1)版面布局:各组整体一致。

(2)版面布局内元素:每组可以不同,但是必须包括:表格、文字、图片、艺术字、日期和时间、形状,其他元素根据每组情况可以增加。

(3)美化。这个环节非常重要,要综合考虑字体和段落的格式设置、其他元素的样式设置、色彩、位置和大小等,可以体现表格型校刊设计与制作的整体设计思路。

4.4.3 项目实施

任务1:设计版面

步骤1:插入表格。在"插入"选项卡中,单击"表格"组中的"表格"下拉按钮,在打开的下拉列表中,选择"插入表格"命令,如图4-1所示。在打开的"插入表格"对话框中,设置表格的列数为4、行数为4,如图4-2所示。插入后的表格显示效果,如图4-3所示。

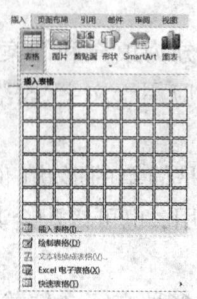

图4-1 "表格"下拉列表　　图4-2 "插入表格"对话框

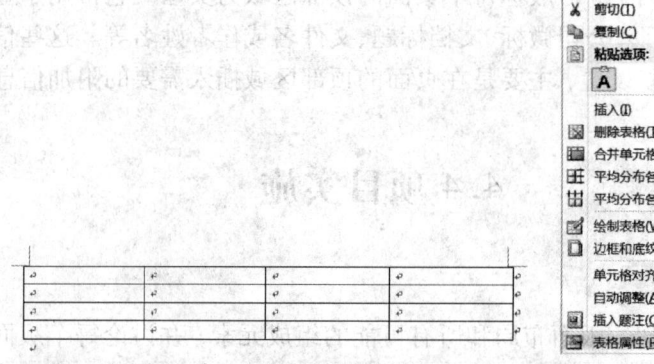

图4-3 插入表格后的显示效果图　　图4-4 "表格属性"命令

步骤2:设置表格属性。选中整个表格,鼠标右键,在弹出的快捷菜单中,选择"表格属性(R)…"命令,如图4-4所示。在打开的"表格属性"对话框中,如图4-5所示,分别进行如下设置:所有的行高设置为:6厘米,如图4-6所示;第1-4列的列宽分别设置为:5厘米、8厘米、1厘米和4厘米,如图4-7所示。设置完行高和列宽后的效果,如图4-8所示。

●重要总结:行高和列宽的设置可以一次性设置,也可以每一项单独设置。

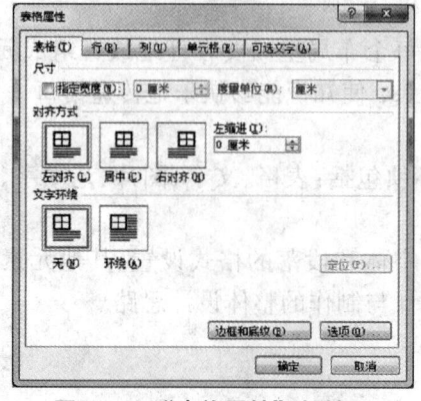 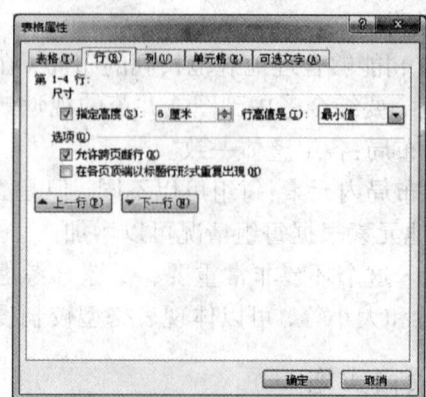

图4-5 "表格属性"对话框　　图4-6 行高设置

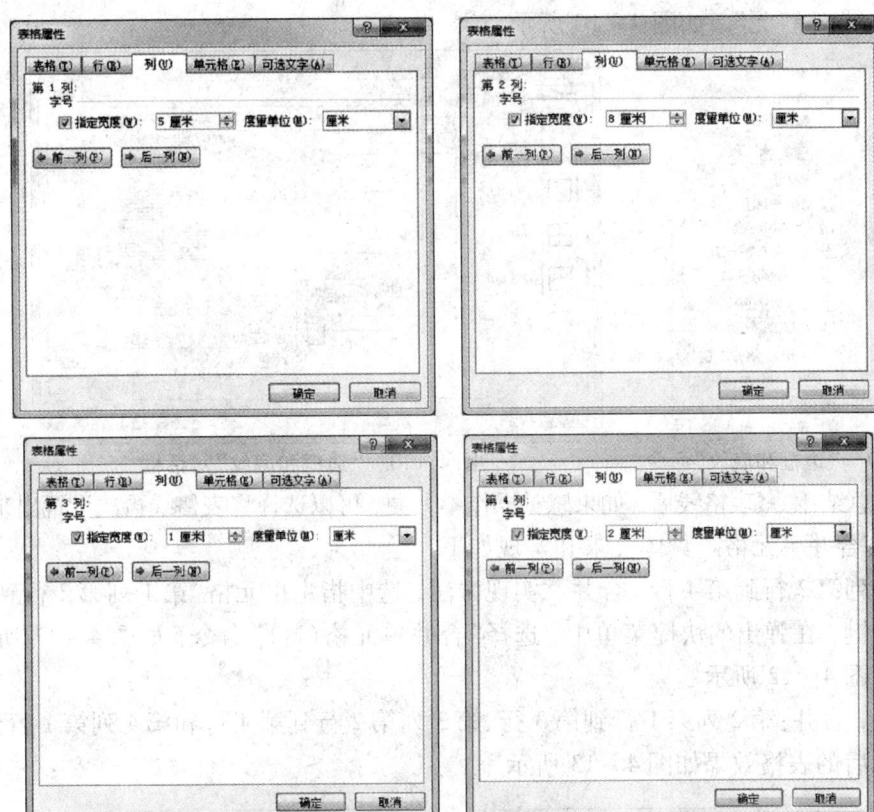

图4-7 各列的列宽设置

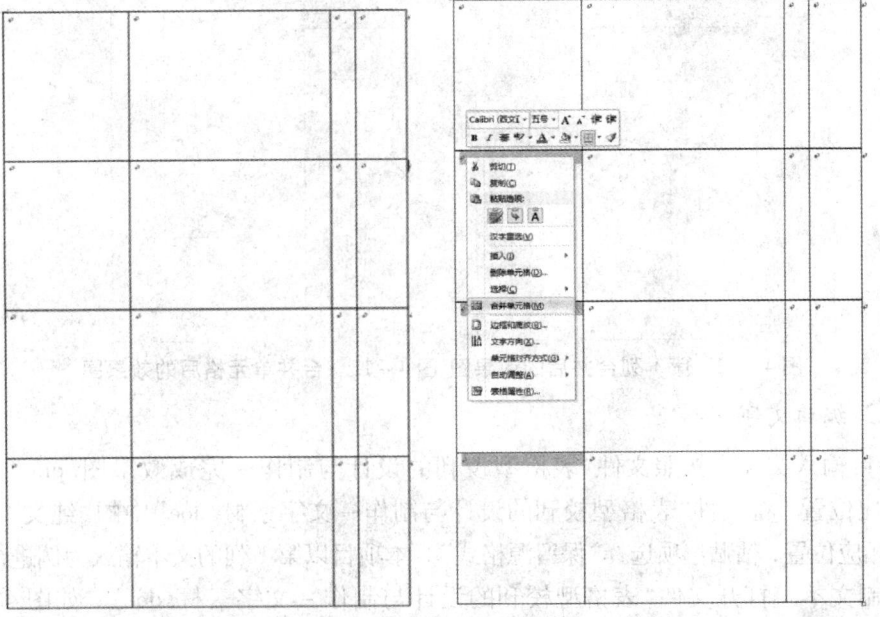

图4-8 表格设置行高和列宽后的效果图　　图4-11 "合并单元格(R)"命令

步骤3：隐藏相应的表格线。选中整个表格，鼠标右键，在弹出的快捷菜单中，选择"边框和底纹"命令，如图4-9所示。在打开的"边框和底纹"对话框中，在"边框"选项卡中，

"设置:"下方选择"无",如图4-10所示。

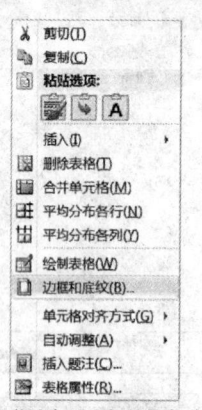
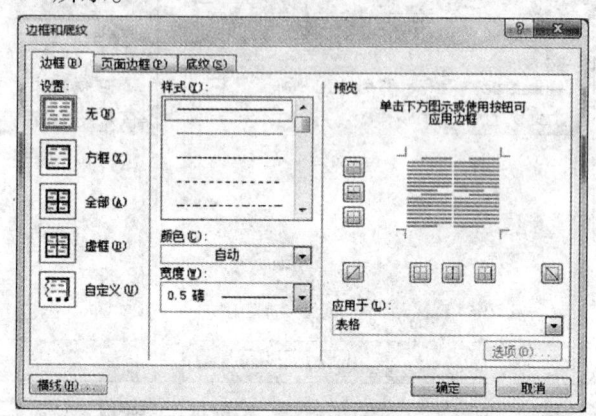

图4-9 "边框和底纹"命令　　　图4-10 "边框和底纹"对话框

●重要总结:隐藏表格线后,如果感觉操作不方便,可以选择将表格线再次设置出来即可。

步骤4:合并单元格。具体要求和实现如下:

1.第1列第2行到第4行,合并。实现方法,选中指定单元格"第1列第2行到第4行",单击鼠标右键,在弹出的快捷菜单中,选择"合并单元格(M)"命令,如图4-11所示。操作后的效果如图4-12所示。

2.同理,合并:第2列第1行到第3行、第3列第2行到第4行和第4列第1行到第3行,合并单元格后的表格效果如图4-13所示。

图4-12 第1列合并后的效果图　图4-13 合并单元格后的效果图

任务2:编辑文字

步骤1:输入文字。按照文件"表格型校刊的设计与制作-完成效果图.png"的样式,在表格的相应位置,将文件"表格型校刊的设计与制作-文字素材.doc"中的"纯文本"文字复制到表格的相应位置,粘贴选项选择"保留源格式"。本项目以第1列的文本输入为例进行讲解。

1.复制文本。打开文件"表格型校刊的设计与制作-文字素材.doc",如图4-14所示。选中"第1列:"下方的文本,鼠标右键单击,在弹出的快捷菜单中,选择"复制(C)"命令,如图4-15所示。

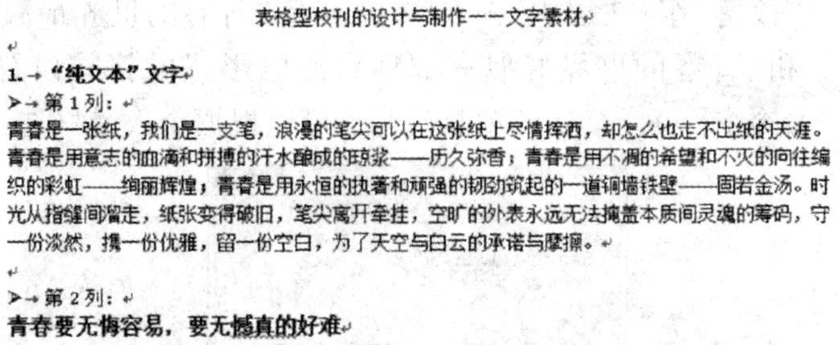
表格型校刊的设计与制作——文字素材

1. "纯文本"文字

➢ 第 1 列：

青春是一张纸，我们是一支笔，浪漫的笔尖可以在这张纸上尽情挥洒，却怎么也走不出纸的天涯。青春是用意志的血滴和拼搏的汗水酿成的琼浆——历久弥香；青春是用不凋的希望和不灭的向往编织的彩虹——绚丽辉煌；青春是用永恒的执著和顽强的韧劲筑起的一道铜墙铁壁——固若金汤。时光从指缝间溜走，纸张变得破旧，笔尖离开牵挂，空旷的外表永远无法掩盖本质间灵魂的筹码，守一份淡然，携一份优雅，留一份空白，为了天空与白云的承诺与摩擦。

➢ 第 2 列：

青春要无悔容易，要无憾真的好难

图 4－14　文字素材文件打开部分效果图

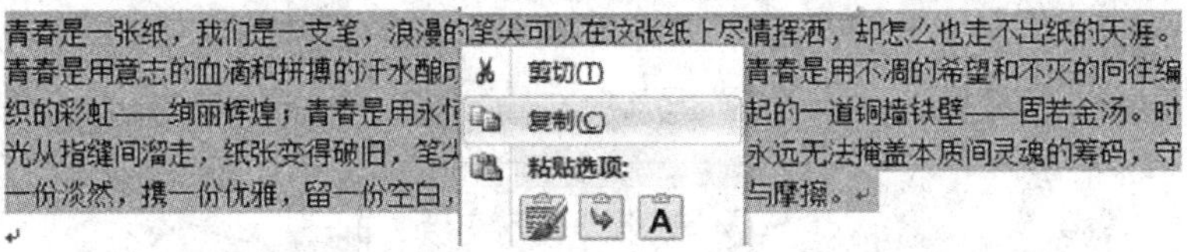

图 4－15　复制文本的操作效果图

2. 粘贴文本。鼠标定位在表格的第 1 列第 2 行的起始位置中，鼠标右键单击，在弹出的快捷菜单中，选择"粘贴选项："下方区域的第 1 个命令"保留源格式（K）"，如图 4－16 所示。粘贴后的如图 4－17 所示。将第 2 列和第 3 列的文本输入后，效果如图 4－18 所示。

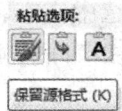

图 4－16　粘贴文本的操作效果图

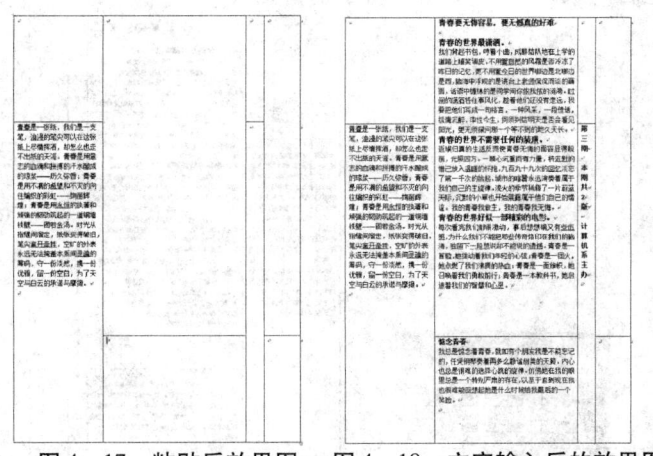

图 4－17　粘贴后效果图

图 4－18　文字输入后的效果图

3. 文本格式化。

（1）第 1 列第 2 行内的文本格式化。选中此部分文本，单击鼠标右键，在弹出的快捷菜单中，选择"段落（P）…"命令，在弹出的"段落"对话框中，设置："缩进"→"特殊格式（S）："→"首行缩进"→"磅值（Y）："→"2 字符"，如图 4－19 所示。

（2）第 2 列第 1 行内的文本格式化。对于没有加粗显示的文本，按照"第 1 列第 2 行内的文本格式化"的方法设置。对于加粗显示的文本，文本"青春要无悔容易，要无憾真的好难"

的格式设置为:居中("段落"组→"居中"命令);段落"青春的世界最潇洒。"、"青春的世界不需要任何的装潢。"和"青春的世界好似一部精彩的电影。"的格式设置为:项目符号("段落"组→"项目符号"命令)。具体的项目符号,可以根据个人爱好选择。

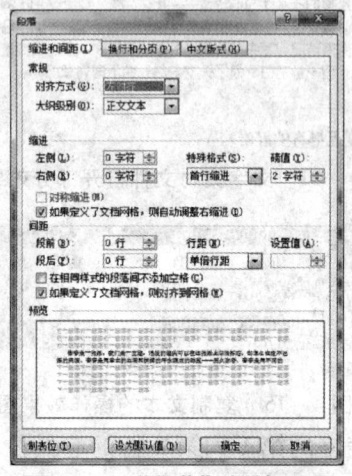

图4-19 "段落"对话框设置

(3)第2列第2行内的文本格式化。选中文本"惦念青春",将其格式设置为:华文新魏、居中。

(4)第3列第2行内的文本格式化。选中文本,单击"表格工具"选项卡→"布局"选项卡→"对齐方式"组→"水平居中"(第2行第2列)选项,如图4-20所示,实现文本在水平和垂直两个方向上的居中设置。

(5)文本格式化后的效果如图4-21所示。

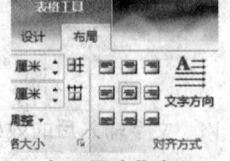

图4-20 "水平居中"选项　　图4-21 文本格式化后的效果图

步骤4:插入日期和时间。定位在第3列第1行的单元格中,单击"插入"选项卡→"文本"组→"日期和时间"命令,如图4-22所示。在打开的"日期和时间"对话框中,"可用格式(A):"下方的列表区域,选择"二〇一七年四月"类型,勾选"自动更新(U)"复选框,如图4-23所示,单击"确定"按钮。选中此日期,单击"表格工具"选项卡→"布局"选项卡→"对齐方式"组→"水平居中"(第2行第2列)选项,如图4-20所示,实现文本在水平和垂直两个方向上的居中设置。

项目 4 表格型校刊的设计与制作

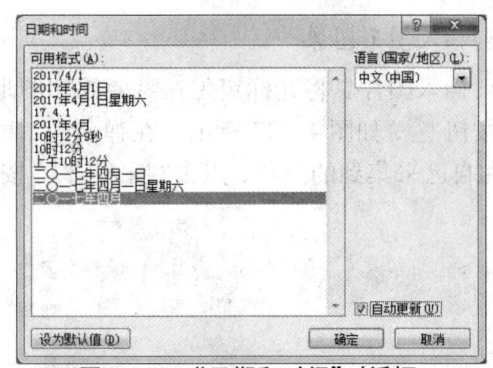

图 4-22 "日期和时间"命令　　　　图 4-23 "日期和时间"对话框

任务3：插入艺术字

按照文件"表格型校刊的设计与制作 – 完成效果图.png"的样式，在指定位置将"青春之歌"、"校刊"、"开心"、"一刻"设置成指定样式的艺术字，如果没有匹配出指定的格式，调整成个人喜爱的格式即可。

具体方法为：定位到指定单元格，在"插入"选项卡中，单击"文本"组中的"艺术字"命令，在展开的"艺术字"下拉列表中，如图 4-24 所示，选择个人喜欢的样式。双击某个艺术字，单击"绘图工具"选项卡→"格式"选项卡→"艺术字样式"组，如图 4-25 所示，可以通过"艺术字样式"组中的命令来调整艺术字的样式。还可以通过"开始"选项卡中"字体"组中的命令来进行艺术字的字体、字形、字号等字体样式的设置。本项目设置后的艺术字效果，如图 4-26 所示。

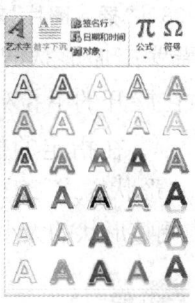

图 4-24 "艺术字"下拉列表

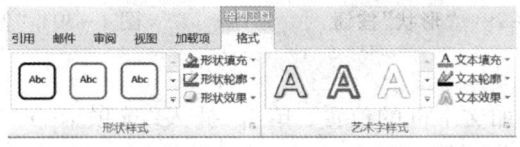

图 4-25 "绘图工具"选项卡→"格式"选项卡→"艺术字样式"组

图 4-26 设置好的艺术字效果图

任务4:插入图形图像

步骤1:插入图片。将光标定位在需要添加图形的位置,单击"插入"选项卡→"插图"组→"图片"按钮,如图4-27所示。在弹出的"插入图片"对话框中,如图4-28所示,选择具体路径和自己采集到的图片,点击"插入(S)"按钮,对插入后的图片进行调整,调整成合适的大小。

图4-27 "图片"按钮

图4-28 "插入图片"对话框

步骤2:插入形状。将光标定位在需要添加形状的位置,单击"插入"选项卡→"插图"组→"形状"按钮,如图4-29所示,在展开的下拉列表中,分别选择"箭头总汇"选项区域中的"左弧线箭头"和"右弧线箭头",在指定的位置绘制选中的形状,双击形状或者单击"绘图工具"选项卡→"格式"选项卡→"形状样式"组,如图4-25所示,可以通过"形状样式"组中的命令来调整形状的样式,并且适当调整形状的大小,调整后的效果如图4-30所示。

图4-29 "形状"按钮   图4-30 "箭头"形状效果图

任务5:添加文本框

将光标定位在需要添加文本框的位置,单击"插入"选项卡→"文本"组→"文本框"按钮,如图4-31所示,在展开的下拉列表中,选择"绘制竖排文本框(V)"命令,如图4-32所示,在指定的位置绘制竖排文本框,在文本框中输入文字"青春的痕迹",如图4-33所示,选中该文字,在"开始"选项卡的"字体"组中,将该文本格式设置成"楷体、小四、加粗",如图4-34所示。将光标定位在"竖排文本框"内,单击"绘图工具"选项卡→"格式"选项卡→"形状样式"组→"形状轮廓"选项的下拉列表→"无轮廓(N)"选项,如图4-35所示,设置后的效果,如图4-36所示。

项目 4 表格型板刊的设计与制作

图 4-31 "插入"选项卡→"文本"组→"文本框"按钮

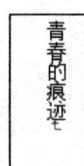

图 4-32 "绘制竖型文本框(V)"命令   图 4-33 绘制文本框及编辑文字

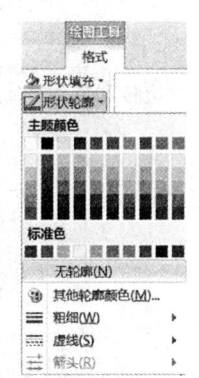

图 4-34 文本框内字体格式设置   图 4-35 设置文本框轮廓 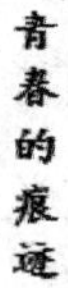   图 4-36 轮廓设置后效果图

●说明：

1. 如果没有找到相应命令，可尝试：在"文本框工具"选项卡下，"格式"选项卡下，"文本框样式"组，设置"形状轮廓"为"无轮廓"。

2. 如果文本框内有颜色，可以设置"形状填充"为"无填充颜色"。

任务6：添加底纹

选中"惦念青春"下面的文本，鼠标右键单击，在弹出的快捷菜单中，选择"边框和底纹(B)…"命令，如图 4-37 所示，弹出"边框和底纹"对话框，如图 4-38 所示，切换到"底纹(S)"选项卡，在"填充"下方的颜色区域内选择个人喜欢的颜色，本项目选择"绿色"，如图 4-39 所示，单击"确定"按钮，完成操作，效果如图 4-40 所示。

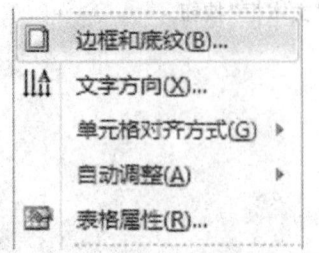
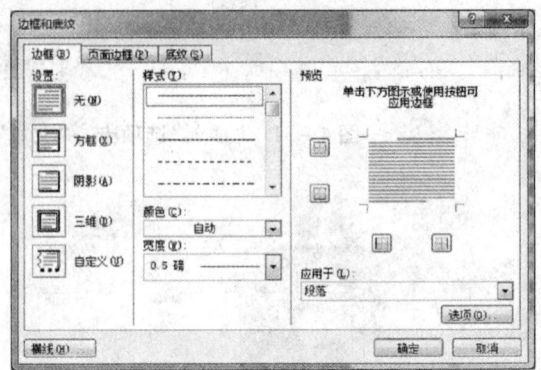

图4-37 "边框和底纹(B)…"命令　　图4-38 "边框和底纹"对话框-初始状态

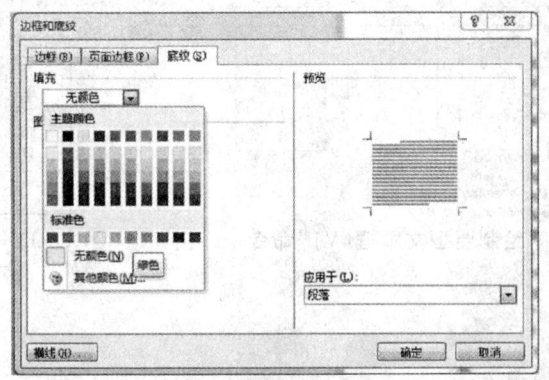

图4-39 "边框和底纹"对话框-底纹设置

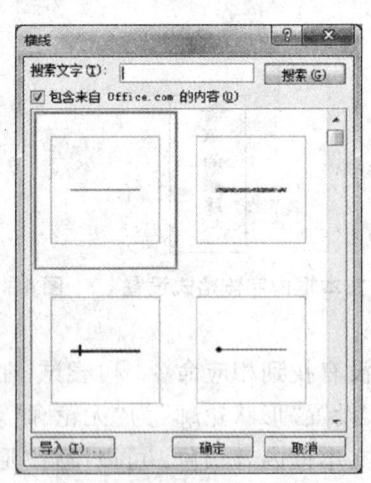

图4-40 设置底纹后的效果图　　图4-41 "横线"对话框

任务7：线条美工处理

根据个人喜好，选择"边框和底纹"命令，为表格、文本框、形状等对象设置个人喜欢的样式。

●说明：在第2列第1行的所有文本下方有一个彩色图形，它是一个艺术字横线，插入艺术字横线的方法为：单击"开始"选项卡→"段落"组→"下框线"　命令右侧的下拉按钮（黑色倒三角),在展开的下拉列表中,选择"边框和底纹(O)…"选项,在弹出的"边框的底纹"对话框中,单击左下角的"横线(H)…"按钮,弹出"横线"对话框,如图4-41所示,在"横线"对话框中找到指定要求的"横线",单击"确定"按钮,完成插入操作。

任务8:页眉和版式设置

步骤1:设置页眉。在"插入"选项卡中,单击"页眉和页脚"组中的"页眉"命令,选择一种指定的页眉样式,在指定的页眉区域输入页眉文字"致青春 第一版",然后将此文字进行文字格式化,本项目设置为:华文行楷、四号,并将该文字进行居中设置,效果如图4-42所示。

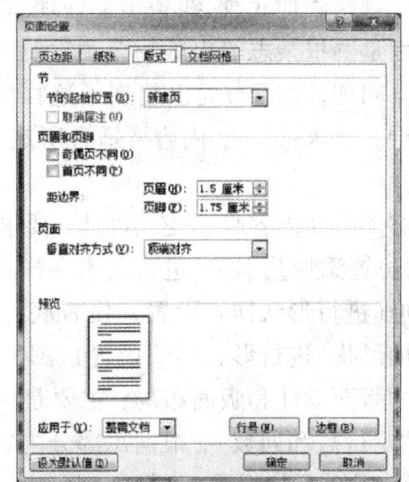

图4-42 页眉文字格式化后的效果　　　　图4-43 "页面设置"对话框

步骤2:设置版式。在编辑页眉状态下,单击"页面布局"选项卡中"页面设置"组的右下角的按钮,弹出"页面设置"对话框,然后切换到"版式"选项卡,设置页眉和页脚至页边界的距离,调整所在区域为:"距边界:"→"页眉(H):"和"距边界:"→"页脚(F):",如图4-43所示。

任务9:打印设置

单击"文件"选项卡中的"打印"命令,在右侧的设置区域,进行具体的打印设置,如图4-44所示,打印的纸张方向为"纵向",纸张大小为"A4",版面设置为"每版打印2页"。设置后的最终效果如图4-45所示。

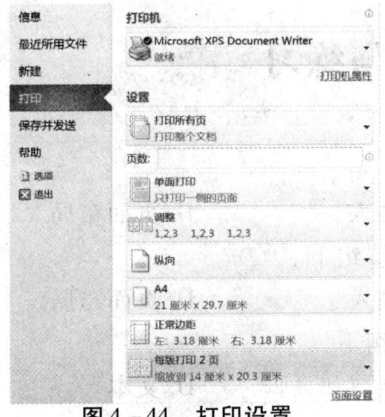

图4-44 打印设置　　　　图4-45 校刊效果图

●说明:校刊的制作方法主要有表格法和文本框法。主体思想是通过表格或文本框来规划校刊的整体布局,表格法根据内容的需求显示或隐藏表格线,文本框法可以更加灵活地进行文字和图形的定位。

4.5 总结与提高

在本项目中,主要介绍了如下的相关知识点:设计版面、编辑文字、插入艺术字、插入图形图像、添加文本框、添加底纹、线条美工处理、页眉和版式设置、打印设置等。

设计版面是书报杂志等出版物至关重要的一个环节,从一定程度上决定了读者对出版物的喜爱程度。同理,版面布局也起到了这样的作用,所以版面布局一定要合理设计。再次,就是内容设计。要求:第一,内容要适合所观看的群体;第二,内容要图文并茂;第三,内容设计要有创意。

为了能够使版面内容吸引受众群体,要求文本进行格式化设置(字符格式化、段落格式化等),适当的位置添加艺术字(进行艺术字样式设置);为了使文本出现更灵活,更有特色,可以添加文本框(进行形状样式设置)、设置底纹;除了文本,图形图像的出现会使人耳目一新,可以通过添加形状(进行形状样式设置)、图片(进行图片样式设置)来实现。

本项目的版面设计和版面布局,主要是通过表格来实现的。根据所要传递的内容多少,插入表格(约定行数和列数),根据每部分内容的容量大小,可以设置表格属性(调整行高和列宽),进行合并单元格操作(根据内容多少进行合并);为了让表格看起来美观,可以添加并美化线条;通常通过页眉的形式,在页面顶端添加附加信息,来显式说明文档的标题、主题等信息。

这里需要说明的是,版面的整体效果非常重要。在设计版面的时候,一定不要因为太注重局部效果,而丢失整体效果,无论是布局设计,还是内容设计、美观设计。特别需要说明的是美观设计,因为每个人的审美不同,结合自己的创意,设计出的作品会大有不同,这是正常的、合乎情理的事情。但是有一个大前提,就是出版物相对是规范的、正规的,不能太非主流、超现代。

4.6 思考与练习

一、单项选择题

1."打印"命令在( )选项卡下。
  A.开始   B.文件   C.插入   D.页面布局
2."页边距"命令在( )选项卡的"页面设置"组下。
  A.开始   B.文件   C.插入   D.页面布局
3."插入表格"命令在"插入"选项卡的( )组下。
  A.表格   B.插图   C.页眉和页脚   D.文本
4.表格的( )命令可以设置表格的行高和列宽。

A. 表格属性　　　　B. 插入表格　　　　C. 绘制表格　　　　D. 边框和底纹

5. "合并单元格"命令在"表格工具"→"布局"选项卡的(　　)组下。

A. 行和列　　　　　B. 合并　　　　　　C. 单元格大小　　　D. 对齐方式

6. 当插入点在表格的最后一行的最后一个单元格内时，按 Tab 键，将会执行(　　)。

A. 在同一个单元格里建立一个文本新行

B. 产生一个新列

C. 将插入点移到新的一行的第一个单元格

D. 将插入点移到第一行的第一个单元格

7. 当插入点在表格的最后一行的最后一个单元格外时，按 Enter 键，将会执行(　　)。

A. 在同一个单元格里建立一个文本新行

B. 产生一个新列

C. 将插入点移到新的一行的第一个单元格

D. 将插入点移到第一行的第一个单元格

8. 在表格里编辑文本时，选择整个一行或一列以后，(　　)能删除其中的所有文本。

A. 按空格键　　　　B. 按 Ctrl + Tab 键　　C. 按 Enter 键　　　D. 按 Del 键

9. "底纹"命令在"表格工具"→"设计"选项卡的(　　)组下。

A. 表格选项样式　　B. 表格样式　　　　C. 表格属性　　　　D. 绘图边框

10. "边框和底纹"命令在"开始"选项卡的(　　)组下。

A. 字体　　　　　　B. 段落　　　　　　C. 样式　　　　　　D. 编辑

11. "形状"命令在"插入"选项卡的(　　)组下。

A. 表格　　　　　　B. 插图　　　　　　C. 页眉和页脚　　　D. 文本

12. "形状样式"组不包括(　　)。

A. 形状填充　　　　B. 形状轮廓　　　　C. 形状效果　　　　D. 基本形状

13. "图片"命令在"插入"选项卡的(　　)组下。

A. 表格　　　　　　B. 插图　　　　　　C. 页眉和页脚　　　D. 文本

14. "图片样式"组不包括(　　)。

A. 图片边框　　　　B. 图片效果　　　　C. 艺术效果　　　　D. 图片版式

15. "页眉"命令在"插入"选项卡的(　　)组下。

A. 表格　　　　　　B. 插图　　　　　　C. 页眉和页脚　　　D. 文本

16. "文本框"命令在"插入"选项卡的(　　)组下。

A. 表格　　　　　　B. 插图　　　　　　C. 页眉和页脚　　　D. 文本

17. "文本框"边框"粗细"的设置，使用"格式"选项卡→"形状样式"组的(　　)命令。

A. 形状填充　　　　B. 形状轮廓　　　　C. 形状效果　　　　D. 基本形状

18. "艺术字"命令在"插入"选项卡的(　　)组下。

A. 表格　　　　　　B. 插图　　　　　　C. 页眉和页脚　　　D. 文本

19. "艺术字样式"组不包括(　　)。

A. 文本填充　　　　B. 文本轮廓　　　　C. 文字效果　　　　D. 文字方向

20."日期和时间"命令在"插入"选项卡的(　　)组下。
A.表格　　　　B.插图　　　　C.页眉和页脚　　　　D.文本

二、实践操作题

1.制作类似如图4-46所示的Word文档,命名为"幼儿健康食谱.docx"。

要求:

(1)插入一个5行6列的表格,表格内容如图4-46所示;字体格式整体设置为:微软雅黑、加粗,字体大小和字体颜色根据自己的喜好设置;表格属性:行高、列宽,根据内容自动或手动调整,所有行的高度相同,所有列的宽度相同;表格中内容的对齐方式设置为:水平居中,即文字在单元格内水平和垂直都居中。

(2)"幼儿健康食谱"是艺术字,艺术字样式设置为:文本填充为红色、文本轮廓为白色、文本效果为:发光(G):橙色,11 pt发光,强调文字颜色6,如图4-47所示;转换(T):正三角);字体格式设置为:字体类型为宋体(正文)、字形为加粗、字号为小初。

图4-46 幼儿健康食谱

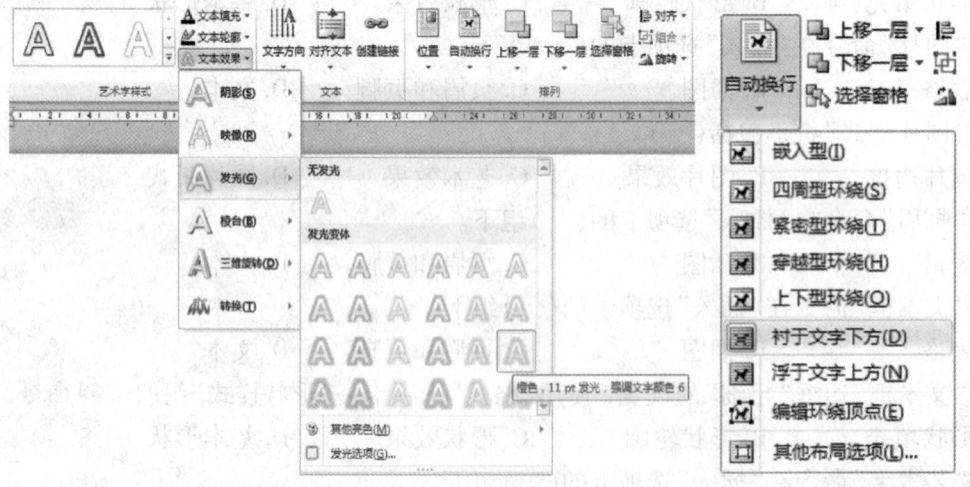

图4-47 "发光"效果　　　　图4-48 "自动换行"方式

(3)"星期"、"餐次"为文本框,形状样式设置为:形状填充为无填充颜色、形状轮廓为无轮廓;字体格式设置为:微软雅黑、小四、加粗。

(4)"星期"和"餐次"之间的线条为形状中的直线,形状轮廓设置为:黑色、0.5磅。

(5)背景为一张图片,图片的大小根据内容调整,图片的自动换行方式为"衬于文字下方(D)",如图4-48所示。

●提示:"自动换行"的打开方式:选中图片,单击"图片工具"→"格式"→"排列"→"自动换行";或者,鼠标右键单击,在弹出的快捷菜单中,选择"自动换行"命令。

2. 制作如图4-49所示的Word文档,命名为"古诗_江雪.docx"。

要求:

(1)页面设置,纸张方向为横向。

(2)插入一个1行6列的表格,添加文本"古诗_江雪",如图4-49所示。

(3)设置表格属性:行高:7厘米,列宽:1.5厘米。

(4)设置表格边框:无。

(5)设置表格内文本对齐方式:文本"江雪"所在列设置为"中部两端对齐",其余5列设置为"中部居中"。

(6)将表格移动到左上位置。

图4-49 古诗_江雪

三、拓展训练

1. Word 2010 字体和段落的灵活应用

根据提供的素材文档"Word 练习-字体和段落格式化.docx",制作如图4-50所示的Word文档,操作后在原有文档的基础上进行保存。

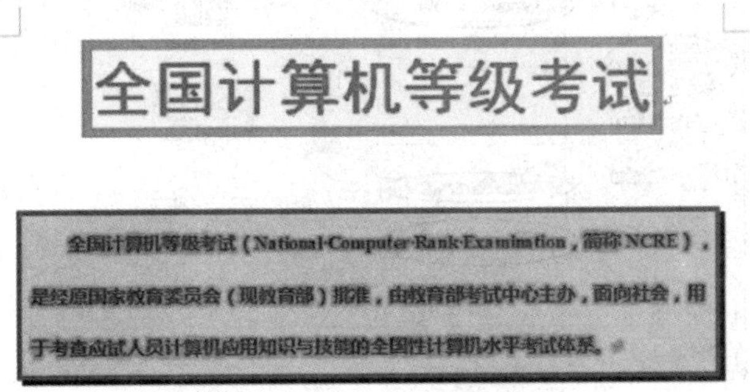

图4-50 格式化后的文本

步骤1:打开素材文档"Word 练习 – 字体和段落格式化.docx",原有文本的状态如图4 – 51 所示。

全国计算机等级考试
全国计算机等级考试（National Computer Rank Examination，简称 NCRE），是经原国家教育委员会（现教育部）批准，由教育部考试中心主办，面向社会，用于考查应试人员计算机应用知识与技能的全国性计算机水平考试体系。

图4 – 51 原有文本的状态

步骤2:选中第一段文本,字体格式设置为:黑体、加粗、小初、红色,如图4 – 52 所示;段落格式设置为:对齐方式为居中、段后间距为2.5 行,如图4 – 53 所示。

步骤3:单击"开始"选项卡→"段落"组→"下框线"命令→"边框和底纹"命令,弹出"边框和底纹"对话框,定位在"边框"选项卡,设置为:方框;实线、绿色、6.0 磅;应用于:文字,如图4 – 54 所示。切换到"底纹"选项卡,设置为:填充:黄色;应用于:文字,如图4 – 55 所示。至此,第一段的样式设置完成。

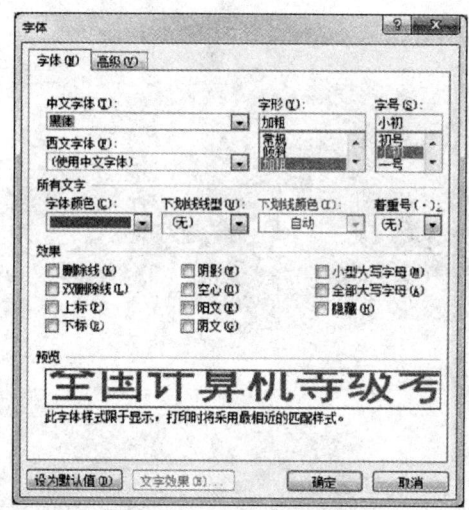

图4 – 52 字体格式设置

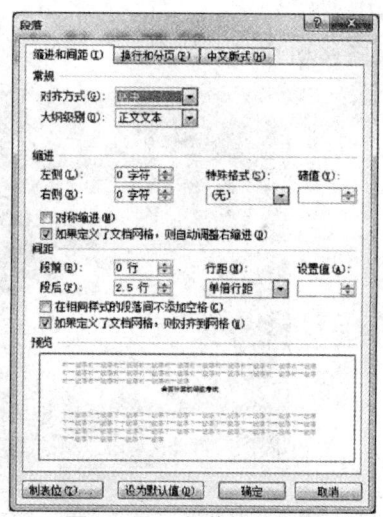

图4 – 53 段落格式设置

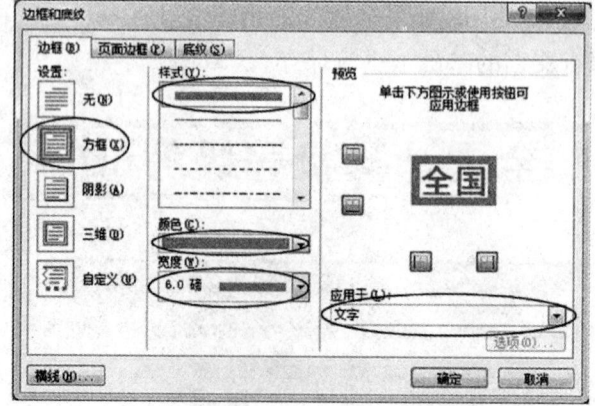

图4 – 54 "边框"设置

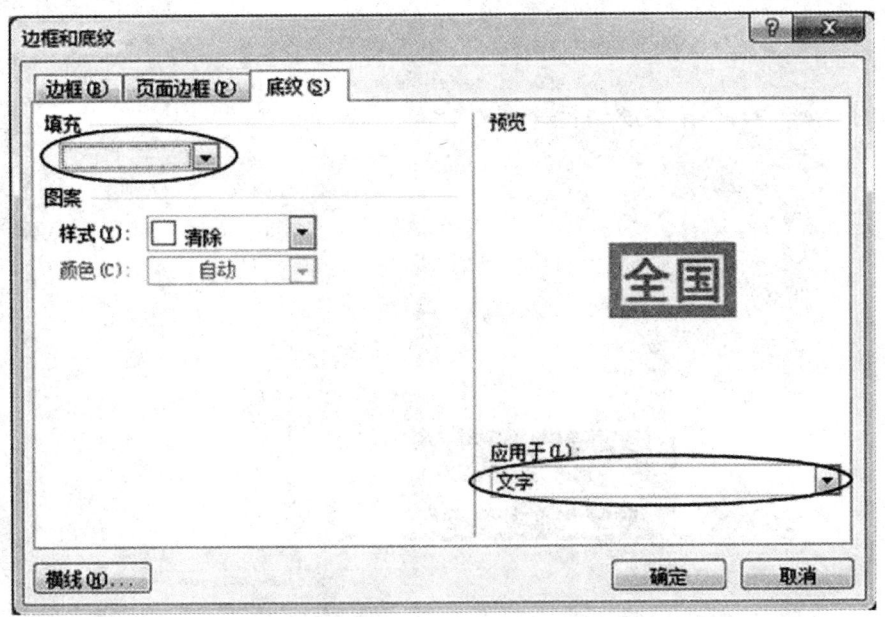

图4-55 "底纹"设置

步骤4：选中第二段文本，字体格式设置为：微软雅黑、Times New Roman、加粗、11、蓝色，如图4-56所示；段落格式设置为：对齐方式：两端对齐；缩进：左侧0.5字符，右侧1字符，首行缩进2字符；间距：段前1行，段后1行；行距：1.5倍行距，如图4-57所示。

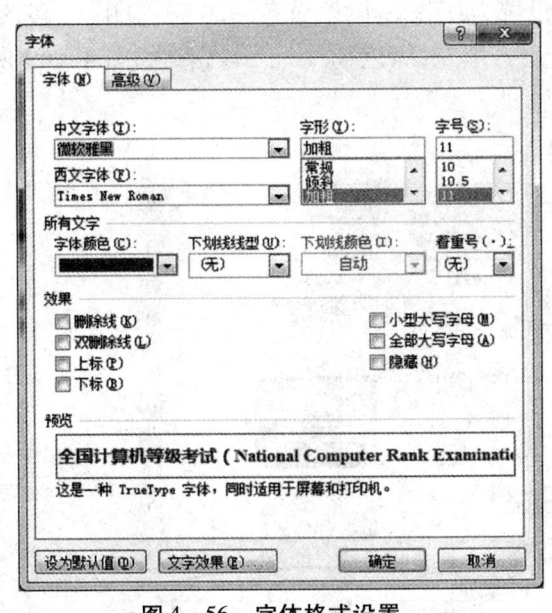

图4-56 字体格式设置

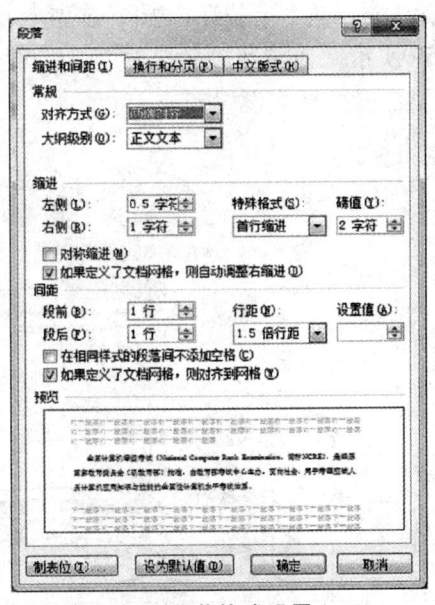

图4-57 段落格式设置

步骤5：选中第二段文本，设置字体的"文本效果"→"发光"效果为：红色，8 pt发光，强调文字颜色2，如图4-58所示。

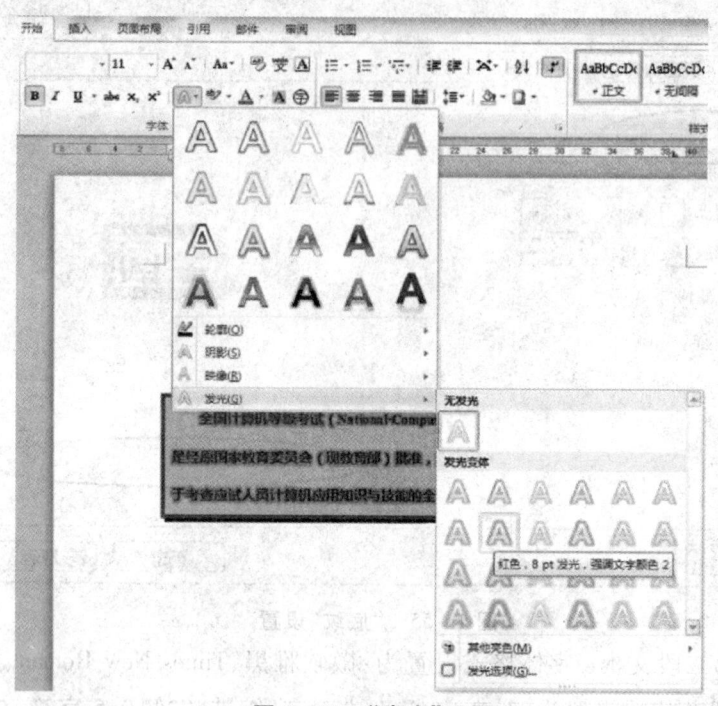

图4-58 "发光"设置

步骤6：单击"开始"选项卡→"段落"组→"下框线"命令→"边框和底纹"命令，弹出"边框和底纹"对话框，定位在"边框"选项卡，设置为：阴影；实线、紫色、3.0磅；应用于：段落，如图4-59所示。切换到"底纹"选项卡，设置为：填充：绿色；应用于：段落，如图4-60所示。至此，第二段的样式设置完成。

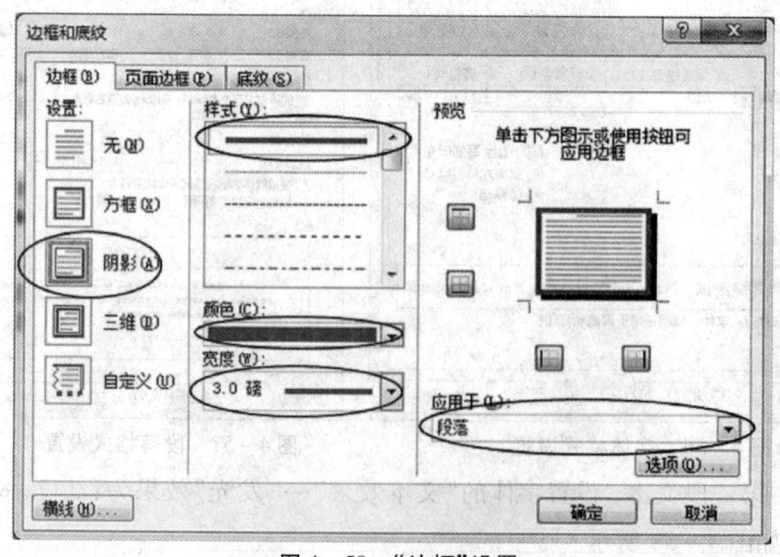

图4-59 "边框"设置

项目 4 表格型校刊的设计与制作

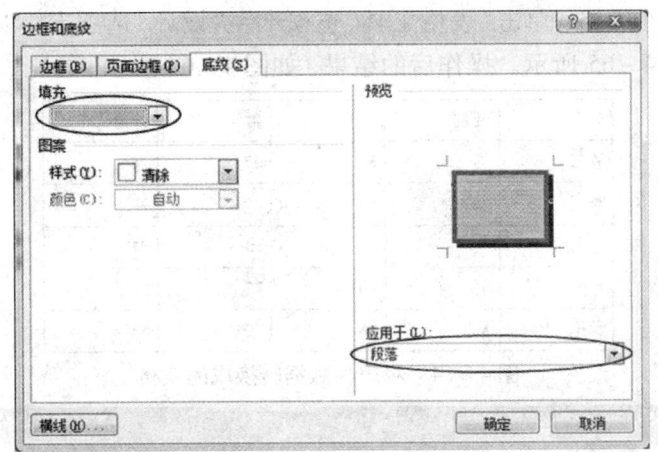

图 4-60 "底纹"设置

2. Word 2010 表格的灵活应用

根据提供的素材文档"表格数据.docx",制作如图 4-61 所示的 Word 文档,命名为"带有样式的表格数据.docx"。

姓名	性别	计算机	数学	外语
张三	男	88	67	78
李四	女	79	89	90
王五	女	87	85	67
赵六	男	90	77	88
韩七	男	88	79	65

图 4-61 带有样式的表格数据

步骤 1:打开素材文档"表格数据.docx",表格数据原始状态如图 4-62 所示。

姓名,性别,计算机,数学,外语

张三,男,88,67,78

李四,女,79,89,90

王五,女,87,85,67

赵六,男,90,77,88

韩七,男,88,79,65

图 4-62 表格数据原始状态

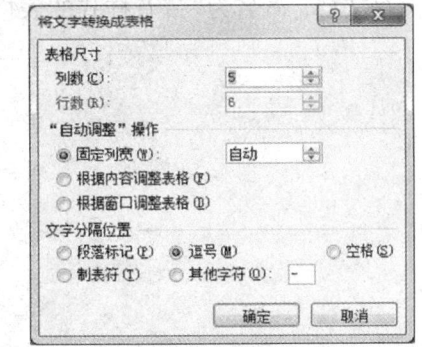

图 4-63 "将文字转换成表格"对话框

步骤 2:选中所有的数据,单击"插入"选项卡→"表格"组→"表格"命令→"文本转换成表格(V)…"命令,弹出"将文字转换成表格"对话框,如图 4-63 所示。操作后的结果,如图 4-64 所示。

步骤3:选中整个表格,单击"表格工具"选项卡→"设计"选项卡→"表格样式"组→"彩色型2"命令,如图4-65所示。操作后的结果,如图4-66所示。

姓名	性别	计算机	数学	外语
张三	男	88	67	78
李四	女	79	89	90
王五	女	87	85	67
赵六	男	90	77	88
韩七	男	88	79	65

图4-64　将表格数据转换成的表格

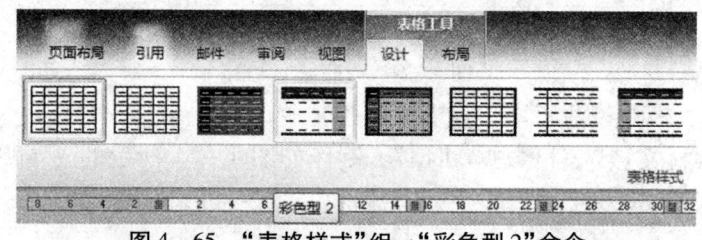

图4-65　"表格样式"组→"彩色型2"命令

姓名	性别	计算机	数学	外语
张三	男	88	67	78
李四	女	79	89	90
王五	女	87	85	67
赵六	男	90	77	88
韩七	男	88	79	65

图4-66　应用表格样式后的表格

步骤4:选中表格第一行数据,设置字体字形为"倾斜",操作后的结果,如图4-61所示。

步骤5:保存文档,命名为"带有样式的表格数据.docx"。

项目5 艺术小报的设计与制作

5.1 项目提出

小李同学经历了大学一年时间的历练,已经成长为一名学生干部。日前,系里给出任务,针对新一届的学弟、学妹,制作一期主题为"青春"的艺术小报。小李同学和其他几个同学,研究了一下艺术小报,掌握到:艺术小报是一类通过文字和图片等资源来宣传和传递知识的形式,主要出现在校园、政府部门、地铁等公共场所。艺术小报的特色在于能够通过图文并茂、色彩丰富、具有艺术美感的形式来将信息进行传播,可以吸引观看者的眼球,留住他们的脚步,传播信息范围加大。通过研究发现:艺术小报和校刊相似,但是又有不同,于是思考了如下问题:

1. 艺术小报采取什么样的形式来展现?
2. 艺术小报的设计,需要几个版面?每个版面如何设计?
3. 艺术小报的设计与制作,如何实现图文并茂?
4. 艺术小报的内容、外观,如何吸引观看者?

5.2 项目分析

艺术小报的制作,首先是收集相关素材,然后就是进行艺术小报的设计与排版。艺术小报的排版要先做好版面的整体规划,然后对每个版面进行具体的排版。

本项目的艺术小报分为两个版面,正反面打印,以节约纸张。首先,要设置好每个版面的纸张大小、页边距等,并设置页眉和页脚"奇偶页不同",这样可对奇数页和偶数页设置不同的页眉内容。然后对每个版面进行具体布局,根据每篇文章字数的多少以及内容的重要性,把各篇文章或图片按照均衡协调的原则在版面中进行合理"摆放",从而把版面划分成若干板块。最重要的板块是报头,可通过插入艺术字、图片等设计出来美观大方的报头。

对比表格型校刊的设计,艺术小报的设计相对灵活,本项目使用文本框来实现,因为文本框可以调整大小,可以任意移动位置。艺术小报必须是图文并茂的,文字部分:如果文字较少,可以放置在文本框中,方便布局;如果字数较多,可以采用分栏的方式进行合理布局,并在其中插入图片、剪贴画等对象,美化板块设计。"图"部分:可以通过插入图形图像来实现,并合理设置图文之间的相对位置、环绕方式等。文本框还有一个功能是设置其边框,以便区分版面上各个板块之间的层次关系,增加艺术欣赏性。

由以上分析可知,艺术小报的设计与制作,可以分解为九大任务:版面设置;版面布局;报头艺术设计;正文格式设置;分栏设置;插入形状及设置;插入剪贴画及设置;插入图片及设置;文本框设置。

5.3 相关知识点

1. 文本框

文本框,顾名思义,就是存放文本的一个框架,它结合了文本和形状两者的特性,可以灵活设置文本(字体格式、段落格式等)、形状(形状样式)、边框和底纹等样式。文本框,还是一个可以移动的对象,可以摆放在页面的任意位置。

2. 图片

图片是 Word 2010 中的常见对象,使用频繁度仅次于文本。除了最基本的"插入图片"功能,Word 2010 还提供了更多强大的功能,例如:图片调整、图片样式、图片排列、图片大小等。

3. 剪贴画

在 Word 2010 中,剪贴画是图形图像的一种表现形式,它可以实现添加图形、调整色彩、灵活剪裁等设置,是文字的重要补充。剪贴画实现简单,修饰效果较好,实用性强。

4. 分栏

分栏是文档排版中常用的一种版式,它使页面在水平方向上分为两栏或多栏,文字是逐栏排列的,填满一栏后才转到下一栏,文档内容分列于不同的栏中。分栏使页面排版灵活,阅读方便,在各种报纸和杂志中应用非常广泛。

5. 横线

横线,这里是指图形化的横线,具有艺术效果,常用于隔离板块,美化整体版面。横线属于线条的一种,可以设置其宽度、高度、对齐方式、裁剪、图像控制等。

5.4 项目实施

5.4.1 项目调研

分组调研艺术小报的版面布局和所有可能的组成元素,并讨论每个版面布局内的组成元素。其中两组老师进行深入调研,其他组进行组内讨论,然后再进行组间交流,初步形成方案的大致框架。

5.4.2 确定项目

全体组及组员进行讨论,最终确定适合本班思想的艺术小报的设计与制作整体方案,形成图片,作为后续操作的依据。

● 项目说明:

本项目针对的是教育系,主题为"青春"的院刊,可以进行如下工作:

(1)版面布局:各组整体一致,布局实现的方式各组可有区别。

(2)版面布局内元素:每组可以不同,但是必须包括:文字、图片、艺术字、剪贴画、文本框、形状,其他元素根据每组情况可以增加。

(3)美化。这个环节非常重要,要综合考虑字体和段落的格式设置、其他元素的样式设置、色彩、位置和大小等,可以体现艺术小报设计与制作的整体设计思路。

5.4.3 项目实施

任务1:版面设置

1. 页面设置

将艺术小报的页面设置为 A4 纸张,纸张方向为纵向。

步骤1:启动 Word 2010 应用程序,在"页面布局"选项卡中,单击"页面设置"组中的"页面设置"按钮,打开"页面设置"对话框,在"纸张"选项卡中,选择纸张大小为A4,如图5-1所示。

步骤2:在"页边距"选项卡中,设置页边距为"上2.5厘米,下2.5厘米,左2厘米,右2厘米",选择纸张方向为"纵向",如图5-2所示。

步骤3:在"版式"选项卡中,选中页眉和页脚的"奇偶页不同"复选框,如图5-3所示,单击"确定"按钮。

本项目艺术小报共有2个版面,因此需要再添加一个版面。

步骤4:在"插入"选项卡中,单击"页"组中的"分页"按钮,此时会插入一个空白页面,组成2个空白版面。

2. 页眉设置

●为奇数页和偶数页设置不同的页眉内容。

步骤1:在"插入"选项卡中,单击"页眉和页脚"组中的"页眉"下拉按钮,在打开的下拉列表中,选择"编辑页眉"选项,如图5-4所示,此时空白页面中显示了页眉。

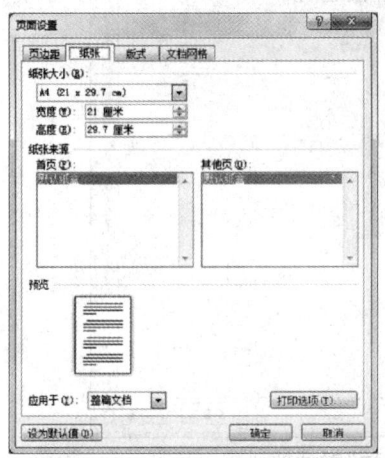

图 5-1 设置纸张大小

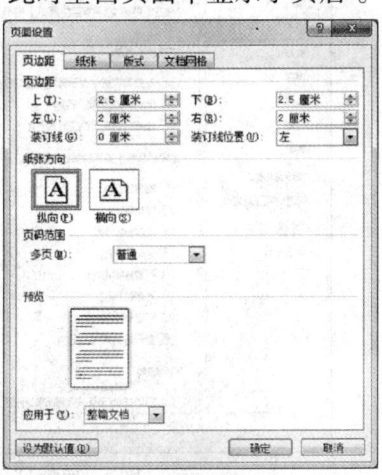

图 5-2 设置页边距

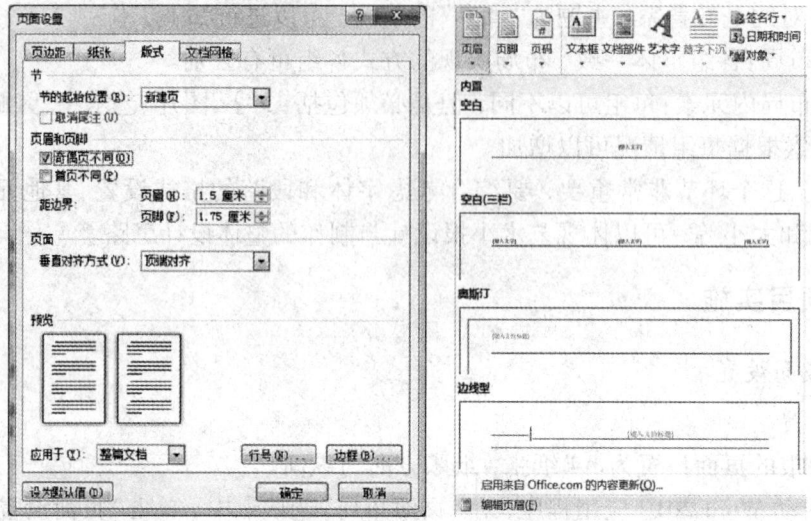

图5-3 设置页眉和页脚的"奇偶页不同"　　图5-4 编辑页眉

步骤2:将光标定位于第1页的页眉中,在"开始"选项卡中,单击"段落"组中的"两端对齐"按钮,此时光标位于页眉的最左端,在第1页的页眉中输入文字"青春",然后按4次Tab健,光标会移至页眉的右端,如图5-5所示。

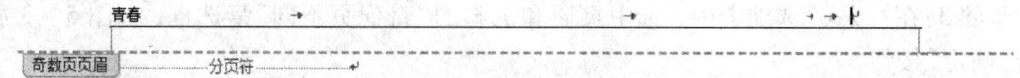

图5-5 编辑页眉内容

●说明:图5-5所示中,有"→"和"分页符"显示,这是Word的选项设置问题,如果没有这样的显示,请参照如下方法实现:单击"文件"选项卡,在其下方左侧,单击"选项"命令,在弹出的"Word选项"对话框内,单击左侧的"显示"选项卡,将右侧"始终在屏幕上显示这些格式标记"组下的"显示所有格式标记(A)"勾选上,如图5-6所示。

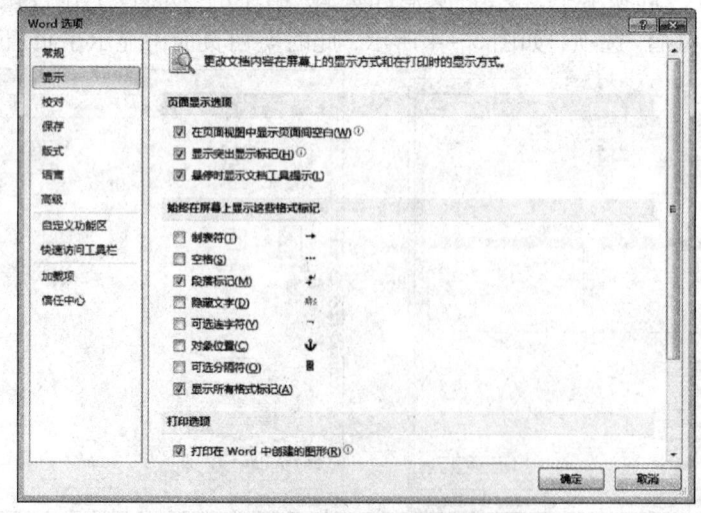

图5-6 "Word选项"对话框

步骤3:在"插入"选项卡中,单击"页眉和页脚"组中的"页码"下拉按钮,在打开的下拉列表中,选择"当前位置"→"普通数字"选项,如图5-7所示,此时会在光标所在的位置插入页码"1"。

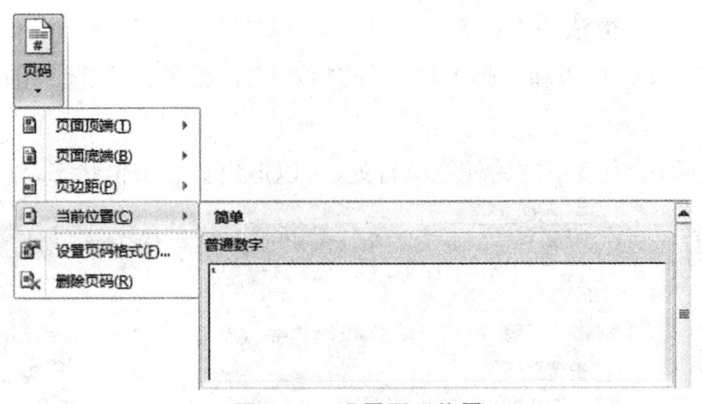

图5-7 设置页码位置

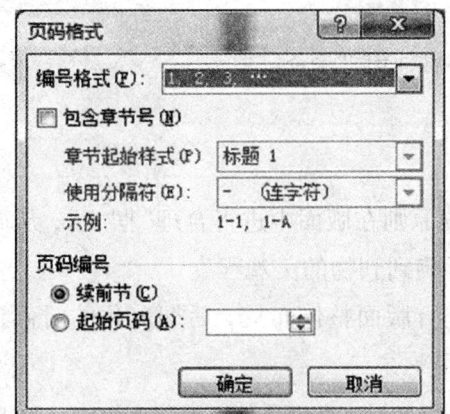 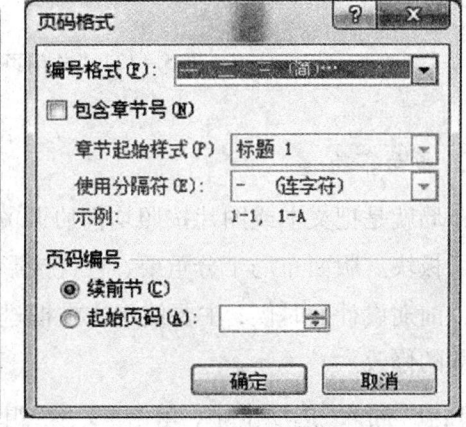

图5-8 设置页码格式-初始状态　　图5-9 设置页码格式-重新设置状态

步骤4:再单击"页眉和页脚"组中的"页码"下拉按钮,在打开的下拉列表中,选择"设置页码格式"选项,打开"页码格式"对话框,如图5-8所示,选择"编号格式"为"一,二,三(简)…",如图5-9所示,单击"确定"按钮,此时页眉的页码由"1"变为"一"。

步骤5:在页码"一"的左、右两侧分别添加文字"第"和"版",构成"第一版"的形式。

步骤6:在"第"文字前插入若干个空格,使"第一版"文字靠右对齐,效果如图5-10所示。

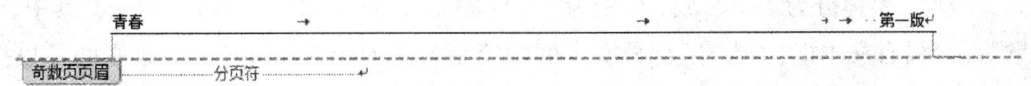

图5-10 奇数页页眉

步骤7:使用相同的方法,设置偶数页的页眉,页眉左侧文本为"XX职业学院院刊",右侧文本为"第二版",效果如图5-11所示。

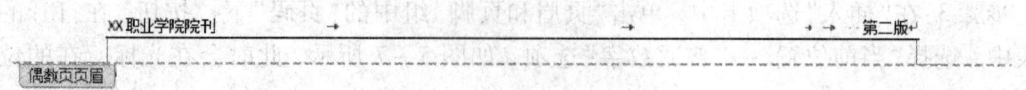

图 5-11　偶数页页眉

退出页眉编辑状态,方法如下：

方法一：单击新增的"页眉和页脚工具"下的"设计"选项卡，"关闭"组中的"关闭页眉和页脚"命令，如图 5-12 所示。

方法二：双击页面中虚线下方的任意位置处，可以退出页眉编辑状态。

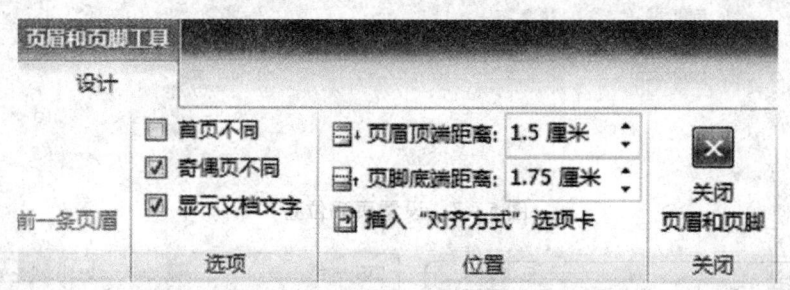

图 5-12　"关闭页眉和页脚"命令

任务2：版面布局

版面布局就是把文本或图片按照均衡协调的原则在版面中进行合理"摆放"，从而把版面划分成若干板块。版面布局十分重要，它直接影响到刊物的美观程度。

本项目前期设计的时候，主要使用文本框进行版面整体布局，后期美化的时候，再根据需要做局部的修改。

步骤1：在"插入"选项卡中，单击"文本"组中的"文本框"下拉按钮 ，在打开的下拉列表中，选择"绘制文本框(D)"选项，如图 5-13 所示，此时光标形状为十字状。

步骤2：在第一版面和第二版面的适当位置绘制如图 5-14 和图 5-15 所示的6个文本框，构成两版的整体布局基本轮廓。

第一版面，整体分为4个区域，分别为"报头"、"我的青春我做主，我的青春我无悔"、"青春的诗"和"青春经典励志名言名句"。这4个文本框的绘制方法如图 5-13 所示，绘制的是横排文本框。

第二版面，整体分为3个区域，分别为"青春之歌"、"青春"和"沁园春·雪"。其中，"青春之歌"部分没有文本框，"青春"部分文本框的绘制方法如图 5-13 所示，绘制的是横排文本框。"沁园春·雪"这个文本框的绘制方法如图 5-16 所示，绘制的是竖排文本框。

●说明：文本框分为横排文本框和竖排文本框。横排文本框：框内文本自左向右横向显示，竖排文本框：框内文字自上而下、自右向左竖向显示。

项目 5 艺术小报的设计与制作

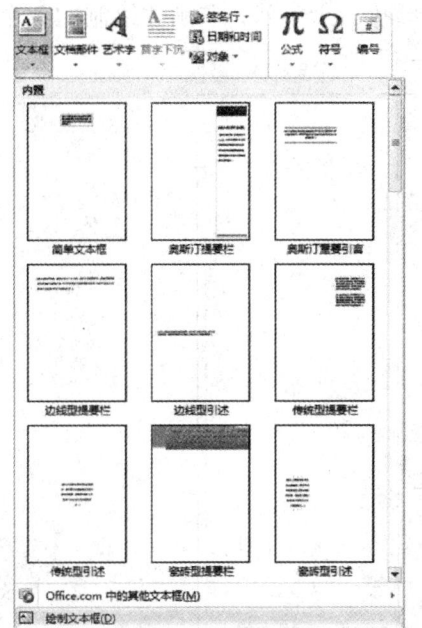 

图 5-13 "绘制文本框"选项　　　　　　图 5-16 "绘制竖排文本框"选项

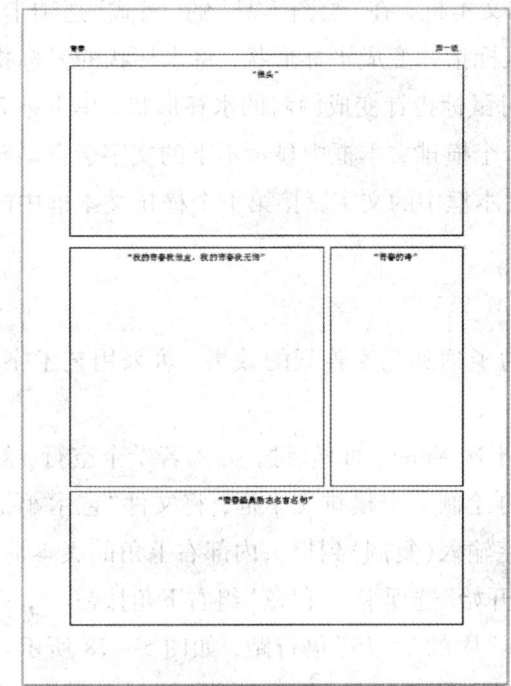 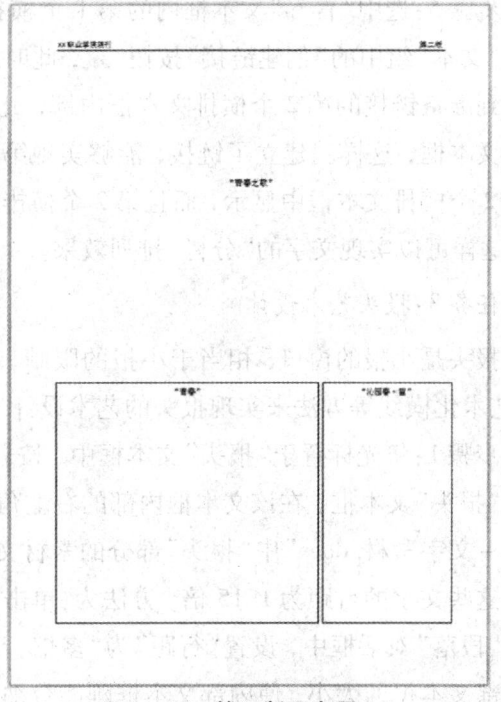

图 5-14　第一版面布局　　　　　　　图 5-15　第二版面布局

步骤 3：选中第二版中的"青春"文本框，在"插入"选项卡中，单击"文本"组中的"文本框"下拉按钮，在打开的下拉列表中，选择"绘制文本框"选项，此时光标形状为十字状，在"青春"文本框内绘制 2 个水平排列的横排文本框，2 个文本框之间留有一定空白。

步骤 4：在"插入"选项卡中，单击"文本"组中的"文本框"下拉按钮，在打开的下拉

— 119 —

列表中,选择"绘制竖排文本框"选项,此时光标形状为十字状,在刚才绘制的2个横排文本框的中间空白处再绘制1个竖排文本框,如图5-17所示。

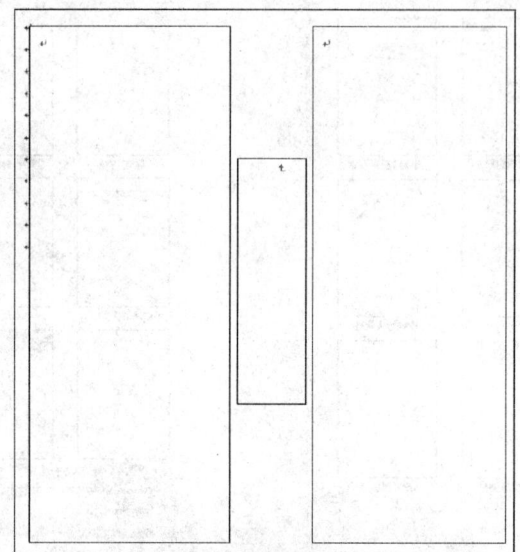

图5-17 在"青春"文本框中绘制3个文本框(2个横排,1个竖排)

步骤5:选中"青春"文本框内的第1个横排文本框,在"绘图工具"的"格式"选项卡中,单击"文本"组中的"创建链接"按钮 ![] ,此时鼠标指针变成水杯形状,将水杯状的鼠标指针移动到准备链接的第2个横排文本框内部,此时鼠标指针变成倾斜的水杯形状,单击第2个横排文本框,这样就建立了链接,能够实现第1个横排文本框中显示不下的文字会自动转移到第2个横排文本框中显示,而且第2个横排文本框中的文字紧接第1个横排文本框中的文字,这样可以实现文字的"分栏"排列效果。

任务3:报头艺术设计

报头是小报的窗口,相当于小报的眼睛,为了达到艺术美观的效果,可采用艺术字、图片、艺术化横线等方法来实现报头的艺术设计。

步骤1:将光标置于"报头"文本框中,按若干次 Enter(回车)键,插入若干个空行,然后选中"报头"文本框,在该文本框内部的右上角再绘制一个横排文本框,将文件"艺术小报-青春-文字素材.docx"中"报头"部分的素材文字输入(复制)到报头内部右上角的文本框中。设置这些文字的行距为1.15倍,方法为:单击"开始"选项卡,"段落"组右下角按钮 ![] ,在弹出的"段落"对话框中,设置"行距"为"多倍行距"中的"1.15"倍行距,如图5-18所示。调整内部文本框的大小,使内部文本框刚能容纳下所有文字,如图5-19所示。

步骤2:将光标置于"报头"文本框左上角的第1行空行中,在"插入"选项卡中,单击"文本"组中的"艺术字"下拉按钮 ![] ,在打开的下拉列表中,选择第5行第4列的样式,如图5-20所示,此时在"报头"文本框中出现艺术字"请在此放置您的文字",修改艺术字为"青春",并设置其字体格式为:华文行楷,50磅,加粗,绿色。

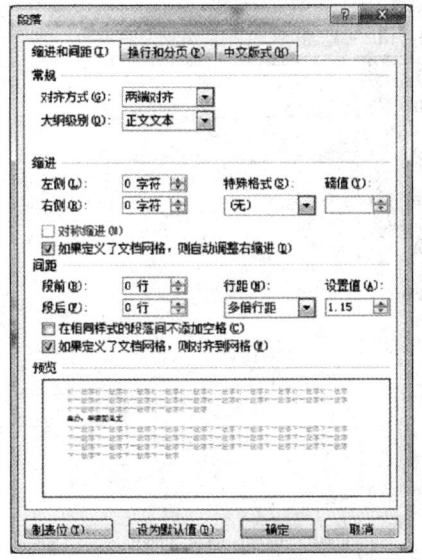

图5-18 "段落"对话框-行距设置

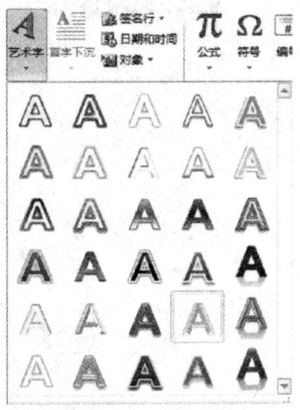

图5-20 设置艺术字

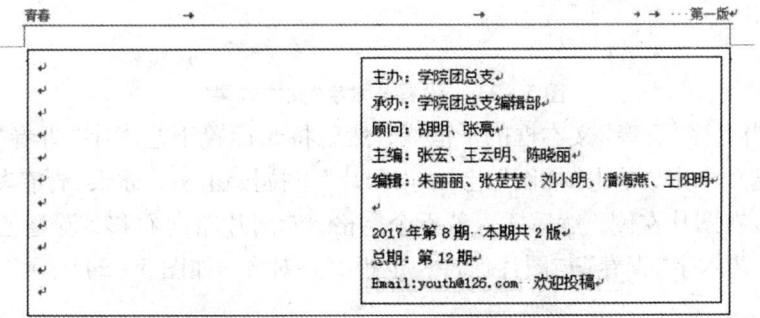

图5-19 设置"报头"文本框中的文字

步骤3：选中"青春"艺术字，在"格式"选项卡的"艺术字样式"组中，设置其"文本填充"为"绿色"，如图5-21所示，"文本轮廓"为"无轮廓(N)"，如图5-22所示，"文本效果"为"转换(T)"→"弯曲"→"正方形"（第1行第1列的样式），如图5-23所示。

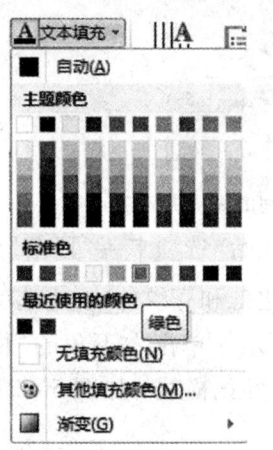

图5-21 设置艺术字"文本填充"

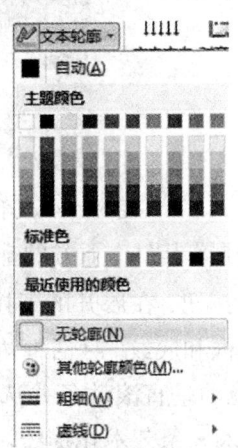

图5-22 设置艺术字"文本轮廓"

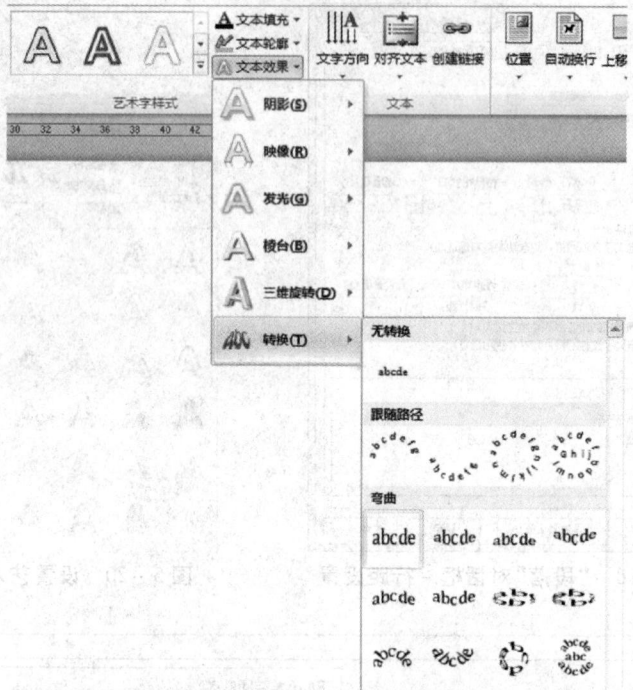

图5-23 设置艺术字"文本效果"

步骤4:适当上移"青春"文本框的下框线,然后将光标置于艺术字"青春"下面的空白行中,在"插入"选项卡中,单击"插图"组中的"图片"下拉按钮 ,插入"青春梦想.png"图片,使用方向键定位在图片左侧,然后插入若干个空格,使图片略向右移,调整艺术字"青春"的大小和位置,使艺术字"青春"与图片保持一定距离并对齐,如图5-24所示。

图5-24 调整图片与艺术字之间的距离并对齐

步骤5:将光标置于图片下方的空白行中,单击"开始"选项卡→"段落"组→"下框线"命令 右侧的下拉按钮,在展开的下拉列表中,选择"边框和底纹(O)…"选项,如图5-25所示。在弹出的"边框和底纹"对话框内,如图5-26所示。单击左下角的"横线"按钮,打开"横线"对话框,拖动垂直滚动条并选择其中的某一艺术化横线,如图5-27所示,单击"确定"按钮,即可插入一条艺术化横线。

步骤6:使用相同的方法,在"报头"右上角文本框内部的空白行中插入另一艺术化横线,如图5-28所示。

步骤7：将"报头"区域内的2个文本框的轮廓都设置为"无轮廓"，方法为：选中"报头"右上角文本框，单击"绘图工具"选项卡→"格式"选项卡→"形状样式"组→"形状轮廓"下拉按钮→"无轮廓(N)"选项，如图5-29所示。

步骤8：适当调整"报头"区域内艺术字、图片、文本框和艺术化横线的大小和位置，将"报头"区域合理布局，效果如图5-30所示。

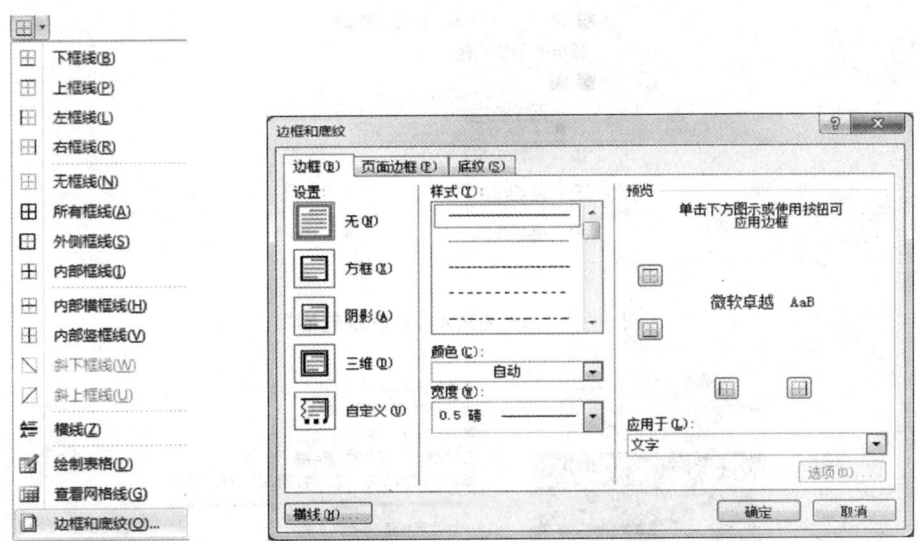

图5-25 "下框线"下拉列表　　图5-26 "边框和底纹"对话框

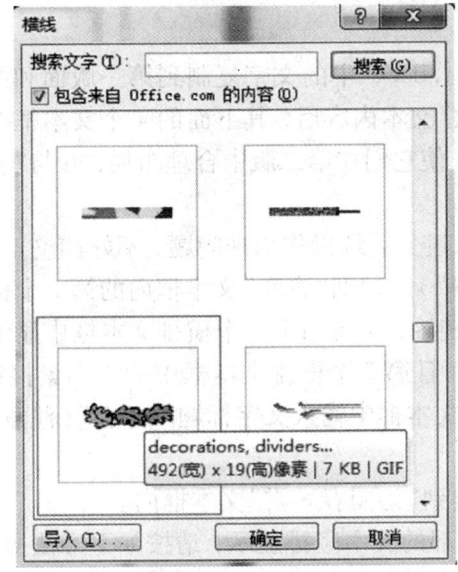 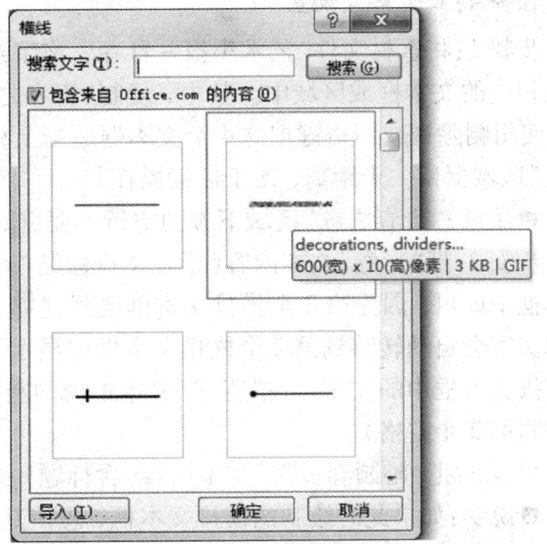

图5-27 "横线"对话框-样式1　　图5-28 "横线"对话框-样式2

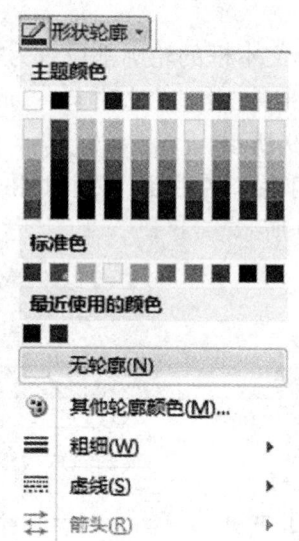

图5-29 设置文本框"形状轮廓"

图5-30 "报头"区域效果图

任务4：正文格式设置

步骤1：将素材文件"艺术小报－青春－文字素材.docx"中的文字复制到第一版面和第二版面相应的文本框或区域中。其中，复制"青春之歌"文本内容后，其下面的4个文本框会下移，使用删除键或回格键把这4个文本框适当上移，使它们在第二版中合理布局，并与"青春之歌"区域保留一定距离，便于后续操作。

● 注意："青春之歌"区域下方的空行不要删除，避免后续操作出现问题，不好调整。

步骤2：把"青春"文本内容（不含文章标题"青春"）复制到"青春"文本框内的第1个横排文本框中即可，因为第2个横排文本框已经建立了链接，实现当第1个横排文本框中显示不下的文字会自动转移到第2个横排文本框中显示，而且第2个横排文本框中的文字紧接第1个横排文本框中的文字。在"青春"文本框内的竖排文本框中输入文字标题"青 春"（注意：两字中间留2个空格）。

步骤3：把"沁园春·雪"文本内容（含标题）复制到"沁园春·雪"文本框内。

● 说明：如果此时绘制的横排文本框，想使其内部的文本竖排显示，请按如下方法操作：选中该文本框中的所有文字，在"页面布局"选项卡中，单击"页面设置"组中的"文字方向"下拉按钮，在打开的下拉列表中，选择"垂直"选项，如图5-31所示，此时"沁园春·雪"文本框内的所有文字的排列方向改为垂直方向。

步骤4:适当调整2个版面中各个文本框的大小,使各个文本框能显示文本框内的所有文字。

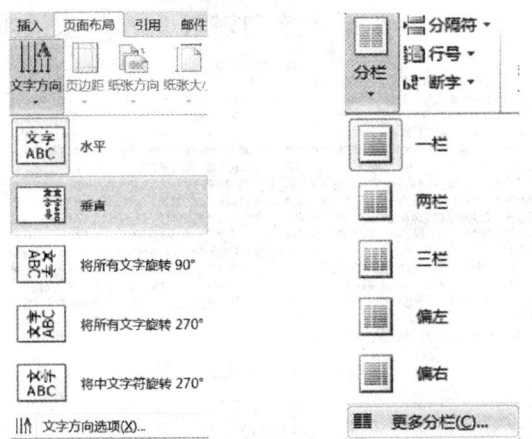

图5-31 "文字方向"下拉列表　　图5-32 "分栏"下拉列表

步骤5:设置2个版面(报头除外)所有文本框中的正文文字(各个区域的标题文字除外),将其格式统一设置为"宋体,五号,1.15倍行距,左对齐"。

● 说明:如果按照上面设置出现显示问题,可根据自己的实际情况,改变格式设置。

步骤6:设置标题。具体如下:设置标题"我的青春我做主,我的青春我无悔"的格式为"华文行楷,四号,红色,居中";设置标题"青春的诗"的格式为"隶书,四号,绿色,居中";设置标题"青春经典励志名言名句"的格式为"华文新魏,四号,蓝色,居中";设置标题"青春之歌"的格式为"楷体,三号,加粗,紫色,居中";设置标题"青 春"的格式为"幼圆,20号,加粗,粉色,居中";设置标题"沁园春·雪"的格式为"宋体,四号,加粗,绿色,居中"。

任务5:分栏设置

"分栏"是文档排版中常用的一种版式,在各种报纸和杂志中应用广泛。"分栏"主要是使页面在水平方向上被分为几个栏,文本是逐栏排列的,填满一栏以后才转到下一栏。

因为"青春之歌"区域中的内容较多,为了方便阅读,下面对它进行分栏设置。

步骤1:选中"青春之歌"区域中的正文内容(标题除外),在"页面布局"选项卡中,单击"页面设置"组中的"分栏"下面的下拉按钮▤,在打开的下拉列表中,选择"更多分栏(C)…"选项,如图5-32所示,弹出"分栏"对话框。

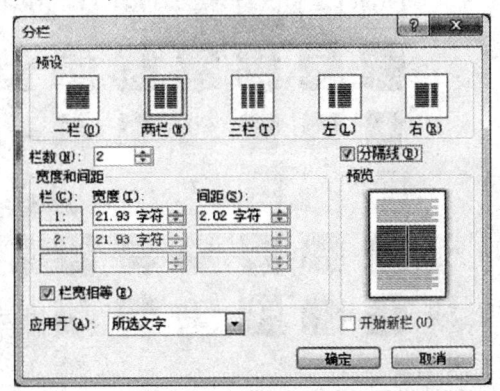

图5-33 "分栏"对话框

— 125 —

步骤2:在“分栏”对话框中，在“预设”区域中选择“两栏”选项，勾选“分割线(B)”和“栏宽相等”复选框，如图5－33所示。单击“确定”按钮，“分栏”效果如图5－34所示。

青春之歌 分节符(连续)

当我们身披撒满阳光的羽翼，置身于青春的驿站，以一腔澎湃的热血，用迎接太阳的双手，去推开那道光明与希望之门时，于是所有寻找青春旅程的结束又成为一种新的开始。

青春之旅使我们有了太多的追求，找寻与体会青春岁月的光芒，成为心中一种誓言。我们无数次背负着理想，伴着子夜的钟声出发，去追寻属于青春的辉煌。也许我们还一无所有，也许青春之路还很漫长，更也许前进的道路上会充满坎坷与荆棘。但我们能以理想为经，以行动为纬，朝着远方的目标不懈地跋涉。

在时光的隧道里，我们盼望用犀利的目光将天空钻出蔚蓝，让激动的心似利箭般射穿无尽的苍穹，射向高高远远的宇宙。盼望所有同我们一样找寻青春年华的旅人，身背行囊，朝着一个遥远而圣洁的目的地，虔诚地去朝拜，直到坚守到生命最后的时刻。

青春的呼唤，使我们远足的信念在心中牢牢扎根，脚下的追寻之路似草一般疯长。我们吹着青春的号角，不顾一切地翻山越岭而去，并且一如既往向着目的地进发。犹如鱼儿恋水，生命的绿色追赶太阳般执著。寻找青春的家园，我们别无选择。当我们用辛劳的汗水和澎湃的热血铸成一种理想的文字，去记载或表述生命中不可或缺的追求时，所有经历过的磨难都似纷纷扬扬的雪花般落入泥土。

希望的钟声敲响着黎明时空，相信每个早晨的阳光会使天空灿烂。相信青春的灯火正亮，定会照亮有志青年不懈的追求之路。让我们携起手来，披着阳光穿行岁月，加快青春的脚步，去点亮挂在心头的那束理想之光，用挚爱的情怀去高歌一首青春之歌。分节符(连续)

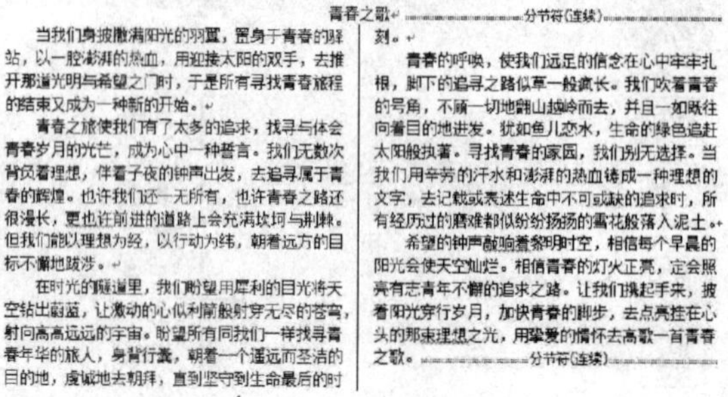

图5－34 “分栏”效果

任务6:插入形状及设置

要求:

1. 在标题“青春经典励志名言名句”的两侧分别插入一个“十字星”形状。

2. 在“沁园春·雪”文本框的最外侧添加一个“竖卷形”形状。

步骤1:将光标定位于标题“青春经典励志名言名句”的左侧，在“插入”选项卡中，单击“插图”组中的“形状”下拉按钮，在打开的下拉列表中，选择“星与旗帜”区域中的“十字星”形状，如图5－35所示。

步骤2:此时光标变成十字形状，拖动鼠标在标题“青春经典励志名言名句”的左侧绘制出一个大小合适的“十字星”。选中刚绘制的“十字星”图形，在“格式”选项卡的“大小”组中，设置“十字星”的高度和宽度均为1.3厘米，如图5－36所示。在“形状样式”组中，选择“形状填充”左侧的“其他”选项下的下拉按钮，在展开的下拉列表中，选择第6行第7列的主题填充样式“强烈效果－橙色，强调颜色6”，如图5－37所示。

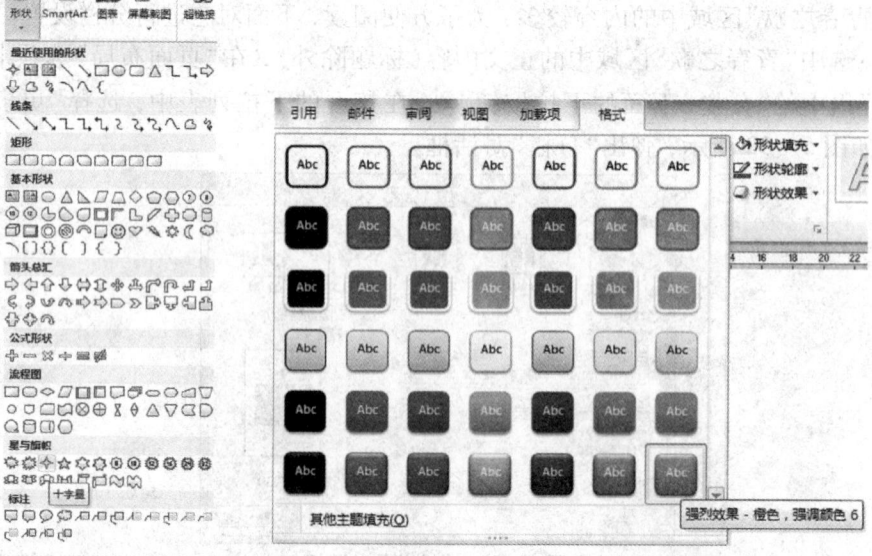

图5－35 “形状”下拉按钮

图5－37 “形状样式”主题填充

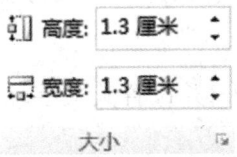

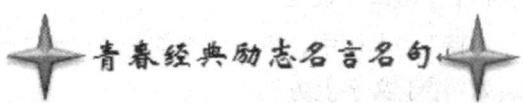

图 5-36　设置"十字星"大小　　图 5-38　所示 两个"十字星"的效果图

步骤 3：选择橙色的"十字星"，按 Ctrl + C 组合键进行复制，再按 Ctrl + V 组合键进行粘贴，把复制的第二个"十字星"移动到标题"青春经典励志名言名句"的右侧，再通过"Ctrl + 方向键"，对这两个橙色"十字星"的位置进行微调，使它们位于一个合适的位置，效果如图 5-38 所示。

●说明：可以使用 Ctrl 键，实现形状"十字星"的复制。方法：使用鼠标选择橙色的"十字星"，同时按住 Ctrl 键，鼠标向右移动，在合适的位置，放开鼠标，即可实现"十字星"的复制。

步骤 4：在"插入"选项卡中，单击"插图"组中的"形状"下拉按钮，在打开的下拉列表中，选择"星与旗帜"区域中的"竖卷形"形状，如图 5-39 所示。

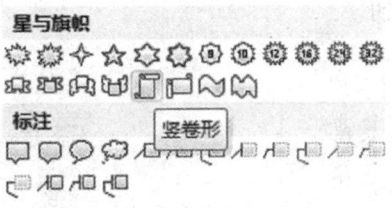

图 5-39　"竖卷形"选项

步骤 5：此时光标变成十字形状，拖动鼠标在"沁园春·雪"文本框的最外侧，绘制出一个大小合适的"竖卷形"。单击"格式"选项卡→"形状样式"组→"形状填充"下拉按钮→"无填充颜色(N)"选项，将"竖卷形"的形状填充设置为"无填充颜色"，如图 5-40 所示。单击"格式"选项卡→"形状样式"组→"形状轮廓"下拉按钮→"紫色"选项，将"竖卷形"的形状轮廓设置为"紫色"，如图 5-41 所示。

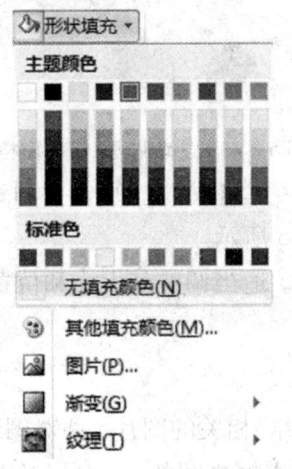
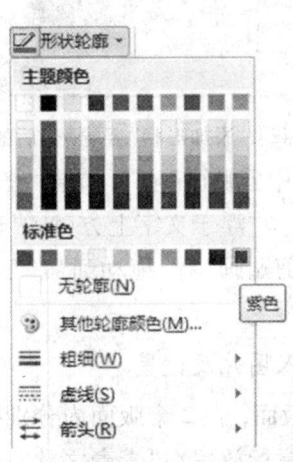

图 5-40　设置形状"形状填充"　　图 5-41　设置形状"形状轮廓"

步骤6:适当调整形状"竖卷形"的大小和位置,调整后的效果如图5-42所示。

任务7:插入剪贴画及设置

在"青春的诗"文本框中,插入一个名字为"春"的剪贴画,并设置其文字环绕(或称:自动换行)方式为"浮于文字上方"。

步骤1:鼠标放置在"青春之歌"区域和"青春"文本框之间的空行中,在"插入"选项卡中,单击"插图"组中的"剪贴画" 按钮,打开"剪贴画"任务窗格,在"搜索文字"文本框中输入"春",勾选"包括必应内容"复选框,然后单击"搜索"按钮,搜索结果会在"剪贴画"任务窗格中显示出来,如图5-43所示。

步骤2:单击"剪贴画"任务窗格中的第3行第1列的剪贴画(PostsTagged:春),如图5-44所示,实现插入操作,关闭"剪贴画"任务窗格。

步骤3:设置剪贴画的文字环绕(或称:自动换行)方式为"浮于文字上方"。方法如下:

方法一:选中剪贴画"春",鼠标右键,在弹出的快捷菜单中,选择"大小和位置(Z)…"命令,打开"布局"对话框,切换到"文字环绕"选项卡,选择"浮于文字上方(F)"环绕方式,如图5-45所示,单击"确定"按钮。

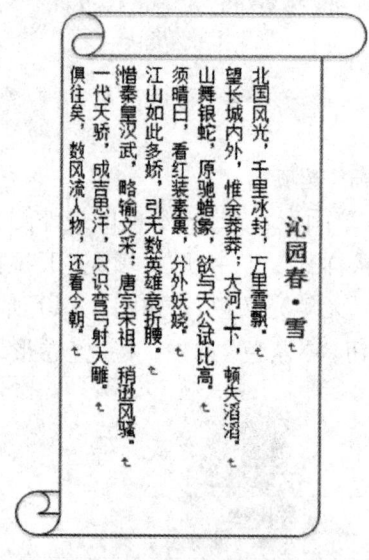

图5-42　添加形状"竖卷形"后的效果图　　图5-43　"剪贴画"任务窗格

方法二:选中剪贴画"春",单击"图片工具"选项卡→"格式"选项卡→"排列"组→"自动换行"下拉按钮→"浮于文字上方(N)"选项,如图5-46所示。

步骤4:将剪贴画"春"拖动到"青春的诗"文本框中,适当调整其大小和位置,效果如图5-47所示。

任务8:插入图片及设置

为了美化版面,在2个版面内分别插入几张和"青春"相关的图片,并对图片进行设置。

步骤1:将鼠标放置在"青春之歌"区域和"青春"文本框之间的空行中,在"插入"选项卡中,单击"插图"组中的"图片" 按钮,弹出"插入图片"对话框,如图5-48所示,在提供的资源文件夹内选择图片"致青春1.png",单击"插入(S)按钮"后,关闭"插入图片"对话框。

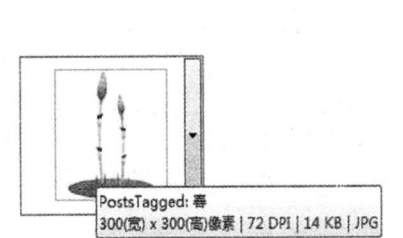
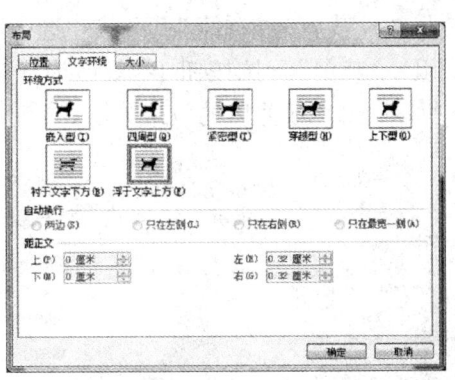

图5-44 剪贴画(PostsTagged:春)　　　　图5-45 "布局"对话框

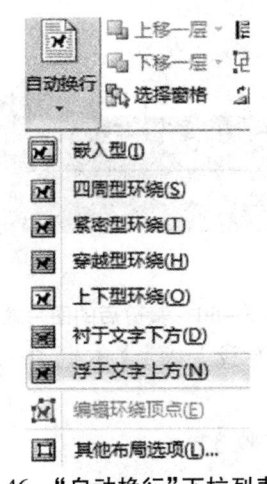
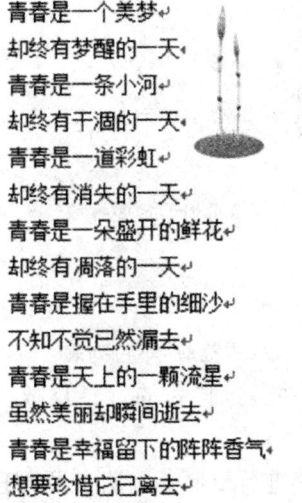

图5-46 "自动换行"下拉列表　　图5-47 插入剪贴画"春"后的效果图

图5-48 "插入图片"对话框

步骤2:更改图片的文字环绕(或称:自动换行)方式为"浮于文字上方"。方法参照"任务

"7"的步骤3。

步骤3:将图片裁剪为"右箭头"形状。选中图片,单击"图片工具"选项卡→"格式"选项卡→"大小"组→"裁剪"下拉按钮→"裁剪为形状(S)"选项→"箭头总汇"→"右箭头"形状,如图5-49所示,图片裁剪后的效果如图5-50所示。

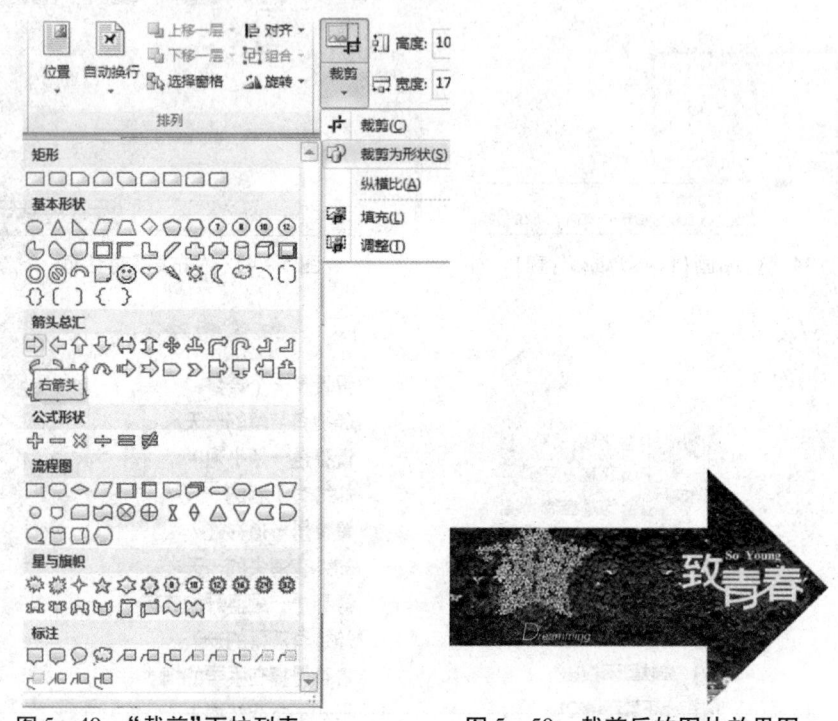

图5-49 "裁剪"下拉列表　　　　图5-50 裁剪后的图片效果图

步骤4:将图片拖动到"我的青春我做主,我的青春我无悔"文本框中,适当调整其大小和位置。

步骤5:将图片进行复制,方法参照"任务6"的步骤3。

图5-51 "旋转"下拉列表　　　　图5-52 插入"致青春1.png"图片后的效果图

步骤6:更改第2张图片的排列方式。选中第2张图片,单击"图片工具"选项卡→"格式"选项卡→"排列"组→"旋转"下拉按钮→"水平翻转(H)"选项,如图5-51所示。

步骤7:适当调整2张图片的大小和位置,效果如图5-52所示。

步骤8:插入一张文件名为"致青春2.png"的图片,更改图片的文字环绕(或称:自动换行)方式为"浮于文字上方",将其拖动到"青春经典励志名言名句"文本框中,适当调整其大小和位置,效果如图5-53所示。

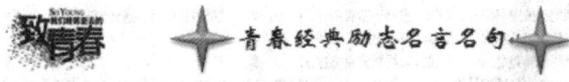

图 5-53 插入"致青春 2.png"图片后的效果图

步骤 9：分别插入文件名为"致青春 3.jpg"和"致青春 4.jpg"的图片，更改图片的文字环绕（或称：自动换行）方式为"浮于文字上方"，将其拖动到"青春之歌"区域上方，适当调整其大小和位置，效果如图 5-54 所示。

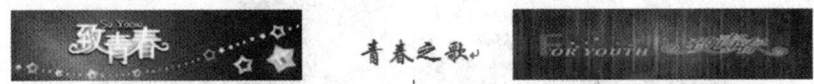

图 5-54 插入"致青春 3.jpg"和"致青春 4.jpg"图片后的效果图

步骤 10：插入一张文件名为"青春岁月.png"的图片，更改图片的文字环绕（或称：自动换行）方式为"浮于文字上方"。重新设置其图片样式为"映像圆角矩形"，方法为：选中图片，单击"图片工具"选项卡→"格式"选项卡→"图片样式"组→"其他"下拉按钮→"映像圆角矩形"选项，如图 5-55 所示。调整后，将其拖动到"青春经典励志名言名句"文本框中，适当调整其大小和位置，效果如图 5-56 所示。

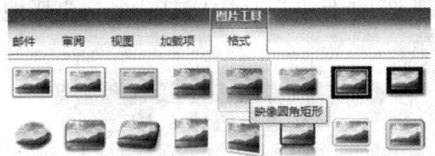

图 5-55 "图片样式"设置-"映像圆角矩形"

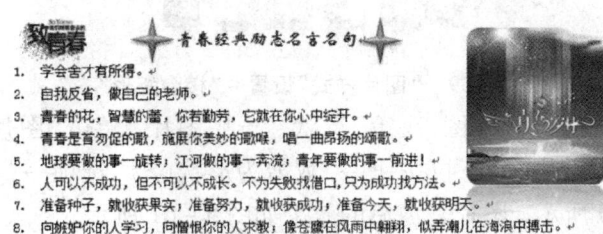

图 5-56 插入"青春岁月.png"图片后的效果图

步骤 11：分别插入文件名为"青春印象.png"和"放飞梦想.jpg"的图片，更改图片的文字环绕（或称：自动换行）方式为"四周型"，方法参照"任务 7"的步骤 3，区别的选项如图 5-57 所示。调整后，将其拖动到"青春之歌"文本框中，适当调整其大小和位置，效果如图 5-58 所示。

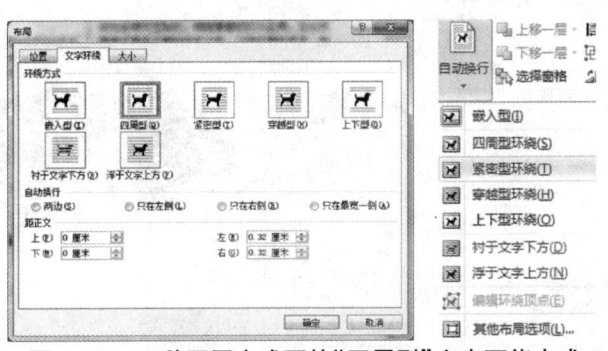

图 5-57 2 种不同方式下的"四周型"文字环绕方式

— 131 —

图5-58　插入"青春印象.png"和"放飞梦想.jpg"图片后的效果图

步骤12：插入一张文件名为"青春那些事.jpg"的图片，更改图片的文字环绕（或称：自动换行）方式为"浮于文字上方"。重新设置其图片样式为"棱台矩形"，方法为：选中图片，单击"图片工具"选项卡→"格式"选项卡→"图片样式"组→"其他"下拉按钮→"棱台矩形"选项，如图5-59所示。

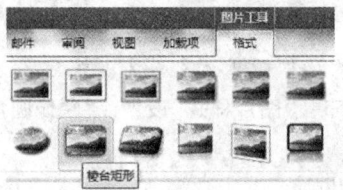

图5-59　"图片样式"设置-"棱台矩形"

步骤13：将图片裁剪为"流程图：决策"形状。选中图片，单击"图片工具"选项卡→"格式"选项卡→"大小"组→"裁剪"下拉按钮→"裁剪为形状(S)"选项→"流程图"→"流程图：决策"形状，如图5-60所示，图片裁剪后的效果如图5-61所示。

步骤14：调整后，将图片拖动到"青春"文本框中，适当调整其大小和位置，效果如图5-62所示。

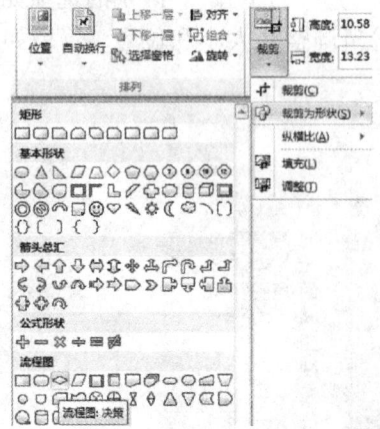 

图5-60　将图片裁剪为"流程图：决策"形状　　图5-61　图片裁剪后的效果

●说明:图5-62中,"青 春"文本框内的3个文本框的"形状轮廓"设置为"无轮廓",便于观看。方法为:选中文本框,单击"绘图工具"选项卡→"格式"选项卡→"形状样式"组→"形状轮廓"下拉按钮→"无轮廓(N)"选项,如图5-29所示。

步骤15:插入一张文件名为"致青春5.jpg"的图片,更改图片的文字环绕(或称:自动换行)方式为"浮于文字上方"。重新设置其图片样式为"矩形投影",方法为:选中图片,单击"图片工具"选项卡→"格式"选项卡→"图片样式"组→"其他"下拉按钮→"矩形投影"选项,如图5-63所示。

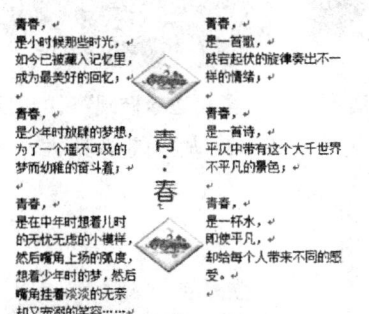
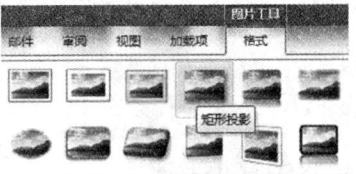

图5-62 插入"青春那些事.jpg"图片后的效果图　　图5-63 "图片样式"设置-"矩形投影"

步骤16:将图片裁剪为"棱台"形状。选中图片,单击"图片工具"选项卡→"格式"选项卡→"大小"组→"裁剪"下拉按钮→"裁剪为形状(S)"选项→"基本形状"→"棱台"形状,如图5-64所示,图片裁剪后的效果如图5-65所示。

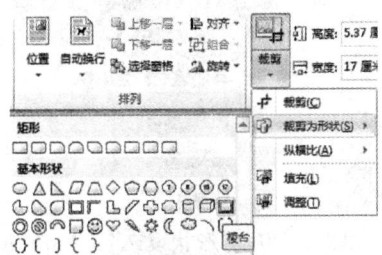

图5-64 将图片裁剪为"棱台"形状　　图5-65 图片裁剪后的效果

步骤17:调整后,将图片拖动到"青春"文本框中,适当调整其大小和位置,效果如图5-66所示。

图5-66 插入"致青春5.jpg"图片后的效果图

步骤18：插入一张文件名为"青春客栈.jpg"的图片，更改图片的文字环绕(或称：自动换行)方式为"浮于文字上方"。重新设置其图片样式为"柔化边缘椭圆"，方法为：选中图片，单击"图片工具"选项卡→"格式"选项卡→"图片样式"组→"其他"下拉按钮→"柔化边缘椭圆"选项，如图5－67所示，调整后的图片效果如图5－68所示。

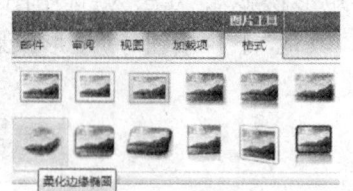 

图5－67 "图片样式"设置－"柔化边缘椭圆"   图5－68 "柔化边缘椭圆"后的图片

步骤19：调整后，将图片拖动到"沁园春·雪"文本框中，适当调整其大小和位置，效果如图5－69所示。

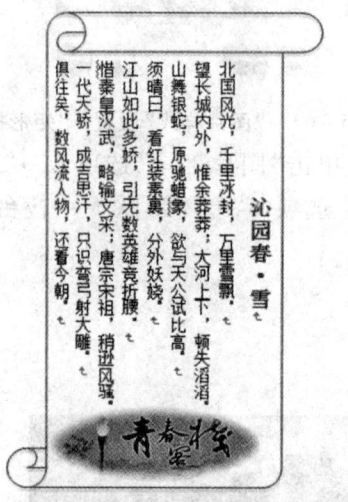 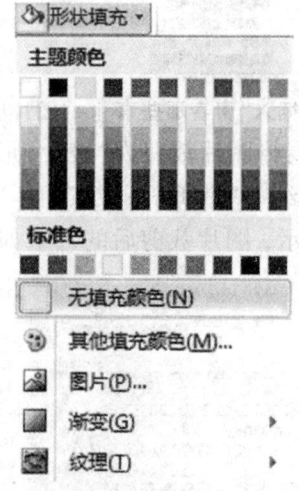

图5－69 插入"青春客栈.jpg"图片后的效果图   图5－70 "形状填充"－"无填充颜色"

任务9：文本框设置

任务要求：将2个版面内的文本框样式进行设置。

步骤1：再次适当调整2个版面中各个文本框的大小，直到每个文本框的空间比较紧凑，不留空位，同时又刚好显示出所有内容。

步骤2：将所有文本框的"填充颜色"设置为"无填充颜色"。方法为：选中文本框，单击单击"绘图工具"选项卡→"格式"选项卡→"形状样式"组→"形状填充"下拉按钮→"无填充颜色(N)"选项，如图5－70所示。

步骤3：设置"形状轮廓"的"粗细"为"1磅"。方法为：选中"我的青春我做主，我的青春我无悔"文本框，单击"绘图工具"选项卡→"格式"选项卡→"形状样式"组→"形状轮廓"下拉按钮→"粗细(W)"→"1磅"选项，如图5－71所示，设置后的文本框整体效果如图5－72所示。

步骤4：选中"青春的诗"文本框，单击"开始"选项卡→"段落"组→"下框线"命令右侧的下拉按钮,在展开的下拉列表中,选择"边框和底纹(O)…"选项,在弹出的"边框和底纹"对话框内,在"设置"区域中选择"方框"选项,在"样式(Y):"列表框中选择某一样式边框,如图5-73所示,单击"确定"按钮,此时"青春的诗"文本框的四周添加了指定样式的边框线,设置后的文本框整体效果如图5-74所示。

●说明:如果边框线有部分被遮挡,请调节文本框的大小,使边框线全部显示出来。

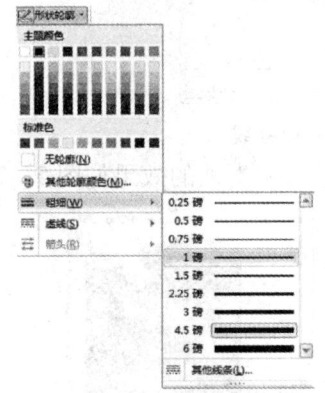

图5-71 "形状轮廓"-"1磅"

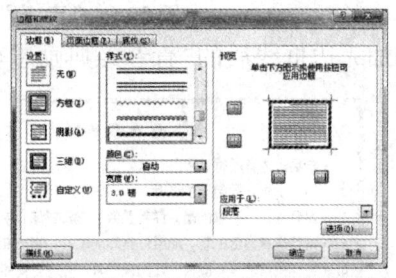

图5-73 "边框和底纹"对话框

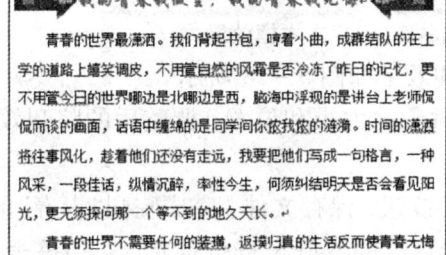

图5-72 "我的青春我做主,我的青春我无悔"文本框效果

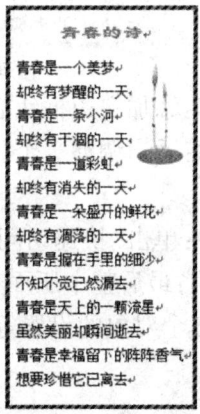

图5-74 "青春的诗"文本框效果

步骤5:使用相同的方法,分别为"青春经典励志名言名句"文本框和"青 春"文本框添加某种样式的边框线,这2个文本框的"边框和底纹"设置如图5-75和图5-76所示。

图5-75 "青春经典励志名言名句"文本框-边框线

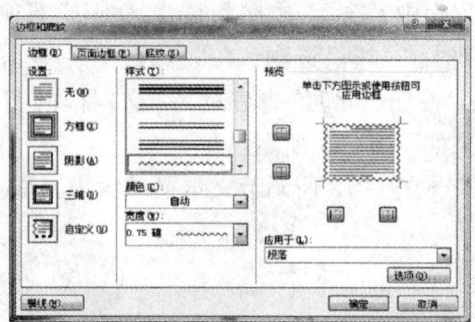

图5-76 "青 春"文本框-边框线

步骤6:添加完边框线后的"青春经典励志名言名句"文本框的效果如图5-77所示。

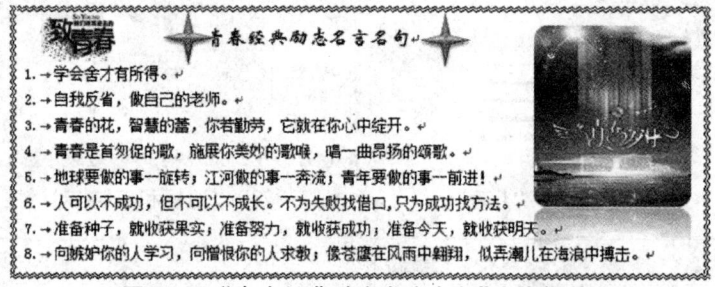

图5-77 "青春经典励志名言名句"文本框效果

步骤7:添加完边框线后的"青 春"文本框的效果如图5-78所示。

步骤8:适当调整2个版面的布局、版面内对象的大小和位置,调整后的院刊效果如图5-79所示。

步骤9:单击"快速访问工具栏"中的"保存"按钮,保存文件,完成院刊"青春"的排版。

●说明:最后整个版面美化问题,可以根据自己的喜好来进行设置,包括整个版面的布局、色彩、各个对象的设置等相关方面。

图5-78 "青 春"文本框效果

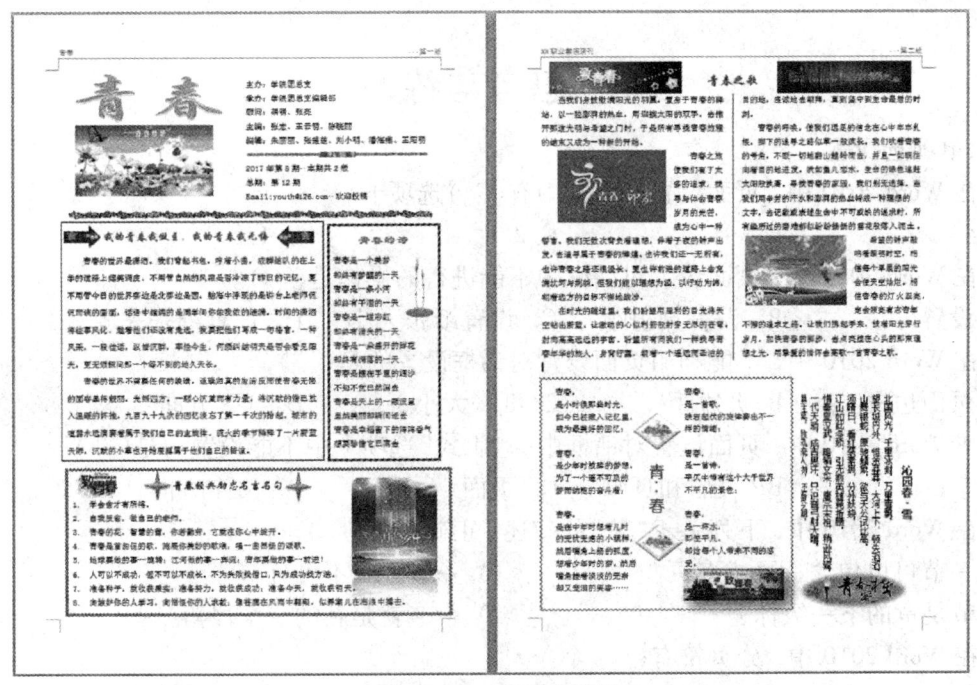

图 5-79　院刊效果图

5.5 总结与提高

本项目通过对院刊"青春"的排版,综合介绍了 Word 2010 中的各种排版技术,如文本框、文字环绕方式、分栏、艺术字、横线等。

在本项目中,首先要确定版面的布局,可用文本框、分栏等将版面进行分割。本项目使用文本框、分栏等方法将版面划分为七个板块,然后对各个板块进行具体的设计,可在适当位置插入艺术字、图片、横线、剪贴画等。

文本框是 Word 2010 中放置文本或图片的容器,使用文本框可以将文本放置在页面中的任意位置,文本框可以设置任意大小,还可以为文本框内的文字设置格式。对于只需突出文字效果的文本框,可以取消文本框的边框线;对于需要突出排版整体效果的文本框,可以设置各种边框格式,设置边框样式、颜色、宽度、添加阴影等。可见,文本框在 Word 2010 排版中的运用十分灵活、广泛。

在文档中插入图片是 Word 2010 常见操作,插入图片后,可以设置图片的环绕方式,使图文混排更加美观。艺术字、图片等的文字环绕方式有嵌入型、四周型、紧密型、穿越型、上下型、衬于文字下方、浮于文字上方等。

分栏是 Word 2010 排版中常用的一种格式,多见于报纸和杂志。它使页面在水平方向上分为几个栏,文字是逐栏排列的,一栏填满后方可转到下一栏,分栏使页面排版灵活,方便阅读。

通过本项目的学习,在以后的学习、工作和生活中,可以应用本项目所学的知识点,制作介绍学校、院系、班级的宣传小报,或者制作公司的内部刊物、宣传海报等。

5.6 思考与练习

一、单项选择题

1. 在 Word 2010 中,页面设置对话框中有( )选项卡。
   A. 4 B. 3 C. 2 D. 1

2. 在 Word 2010 中,页面设置对话框中不能进行的操作是( )。
   A. 设置分栏 B. 设置页边距 C. 设置纸张大小 D. 设置纸张来源

3. 在 Word 2010 中,不能利用页面设置对话框设置的是( )。
   A. 页面边框 B. 页边距 C. 纸张大小 D. 纸张方向

4. 在 Word 2010 中,页面设置对话框中的"版式"选项卡中不能设置的是( )。
   A. 节 B. 页眉和页脚 C. 页面 D. 文字方向

5. 在 Word 2010 中,下列关于"节"的叙述,正确的是( )。
   A. 一节可以包含一页或多页 B. 一节之间不可分节
   C. 节是章的下一级标题 D. 一节就是新的一个段落

6. 在 Word 2010 中,分页符有( )个。
   A. 3 B. 4 C. 5 D. 6

7. 在 Word 2010 中,分节符有( )个。
   A. 3 B. 4 C. 5 D. 6

8. 在 Word 2010 中,分隔符有( )个。
   A. 7 B. 4 C. 5 D. 6

9. 在 Word 2010 中,提供了单倍、多倍、固定值等( )种行间距选择。
   A. 4 B. 5 C. 6 D. 7

10. 在 Word 2010 编辑状态下,选中某段落后,若在段落中设置行距为 1.8 行的格式,应在"行距"列表框中选择( )。
    A. 2 倍行距 B. 固定值 C. 多倍行距 D. 单倍行距

11. 在 Word 2010 文档中,关于文本框的表述正确的是( )。
    A. 不可与文字叠放 B. 文字环绕方式多于两种
    C. 随着框内文本内容的增多而增大 D. 文字环绕方式只有两种

12. 在 Word 2010 文档中,关于文本框的表述不正确的是( )。
    A. 可以旋转 B. 可以裁剪 C. 可以设置边框 D. 可以设置填充色

13. 在 Word 2010 文档中,插入图片后,图片只能放在文字的( )。
    A. 左边 B. 中间 C. 下边 D. 以上都对

14. 在 Word 2010 文档中,插入一幅图片,对此图片的操作不正确的说法是( )。
    A. 可以改变大小 B. 可以剪裁 C. 可以设置阴影效果 D. 不可重新着色

15. 在 Word 2010 文档中,把彩色图片改成灰度图片,应选择"设置图片格式"对话框中的( )选项卡。
    A. 填充 B. 线条颜色 C. 图片更正 D. 图片颜色

16. 在Word 2010文档中,一张完整的图片,只有部分区域能够排开文本,其余部分被文字遮住,这是由于( )。

　　A.图片是嵌入型　　　　　　B.图片是紧密型
　　C.图片是四周型　　　　　　D.图片进行了环绕顶点的编辑

17. 在Word 2010文档中,可以在"页眉/页脚"中插入各种图片,插入图片后只有在( )中才能看到该图片。

　　A.草稿视图　　B.页面视图　　C.大纲视图　　D.Web版式视图

18. 在Word 2010中,对段落进行分栏最多可分为( )。

　　A.一栏　　　　B.两栏　　　　C.三栏　　　　D.任意栏

19. 在Word 2010中,关于分栏的说法正确的是( )。

　　A.最多可以分四栏　　　　　B.各栏的宽度必须相同
　　C.各栏的宽度可以不同　　　D.各栏的间距是固定的

20. 在Word 2010中,不能直接进行的操作是( )。

　　A.编辑表格　　B.图文混排　　C.生成超文本　　D.创建数据库表

二、实践操作题

1. 将下列文字设定为隶书、四号、倾斜、绿色。除此之外不得做其他任何修改。

　　为了使计算机系统能协调、高效和可靠地进行工作,同时也为了给用户一种方便友好地使用计算机的环境,在计算机操作系统中,通常都设有处理器管理、存储器管理、设备管理、文件管理、作业管理等功能模块,它们相互配合,共同完成操作系统既定的全部职能。

2. 利用"字体"对话框,将以下文字按要求排版:华文行楷、小四、加粗、红色;蓝色、波浪形下划线;空心、阴影;字符间距为:加宽1磅。除此之外不得做其他任何修改。

　　虚拟现实技术是仿真技术的一个重要方向,是仿真技术与计算机图形学、人机接口技术、多媒体技术、传感技术、网络技术等多种技术的集合,是一门富有挑战性的交叉技术、前沿学科和研究领域。

3. 将"摩尔定律"加上着重号,"[1]"设为上标。除此之外不得做其他任何修改。

　　计算机第一定律——摩尔定律是指IC上可容纳的晶体管数目,约每隔18个月便会增加一倍,性能也将提升一倍[1]。

4. 将文字"增强现实技术"设置为:水绿色,强调文字颜色5,淡色80%的底纹。除此之外不得做其他任何修改。

　　增强现实技术(Augmented Reality,简称AR),是一种将真实世界信息和虚拟世界信息"无缝"集成的新技术。它是把原本在现实世界的一定时间空间范围内很难体验到的实体信息(视觉、听觉、嗅觉、触觉等信息),通过电脑等科学技术,模拟仿真后再叠加,将虚拟的信息应用到真实世界,被人类感官所感知,从而达到超越现实的感官体验。真实的环境和虚拟的物体实时地叠加到了同一个画面或空间同时存在。在视觉化的增强现实中,用户利用头盔显示器,把真实世界与电脑图形多重合成在一起,便可以看到真实的世界围绕着它。

　　增强现实技术,包含了多媒体、三维建模、实时视频显示及控制、多传感器融合、实时跟踪及注册、场景融合等新技术与新手段。增强现实提供了在一般情况下,不同于人类可以感知的信息。

5. 利用"段落"对话框,将以下文字按要求排版:左缩进1字符、右缩进1字符,首行缩进

2字符、段前间距为6磅,段后间距为10磅,行距为20磅。除此之外不得做其他任何修改。

虚拟现实技术(VR)主要包括模拟环境、感知、自然技能和传感设备等方面。模拟环境是由计算机生成的、实时动态的三维立体逼真图像。感知是指理想的VR应该具有一切人所具有的感知。除计算机图形技术所生成的视觉感知外,还有听觉、触觉、力觉、运动等感知,甚至还包括嗅觉和味觉等,也称为多感知。自然技能是指人的头部转动,眼睛、手势、或其他人体行为动作,由计算机来处理与参与者的动作相适应的数据,并对用户的输入做出实时响应,并分别反馈到用户的五官。传感设备是指三维交互设备。

6. 将下列文字中的"计算机"替换为"Computer"并将"Computer"颜色设置为红色。除此之外不得做其他任何修改。

全国计算机等级考试(National Computer Rank Examination,以下简称 NCRE),是经原国家教育委员会(现教育部)批准,由教育部考试中心主办,面向社会,用于考查应试人员计算机应用知识与技能的全国性计算机水平考试体系。

NCRE 不以评价教学为目的,考核内容不是按照学校要求设定,而是根据社会不同部门应用计算机的不同程度和需要、国内计算机技术的发展情况以及中国计算机教育、教学和普及的现状而确定的;它以应用能力为主,划分等级,分别考核,为人员择业、人才流动提供其计算机应用知识与能力水平的证明。

7. 将下列文字分成二栏,加上分隔线,并将第一段的第一个单词"Cookie"下沉两行。除此之外不得做其他任何修改。

Cookie,或称 Cookies,指某些网站为了辨别用户身份而储存在用户本地终端上的数据(通常经过加密)。它的发明者是网景公司的前雇员。

Cookies 现在经常被大家提到,那么到底什么是 Cookies,它有什么作用呢?Cookies 是一种能够让网站服务器把少量数据储存到客户端的硬盘或内存,或是从客户端的硬盘读取数据的一种技术。Cookies 是当你浏览某网站时,由 Web 服务器置于你硬盘上的一个非常小的文本文件,它可以记录你的用户 ID、密码、浏览过的网页、停留的时间等信息。当你再次来到该网站时,网站通过读取 Cookies,得知你的相关信息,就可以做出相应的动作,如在页面显示欢迎你的标语,或者让你不用输入 ID、密码就直接登录等等。从本质上讲,它可以看作是你的身份证。但 Cookies 不能作为代码执行,也不会传送病毒,且为你所专有,并只能由提供它的服务器来读取。保存的信息片断以"名/值"对(name - value pairs)的形式储存,一个"名/值"对仅仅是一条命名的数据。一个网站只能取得它放在你的电脑中的信息,它无法从其他的 Cookies 文件中取得信息,也无法得到你的电脑上的其他任何东西。Cookies 中的内容大多数经过了加密处理,因此一般用户看来只是一些毫无意义的字母数字组合,只有服务器的 CGI 处理程序才知道它们真正的含义。

8. 对如图5-80所示的图形进行如下操作:图形内部填充色改为黄色,边框线颜色设为蓝色,线粗设为3磅。然后将该图形顺时针旋转90度。除此之外不得做其他任何修改。

图5-80 笑脸

9. 将下列两个图形组合为一个对象,并衬于文字下方。除此之外不得做其他任何修改。
太阳公公和月亮婆婆

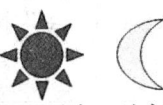

10. 将下列 2 行 4 列表格的行高设为 1 厘米、列宽设为 3 厘米,将表格的第 4 列删除,再增加第 3 行,使表格变成同样格式的 3 行 3 列的表格,并添入相同字体的相应数据。设置表格的外边框为:双线、蓝色、0.75 磅;内边框为:虚线、绿色、0.5 磅。除此之外不得做其他任何修改。

姓名	计算机基础	大学英语	体育
李梦婷	90	94	88

三、拓展训练

1. 修改 Word 文档的默认保存路径。

一般来说,Word 文档的默认保存路径为 C:\Users\Administrator\Documents\文件夹,要修改其默认保存路径,选择"文件"→"选项"命令,在打开的"Word 选项"对话框的左侧窗格中选择"保存"选项,在右侧窗格的"默认文件位置(I)"文本框中可以设置修改 Word 文档的默认保存路径,如图 5-81 所示。

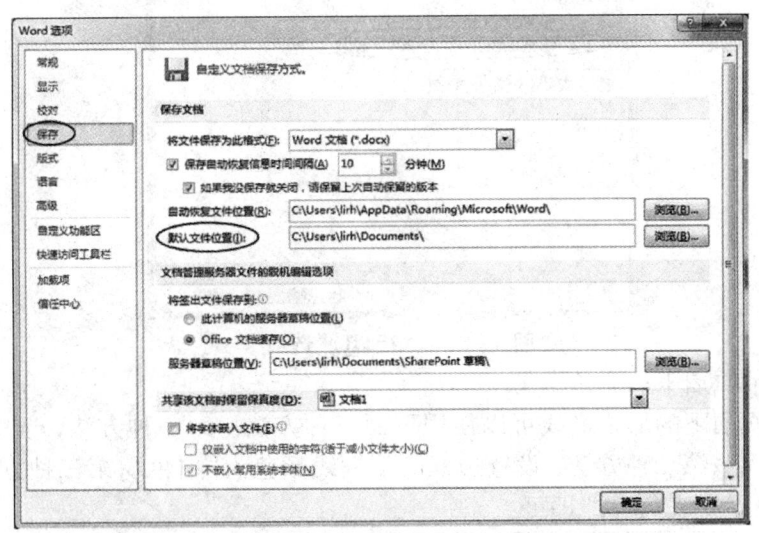

图 5-81 "Word 选项"对话框

2. 将光标快速返回到 Word 文档上次编辑点。

按下 Shift + F5 组合键,就可以将插入点返回到上次编辑的文档位置,当再次按下 Shift + F5 组合键时,插入点会返回到当前的编辑位置。如果是在打开文档之后立刻按下 Shift + F5 组合键,可以将插入点移动到上次退出 Word 文档时最后一次的编辑位置。

●提示:Shift + F5 组合键的作用是定位到 Word 最后三次编辑的位置,即 Word 会记录下一篇文档最近三次编辑文字的位置,可以重复按下 Shift + F5 键,并在三次编辑位置之间循环,当然按一下 Shift + F5 就会定位到上一次编辑时的位置了。

3. 在 Word 中快速设置上标和下标。

首先选中需要用作上标的文字,然后按下 Ctrl + Shift + " + "组合键,就可以将该文字设为上标,再按一次恢复到原始状态;按下 Ctrl + " + "组合键,就可以将该文字设为下标,再按一次恢复到原始状态。

4. 快速多次使用格式刷。

Word 中提供了快速多次复制格式的方法:双击"格式刷"按钮(所在位置:"开始"选项卡→"剪贴板"组→"格式刷"命令),可以将选定格式复制到多个位置;再次单击"格式刷"按钮或者按下 Esc 键,即可关闭格式刷功能。

5. 给跨页的表格自动添加表头。

如果在 Word 中制作的表格有多页,往往需要从第二页开始的每一页都有与第一页相同的表头,可以按以下步骤进行操作:选中第一页的表头(表头有多行时要选中多行),右击,在弹出的快捷菜单中,选择"表格属性"命令,打开"表格属性"对话框,在"行(R)"选项卡中,选中"在各页顶端以标题行形式重复出现(H)"复选框,如图 5 – 82 所示,单击"确定"按钮。

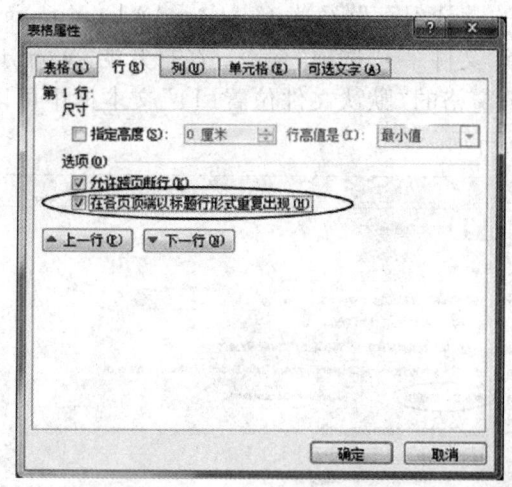

图 5 – 82　"行(R)"选项卡

6. 去掉 Word 页眉下的那条横线。

去掉 Word 页眉下的那条横线可以使用下面三种方法。第一种方法,选中页眉内容后,设置边框线为"无";第二种方法,设置边框的下框线颜色为"白色";第三种方法,将"样式"列表框中的"页眉"换成"正文"即可。

7. 快速显示文档中的图片。

如果一篇 Word 文档中有好多图片,打开后显示比较慢。为了实现快速显示多张图片,可以在打开文档时,快速点击"打印预览"按钮,图片就会立刻清晰的显示出来,然后关闭打印预览窗口,所有插入的图片都会快速显示出来了。

8. 快速插入当前日期或时间。

有时,有必要在文章的末尾插入系统的当前日期或时间,一般情况下是通过菜单命令来实现。使用快捷键方式速度会更快,可以按 Alt + Shift + D 组合键来插入系统日期,而按下 Alt + Shift + T 组合键则插入系统当前时间。

项目6 毕业论文的设计与排版

6.1 项目提出

小李同学即将大学毕业,他在大学最后阶段必须要完成的一项任务就是毕业论文的设计与排版。开始时,他并没有在意,认为论文书写应该不难,因为在大学期间,自己的理论基础和实践能力都是过关的,课内和课外涉及的知识也不少,至少选题范围很广,论文内容应该会很充实,毕竟让大家伙头疼的就是论文选题和内容了,并且使用 Word 文档编辑应该也是很简单的。看到了学校给出的毕业论文格式要求之后,小李同学发现自己对 Word 文档编辑的技能、技巧还是远远不够。

毕业论文的文档不仅篇幅长,而且格式多,处理起来比普通文档要复杂得多。小李同学在实际操作过程中,遇到了如下问题:

1. 如何设置论文的文档属性?
2. 如何为论文各个章节和正文等快速设置相应的格式?
3. 如何自动生成论文目录?
4. 如何把论文分为三大部分(封面和摘要、目录、论文正文),以便对这三大部分设置不同的页眉和页脚?
5. 如何让论文正文奇数页的页眉内容随文章的章标题而改变?如何把论文正文偶数页的页眉内容设置为论文题目,并使论文封面、摘要和目录页上没有页眉内容?
6. 如何在目录和论文正文的页脚中插入不同数字格式的页码?

6.2 项目分析

首先,小李同学对论文的选题和内容进行了一个规划,针对一个和本专业相关的主题搜集资料,整理资料,进行论文的基础写作。

其次,对论文进行排版。先对论文排版进行了详细的分析,毕业论文通常包括封面、摘要、目录、论文正文(包含致谢、参考文献)等几个部分。学校对毕业论文格式的要求如下:

1. 封面和摘要没有页眉和页脚。
2. 目录没有页眉,但是需要在页脚中插入页码(页码格式设置为"Ⅰ、Ⅱ、Ⅲ、…")。
3. 在正文、致谢和参考文献中,奇偶页的页眉内容不同,在奇数页页眉中插入章标题,在偶数页页眉中插入毕业论文题目,在页脚中插入页码(格式与目录中的页码格式不同,一般页码格式设置为"1，2，3，…"）。

为了完成以上设置，需要将论文分成三个部分(3节)，可以在论文正文前和目录前分别插入"分节符"，从而把论文分为三个部分：封面和摘要(第1节)、目录(第2节)和论文正文(包含致谢、参考文献)(第3节)。

封面通常由学校给出严格的格式要求，只需要从学校的网页上下载插入即可。论文中的摘要是对论文整体的一个综述。一般情况下，中文摘要在前，英文摘要(可选)在后，各占一页纸。论文其他部分的排版样式、字体、字号等，学校也会有具体的要求，在论文排版时要严格遵守。

利用 Word 2010 对论文进行排版之前，首先要进行页面设置(例如：纸张大小、页边距、版式等)和文档属性(例如：标题、作者等)设置，而在论文排版过程中，常常需要使用样式，以使论文各级标题、正文等版面格式符合要求。Word 2010 中已经内置了一些常用样式，可以直接应用这些样式，也可以根据排版要求，修改这些样式或者新建样式。论文正文中各个层次之间，可以分为一级标题(章标题)、二级标题(节标题)、三级标题(小节标题)和正文内容。对于正文中的图标和新名词可以添加题注和脚注。在论文正文中设置各级标题后，可以利用 Word 的引用功能自动生成目录。把论文分成三个部分后，在每个节中可以设置不同的页眉和页脚。

最后，论文排好版后，需要提交给指导老师审阅，指导老师通过批注和修订对论文提出修改意见后，再返回给学生，学生可接受或拒绝指导老师添加的批注和修订。

由以上分析可知，毕业论文的设计与排版，可以分解为九大任务：设置页面和文档属性；设置标题样式和多级列表；添加题注和脚注；自动生成目录；插入分节符；利用插入域的方法添加论文正文的页眉；在页脚中添加页码并更新目录；添加论文摘要和封面；使用批注和修订。

6.3 相关知识点

1. 文档属性

文档属性包含了文档的详细信息，例如：标题、作者、主题、类别、关键词、文件长度、创建日期、最后修改日期和统计信息等。

2. 样式和多级列表

样式就是一组已经命名的字符格式或段落格式，可以应用于一个段落或段落中选定的字符，能够批量完成字符或段落的格式设置。这样在编排重复格式时，先创建一个该格式的样式，然后在需要的地方套用这种样式，就无须一次次地对它们进行重复的格式化操作了。

多级列表与项目符号或编号列表相似，多级列表关键在于多级，多级列表中每段的项目符号或编号根据段落的缩进范围而变化。实际上，多级列表是在段落缩进的基础上使用 Word 格式中项目符号和编号菜单的多级列表功能自动地生成最多达九个层次的符号或编号。

3. 题注和脚注

题注就是给图片、表格、图表、公式等项目添加的名称和编号。题注可以自动为当前文档中的图片、表格等对象进行编号，以便排版时查找和便于读者阅读，例如：通常要在表格、图形的上方或下方添加一行"表1"、"图1"等文字说明。

脚注是标明资料来源、为文章补充注解的一种方法，通常出现在页面的底部。脚注在需要标注内容所在页面的最下面进行标注，作为文档某处内容的说明。

4. 目录

目录是长文档中不可缺少的部分。通过目录可以了解文档的结构，并可快速定位需要查询的内容。在目录中，左侧是目录标题，右侧是标题所对应的页码。

为了能够使目录应用更灵活，目录通常采取自动生成的方式，如果在论文中有关目录的内容发生了变化，可以进行更新目录操作。

5. 节

"节"是 Word 划分文档的一种方式，是文档格式化的最大单位（或指一种排版格式的范围）。之所以引入"节"的概念，是为了实现在同一个文档中设置不同的页面格式，例如：不同的纸张、不同的页边距、不同的页眉和页脚、不同的页码、不同的页面边框、不同的分栏等。

建立新文档，Word 默认将整篇文档视为一节，此时，整篇文档只能采用一致的页面格式。因此，为了在同一个文档中设置不同的页面格式，就必须将文档划分为若干个节。通过插入分节符，可以把文档分为若干个节，在草稿视图中分节符显示为两条横向虚线。

6. 页眉和页脚

页眉和页脚是页面中的两个特殊区域，它们分别位于文档中每个页面页边距（页边距：页面上打印区域之外的空白空间）的顶部和底部区域。页眉和页脚，通常用于显示文档的附加信息，例如：文档的标题、作者名、单位名称、公司徽标、页码、时间等信息。

7. 批注和修订

批注和修订是用于审阅别人的 Word 文档的两种方法。

批注是读者在审阅 Word 文档时所提出的注释、问题、建议或其他想法，批注不会集成到文本编辑中，可以随时删除，而不影响内容。它们只是对文档编辑提出建议，批注中的建议文字经常会被复制并粘贴到文本中，但批注本身不是文档的一部分。

修订是文档的一部分，可以将修改过程的痕迹保留下来。修订是对 Word 文档进行插入、删除、替换、移动等编辑操作时，使用一种特殊的标记来记录所做的修改，以便于其他用户或者原作者了解文档所做的修改，可以根据实际情况决定接受或拒绝修订。

8. 参考文献

参考文献是文章或著作等写作过程中参考过的文献。参考文献是出版物不可缺少的重要组成部分。参考文献中的所有字体符号必须在英文输入状态下输入。使用参考文献，必须判断出文献的属性，并选用正确的英文字母为代码。参考文献主要分为：一般参考文献（如表 6-1 所示）、电子参考文献和英文参考文献 3 类。参考文献的格式根据分类不同而略有不同，需要根据具体情况设定，具体应用时可以亲自查阅、学习和实践。

表6-1 一般参考文献类型及字母标识

文献类型标识	参考文献类型	文献类型标识	参考文献类型
M	专著	R	报告
C	论文集	S	标准
N	报纸文章	P	专利
J	期刊文章	A	论文集中的析出文献
D	学位论文	Z	其他

6.4 项目实施

6.4.1 项目调研

分组调研毕业论文的设计与排版中的排版样式和组成元素，并讨论每个排版样式的优劣和各个组成元素的放置位置。其中两组老师进行深入调研，其他组进行组内讨论，然后再进行组间交流，初步形成方案的大致框架。

6.4.2 确定项目

全体组及组员进行讨论，最终确定适合本班的毕业论文设计与排版的整体方案，形成图片，作为后续操作的依据。

●项目说明：

毕业论文通常包括封面、摘要、目录、正文（含致谢、参考文献）等几个部分。对毕业论文格式的要求，具体如下：

（1）封面和摘要没有页眉和页脚。

（2）目录没有页眉，但是需要在页脚中插入页码（页码格式设置为"Ⅰ、Ⅱ、Ⅲ、…"）。

（3）在正文、致谢和参考文献中，奇偶页的页眉内容不同，在奇数页页眉中插入章标题，在偶数页页眉中插入毕业论文题目，在页脚中插入页码（格式与目录中的页码格式不同，一般页码格式设置为"1、2、3、…"）。

6.4.3 项目实施

任务1：设置页面和文档属性

步骤1：打开资源文件中的文档"毕业论文（素材）.docx"，在"页面布局"选项卡中，单击"页面设置"组中的"页面设置"按钮，打开"页面设置"对话框，在"纸张"选项卡中，选择纸张大小为A4，如图6-1所示。

步骤2：在"页边距"选项卡中，设置页边距为"上2.5厘米，下2.5厘米，左3.0厘米，右2.8厘米"，装订线为0.5厘米，装订线位置为"左"，纸张方向为"纵向"，如图6-2所示。

步骤3：在"版式"选项卡中，选中页眉和页脚的"奇偶页不同"复选框，如图6-3所示，单击"确定"按钮。

步骤4：单击"文件"→"信息"命令，再单击窗口右侧窗格中的"属性"下拉按钮，在打开的下拉列表中，选择"高级属性"选项，打开"毕业论文(素材).docx 属性"对话框，在"摘要"选项卡中，设置标题为"图书馆信息资料管理系统的研究与设计"，作者为"李荣亮"，单位为"XX 职业技术学院"，如图6-4所示，单击"确定"按钮。

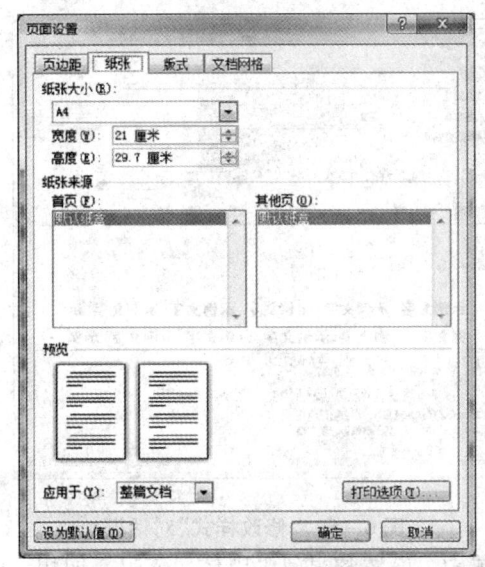

图6-1 "纸张"选项卡

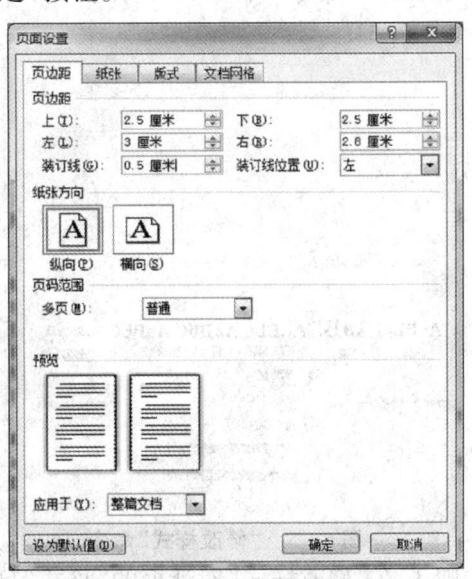

图6-2 "页边距"选项卡

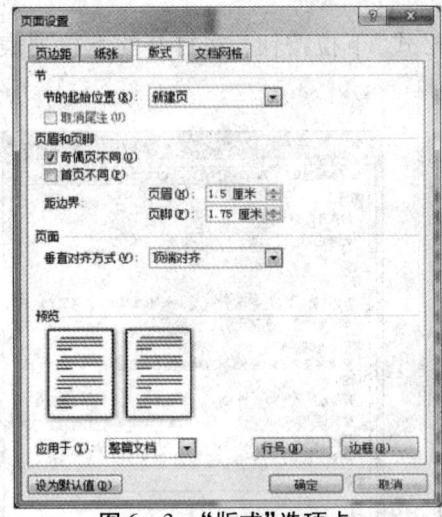

图6-3 "版式"选项卡

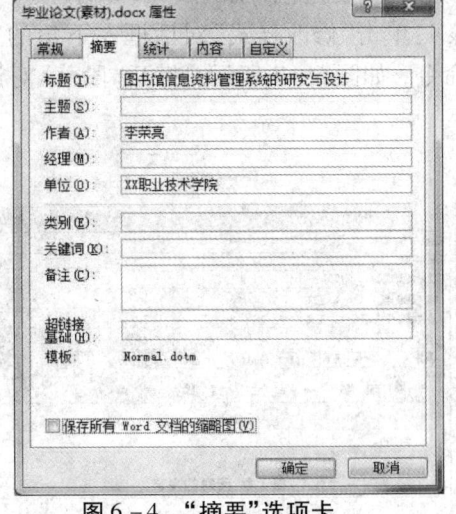

图6-4 "摘要"选项卡

任务2：设置标题样式和多级列表

在论文排版过程中需要使用样式，用来使论文各级标题、正文、致谢、参考文献等版面格式符合要求，Word 2010中已内置了一些常用样式，可直接应用这些样式，也可根据排版的格式要求，修改这些样式或新建样式。论文全文中各个层次之间，可以分类为一级标题(章标题)、二级标题(节标题)、三级标题(小节标题)和正文内容等4个层次。

1. 设置标题样式

步骤1:在"视图"选项卡中,选中"显示"组中的"导航窗格"复选框,在窗口左侧将显示"导航"窗格。

步骤2:在"开始"选项卡中,右击"样式"组中的"标题1"样式,在弹出的快捷菜单中,选择"修改(M)…"命令,如图6-5所示,打开"修改样式"对话框。

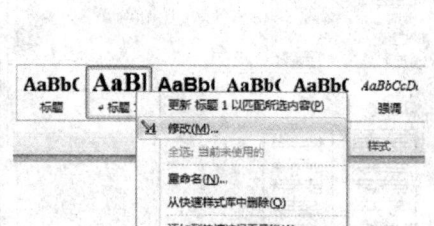

图6-5 "修改样式"命令　　　　　图6-6 "修改样式"对话框

步骤3:在"修改样式"对话框的"格式"区域中,设置格式为"黑体,三号,加粗,居中",勾选"自动更新"复选框,如图6-6所示。

步骤4:单击"修改样式"对话框左下角的"格式"下拉按钮,在打开的下拉列表中,选择"段落"命令,如图6-7所示,打开"段落"对话框。

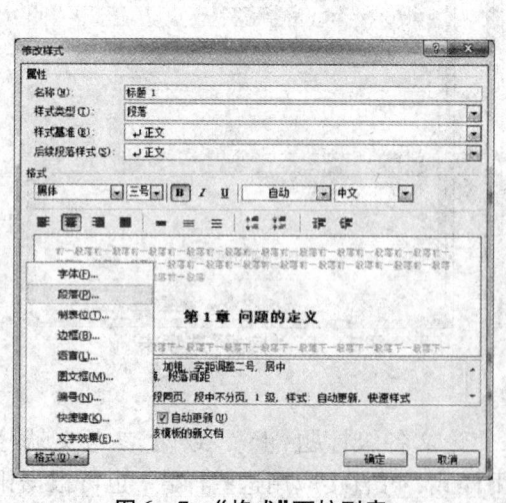
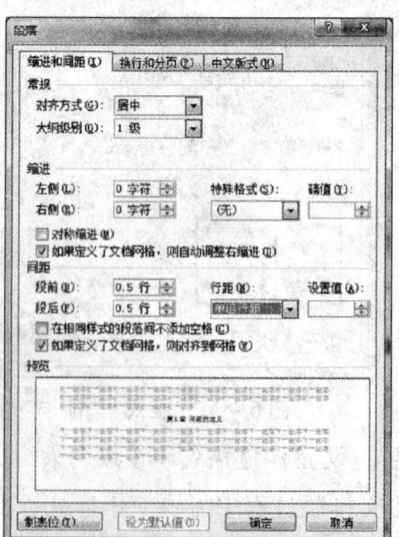

图6-7 "格式"下拉列表　　　　　图6-8 "段落"对话框

步骤5:在"段落"对话框中,进行段落格式中的"间距"设置,具体为:"段前(B):"、"段后(F):"均为"0.5行","行距(N):"为"单倍行距",如图6-8所示,单击"确定"按钮,返回到"修改样式"对话框,再单击"确定"按钮,完成"标题1"样式的设置。

步骤6:使用相同的方法,修改"标题2"样式的格式为"黑体,小三,加粗,左对齐,自动更新","段前(B):"、"段后(F):"均为"0.5行","行距(N):"为"单倍行距";"标题3"样式的格式为"黑体,四号,加粗,左对齐,自动更新","段前(B):"、"段后(F):"均为"0.5行","行距(N):"为"单倍行距"。

2.设置多级列表

多级列表是用于对列表或文档设置层次结构而创建的列表。创建多级列表可使列表具有复杂的结构,并使列表的逻辑关系更加清晰。列表最多可有9个级别。

步骤1:将光标置于"第1章问题的定义"所在行中,在"开始"选项卡中,单击"段落"组中的"多级列表"下拉按钮 ,在打开的下拉列表中,选择"定义新的多级列表"选项,如图6-9所示。

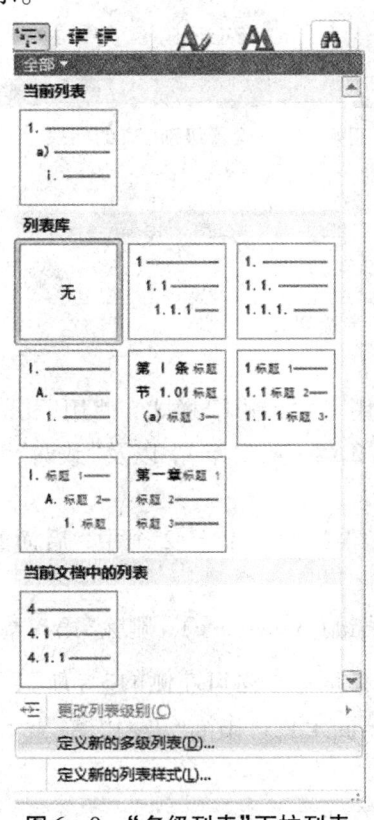

图6-9 "多级列表"下拉列表

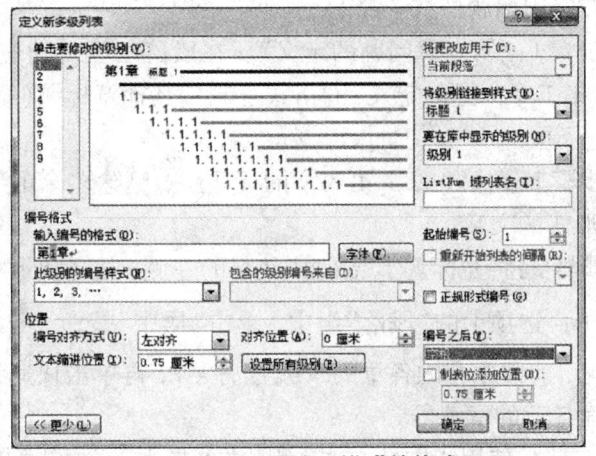

图6-10 设置级别"1"的格式

步骤2:在打开的"定义新的多级列表"对话框中,在对话框左上角的"单击要修改的级别(Y):"下面的列表框中,选择"1",并在"输入编号的格式(O):"文本框中的"1"的左、右两侧分别输入"第"和"章",构成"第1章"的形式;再单击左下角"<<更多"按钮,在扩展对话框右侧将"将级别链接到样式"设置为"标题1","编号之后"为"空格",如图6-10所示。

步骤3:在图6-10所示的界面中,再选择左上角的级别"2",此时"输入编号的格式"默认为"1.1"的形式,"将级别链接到样式"设置为"标题2","对齐位置"为"0厘米","编号之后"为"空格",如图6-11所示。

步骤4:在图6-11所示的界面中,再选择左上角的级别"3",此时"输入编号的格式"默认为"1.1.1"的形式,"将级别链接到样式"设置为"标题3",对齐位置为"0厘米",编号之后为"空格",如图6-12所示,单击"确定"按钮,完成多级列表的设置,此时"样式"组中的"标题1"、"标题2"、"标题3"的样式按钮出现了多级列表,如图6-13所示。

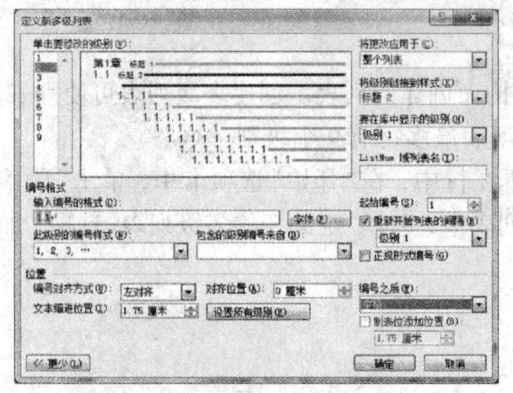
图6-11 设置级别"2"的格式

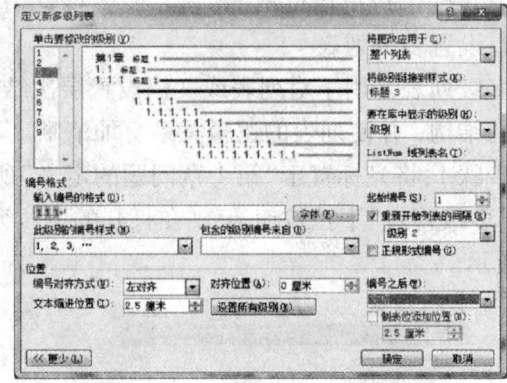
图6-12 设置级别"3"的格式

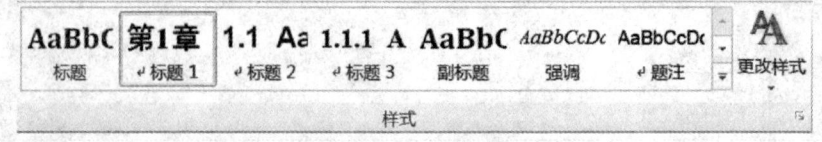
图6-13 样式按钮中出现了多级列表

3. 应用标题样式

步骤1:"第1章问题的定义"所在段落已经自动应用了"标题1"样式,使用"格式刷"功能把"第1章问题的定义"的格式复制到其他章标题(第2章~第5章),以及"致谢"和"参考文献"标题。

步骤2:在第2章~第5章的标题中,删除多余的"第N章"(就是2个中,后面的"第N章")形式的文字。

步骤3:将光标置于"致谢"文字的左侧,按2次退格键(Backspace),删除"第6章"字样,在"开始"选项卡的"段落"组中,单击"居中"按钮 (此时,在窗口左侧的"导航"窗格中可以看见,前面原有的各章的章编号消失),再单击快速访问工具栏中的"撤消" 按钮,可还原前面各章的章编号。

步骤4:使用相同的方法,删除"参考文献"左侧的"第6章"字样。

步骤5:将光标置于"1.1问题的提出"所在的行中,单击"样式"组中的"标题2"按钮,使该二级标题应用"标题2"样式,然后使用"格式刷"功能把"1.1问题的提出"的格式复制到其他所有二级标题中,最后删除多余的"X.Y"形式的文字。

步骤6:使用相同的方法,设置所有三级标题的样式为"标题3",并删除多余的"X.Y.Z"形式的文字。此时,在窗口左侧的"导航"窗格中可以看到整个文档的结构,如图6-14所示。

4. 新建样式并应用于正文

根据排版需要,还可新建样式,下面新建样式"正文01",格式为"宋体,五号,左对齐,1.5 倍行距,首行缩进 2 个字符,自动更新",并把它应用于论文的正文中。

步骤1:将光标置于正文中(不是标题中),在"开始"选项卡中,单击"样式"组右下角的"样式"按钮,打开"样式"任务窗格,如图6-15所示。

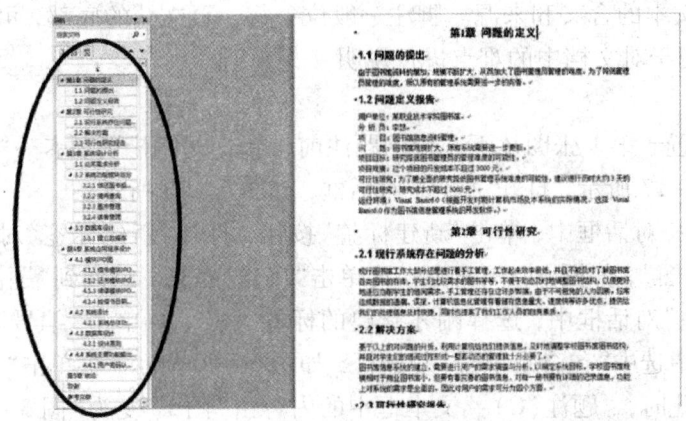

图 6-14 在"导航"窗格中可以看见整个文档的结构

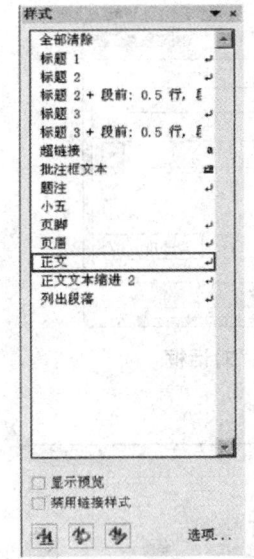

图 6-15 "样式"任务窗格

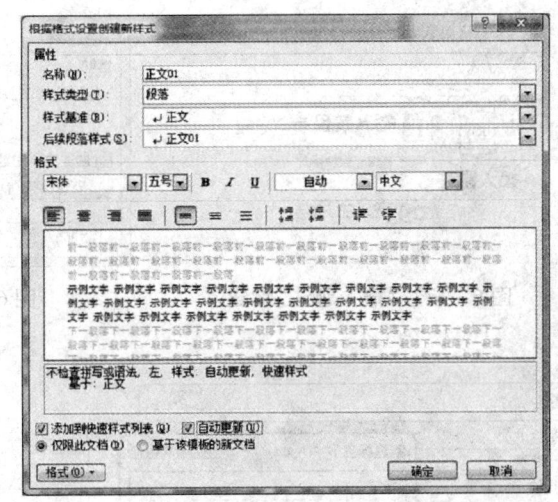

图 6-16 "根据格式设置创建新样式"对话框

步骤2:单击"样式"任务窗格左下角的"新建样式"按钮 ,打开"根据格式设置创建新样式"对话框,设置新建样式的名称为"正文01",设置其格式为"宋体,五号,左对齐,1.5倍行距,自动更新",如图6-16所示。

步骤3:在图6-16所示的界面中,单击左下角的"格式"下拉按钮,在打开的下拉列表中,选择"段落"命令,在打开的"段落"对话框中,设置段落格式为"首行缩进 2 个字符"。

步骤4:单击"确定"按钮,返回"根据格式设置创建新样式"对话框;再单击"确定"按钮,完成样式"正文01"的创建,新建的样式名为"正文01"会出现在"样式"任务窗格的样式列表中。

步骤5:把新建的样式"正文01"应用于所有正文中(不包括章名、节名、小节名、空行、图和图的题注等),最后关闭"样式"任务窗格。

任务3:添加题注和脚注

题注是指给图形、表格、文本或其他项目添加一种带编号的注解。脚注是为某些文本内容添加注解以说明该文本的含义和来源。脚注一般位于每一页文档的底部,可以用作对本页的内容进行解释,适用于对文档中的难点进行说明。

1. 添加题注

步骤1:将光标置于第1张图片下一行的题注前,单击"引用"选项卡→"题注"组→"插入题注"按钮,如图6-17所示,打开"题注"对话框,如图6-18所示。

步骤2:在"题注"对话框中,单击"新建标签"按钮,打开"新建标签"对话框,在"标签"文本框中输入文字"图",如图6-19所示,再单击"确定"按钮,返回到"题注"对话框。

步骤3:在"题注"对话框中,选择刚才新建的标签"图",再单击"编号"按钮,在打开的"题注编号"对话框中选中"包含章节号"复选框,如图6-20所示,再单击"确定"按钮,返回到"题注"对话框。此时,"题注(C):"文本框中的内容由"图1"变为"图3-1",如图6-21所示,再单击"确定"按钮,完成该图片的题注的添加,效果如图6-22所示。

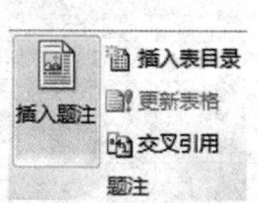

图6-17 "插入题注"按钮

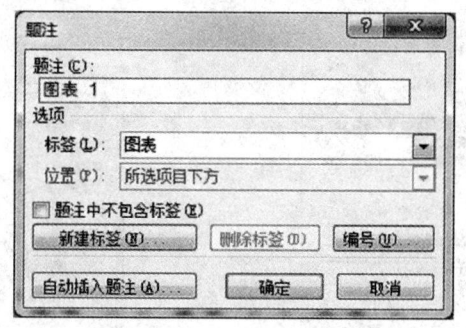

图6-18 "题注"对话框

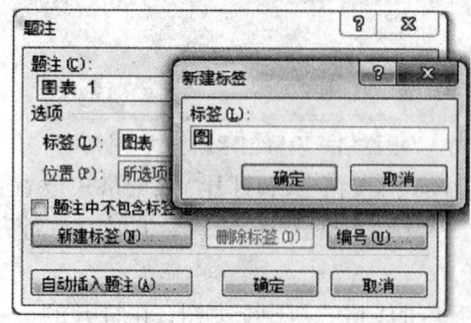

图6-19 新建标签"图"

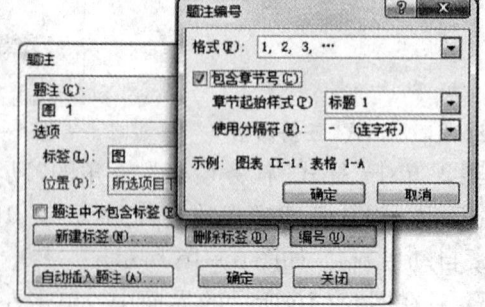

图6-20 题注编号"包含章节号"

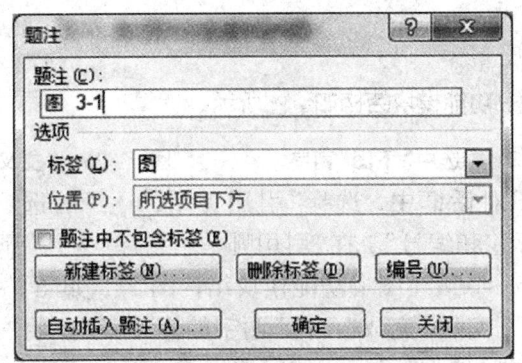

图 6-21 设置完"编号"后的题注对话框

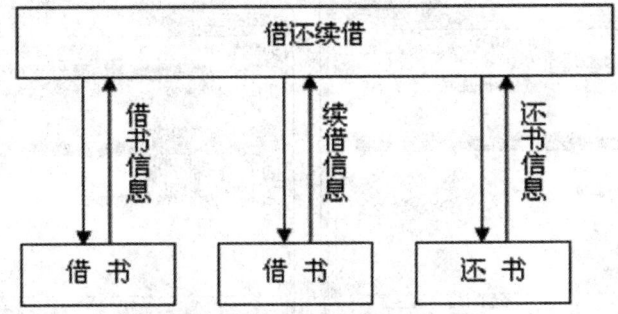

图 6-22 添加完"题注"后的效果图

步骤4：删除多余的文字"图3-1"，删除后，在题注（"图3-1"）和图片的说明文字（"借还图书功能模块结构图"）之间保留一个空格，效果如图6-23所示。

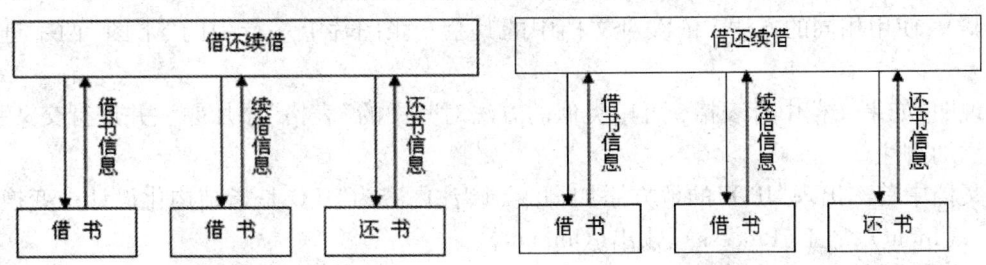

图 6-23 删除多余文字"图3-1"的效果图　　图 6-24 调整后的图片和文字显示效果图

步骤5：选中题注上方的图片，单击"开始"选项卡→"段落"组→"居中"按钮，将该图片居中。选中图片下方的文字，调整文字格式：宋体（正文）、Times New Roman、小五号、居中，效果如图6-24所示。

步骤6：使用相同的方法，依次对文档中的其余6张图片添加题注（删除其中"图 X-Y"形式的多余文字），并将其余6张图片及其题注居中。

步骤7：选中文档中第1张图片（图3-1）上一行中的"下图"两字，如图6-25所示，单击"引用"选项卡→"题注"组→"交叉引用"按钮，如图6-26所示，打开"交叉引用"对话框，如图6-27所示。

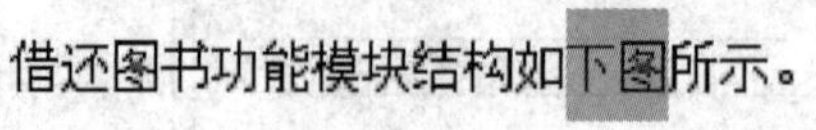

借还图书功能模块结构如下图所示。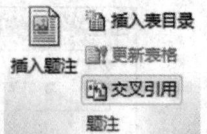

图6-25　选中"下图"两字　　　　　图6-26　"交叉引用"按钮

步骤8：在"交叉引用"对话框中，选择"引用类型(T)："的选项值为"图"，"引用内容(R)："的选项值为"只有标签和编号"，在"引用哪一个题注(W)："下方的列表框中选择需要引用的题注(如：选择"图3-1借还图书功能模块结构图")，如图6-28所示，然后单击"插入(I)"按钮，再单击"关闭"按钮，完成"下图"两字的交叉引用，将"下图"更改为"图3-1"，效果如图6-29所示。修改文本"图3-1"的字体格式：宋体(正文)、Times New Roman、五号。

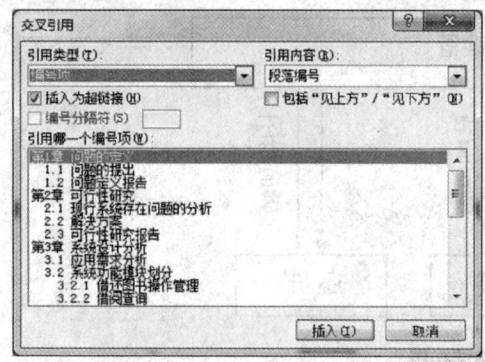 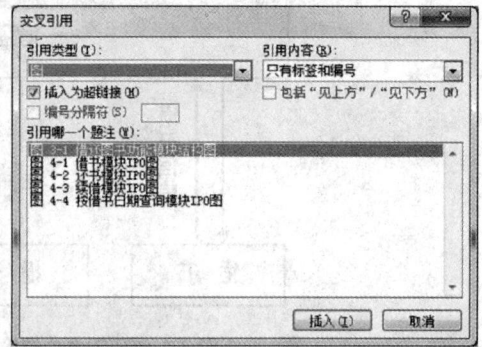

图6-27　"交叉引用"对话框　　　　　图6-28　"交叉引用"对话框-具体设置

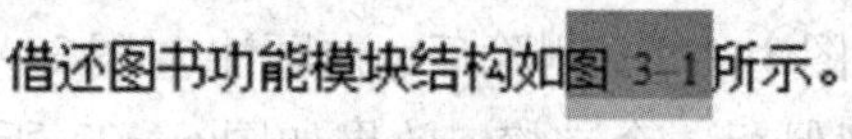

借还图书功能模块结构如图 3-1 所示。

图6-29　交叉引用后的效果图

步骤9：使用相同的方法，依次对文档中的其余6张图片上一行中的"下图"两字进行交叉引用。

●说明：如果文档中有表格，可用类似的方法对其中的"表格"添加题注并进行交叉引用。

2．添加脚注

在文档中首次出现"IPO"的地方添加脚注，脚注内容为"IPO是指结构化设计中变换型结构的输入(Input)、加工(Process)、输出(Output)"。

步骤1：选中文档中首次出现的"IPO"文字，如图6-30所示。

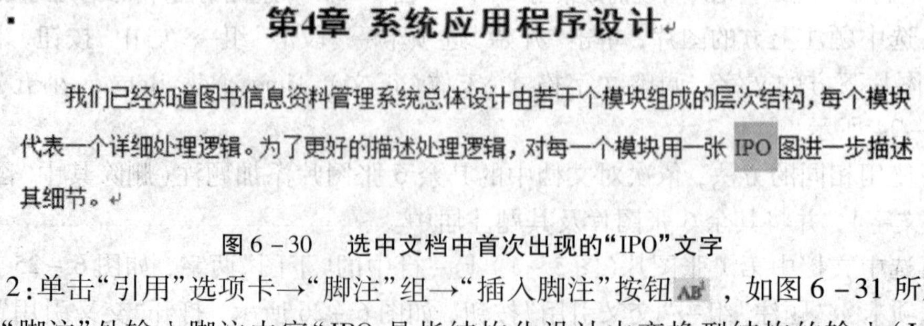

第4章　系统应用程序设计

我们已经知道图书信息资料管理系统总体设计由若干个模块组成的层次结构，每个模块代表一个详细处理逻辑。为了更好的描述处理逻辑，对每一个模块用一张IPO图进一步描述其细节。

图6-30　选中文档中首次出现的"IPO"文字

步骤2：单击"引用"选项卡→"脚注"组→"插入脚注"按钮，如图6-31所示，然后在页面底部"脚注"处输入脚注内容"IPO是指结构化设计中变换型结构的输入(Input)、加工(Process)、输出(Output)"，如图6-32所示。设置完脚注以后，在论文中的显示效果如图6

-33 所示，即给文本“IPO”添加了一个上标“1”。

AB¹
插入脚注
插入尾注
下一条脚注
显示备注
脚注

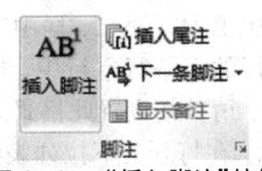

图 6-31 “插入脚注”按钮

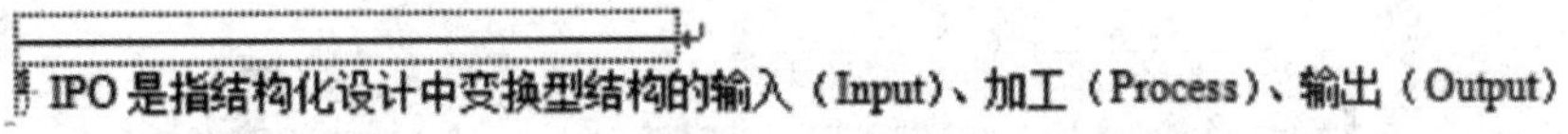

IPO 是指结构化设计中变换型结构的输入（Input）、加工（Process）、输出（Output）

图 6-32 “脚注”内容设计效果图

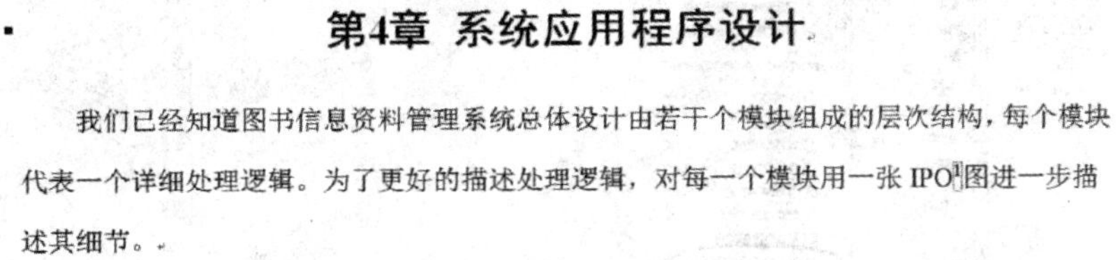

第4章 系统应用程序设计

我们已经知道图书信息资料管理系统总体设计由若干个模块组成的层次结构，每个模块代表一个详细处理逻辑。为了更好的描述处理逻辑，对每一个模块用一张 IPO[1]图进一步描述其细节。

图 6-33 设置完“脚注”的效果图

任务 4：自动生成目录

自动生成目录的前提条件是设置各级标题，前面内容已经实现。为了使论文各章节显示的可视化效果突出，通常会让论文每章的内容另起一页，所在可在每章前面插入分页符来实现此效果。准备工作做好以后，然后利用 Word 的引用功能为论文自动生成目录。

1. 在每章前面插入分页符

步骤 1：将光标置于第 1 章的标题文字“问题的定义”的左侧（强调：不是在上一行的空行中），单击“插入”选项卡→“页”组→“分页”按钮，如图 6-34 所示，在第 1 章前插入了“分页符”。

文件
开始
插入
封面
空白页
分页
表格
图片
页
表格

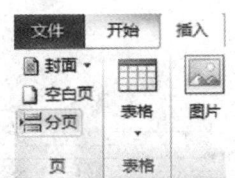

图 6-34 “分页”按钮

●说明：插入分页符之后，看见的显示效果是在“第 1 章 问题的定义”前面添加了一页空白页。

步骤 2：显示分页符。选择“文件”→“选项”命令，打开“Word 选项”对话框，在左侧窗格中选择“显示”选项，在右侧窗格中选中“显示所有格式标记”复选框，如图 6-35 所示，单击“确定”按钮，可在新添加的页面中显示“分页符”（单虚线）。

步骤 3：使用相同的方法，在其余 4 章（第 2 章～第 5 章）前，以及“致谢”和“参考文献”前，依次插入“分页符”，使它们分别另起一页显示。

2. 自动生成目录

步骤 1：将光标置于首页空白页中，如果有空格，删除多余的空格。务必确保光标定位在行首，并且字体格式是：宋体（正文）、五号，如果不是此字体格式，请进行重新设置。设置好之后，输入"目录"两个字，然后按 Enter 键，在下方添加一行空行。将光标重新定位到文本"目录"，将"目录"两字的格式设置为"黑体，小二，居中"，如图 6-36 所示。

步骤 2：将光标置于"目录"所在行的下一行空行中，确保光标所在的位置的格式设置为"宋体，五号，两端对齐"，如果不是，请重新设置此格式。单击"引用"选项卡→"目录"组→"目录"下拉按钮，如图 6-37 所示，在打开的下拉列表中，选择"插入目录(I)…"选项，如图 6-38 所示。

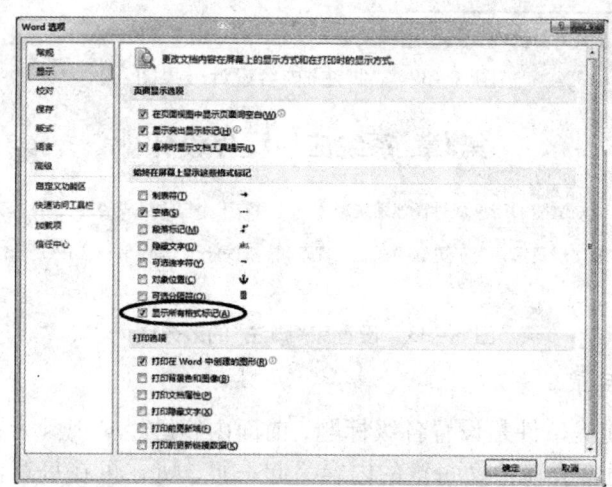

图 6-35 "Word 选项"对话框

图 6-36 "目录"设置　　　　　　　　图 6-37 "目录"下拉按钮

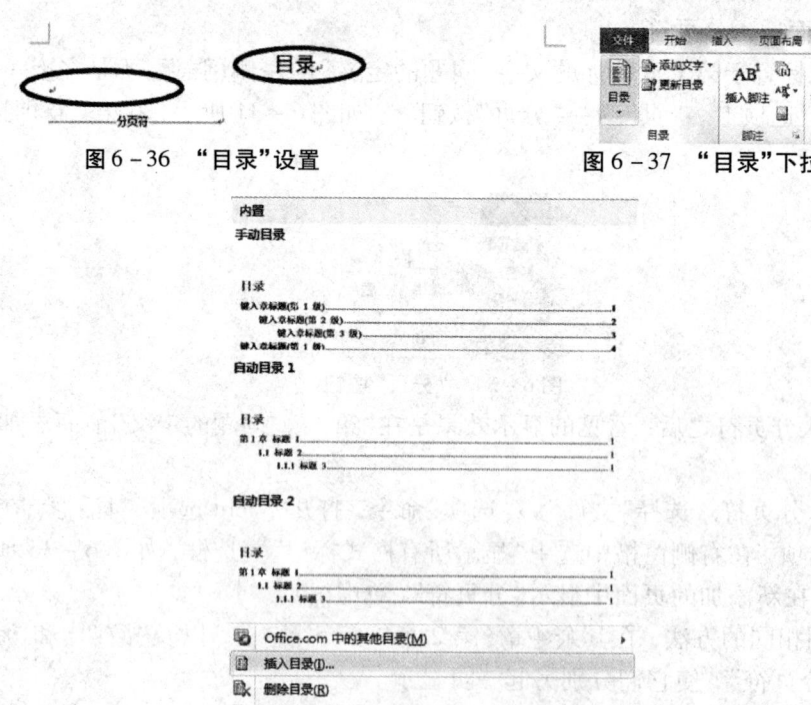

图 6-38 "插入目录(I)…"选项

步骤 3：在打开的"目录"对话框中，选中"显示页码"和"页码右对齐"复选框，选择"显示级别"为3,如图6-39所示,生成的目录,如图6-40所示。

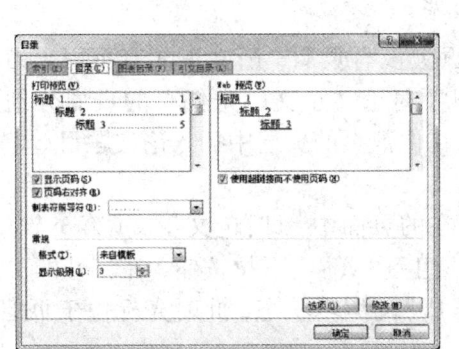

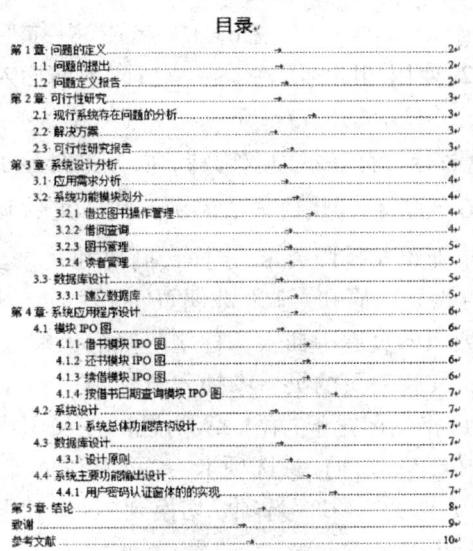

图6-39 "目录"对话框　　　　图6-40 论文目录

任务5:插入分节符

为了在论文的不同部分设置不同的页面格式(如不同的页眉和页脚、不同的页码编号等),需要添加"分节符"。本项目要求:在"第1章"前面插入分节符,使目录、论文正文成为两个不同的节,再在"目录"前面插入分节符,以便在目录前插入论文封面和摘要。这样,就把整个文档分为3节:封面和摘要(第1节)、目录(第2节)和论文正文(第3节)。在不同的节中,可设置不同的页眉和页脚。

步骤1:将光标置于第1章的标题文字"问题的定义"的左侧,单击"页面布局"选项卡→"页面设置"组→"分隔符"下拉按钮,如图6-41所示,在打开的下拉列表中,选择"分节符"选项区域的"下一页(N)"选项,如图6-42所示,从而插入"下一页"分节符。操作后的结果是:在"目录"页下方,在"分页符(单虚线)"的后面,自动生成"分节符(下一页)"(双虚线)的效果,如图6-43所示。

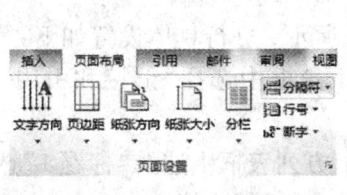

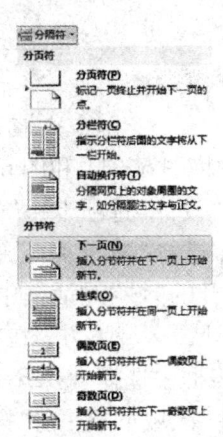

图6-41 "分隔符"下拉按钮　　　图6-42 插入"下一页"分节符

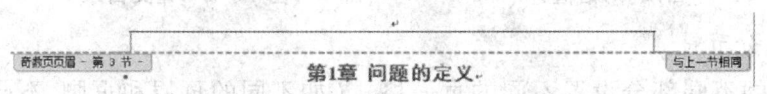

图6-43　插入"下一页"分节符后的显示效果

步骤2：使用相同的方法，在"目录"前面插入"下一页"分节符，在"目录"页前面会添加一空白页，并显示"分节符(下一页)"(双虚线)。

●注意：分节符显示为双虚线，而分页符显示为单虚线。

任务6：利用插入域的方法添加论文正文的页眉

根据毕业论文排版要求，封面、摘要和目录页上没有页眉，论文正文有页眉。因为在任务1中，已设置页眉和页脚"奇偶页不同"，所以要对论文正文的奇偶页的页眉分别进行设置。在奇数页的页眉中插入章标题(一级标题)，在偶数页的页眉中插入论文题目。

1．在正文奇数页的页眉中插入章标题

步骤1：将光标置于"第1章 问题的定义"所在的页面中，即：论文正文(第3节)第1页(奇数页)中，单击"插入"选项卡→"页眉和页脚"组→"页眉"下拉按钮，在打开的下拉列表中，选择"编辑页眉(E)"选项，切换到"页眉和页脚"的编辑状态，此时光标位于页眉中，如图6-44所示。

图6-44　"页眉和页脚"的编辑状态

步骤2：断开链接。单击"页眉和页脚工具"选项卡→"设计"选项卡→"导航"组→"链接到前一条页眉"按钮(选中状态)，如图6-45所示，操作后的效果(未选中状态)，如图6-46所示，此操作可以确保"论文正文"节(第3节)奇数页页眉与"目录"节(第2节)奇数页页眉的链接断开，链接断开后，页眉右下角的文字(与上一节相同)会消失，如图6-47所示。

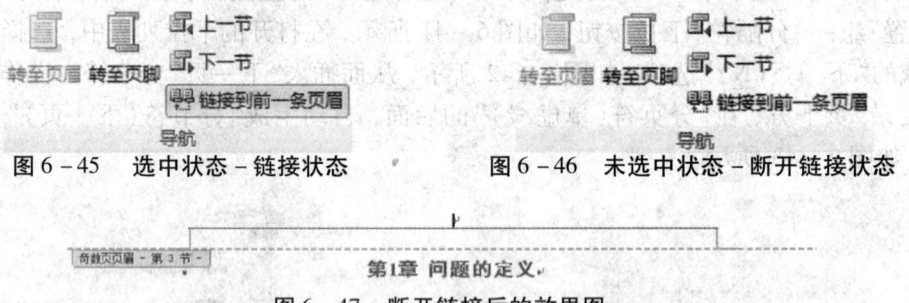

图6-45　选中状态-链接状态　　　图6-46　未选中状态-断开链接状态

图6-47　断开链接后的效果图

●说明：可以将图6-44和图6-47进行比较，发现区别，深入理解"断开链接"操作。

步骤3：单击"设计"选项卡→"插入"组→"文档部件"下拉按钮，如图6-48所示，在打开的下拉列表中，选择"域(F)…"选项，如图6-49所示。

步骤4：在打开的"域"对话框中，如图6-50所示，进行具体设置如下：

1．在"请选择域"区域下方，在"类别(C)："下拉框中选择"链接和引用"选项，在"域名(F)："下方的列表框中选择StyleRef选项。

2．在"域属性"区域下方，在"样式名(N)："下方列表框中选择"标题1"选项。

3．在"域选项"区域下方，选中"插入段落编号(G)"复选框。

设置后的效果，如图 6-51 所示，单击"确定"按钮，此时在奇数页的页眉中插入章标题的编号"第 1 章"，如图 6-52 所示，再在其后插入一个空格。

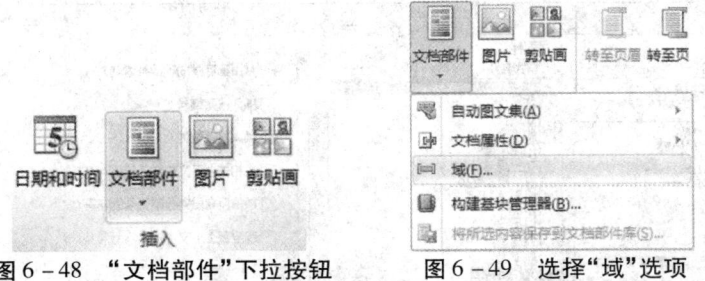

图 6-48　"文档部件"下拉按钮　　　图 6-49　选择"域"选项

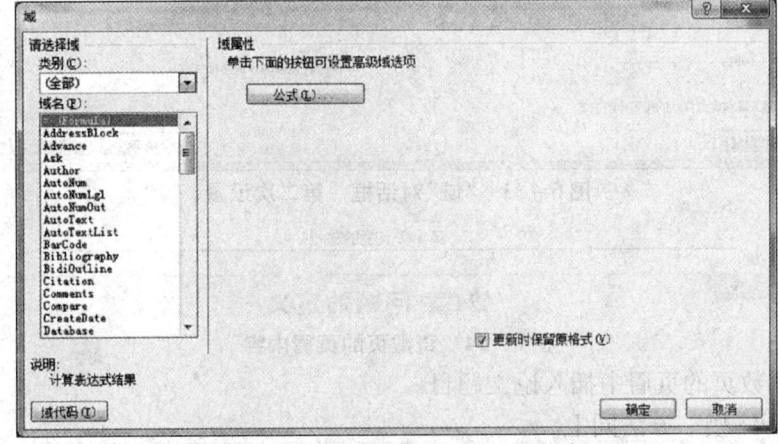

图 6-50　"域"对话框-初始状态

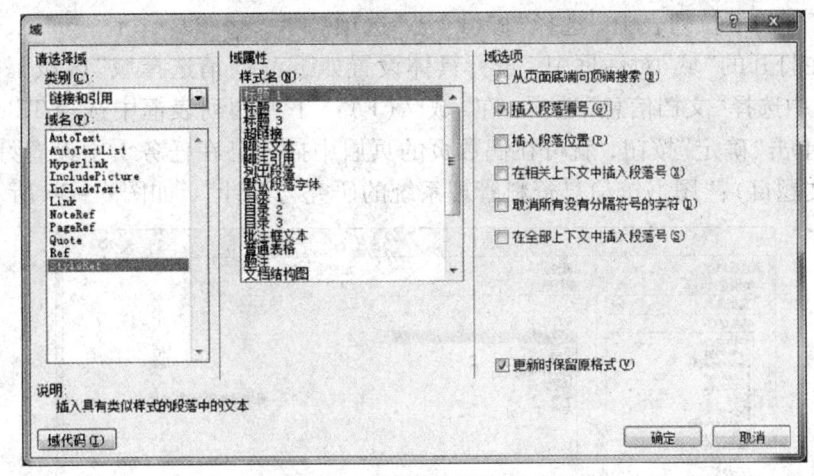

图 6-51　"域"对话框的设置

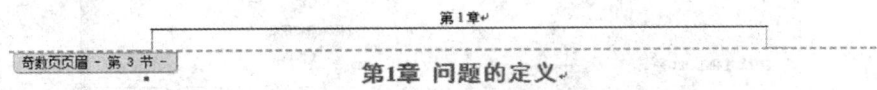

图 6-52　插入"域"信息后的效果图

步骤 5：使用相同的方法，再次插入"域"，在打开的"域"对话框中，进行具体设置，设置后的效果,如图 6-53 所示,单击"确定"按钮,此时在章编号"第 1 章"后面插入了章标题"问题的定义",如图 6-54 所示。

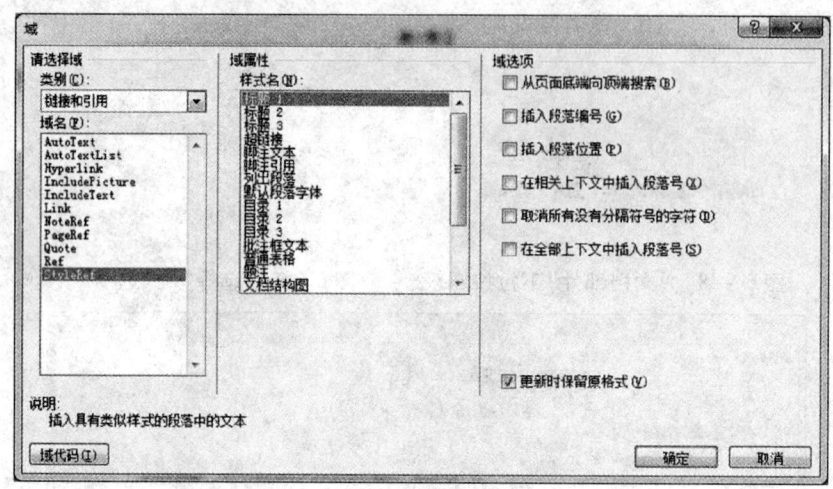

图 6-53 "域"对话框 – 第二次设置

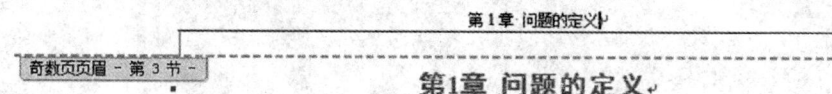

图 6-54 奇数页的页眉内容

2. 在正文偶数页的页眉中插入论文题目

步骤 1:断开链接。方法同上。

步骤 2:插入域设置。单击"设计"选项卡→"插入"组→"文档部件"下拉按钮,如图 6-53 所示,在打开的下拉列表中,选择"域(F)…"选项。

步骤 3:在打开的"域"对话框中,进行具体设置如下:在"请选择域"区域下方,在"类别(C):"下拉框中选择"文档信息"选项,在"域名(F):"下方的列表框中选择 Title 选项,如图 6-55 所示,单击"确定"按钮,就可在偶数页的页眉中插入已在任务 1 中设置好的文档标题 (Title,即论文题目):"图书馆信息资料管理系统的研究与设计",如图 6-56 所示。

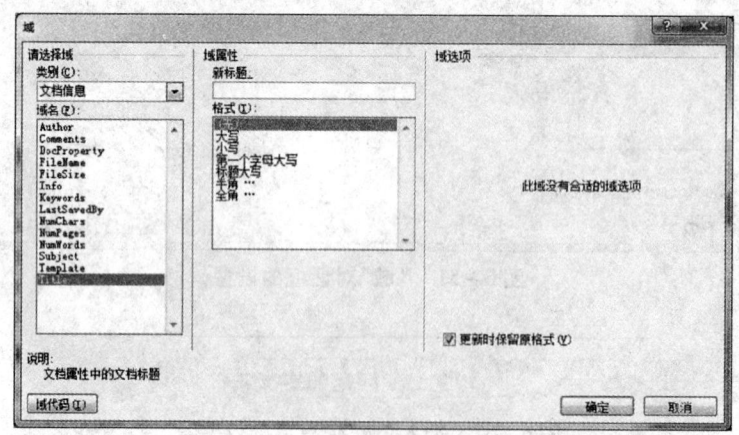

图 6-55 "域"对话框设置

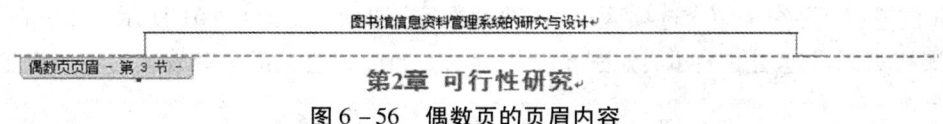

图6-56 偶数页的页眉内容

任务7：在页脚中添加页码并更新目录

在不同的节中，可设置不同的页眉和页脚。根据毕业论文排版要求，封面和摘要无页码，"目录"节的页码格式为"Ⅰ，Ⅱ，Ⅲ，…"，"论文正文"节的页码格式为"1，2，3，…"，页码位于页脚中，并居中显示。因为在任务1中，已设置页眉和页脚"奇偶页不同"，所以要对"论文正文"节和"目录"节的奇偶页的页脚分别进行设置。

步骤1：断开链接。方法同上。

步骤2：设置页码格式。单击"页眉和页脚工具"选项卡→"页眉和页脚"组→"页码"下拉按钮，如图6-57所示，在打开的下拉列表中，选择"设置页码格式(F)…"命令，如图6-58所示，打开"页码格式"对话框，如图6-59所示，选择"编号格式(F)："为"1，2，3，…"，选择"页码编号"→"起始页码(A)："右侧的下拉按钮，将起始页码设置为"1"，如图6-60所示，单击"确定"按钮，完成页码格式设置。

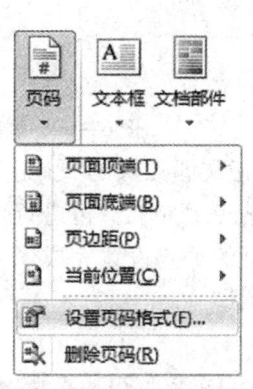

图6-57 "页码"下拉按钮   图6-58 设置页码格式

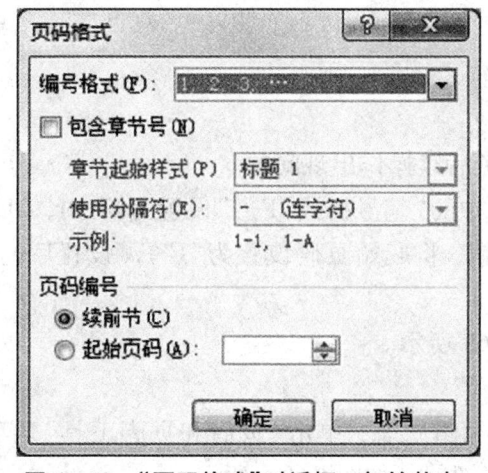
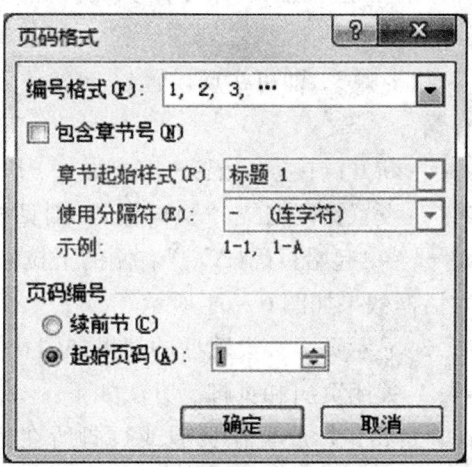

图6-59 "页码格式"对话框-初始状态   图6-60 "页码格式"对话框-设置状态

步骤3：显示页码。单击"页眉和页脚工具"选项卡→"页眉和页脚"组→"页码"下拉按钮

→"当前位置(C)"→"简单"选项区域→"普通数字"选项,如图6-61所示,即可在页脚中插入页码,将页码设置居中显示,如图6-62所示。至此,论文正文奇数页的页码设置完成。

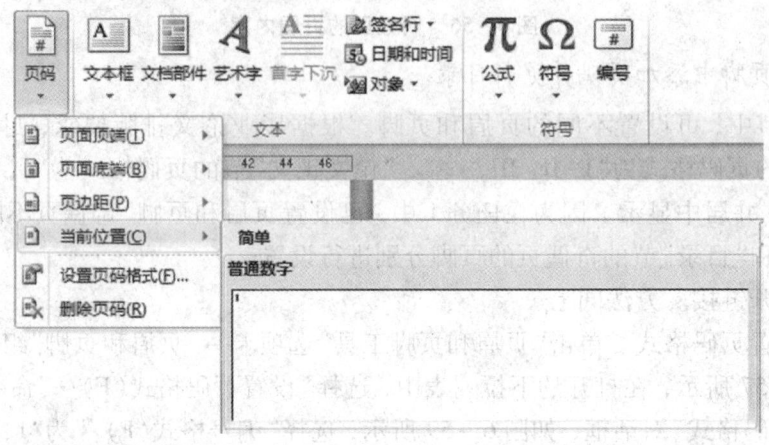

图6-61　"页码"下拉按钮→"当前位置(C)"→"简单"选项区域→"普通数字"选项

图6-62　调整页码格式后的效果图

步骤4:设置论文正文偶数页的页码。方法同上,将光标置于论文正文(第3节)第2页(偶数页)的页脚中,先断开链接,再进行页码的具体设置,设置后的效果,如图6-63所示。至此,论文正文偶数页的页码设置完成。

图6-63　论文正文(第3节)第2页(偶数页)的页脚的页码设置效果图

步骤5:同"论文正文"节中的页码方法一样,自行完成"目录"节的页码设置,请参照上面的步骤1、步骤2(区别之处在于:"页码格式"对话框中的"编号格式(F):"设置为"Ⅰ,Ⅱ,Ⅲ,…")和步骤3,即可实现设置。

● 提示:

步骤1:断开链接。切记:一定要做好,以免后续操作出现问题。

步骤2:设置页码格式("页码格式"对话框中的"编号格式(F):"设置为"Ⅰ,Ⅱ,Ⅲ,…";"页码编号"→"起始页码(A):"右侧的下拉按钮,将起始页码设置为"Ⅰ")。设置后的"页码格式"对话框效果如图6-64所示。

步骤3:显示页码。设置后的效果如图6-65所示。

步骤4:关闭页眉和页脚。方法如下:

方法一:将鼠标放置在页眉或页脚所在的编辑状态,单击"页眉和页脚工具"选项卡→"设计"选项卡→"关闭"组→"关闭页眉和页脚"选项,如图6-66所示。

方法二:将鼠标放置在页眉或页脚所在的编辑状态,双击编辑状态的虚线,即可。

因为论文正文中的页码已重新设置,所以原来自动生成的目录内容(包括页码)应该更新。具体设置如下:

步骤5:更新目录。右击"目录"页中目录内容的任意位置,在弹出的快捷菜单中,选择"更新域(U)"命令,如图6-67所示,打开"更新目录"对话框,可以选择"只更新页码(P)"或"更新整个目录(E)"单选按钮,即可更新目录内容。本项目选择"更新整个目录(E)"单选按钮,如图6-68所示,再单击"确定"按钮,更新后的目录显示效果如图6-69所示。

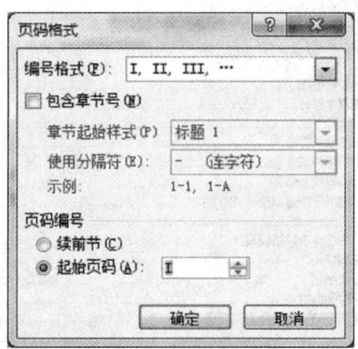

图6-64 "目录"页的页码格式设置

图6-65 "目录"页的页码显示效果图

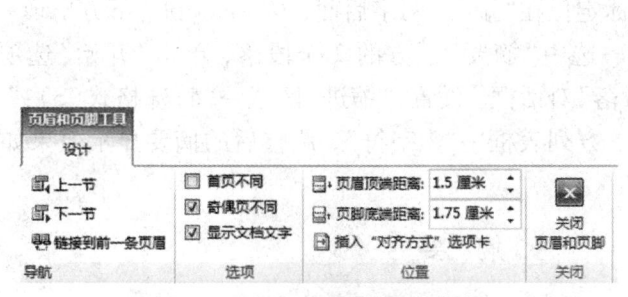

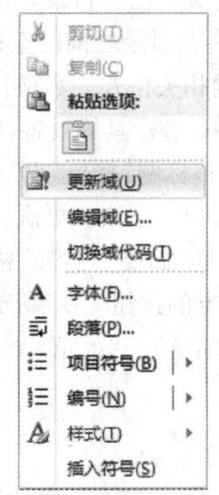

图6-66 "关闭页眉和页脚"选项　　图6-67 "更新域(U)"命令

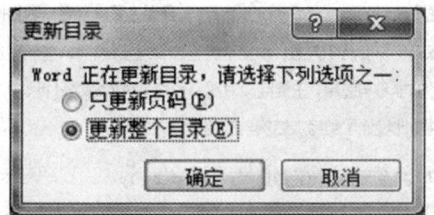

图6-68 "更新目录"对话框-具体设置

目 录

第1章 问题的定义 1
　1.1 问题的提出 1
　1.2 问题定义报告 1
第2章 可行性研究 2
　2.1 现行系统存在问题的分析 2
　2.2 解决方案 2
　2.3 可行性研究报告 2
第3章 系统设计分析 3
　3.1 应用需求分析 3
　3.2 系统功能模块划分 3
　　3.2.1 借还图书操作管理 3
　　3.2.2 借阅查询 3
　　3.2.3 图书管理 4
　　3.2.4 读者管理 4
　3.3 数据库设计 4
　　3.3.1 建立数据库 4
第4章 系统应用程序设计 5
　4.1 模块 IPO 图 5
　　4.1.1 借书模块 IPO 图 5
　　4.1.2 还书模块 IPO 图 5
　　4.1.3 续借模块 IPO 图 5
　　4.1.4 按借书日期查询模块 IPO 图 6
　4.2 系统设计 6
　　4.2.1 系统总体功能结构设计 6
　4.3 数据库设计 6
　　4.3.1 设计原则 6
　4.4 系统主要功能输出设计 6
　　4.4.1 用户密码认证窗体的实现 6
第5章 结论 7
致谢 8
参考文献 9

图 6-69　更新后的目录内容

任务8：添加论文摘要和封面

毕业论文中已有目录和论文正文，下面添加论文摘要和封面。

步骤1：在目录之前的空白页中（第1节），输入论文摘要（含关键字）的所有内容，并根据需要设置相关格式。本项目提供了"摘要（素材）.docx"文件，可以将该文件中的内容复制到空白页中，进行具体设置如下：

（1）调整标题"摘要"两字。首先设置字体格式为：黑体、小二、居中。其次，在"摘要"两字中间输入两个空格。再次，光标定位在"摘要"两字后面，按 Enter 键，下方出现一行空行。

（2）调整"摘要"内容的格式。选中"摘要"下方的2个段落，单击"开始"选项卡→"段落"组右下方的按钮　，弹出"段落"对话框，设置："缩进"区域→"特殊格式(S)："下方列表框→"首行缩进"→"磅值(Y)："下方列表框→"2字符"，调整后的摘要显示效果如图 6-70 所示。

摘　要

图书管理系统是典型的信息管理系统(MIS)，其开发主要包含后台数据库的建立与维护和前端应用程序源码的开发两个方面。本文对数据库管理系统，VB 应用程序源码设计，VB 数据库技术进行了的学习与应用，主要完成对图书管理系统的需求分析、功能模块划分、数据库模式分析，并由此设计了数据库结构与应用程序源码。

关键词：图书；信息管理系统；数据库；Visual Basic————分节符(下一页)————

图 6-70　设置格式后的论文摘要显示效果图

步骤2:将光标置于文字"摘要"前,单击"插入"选项卡→"页"组→"分页"按钮,实现在"摘要"前面插入一个新的空白页。

步骤3:在新插入的空白页中,插入学校要求的毕业论文封面,封面上一般含有论文题目、学校名称、专业班级、学生姓名、指导老师、完成日期等,本项目的设计如图6-71所示(各个学校对封面的要求可能会有所不同),根据实际情况填写封面上的相关内容,可以利用制表符来对齐论文题目、姓名、指导教师等内容。

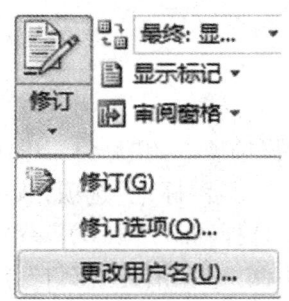

图6-71　封面效果图　　　　图6-72　"修订"下拉按钮

步骤4:页眉页脚问题。通常,封面是没有页眉和页脚的。如果存在,解决方法为:

(1)断开链接。如果存在链接,就断开链接,否则就继续下面操作。

(2)删除页眉或页脚。如果存在页眉或页脚,在编辑状态下,直接删除即可。

●说明:删除页眉或页脚后可能产生的问题、原因和解决方法。

(1)问题:当删除封面的页眉或页脚之后,其他页面的页眉或页脚也被删除。

(2)原因:主要是因为封面页面和其他页面没有断开链接。

(3)解决方法:在页眉或页脚编辑状态下,单击"页眉和页脚工具"选项卡→"设计"选项卡→"导航"组→"链接到前一条页眉"按钮(选中状态),如图6-45所示,操作后的效果(未选中状态),如图6-46所示。

任务9:使用批注和修订

至此,毕业论文的排版已经基本结束。通常情况下,学生会把已经排版的论文提交给指导老师审阅,指导老师通过批注和修订对论文提出修改意见后,再返回给学生,学生可接受或拒绝老师添加的批注和修订。

1.更改修订者的用户名

步骤1:在"审阅"选项卡中,单击"修订"组中的"修订"下拉按钮，在打开的下拉列表中,选择"更改用户名(U)…"选项,如图6-72所示。

●说明:"修订"按钮分为2部分,上半部分为图形按钮，单击它则开始修订或取消修订;下半部分为下拉按钮，单击它则会打开下拉列表。

步骤2：单击"文件"→"选项"命令，打开"Word 选项"对话框，在左侧窗口中选择"常规"选项，在右侧窗格中的"用户名(U)："文本框中输入修订者的用户名，例如：李荣亮，在"缩写(I)："文本框中输入用户名的缩写，例如：lrl，如图 6-73 所示，单击"确定"按钮。

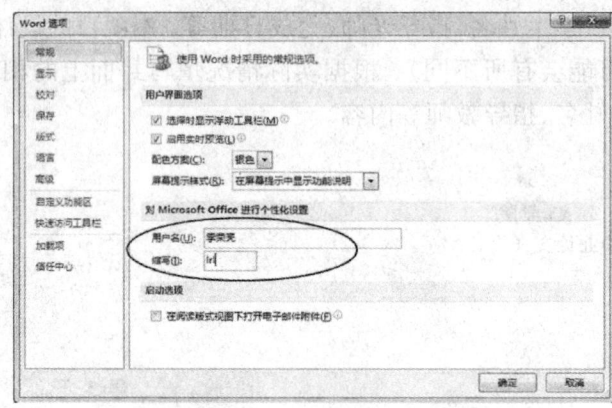

图 6-73 "Word 选项"对话框

2. 使用批注和修订

步骤1：在"审阅"选项卡的"修订"组中，单击"显示以供审阅"下拉按钮，在打开的下拉列表中，选择"最终：显示标记"选项，如图 6-74 所示，再单击"显示标记"下拉按钮，在打开的下拉列表中，选择"批注框(B)"→"在批注框中显示修订(B)"选项，如图 6-75 所示。

步骤2：单击"审阅"选项卡→"修订"组→"修订"图形按钮，此时该图形按钮处于选中状态，表示开始修订。

步骤3：在"第1章"所在的页面中，在"项目"所在的行中，删除"馆"字，并在本行行尾的句号前插入文字"系统的研究与设计"，此时在页面右侧的批注框中显示了"删除的内容：馆"，插入的文字"系统的研究与设计"在页面中蓝色显示，并添加了单下划线。

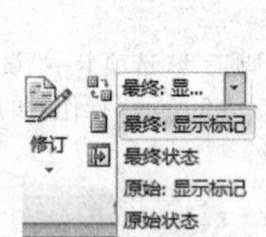

图 6-74 "显示以供审阅"命令

图 6-75 "显示标记"下拉列表

步骤4：使用相同的方法，把下一行的"更新"两字修改为"完善"两字，修订效果，如图 6-76 所示。

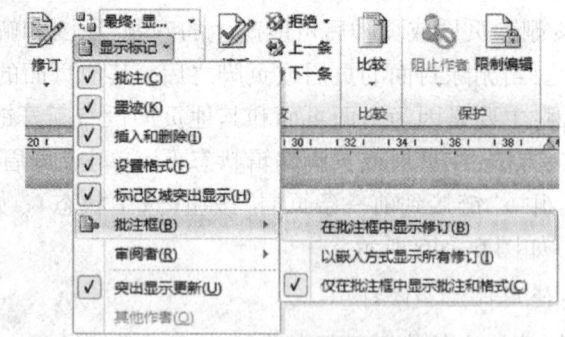

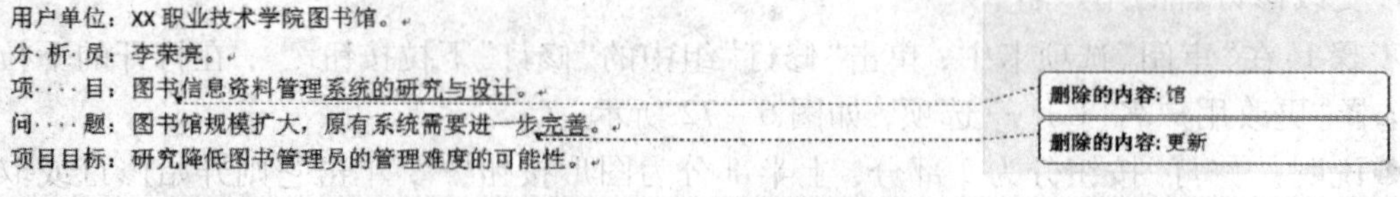

图 6-76 使用修订

步骤5:选中本页面中第 1 次出现的"Basic2013"文字,再单击"批注"组中的"新建批注"按钮 ,在页面右侧的"批注框"中输入批注信息"中间应该有一空格",批注信息前面会自动加上"批注"两字以及批注者的缩写名和批注的编号。

步骤6:使用相同的方法,对第 2 次出现的"Basic2013"文字添加相同的批注信息,批注效果,如图 6-77 所示。

图 6-77 添加批注　　　　　　　　　图 6-78 "审阅窗格"命令

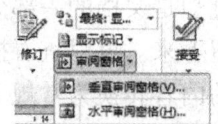

步骤7:在图 6-74 所示的界面中,选择其他不同的选项,注意查看文档的显示效果。

步骤8:在图 6-75 所示的界面中,选择其他不同的选项,注意查看文档的显示效果。

步骤9:单击"修订"组中的"审阅窗格"下拉按钮 ,在打开的下拉列表中,选择"垂直审阅窗格(V)…"或"水平审阅窗格(H)…"选项,如图 6-78 所示,可以在文档窗口中显示"垂直审阅窗格"或"水平审阅窗格"。

当文档开始修订后,用户对文档进行修改后将显示标记,但不同类型的修改所显示的标记也不同,例如:在默认情况下,插入的内容将会有单下划线。事实上,用户可以自定义修订标记的样式和颜色,以便更好地区分标记。

步骤10:在图 6-72 所示的界面中,选择"修订选项(O)…"选项,打开"修订选项"对话框,如图 6-79 所示。在该对话框中,可以自定义修订标记的样式和颜色。

步骤11:单击"审阅"选项卡→"保护"组→"限制编辑"按钮 ,将打开"限制格式和编辑"任务窗格,如图 6-80 所示。在该任务窗格中,可以设置对文档的格式和编辑的各种限制。

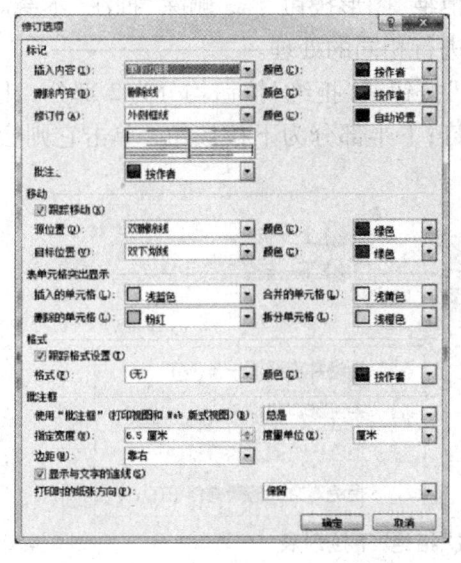

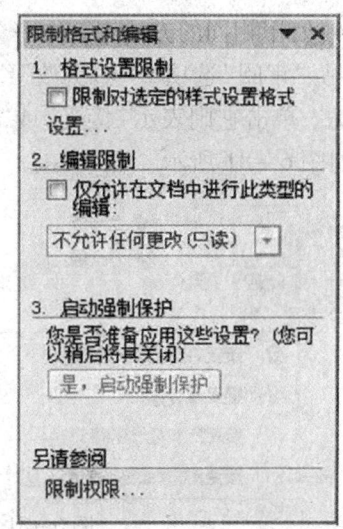

图 6-79 "修订选项"对话框　　图 6-80 "限制格式和编辑"任务窗格

3. 接受或拒绝批注和修订

指导教师对学生的论文进行批注和修订后，学生可以根据实际情况，接受或拒绝指导老师的批注和修订。

批注不会集成到文本编辑中，可以随时删除，而不影响内容。它们只是对文档编辑提出建议，批注中的建议文字经常会被复制并粘贴到文本中，但批注本身不是文档的一部分。

修订却是文档的一部分，修订是对 Word 文档进行插入、删除等操作，可以将修改过程的痕迹保留下来。可以查看插入或删除的内容、修改的作者、修改时间等。当接受修订时，它将把修订的内容转换为常规文字；当接受删除时，它将从整个文档中删除；拒绝插入内容即是将其删除；拒绝删除内容即是保留原始文本；如果接受格式更改，它们就会应用于文本的最终版本；拒绝格式更改，则格式将被删除。

步骤1：将光标置于"审阅窗格"中的第1条修订处，单击"更改"组中的"接受"图形按钮（或下拉列表中的"接受修订(C)"选项），表示接受修订，修订内容会转换为常规文字，接受修订后，在"审阅窗格"中，光标会自动转到下一修订处。

如果单击"更改"组中的"拒绝"图形按钮（或下拉列表中的"拒绝修订(R)"选项），表示拒绝修订，保留原始文字。

步骤2：使用相同的方法，"接受"或"拒绝"其他3处的修订。

批注不同于修订，当"接受"或"拒绝"批注时，文档内容本身不会发生变化，"接受"批注就是不理批注，批注本身还会保留，拒绝批注则是删除批注本身。根据"批注"中的建议或提示，手工修改文档内容。

步骤3：在"审阅窗格"中，当光标移到第1个"批注"中时，根据"批注"内容（"中间应该有一空格"），在文档中的第1次出现的"Basic2013"的中间插入一个空格，即把"Basic2013"修改为"Basic 2013"，然后单击"更改"组中的"拒绝"图形按钮，删除"批注"本身。

步骤4：使用相同的方法，对另一个"批注"进行相同的处理。

●说明："审阅"选项卡→"更改"组→"接受"按钮或"拒绝"按钮均分为2部分，上半部分为图形按钮，单击它则表示"接受"或"拒绝"修订；下半部分为下拉按钮，单击它则会打开下拉列表，如图6-81所示。

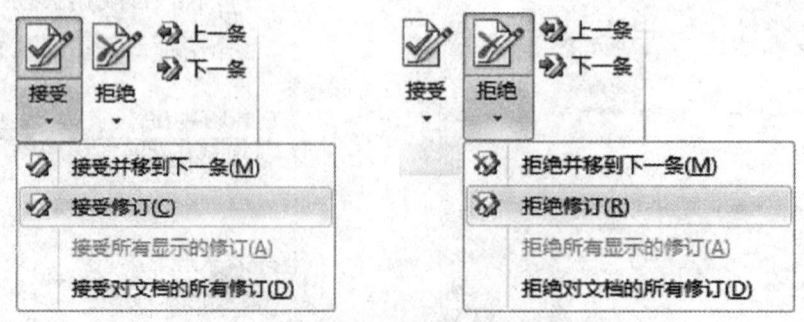

图6-81 "接受"或"拒绝"下拉列表

6.5 总结与提高

本项目以"毕业论文的设计与排版"为例,介绍了长文档的排版方法和技巧,要重点掌握样式、节、页眉和页脚的设置方法。

在创建标题样式时,要明确各级别之间的相互关系、正确设置标题编号格式等,否则会导致排版出现标题级别的混乱状况。

可以为文档自动创建目录,使目录的制作变得非常简便,但前提是已经为各级标题设置了样式。当目录标题或页码发生变化时,注意及时更新目录内容。

分节符是指插入新的一节。分节符可以将文档分成若干个节,节是文档的一部分,可在其中设置某些页面格式选项。分节是将多页或者以页为单位划分为一个整体,在本节内各页可以统一设置页边距、页码、页眉和页脚等,不同的节可以设置不同的页面格式。

分页符是指插入新的一页,可以分为"自动"分页符和"手动"分页符。

1. "自动"分页符,或称软分页符,当文本或图形等内容填满一页时,Word会插入一个自动"分页符",并开始新的一页。默认情况下,Word会插入"自动"分页符。

2. 手动"分页符",或称硬分页符,可以在指定位置强制分页,并开始新的一页。例如:插入手动"分页符"可以确保章节标题总在新的一页开始。

在使用"分节符"时不要与"分页符"混淆。两者的区别主要是:

1. 分页符就是把一篇文档分成一页一页的;分节符就是把一篇文档分成一节一节的。

2. 分页符只是分页,前后还是同一节;分节符是分节,可以同一页中不同节,也可以分节的同时下一页。

3. 分页符插入则换一页,分节符插入则在该处画一条线以注明。

题注是指给图形、表格、文本或其他项目添加一种带编号的注解,Word会对题注进行自动编号。如果移动、添加或者删除带题目的一些项目,Word也会自动调整编号。一旦某一个项目带有题注,用户就可以对其建立交叉引用。

在文档中,有时要为某些文本内容添加注解用以说明该文本的含义和来源,这种注解说明在Word中称为脚注或尾注。脚注一般位于每一页文档的底部,可以用作对本页的内容进行解释,适合于对文档中的难点进行说明;而尾注一般位于整个文档的末尾,常用来列出文章或书籍的参考文献等。

6.6 思考与练习

一、单项选择题

1. Word的样式是一组(　　)的集合。

A. 格式　　　　　　B. 模板　　　　　　C. 公式　　　　　　D. 控制符

2. 关于样式、样式库和样式集,以下表述正确的是(　　)。

A. 快速样式库中显示的是用户最为常用的样式

B. 用户无法自行添加样式到快速样式库

C. 多个样式库组成了样式集

D. 样式集中的样式存储在模板中

3. 在 Word 2010 中，新建段落样式时，可以设置字体、段落、编号等多项样式属性，以下不属于样式属性的是（　　）。

  A. 制表位   B. 语言   C. 文本框   D. 快捷键

4. 如果要将某个新建样式应用到文档中，以下哪种方法无法完成样式的应用（　　）。

  A. 使用快速样式库或样式任务窗格直接应用

  B. 使用查找与替换功能替换样式

  C. 使用格式刷复制样式

  D. 使用 Ctrl + W 快捷键重复应用样式

5. 通过设置内置标题样式，以下哪个功能无法实现（　　）。

  A. 自动生成题注编号   B. 自动生成脚注编号

  C. 自动显示文档结构   D. 自动生成目录

6. 关于大纲级别和内置样式的对应关系，以下说法正确的是（　　）。

  A. 如果文字套用内置样式"正文"，则一定在大纲视图中显示为"正文文本"

  B. 如果文字在大纲视图中显示为"正文文本"，则一定对应样式为"正文"

  C. 如果文字的大纲级别为 1 级，则被套用样式"标题 1"

  D. 以上说法都不正确

7. 在 Word 中，编辑某篇毕业论文，如果想为其建立便于更新的目录，应该先对各级标题设置（　　）。

  A. 字体   B. 段落   C. 样式   D. 居中

8. 在 Word 中，如果存在图 1、图 2、……、图 10 等十张图，如果删除了图 3，希望图的编号图 4、图 5、……、图 10 自动变成图 3、图 4、……、图 9，则应将图 1、图 2、……、图 10 设置成（　　）。

  A. 题注   B. 脚注   C. 尾注   D. 索引

9. 在 Word 2010 中，插入题注时，如果需要加入章节号，例如：图 1 - 1，无须进行的操作是（　　）。

  A. 将章节起始位置套用内置标题样式 B. 将章节起始位置应用多级符号

  C. 将章节起始位置应用自动编号   D. 自定义题注样式为"图"

10. 在 Word 2010 中，有关页眉和页脚的表述，错误的是（　　）。

  A. 编辑页眉、页脚时不能编辑文档内容

  B. 文档内容可以和页眉、页脚一起打印

  C. 文档内容可以和页眉、页脚同时处于编辑状态

  D. 页眉、页脚中可以进行格式设置和插入剪贴画操作

11. 关于 Word 中的页眉、页脚功能，无法实现的操作时（　　）。

  A. 将图片设置成页眉

B. 在页眉和页脚区域都设置页码

C. 在同一节文本中设置不同的页脚

D. 在不同节的文本中设置相同的页眉

12. 关于 Word 2010 的页码设置，以下表述错误的是( )。

A. 页码可以被插入到页眉页脚区域

B. 页码可以被插入到左右页边距

C. 如果希望首页和其他页码不同必须设置"首页不同"

D. 可以自定义页码并添加到构建基块管理器中的页码库中

13. 若文档被分为多个节，并在"页面设置"的版式选项卡中将页眉和页脚设置为奇偶页不同，则以下关于页眉和页脚说法正确的是( )。

A. 文档中所有奇偶页的页眉必然都不相同

B. 文档中所有奇偶页的页眉可以都不相同

C. 每个节中的奇数页页眉和偶数页页眉必然不相同

D. 每个节中的奇数页页眉和偶数页页眉可以不相同

14. 如果 Word 文档中有一段文字不允许别人修改，可以通过( )实现。

A. 格式设置限制　　B. 编辑限制　　C. 设置文件修改密码　　D. 以上都是

15. 在 Word 中建立索引，是通过标记索引项，在被索引内容旁插入域代码形式的索引项，随后再根据索引项所在的页码生成索引。与索引类似，以下哪种目录，不是通过标记引用项所在位置生成目录( )。

A. 目录　　　B. 书目　　　C. 图表目录　　　D. 引文目录

16. Word 2010 可自动生成参考文献书目列表，在添加参考文献的"源"主列表时，"源"不可能直接来自于( )。

A. 网络中各知名网站　　　　B. 网上邻居的用户共享

C. 电脑中的其他文档　　　　D. 自己录入

17. 关于导航窗格，以下表述错误的是( )。

A. 能够浏览文档中的标题

B. 能够浏览文档中的各个页面

C. 能够浏览文档中的关键文字和词

D. 能够浏览文档中的脚注、尾注、题注等

18. 在书籍杂志的排版中，为了将页边距根据页面的上、下、内侧、外侧进行设置，可将页面设置为( )。

A. 对称页边距　　B. 拼页　　C. 书籍折页　　D. 反向书籍折页

19. 在同一个页面中，如果希望页面上半部分为一栏，下半部分分为两栏，应插入的分隔符号为( )。

A. 分页符　　B. 分栏符　　C. 分节符(连续)　　D. 分节符(奇数页)

20. 以下( )是可被包含在文档模板中的元素。

①样式 ②快捷键 ③页面设置信息 ④宏方案项 ⑤工具栏

A. ①②④⑤　　　　B. ①②③④　　　　C. ①③④⑤　　　　D. ①②③④⑤

二、实践操作题

1. 在桌面上建立文档"单项测试.docx",由 6 页组成。其中:

(1)第一页中第一行的内容为"北京",样式为"正文"。

(2)第二页中第一行的内容为"上海",样式为"正文"。

(3)第三页中第一行的内容为"广州",样式为"正文"。

(4)第四页中第一行的内容为"深圳",样式为"正文"。

(5)第五页中第一行的内容为"浙江",样式为"正文"。

(6)第六页为空白页。

(7)在文档页脚处插入"X/Y"形式的页码,X 为当前页数,Y 为总页数,居中显示。

(8)使用自动索引方式,建立索引自动标记文件"我的索引.docx",其中:标记为索引项的文字 1 为"北京",主索引项 1 为"Beijing";标记为索引项的文字 2 为"上海",主索引项 2 为"Shanghai"。使用自动标记文件,在文档"单项测试.docx"第六页中创建索引。

2. 在桌面上建立文档"城市.docx",由 2 页组成。要求:

(1)第一页内容如下:

第 1 章 浙江

1.1 杭州和宁波

第 2 章 江苏

2.1 南京和和苏州

第 3 章 广东

3.1 广州和深圳

要求:章和节的序号为自动编号(多级符号),分别使用样式"标题 1"和"标题 2"。

(2)新建样式"城市",使其与样式"标题 1"在文字格式外观上完全一致,但不会自动添加到目录,并应用于"第 2 章 江苏"。

(3)在文档的第二页中自动生成目录。

(4)对"宁波"添加一条批注,内容为"海港城市"。

(5)对"广州和深圳"添加一条修订,删除"和深圳"。

3. 在桌面上建立文档"网格.docx"。要求:

(1)文档总共有 6 页,第一页和第二页为一节,第三页和第四页为一节,第五页和第六页为一节。

(2)每页显示内容均为三行,居中对齐,样式为"正文"。

①第一行显示:第 x 页

②第二行显示:第 y 页

③第三行显示:第 z 页

其中:x、y、z 是由插入的域自动生成的,并以中文数字(壹、贰、叁)的形式显示。

(3)每页行数均设置为 40,每行 30 个字符。

(4)每行文字均添加行号,从"1"开始,每节重复编号。

4. 在桌面上建立主控文档"Main.docx",按序创建子文档"Sub1.docx"、"Sub2.docx"和"Sub3.docx"。要求:

(1) Sub1.docx 中第一行的内容为"Sub1",第二行内容为文档创建的日期(使用域,格式不限),样式均为正文。

(2) Sub2.docx 中第一行的内容为"Sub2",第二行内容为"→",样式均为正文。

(3) Sub3.docx 中第一行的内容为"办公软件高级应用",样式均为正文,将该文字设置为书签(名为 Mark);第二行为空白行;在第三行插入书签 Mark 标记的文本。

5. 在桌面上建立文档"考试成绩.docx",由 3 页组成。要求:

(1) 第一页中第一行的内容为"计算机",样式为"标题1";页面垂直对齐方式为"居中";页面方向为纵向、纸张大小为 16 开;页眉内容设置为"95",居中显示;页脚内容设置为"优秀",居中显示。

(2) 第二页中第一行的内容为"英语",样式为"标题2";页面垂直对齐方式为"顶端对齐";页面方向为横向、纸张大小为 A4;页眉内容设置为"68",居中显示;页脚内容设置为"及格",居中显示;对该页面添加行号,起始编号为"1"。

(3) 第三页中第一行的内容为"体育",样式为"正文";页面垂直对齐方式为"底端对齐";页面方向为纵向、纸张大小为 B5;页眉内容设置为"56",居中显示;页脚内容设置为"不及格",居中显示。

6. 对素材库中的文件"练习文档-毕业论文(素材).docx",按下列要求进行操作,并将结果保存,注意及时保存操作结果。操作要求如下:

(1) 对正文进行排版

① 使用多级符号对章名、小节名进行自动编号,代替原始的编号。要求:

● 章号的自动编号格式为:第 X 章(例如:第 1 章),其中,X 为自动排序,阿拉伯数字序号。对应级别 1:居中显示。

● 小节名的自动编号格式为:X.Y(例如:1.1),其中,X 为章数字序号,Y 为节数字序号。X、Y 均为阿拉伯数字序号。对应级别 2:左对齐显示。

② 新建样式,样式名为:"样式"+考生准考证号后 5 位。其中:

● 字体:中文字体为"楷体",西文字体为 Time New Roman,字号为"小四"。

● 段落:对齐方式,两端对齐;缩进:首行缩进 2 字符;间距:段前 0.5 行,段后 0.5 行;行距:1.5 倍行距;其他格式用默认设置。

③ 对正文中的图添加题注"图",位于图下方,居中,要求:

● 编号为"章序号"-"图在章中的序号"。例如:第 1 章中第 2 幅图,题注编号为 1-2。

● 图的说明使用图下一行的文字,格式同编号。

● 图居中。

④ 对正文中出现"如下图所示"的"下图"两字,使用交叉引用,修改为"图 X-Y",其中"X-Y"为图题注的编号。

⑤ 对正文中的表添加题注"表",位于表上方,居中,要求:

● 编号为"章序号"-"表在章中的序号"。例如:第 1 章中第 3 张表,题注编号为 1-3。

●表的说明使用表上一行的文字,格式同编号。
●表居中,表内文字不要求居中。

⑥对正文中出现"如下表所示"的"下表"两字,使用交叉引用,修改为"表 X – Y",其中"X – Y"为表题注的编号。

⑦对正文中首次出现 IPO 的地方插入脚注,添加文字"IPO 是指结构化设计中变换型结构的输入(Input)、加工(Processing)、输出(Output)"。

⑧将②中的新建样式应用到正文中无编号的文字,不包括章名、小节名、表文字、表和图的题注、脚注。

(2)在正文前按序插入三节,使用 Word 提供的功能,自动生成如下内容。

①第 1 节:目录。其中:"目录"使用样式"标题1",并居中;"目录"下为目录项。

②第 2 节:图索引。其中:"图索引"使用样式"标题1",并居中;"图索引"下为图索引项。

③第 3 节:表索引。其中:"表索引"使用样式"标题1",并居中;"表索引"下为表索引项。

(3)使用适合的分节符,对正文进行分节。添加页脚,使用域插入页码,居中显示。要求:

①正文前的节,页码采用"Ⅰ、Ⅱ、Ⅲ、……"格式,页码连续。

②正文中的节,页码采用"1、2、3、……"格式,页码连续。

③正文中每章为独立一节,页码总是从奇数开始。

④更新目录、图索引和表索引。

(4)添加正文的页眉。使用域,按以下要求添加内容,居中显示。其中:

①对于奇数页,页眉中的文字为:章序号 章名(例如:第 1 章 XXX)。

②对于偶数页,页眉中的文字为:节序号 节名(例如:1.1 XXX)。

三、拓展训练

Word 2010 文档的安全和保护

1. 设置文档保护密码。

为 Word 2010 文档设置密码,可以避免未经允许的人查看文档,从而保护文档安全及个人隐私。在 Word 2010 文档中,使用"保存选项"可以设置文档的密码。

保存文档时,在"另存为"对话框中,单击对话框底部的"工具"下拉按钮,在打开的下拉列表中,选择"常规选项(G)…"选项,打开"常规选项"对话框,如图 6 – 82 所示,在"打开文件时的密码"和"修改文件时的密码"文本框中输入要设置的密码,单击"确定"按钮后,还要再次输入密码,以便确认密码。

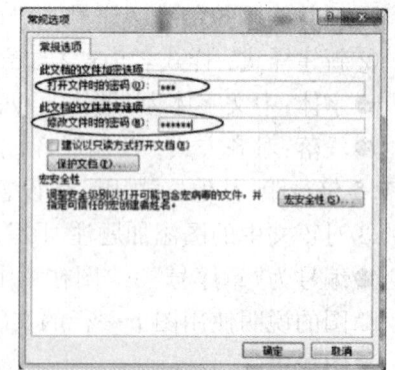

图 6 – 82 "常规选项"对话框

2. 对文档进行数字签名。

Word 2010 中可以对文档进行数字签名,以确认文档是否被其他用户篡改过。

(1)单击"文件"→"信息"→"保护文档"→"添加数字签名(S)"选项,弹出一个确认信息,如图 6-83 所示。如果单击"来自 Office 市场的签名服务(I)…"按钮,可以到 Office 市场找到第三方数字签名服务提供商;如果单击"确定"按钮,表示使用本地的数字签名。

(2)这里单击"确定"按钮,打开"获取数字标识"对话框,如图 6-84 所示。单击"从 Microsoft 合作伙伴处获取数字签名"单选按钮,可以从 Microsoft 合作伙伴处获取数字签名,其他人员可以验证签名的真实性。单击"创建自己的数字标识"单选按钮,打开"创建数字标识"对话框,如图 6-85 所示,填写相关信息。

(3)单击"创建(C)"按钮,弹出"签名"对话框,如图 6-86 所示。如果需要,在"签署此文档的目的(P):"下方的文本框中输入签署证书的目的(本项目输入文本:Word 文档的防篡改)。在"签署为"后面有一个默认的数字签名,如果需要修改,单击"更改(H)…"按钮,打开"Windows 安全"对话框,如图 6-87 所示。选择一个证书(例如:李荣亮),再单击"确定"按钮,返回"签名"对话框。

(4)单击"签名"按钮,完成对当前文档的数字签名设置。添加数字签名后的文档将在状态栏中显示图标 。如果文档被修改,则数字签名就会失效,以此来判别文档是否被篡改过。

图 6-83 "添加数字签名(S)"确认对话框

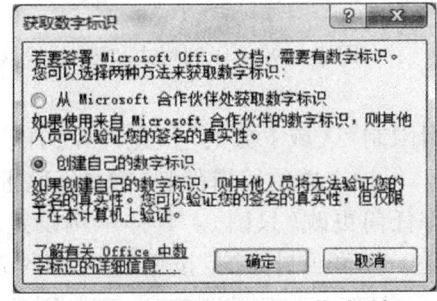

图 6-84 "获取数字标识"对话框

图 6-85 "创建数字标识"对话框

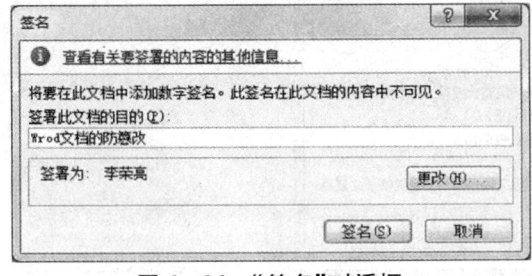

图 6-86 "签名"对话框

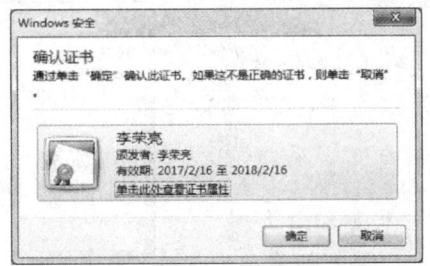

图 6-87 "Windows 安全"对话框

3. 对文档进行保护。

文档保护可以限制用户对文档或者文档的某些部分的内容进行编辑和格式设置。

(1)格式设置限制

单击"文件"→"信息"→"保护文档"→"限制编辑(D)"命令;或者,选择"审阅"选项卡→"保护"组→"限制编辑"命令,打开"限制格式和编辑"任务窗格,如图 6-80 所示。

在"限制格式和编辑"任务窗格中,单击"1.格式设置限制"区域下方的"设置…"链接,打开"格式设置限制"对话框,选中"限制对选定的样式设置格式(M)"复选框,如图6-88所示。系统默认全部选中"当前允许使用的样式:"列表框中的样式。对话框中有"全部(L)"、"推荐的样式(R)"、"无(N)"三个按钮,用户可以根据实际需要单击相应的按钮或自己选择需要选中的复选框。如果选中下面的"允许自动套用格式替代格式设置限制(A)"复选框,可以保留部分自动套用格式功能。

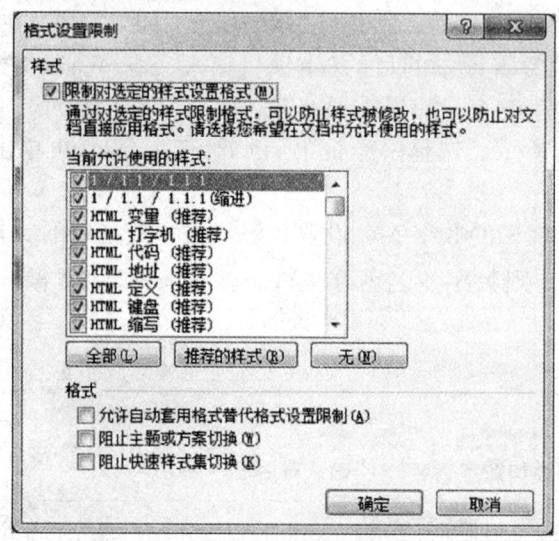

图6-88 "格式设置限制"对话框图

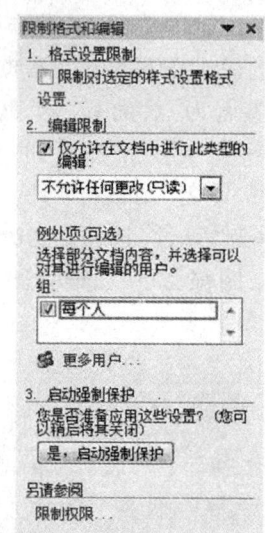

图6-89 "限制格式和编辑"设置

(2)编辑限制

在"限制格式和编辑"任务窗格中,选中"2.编辑限制"区域下方的"仅允许在文档中进行此类型的编辑:"复选框时,可以限制用户编辑文档。保护文档的编辑限制分为修订、批注、填写窗体、不允许任何更改(只读)四种,默认是不允许任何更改(只读)。具体示例设置,如图6-89所示。单击"3.启动强制保护"区域下方的"是,启动强制保护"按钮后,打开"启动强制保护"对话框,如图6-90所示。

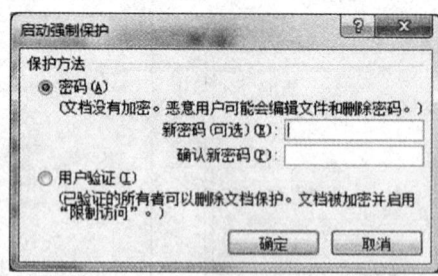

图6-90 "启动强制保护"对话框

在"启动强制保护"对话框中,"密码(A)"区域,在"新密码(可选)(E):"和"确认新密码(P):"后的文本框内输入密码,单击"确定"按钮。

启动强制保护后,所选的区域会添加灰色底纹,并且用户只能在所选区域范围内进行编辑,其他区域则被限制编辑。

项目 7　录取通知书的设计与制作

7.1 项目提出

今年暑假，小李同学在学校招生办负责招生事宜，现在他接到一个任务，就是制作新生录取通知书。制作一份新生录取通知书没有问题，现在的问题是要制作全校新生录取通知书，每位新生的信息（例如：姓名、系别、专业等）需要填写进去，工作量很大，并不是一件轻松的事情。通过了解和学习，小李同学发现：Word 2010 中提供的"邮件合并"功能可以实现轻松、准确、快速地制作新生录取通知书。在具体实践时，遇到如下几个问题：

1. 录取通知书的模板怎么设计？
2. 新生信息如何获取？
3. 如何利用"邮件合并"功能将新生信息整合到录取通知书的模板内？

7.2 项目分析

在日常工作中，公司可能会遇到处理大量的日常报表、制作邀请函、制作工资条，或者是学校会遇到需要制作一年一度的新生录取通知书等问题。这些报表、信函、信件等格式和内容基本相似，稍有不同，关键在于其内部的具体数据有所变化，这些数据经常保存在 Microsoft Word、Microsoft Access、Microsoft Excel 中，如何将这些数据整合到特定的模板中进行批量制作？Word 2010 中提供的"邮件合并"功能可以实现。

图 7-1 所示的就是一个合并了数据源后的录取通知书，该文档中的新生姓名、系别等信息都是从一个已经存在的 Word 表格中自动读取出来的。利用这样的一个录取通知书文档，用户只需要专注于 Word 文档的制作，而不必因为新生名单的改变而对文档做丝毫的改动。

录取通知书的设计与制作，严格上是分为两个部分，一个部分是封面页的设计与制作，一个部分是内容页的设计与制作。一般情况下，录取通知书的封面，设计容易，通常包含三个基本元素：学校的徽标、学校的名称、文本"录取通知书"。关于录取通知书封面页的设计与制作，这里就不做过多讲述。本项目重点介绍录取通知书内容页的设计与制作。主题思想是：首先利用前面章节中所学的知识制作一个普通的录取通知书，然后利用 Word 2010 提供的"邮件合并"功能将新生信息表中的数据合并到录取通知书中，这一合并过程将是本项目重点讲述的内容。邮件合并的 3 个基本过程如下：

1. 制作主文档。

2.准备好数据源。

3.把数据源合并到主文档中。

由以上分析可知,录取通知书的设计与制作,可以分解为三大任务:制作"录取通知书"主文档;制作数据源文档;利用"邮件合并"功能,把数据源合并到主文档中。

图 7-1 录取通知书样例

7.3 相关知识点

1.页面背景

页面背景主要用于创建更有趣味的 Word 文档背景,在 Word 2010 中的"页面布局"选项卡→"页面背景"组中,有三个命令来实现"页面背景"的设置:水印、页面颜色和页面边框。

通常情况下,"页面背景"设置主要指"页面颜色"设置,"页面颜色"可以为页面背景应用纯色或渐变、纹理、图案、图片等填充效果,其中:渐变、纹理、图案、图片将进行平铺或重复用以填充页面。

页面边框,针对整个页面设置外边框,方法和普通设置边框的方法相同。

2.水印

(1)水印

水印是一种标志,主要用于防止伪造,水印的种类和图案有很多种,可以实现美化功能。在制作 Word 文档时,为使文档更加美观,喜欢使用水印,即在文档中加上任意的图片和文字作为背景。

(2)水印效果

在打印一些重要文件时给文档加上水印,例如"绝密"、"保密"等字样,可以让获得文件的人知道该文档的重要性。Word 2010 具有添加文字和图片两种类型水印的功能,水印将显示在打印文档文字的后面,它是可视的,不会影响文字的显示效果。

3.邮件合并

"邮件合并"就是在邮件文档(主文档)的固定内容(相当于模板)中,合并与发送信息相关的一组数据,这些数据可以来自文本文件、Word 文档、Excel 表格、Access 数据表等数据源中,从而批量生成需要的邮件文档,大大提供工作效率。

"邮件合并"就是在 Office 中,先建立两个文档:一个是 Word 文档(包括所有文件共有内容的主文档)和一个是数据源文档(包括变化信息的数据源),然后使用邮件合并功能在主文档中插入变化的信息,合成后的文件用户可以保存为 Word 文档,可以打印出来,也可以以邮件形式发出去。

"邮件合并"功能可以批量处理信封、信件、信函、请柬、邀请函、工资条、个人简历、准考证、录取通知书、成绩单、各类获奖证书和明信片等。

4. Word 域

域是一种特殊的代码,用于指示 Word 在文档中插入某些特定的内容或自动完成某些复杂的功能。例如:使用域可以将日期和时间等插入到文档中,并使 Word 文档自动更新日期和时间。

域的最大优点是可以根据文档的改动或其他有关因素的变化而自动更新。例如:生成目录后,目录中的页码会随着页面的增减而产生变化,这时可以通过更新域来自动修改页码。所以,使用域不仅可以方便地完成许多工作,更重要的是能够保证得到正确的结果。

7.4 项目实施

7.4.1 项目调研

分组调研在录取通知书的设计与制作时,录取通知书内容页模板的样式,所需素材,关键知识点,并讨论其可行性。其中两组老师进行深入调研,其他组进行组内讨论,然后再进行组间交流,初步形成方案的大致框架。

7.4.2 确定项目

全体组及组员进行讨论,最终确定适合本班的录取通知书的设计与制作的整体方案,形成图片,作为后续操作的依据。

● 项目说明:

邮件合并需要 3 个基本过程,阐述如下:

[1]建立主文档。

[2]准备好数据源。

[3]把数据源合并到主文档中。

7.4.3 项目实施

使用邮件合并功能之前需要先建立主文档和数据源文档,在本项目中主文档为 Word 制作的录取通知书文档,数据源文档是利用 Word 表格制作的新生信息表。

任务 1:制作"录取通知书"主文档

录取通知书不同于其他活动的通知,它往往代表学校的形象。因此,录取通知书的制作要求规范并且美观大方。下面将介绍一个制作录取通知书的方法。新建一个 Word 文档,命名为:录取通知书主文档.docx,其样式和内容设计如下:

步骤1:确定录取通知书的尺寸。

1. 单击"页面布局"选项卡→"页面设置"组→"页面设置"按钮 ,弹出"页面设置"对话框。

2. 切换到"页边距"选项卡,设置"上(T):"、"下(B):"页边距为2厘米,设置"左(L):"、"右(R):"页边距为3厘米;纸张方向设置为"横向(S)",如图7-2所示。

3. 切换到"纸张"选项卡,设置纸张"宽度(W):"、"高度(E):"分别为23.8厘米、15.9厘米,如图7-3所示。

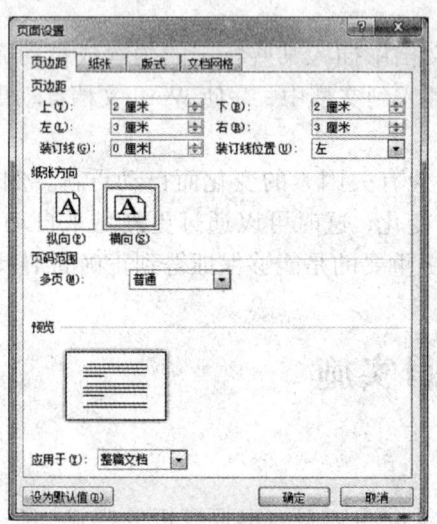
图7-2 "页边距"选项卡

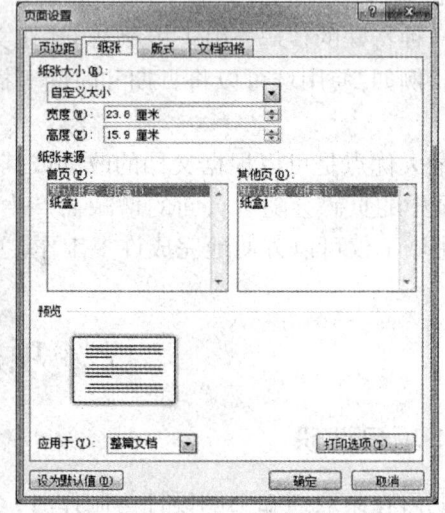
图7-3 "纸张"选项卡

步骤2:输入录取通知书的初始文本,效果如图7-4所示。

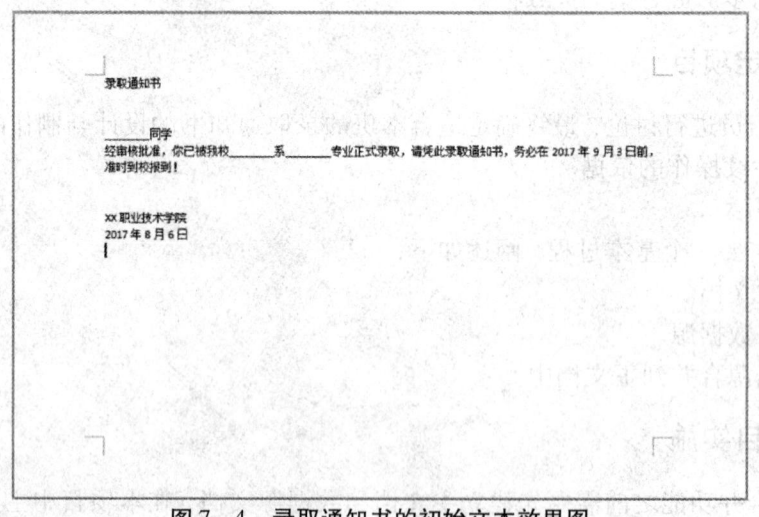
图7-4 录取通知书的初始文本效果图

步骤3:对书写好的文本进行格式化设置,要求如下:

1. 标题设置为黑体、小二、居中。

2. 正文设置为宋体、五号、首行缩进2个字符。

3. 落款要求先右对齐,然后再进行居中对齐。设置好的效果,如图7-5所示。

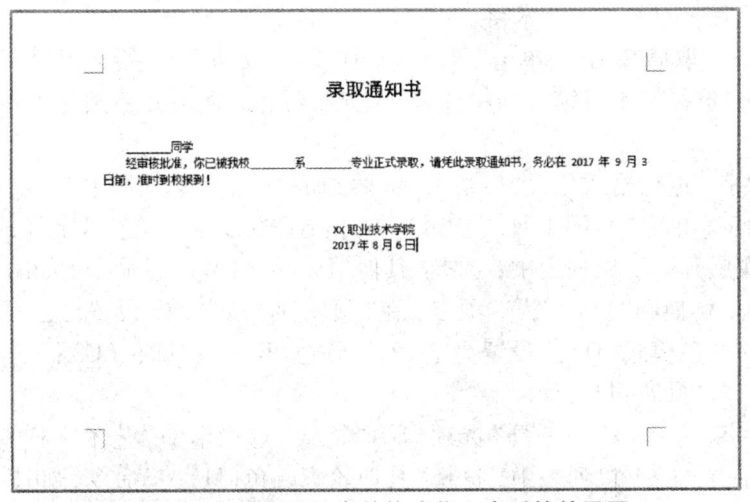

图7-5 录取通知书的格式化文本后的效果图

步骤4:为录取通知书添加页面背景。

单击"页面布局"选项卡→"页面背景"组→"页面颜色"下拉按钮,在展开的下拉列表中,选择"填充效果(F)…"命令,如图7-6所示。打开"填充效果"对话框,切换到"图片"选项卡,单击"选择图片(L)…"命令,如图7-7所示。在打开的"选择图片"对话框中,选择需要的图片,单击"插入(S)"按钮,设置后的效果,如图7-8所示。

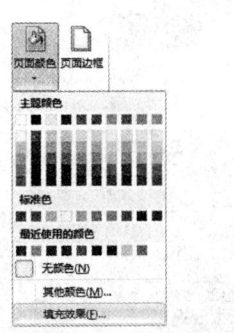 

图7-6 "页面颜色"下拉列表　　图7-7 "填充效果"对话框

图7-8 "页面颜色"设置后的效果图

步骤5：为录取通知书插入艺术字。

1. 选中文本"录取通知书"，单击"插入"选项卡→"文本"组→"艺术字"下拉按钮，在展开的下拉列表中，选择第5行第3列的样式"填充–红色，强调文字颜色2，暖色粗糙棱台"，如图7–9所示。

2. 选中艺术字，进行格式化设置：隶书、48号、加粗，并调整其居中。

3. 选中艺术字，单击"绘图工具"选项卡→"格式"选项卡→"艺术字样式"组→"文本填充"下拉按钮，在展开的下拉列表中，选择"其他填充颜色(M)…"命令，如图7–10所示。打开"颜色"对话框，切换到"自定义"选项卡，在"颜色(C)："区域，设置自己喜欢的颜色，本项目的颜色设置，"颜色模式(D)："设置为RGB，"红色(R)："、"绿色(G)："、"蓝色(B)："分别设置为：142、0、0，如图7–11所示。

4. 选中艺术字，单击"绘图工具"选项卡→"格式"选项卡→"艺术字样式"组→"文本轮廓"下拉按钮，在展开的下拉列表中，选择"其他轮廓颜色(M)…"命令，如图7–12所示。打开"颜色"对话框，切换到"自定义"选项卡，在"颜色(C)："区域，设置自己喜欢的颜色，本项目的颜色设置，"颜色模式(D)："设置为RGB，"红色(R)："、"绿色(G)："、"蓝色(B)："分别设置为：250、192、144，如图7–13所示。

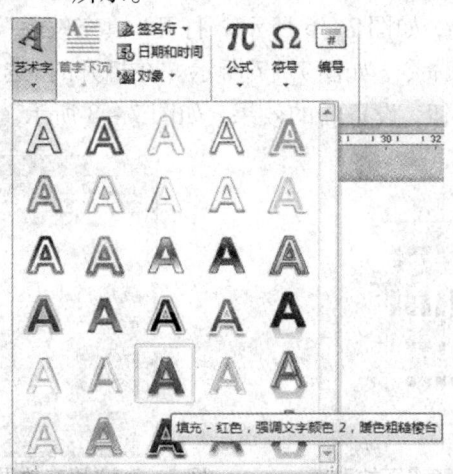

图7–9 "艺术字"下拉列表

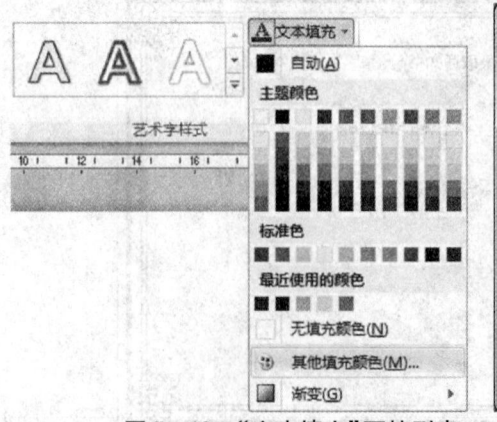

图7–10 "文本填充"下拉列表

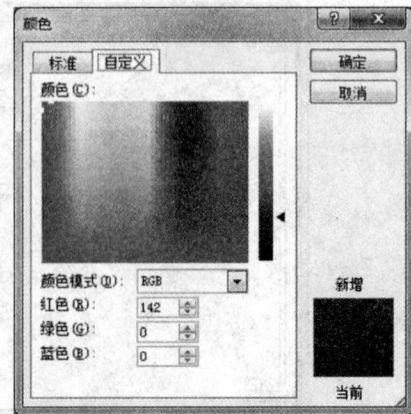

图7–11 "颜色"对话框

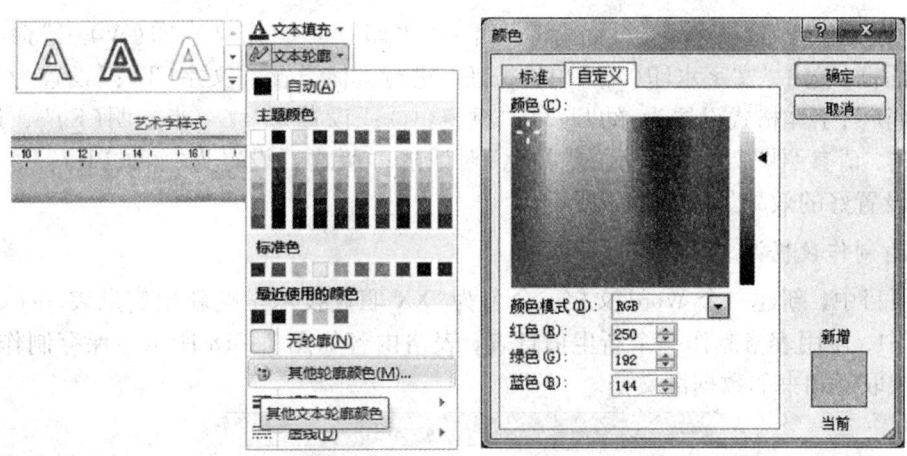

图 7-12 "文本轮廓"下拉列表　　图 7-13 "颜色"对话框

5. 选中艺术字,单击"绘图工具"选项卡→"格式"选项卡→"艺术字样式"组→"文本效果"下拉按钮→"棱台(B)"按钮,在展开的列表中,选择"棱台"区域→"艺术装饰"命令,如图 7-14 所示。

6. 艺术字设置后的效果,如图 7-15 所示。

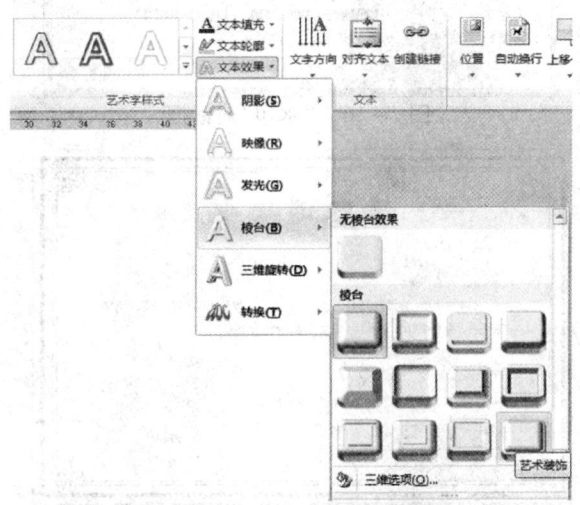

图 7-14 "文本效果"下拉列表

图 7-15 艺术字设置后的效果

步骤 6:设置录取通知书的文字水印。

选择"页面布局"选项卡→"页面背景"组→"水印"→"自定义水印(W)…"命令,打开"水印"对话框,选中"文字水印(X)"单选按钮,进行具体设置:"文字(T):"设置为"勤勉 严谨 求实 创新";字体格式设置为:幼圆、34;"颜色(C):"设置为"红－半透明(E)",其中红色的设置方式,请参照图7-12所示的"颜色"对话框;"版式:"设置为"斜式(D):",如图7-16所示。设置好的效果如图7-17所示。

任务2:制作数据源文档

在本项目中,新建一个Word文档,命名为"XX职业技术学院新生信息表.docx"。在该Word文档中,使用表格制作一个新生信息表,表格内容如图7-18所示。保存制作的表格,将其作为录取通知书的数据源文档。

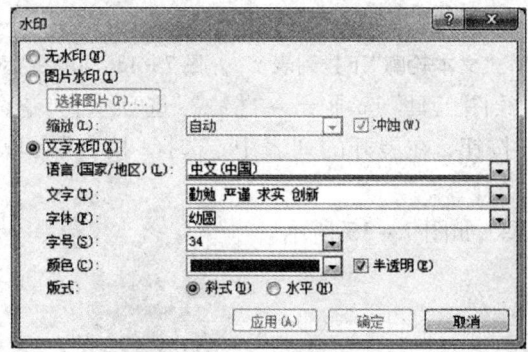

图7-16 "水印"对话框

图7-17 录取通知书设置水印后的效果图

姓名	系别	专业
王一涵	教育	艺术教育
李梦雅	教育	学前教育
孙可欣	财经	工商管理
赵晨杰	体育	足球
崔博	道桥	基础工程
汪珊	信息	网络
李畅	机械	机电一体化
刘飞	物流	报关
钱贺隆	动画	影视多媒体
周振	体育	高尔夫

图7-18 XX职业技术学院新生信息表的内容效果图

任务3:利用"邮件合并"功能,把数据源合并到主文档中

下面的操作主要是实现将新生信息表中的相应数据读出来,并自动添加到录取通知书文

档中。打开文档"录取通知书主文档.docx",使用两种方式来实现:

第一种:使用"邮件合并分步向导"功能,整体实现。

单击"邮件"选项卡→"开始合并邮件"组→"开始合并邮件"下拉按钮→"邮件合并分步向导(W)…"选项,在 Word 窗口右侧将会出现"邮件合并"的任务窗格,如图 7 – 19 所示。按以下步骤进行邮件合并操作。

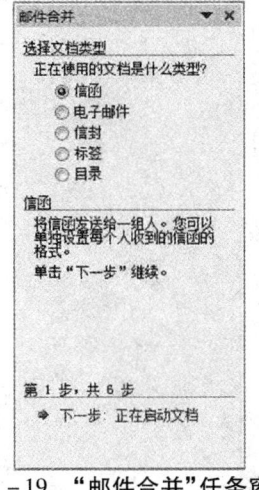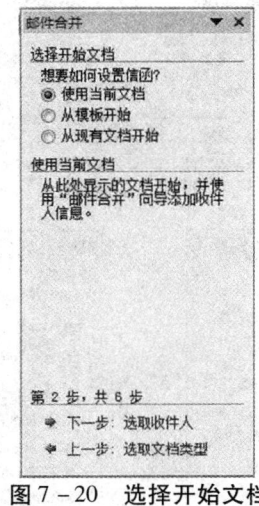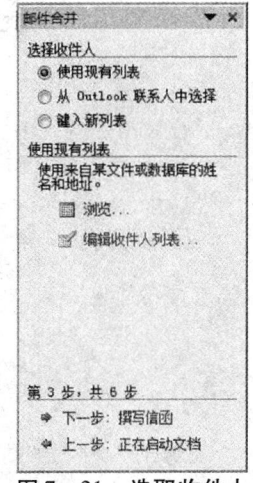

图 7 – 19　"邮件合并"任务窗格　　　图 7 – 20　选择开始文档　　　图 7 – 21　选取收件人

步骤 1:选择文档的类型。使用默认的"信函"即可,如图 7 – 19 所示。之后在任务窗格的下方,单击"下一步:正在启动文档"选项。

步骤 2:选择开始文档。由于主文档已经打开,选择"使用当前文档"作为开始文档即可,如图 7 – 20 所示,之后在任务窗格的下方,单击"下一步:选取收件人"选项。

步骤 3:选取收件人,即指定数据源。在"选取收件人"区域,选择"使用现有列表"单选按钮,使用的是现成的数据表,如图 7 – 21 所示。在"使用现有列表"区域,单击下方的"浏览…"按钮,打开"选取数据源"对话框,选择数据源所在位置,选中数据源文档,单击"打开(O)"按钮,如图 7 – 22 所示。在随后弹出的"邮件合并收件人"对话框中,可以对数据表中的数据进行编辑和排序,如图 7 – 23 所示,单击"确定"按钮,返回任务窗格,如图 7 – 24 所示。在任务窗格的下方,单击"下一步:撰写信函"选项。

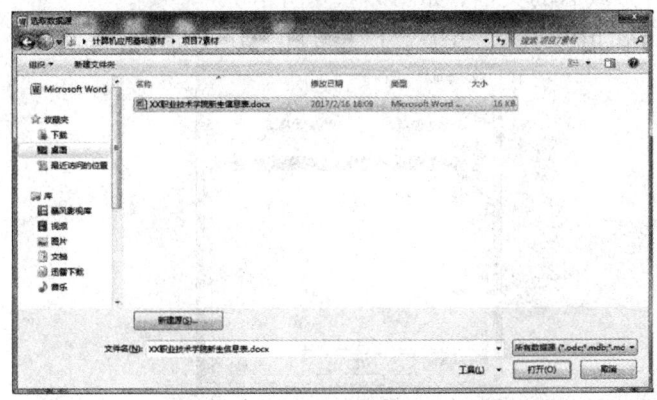

图 7 – 22　"选取数据源"对话框

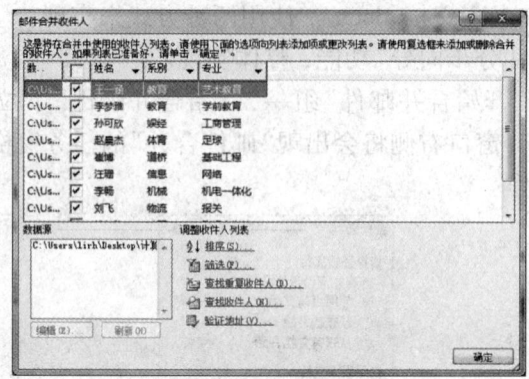

图7-23 "邮件合并收件人"对话框

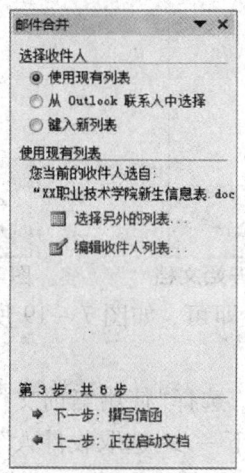   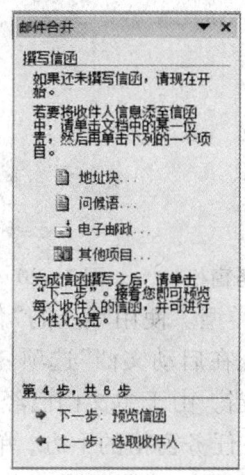

图7-24 选取收件人后的任务窗格　　图7-25 撰写信函

步骤4：撰写信函。这是最关键的一步。在主文档中，单击要插入姓名的位置（本项目中，将鼠标定位在"同学"前面的合适位置），单击任务窗格中的"其他项目…"按钮，如图7-25所示。打开"插入合并域"对话框，在"域(F)："下方的列表框中，选择"姓名"字段，并单击"插入(I)"按钮，如图7-26所示。操作后的效果如图7-27所示。

使用相同的方法，分别将光标定位在"系"和"专业"前面合适的位置，将"系别"和"专业"的域插入。插入合并域后的文档，如图7-28所示。

完成之后，在任务窗格的下方，单击"下一步：预览信函"选项。

图7-26 "插入合并域"对话框

图 7-27 录取通知书插入"姓名"域后的效果图

图 7-28 录取通知书插入所有域后的效果图

步骤 5：预览信函。可以看见一封一封已经填写完整的信函。如果在预览过程中发现什么问题，还可以进行更改，例如：单击"编辑收件人列表…"命令，可以对收件人列表进行编辑以重新定义收件人范围，或者，单击"排除此收件人"按钮，可以排除已经合并完成的信函中的若干信函，如图 7-29 所示。默认会将第一个新生的信息显示在录取通知书上，第一个人的录取通知书效果如图 7-30 所示。

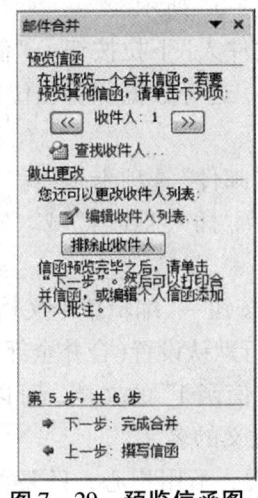

图 7-29 预览信函图

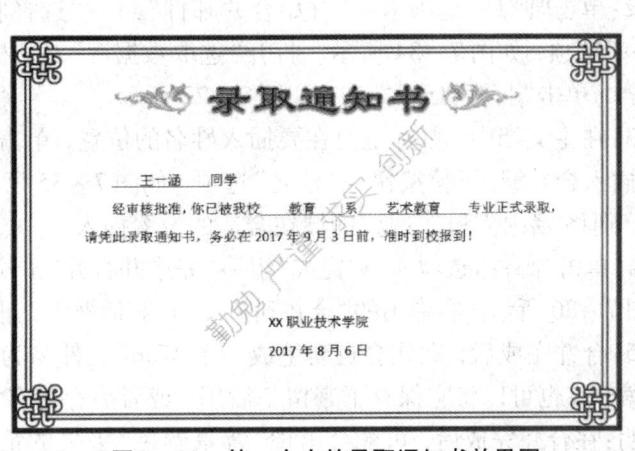

图 7-30 第一个人的录取通知书效果图

完成之后，在任务窗格的下方，单击"下一步：完成合并"选项。

步骤6：完成合并。可以根据个人要求选择"合并"区域的"打印…"或"编辑单个信函…"选项，如图7-31所示。"编辑单个信函…"选项作用是将这些信函合并到新文档，可以根据实际情况选择要合并的记录范围。单击"编辑单个信函…"选项，弹出"合并到新文档"对话框，如图7-32所示，默认合并全部记录。

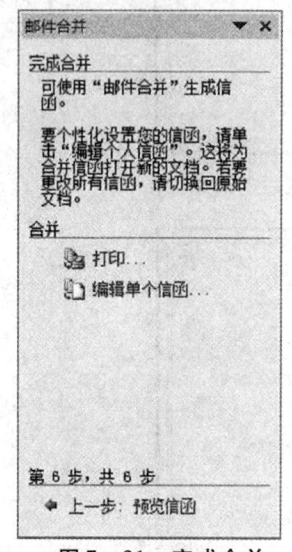
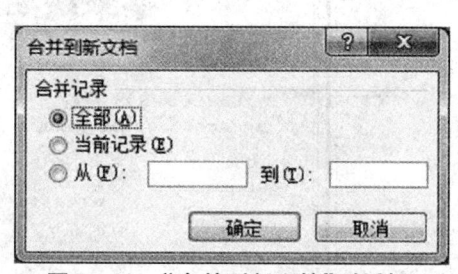

图7-31 完成合并　　　图7-32 "合并到新文档"对话框

合并完成后，默认会自动生成一个Word文件名为"信函1"的文档，可以对这个文档进行编辑，也可以将它保存下来留备后用，或者另存为有意义的名字。

●说明：在合并完成后，可能会出现"背景颜色"丢失的情况，不用担心，只要重新设置一下即可。

第二种：使用"邮件"选项卡下面的各个组的命令，独立实现。

步骤1：打开文档"录取通知书主文档.docx"，单击"邮件"选项卡→"开始合并邮件"组→"开始合并邮件"下拉按钮→"普通Word文档(N)"选项，如图7-33所示。

步骤2：单击"邮件"选项卡→"开始合并邮件"组→"选择收件人"下拉按钮→"使用现有列表(E)…"选项，如图7-34所示。打开"选取数据源"对话框，选择数据源所在位置，选中数据源文档，单击"打开(O)"按钮，如图7-22所示。

步骤3：在主文档中，鼠标定位在要插入姓名的位置，单击"邮件"选项卡→"编写和插入域"组→"插入合并域"下拉按钮→"姓名"选项，如图7-35所示，插入"姓名"域。使用相同的方法，分别将"系别"和"专业"的域在合适的位置插入。

步骤4：单击"邮件"选项卡→"完成"组→"完成并合并"下拉按钮→"编辑单个文档(E)…"选项，如图7-36所示。在弹出的"合并到新文档"对话框中，进行默认设置（合并全部记录）。

步骤5：合并完成后，默认会自动生成一个Word文件名为"信函1"的文档，可以对这个文档进行编辑，也可以将它保存下来留备后用，或者另存为有意义的名字。

●说明：在合并完成后，可能会出现"背景颜色"丢失的情况，不用担心，只要重新设置一下即可。

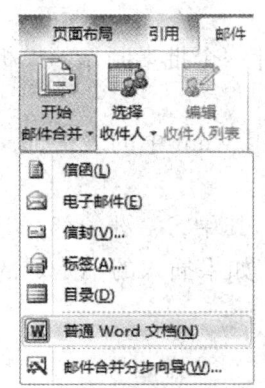
图7-33 "开始合并邮件"下拉列表

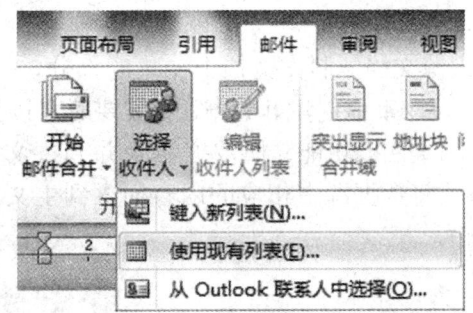
图7-34 "选择收件人"下拉列表

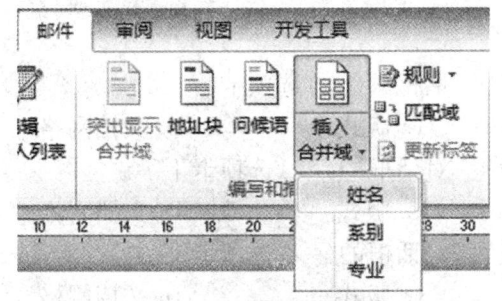
图7-35 "插入合并域"下拉列表

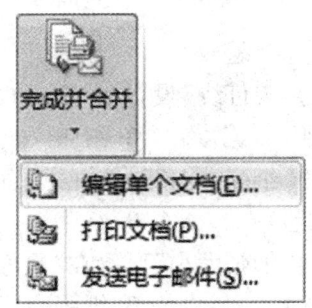
图7-36 "完成并合并"下拉列表

至此,利用"邮件合并"功能制作录取通知书的过程已经讲完。根据对知识点的掌握,在实际操作过程中,可以灵活实践。

7.5 总结与提高

在 Word 2010 中,页面背景的设置分为三个部分:水印、页面颜色和页面边框。默认情况下,设置页面背景指的是设置页面颜色。

页面颜色的设置相对灵活,可以是纯色(可以利用"颜色"对话框,灵活设置某一种颜色),可以是渐变、图案、纹理和图片等填充效果,每种填充效果又可以做更灵活的设置。

水印,企业和个人比较熟悉的案例,就是给 Word 文档做水印,防止抄袭等行为,作为防伪、维权的一种手段。其他的用法是为了修饰页面,让页面看起来更美观、有特色。页面边框,基本上也是为了实现上述功能(美观、有特色、有个性)。

"邮件合并"功能将 Word 主文档和存储数据的文档或数据库链接在一起,成批地将数据填写到主文档的指定位置,从而极大地提高了文档的制作效率。

在日常生活中,"邮件合并"功能除了可以批量处理信函、信封等与邮件相关的文档外,一样可以轻松地批量制定标签、工资条、成绩单、请柬、准考证等。因此熟练使用"邮件合并"功能可以大大降低工作强度,提高操作效率。

"邮件合并"的操作过程,归纳起来主要是以下3个基本过程。只有充分理解了这3个基本过程,才能抓住邮件合并的"纲",从而有条不紊地运用邮件合并功能解决实际问题。邮件合并的3个基本过程如下：

1. 建立主文档。制作文档中不变的部分，相当于是设计一个批量制作的模板，包含特定的内容和样式。

2. 建立数据源文档。制作文档中变化的部分，一般采用 Word 中的表格、Excel 表格、Access 数据表等，可以事前创建好数据源，需要时直接打开它。

3. 利用"邮件合并"功能，把数据源合并到主文档中。其中，关键的部分是"插入合并域"，以域的方式将数据源中相应的内容插入到主文档中。如果插入的不是域的数据时，可以在主文档中输入。

7.6 思考与练习

一、单项选择题

1. 页面的"装订线"设置在"页面设置"对话框的（　）选项卡下。
   A. 页边距　　　　B. 纸张　　　　C. 版式　　　　D. 文档网格

2. 页面的"纸张方向"设置在"页面设置"对话框的（　）选项卡下。
   A. 页边距　　　　B. 纸张　　　　C. 版式　　　　D. 文档网格

3. 页面的"纸张大小"设置在"页面设置"对话框的（　）选项卡下。
   A. 页边距　　　　B. 纸张　　　　C. 版式　　　　D. 文档网格

4. 页面的"宽度和高度"设置在"页面设置"对话框的（　）选项卡下。
   A. 页边距　　　　B. 纸张　　　　C. 版式　　　　D. 文档网格

5. "页面背景"组在（　）选项卡下。
   A. 开始　　　　B. 插入　　　　C. 页面布局　　　　D. 邮件

6. 以下（　）不是"页面背景"组提供的功能。
   A. 水印　　　　B. 页面颜色　　　　C. 页面边框　　　　D. 日期和时间

7. "编写和插入域"组在（　）选项卡下。
   A. 开始　　　　B. 插入　　　　C. 页面布局　　　　D. 邮件

8. 以下（　）不是"邮件"选项卡提供的组。
   A. 目录　　　　B. 开始合并邮件　　　　C. 预览结果　　　　D. 完成

9. 在 Word 2010 中，默认保存后的文档格式扩展名为（　）。
   A. *.dos　　　　B. *.docx　　　　C. *.html　　　　D. *.txt

10. 如果用户想保存一个正在编辑的文档，但希望以不同文件名存储，可用（　）命令。
    A. 保存　　　　B. 另存为　　　　C. 比较　　　　D. 限制编辑

11. 在 Word 2010 中，插入了表格后，会出现（　）选项卡，对表格进行具体操作设置。
    A. 格式　　　　B. 绘图工具　　　　C. 表格工具　　　　D. 开发工具

12. 下面有关 Word 2010 表格功能的说法不正确的是（　）。
    A. 可以通过表格工具将表格转换成文本
    B. 表格的单元格中可以插入表格
    C. 表格中可以插入图片

D. 不能设置表格的边框线

13. 在(　)选项卡的(　)组中，可以插入公式、符号、编号等。

A. 开始，字体　B. 开始，段落　C. 插入，文本　D. 插入，符号

14. 在 Word 2010 中，给图片或图像插入题注是选择(　)选项卡中的命令。

A. 页面布局　B. 引用　C. 审阅　D. 视图

15. 学校给每位家长发送一份《期末成绩通知单》，用(　)命令最简便。

A. 复制　B. 信封　C. 标签　D. 邮件合并

16. 在 Word 2010 中，如果在输入的文字或标点下面出现红色波浪线，表示(　)，可用“审阅”选项卡中的“拼写和语法”来检查。

A. 拼写和语法错误　B. 句法错误　C. 系统错误　D. 其他错误

17. 在 Word 2010 中，可以通过(　)选项卡中的“翻译”对文档内容翻译成其他语言。

A. 开始　B. 页面布局　C. 引用　D. 审阅

18. 在 Word 2010 中，可以通过(　)选项卡对不同版本的文档进行比较和合并。

A. 页面布局　B. 引用　C. 审阅　D. 视图

19. 在 Word 2010 中，可以通过(　)选项卡对所选内容添加批注。

A. 插入　B. 页面布局　C. 引用　D. 审阅

20. 在 Word 2010 中，想对文档进行字数统计，可以通过(　)选项卡来实现。

A. 页面布局　B. 引用　C. 审阅　D. 视图

二、实践操作题

1. 利用“邮件合并”功能实现批量制作学生成绩表，样例如图 7－37 所示。操作要求如下：

赵萌同学

科目	成绩
计算机	76
英语	66
体育	92

图 7－37　学生成绩表样例

同学

科目	成绩
计算机	
英语	
体育	

图 7－38　学生成绩表－主文档－内容

(1)新建 Word 文档，命名为“学生成绩表－主文档.docx”，内容如图 7－38 所示。

(2)新建 Word 文档，命名为“学生成绩表.docx”，作为数据源文档，内容如图 7－39 所示。

科目 / 姓名	计算机	英语	体育
赵萌	76	66	92
钱馨	85	68	75
孙灏	68	72	88
李瀚	96	85	82

图 7－39　学生成绩表－内容

●说明：表头的“科目”和“姓名”需要手动输入，不能利用文本框等其他方式实现。

(3)利用“邮件合并”功能实现批量制作学生成绩表，其中，插入域后的效果，如图 7－40 所示。

«科目姓名»同学

科目	成绩
计算机	«计算机»
英语	«英语»
体育	«体育»

图 7－40　插入域后的效果

2. 利用“邮件合并”功能实现批量制作考生信息表，样例如图 7－41 所示。操作要求如下：

准考证号：	201780000101
姓名	胡杨帆
性别	男
年龄	19

图7-41 考生信息表样例

准考证号：	
姓名	
性别	
年龄	

图7-42 考生信息表-主文档-内容

(1)新建Word文档，命名为"考生信息表-主文档.docx"，内容如图7-42所示。

(2)新建Word文档，命名为"考生信息表.docx"，作为数据源文档，内容如图7-43所示。

准考证号	姓名	性别	年龄
201780000101	胡杨帆	男	19
201780000102	边欣宇	女	18
201780000103	张思博	男	18
201780000104	程静瑶	女	19
201780000105	王雪麟	男	18
201780000106	李馥桐	女	19

图7-43 考生信息表-内容

(3)利用"邮件合并"功能实现批量制作考生信息表，其中，插入域后的效果，如图7-44所示。

准考证号：	«准考证号»
姓名	«姓名»
性别	«性别»
年龄	«年龄»

图7-44 插入域后的效果

3.利用"邮件合并"功能实现批量制作名片，样式自拟（美观、个性化、有意义），要求至少包含的信息有：姓名、单位、职位、电话、邮箱、地址、邮编。

4.利用Word 2010提供的"信封制作向导"，批量制作信封，样式和内容自拟。

三、拓展训练

1.根据图7-45提供的公文样本，制作一份关于国庆节放假的通知。

```
份号
密级★期限
紧急程度

         公文标题(XX 部门 XX 文件)

             XXX（XXXXX）XX 号
         _____

           文件主题（关于 XXXXXXXX 的通知）


  XXXXXX：
         XXXXXXXXXXXXXXXXXXXXXXXXXXXXXXXX
  XXXXXXXXXXXXXXXXXXXXXXXXXXXXXXXX。
       一、XXXXXX
          （一）XXXXXXXXXXXXXXXXXXXXXX
         1、XXXXXXXXXXXXXXXXXXXX
          (1)XXXXXXXXXXXXXXXXXXXXXXX
  XXXXXXXXXXXXXXXXXXXX。




  抄送：XXXXXX(分部门名称 1)、XXXXXX(分部门名称 2)、XXXXXX(分
  部门名称 3)、XXXXXX(分部门名称 4)等。
  XXXXXXXXXXX(主部门名称)         XXXX年XX月XX日印发
```

图7-45 公文样本

要求：

(1) 页面设置：上、下、左、右页边距分别设置为：3.7cm、3.5cm、2.8cm、2.6cm。

(2) 图7-45左上位置，"份号"一般都要求添加；根据涉密情况和紧急程度，决定是否添加下两行信息。其中：★为符号。

(3) 公文标题：字体颜色必须是红色，其他设置自定义。其中："〔"和"〕"为符号。

(4) 红色的线条：可以通过单击"形状"→"线条"→"直线"来实现；或者，通过"横线"来实现。

(5) 中间的内容是"关于国庆节放假的通知"，请参照公文的传统形式来书写。

(6) "抄送"以及下方样式：是线条和文本的图文混排效果。线条的设置同(4)，颜色为黑色；内容根据具体情况书写。

2. 宏的使用与技巧知识点

(1) 宏的定义

宏是一系列组合在一起的 Word 命令和指令，它们形成了一个组合命令，以实现任务的自动化（宏实际上是一条自定义的命令）。宏是一个批处理程序命令，正确地运用它可以提高工作效率。在平时使用 Word 软件工作时，用户经常会遇到需要经常反复进行某项工作，这时就可以用宏来替代人工进行一系列费时而单调、重复的 Word 操作，自动完成所需任务。

(2) 宏的典型应用：加速日常编辑和格式设置、组合多个命令、使对话框中的选项更易于访问和自动执行一系列复杂的任务。

(3) 录制宏

Word 提供两种创建宏的途径：宏录制器和 Visual Basic 编辑器。由于大多数用户不熟悉"Visual Basic 编辑器"的对象和对象的属性及方法，所以在此介绍用宏录制器来录制宏，以方便用户快速、简便地学习和使用宏。当录制一个宏时，应该按以下步骤操作：

①设置宏的初始条件。

②在"开发工具"选项卡中，单击"代码"组中的"录制宏"按钮，打开"录制宏"对话框。

③在"宏名(M)："下方的文本框中输入宏的名称。宏的名称不能与 Word 中已有的内置宏名相同，否则新宏中的操作将代替原来的操作。查看 Word 中的内置宏列表，方法：在"开发工具"选项卡中，单击"代码"组中的"录制宏"按钮，打开"录制宏"对话框，在"宏的位置"下拉列表中，选择"Word 命令"选项。

④在"将宏保存在(S)："下方的下拉框中，选择要用来保存宏的模板或文档。默认情况下，Word 将宏存储在 Normal.dotm 模板内，这样每个 Word 文档都可以使用它。

⑤在"说明(D)："下方的文本框中，输入对宏的说明。

⑥如果不想将宏指定到按钮或快捷键上，单击"确定"按钮即可开始录制宏。

⑦执行要包括在宏中的操作（开始录制宏）。

⑧停止录制宏，单击"代码"组中的"停止录制"按钮，即可停止录制。

(4) 执行宏。

①单击"代码"组中的"宏"按钮，打开"宏"对话框。

②在"宏名"的列表框中选择要运行的宏。

③单击"运行"按钮。如果宏被指定到按钮或快捷键上，单击相应的按钮或快捷键也可执行宏。

3. Word 2010 宏命令应用实例：网页文字格式设置

由于工作和学习需要,有时希望将喜欢或需要的内容保存下来,再用 Word 文档打开,以便阅读或应用。但由于网上的文字格式设置不同,每次都要重新设置一番,很麻烦的。这时候,Word 2010 里面的宏命令可以帮助解决这个问题。具体操作如下:

(1)使用 Word 2010 任意打开一篇文档,使用鼠标任选一段文字。

(2)在"开发工具"选项卡中,单击"代码"组中的"录制宏"按钮,如图 7-46 所示。打开"录制宏"对话框。

图 7-46 "录制宏"按钮　　图 7-49 "停止录制"命令

(3)在"宏名(M):"下方的文本框中输入宏的名称"阅读前设置";在"将宏保存在(S):"下方的下拉框中,选择"所有文档(Normal.dotm)";在"说明(D):"下方的文本框中,输入对宏的说明,本实例没有填写;单击"将宏指定到"区域下方的"按钮(B)"按钮,如图 7-47 所示。

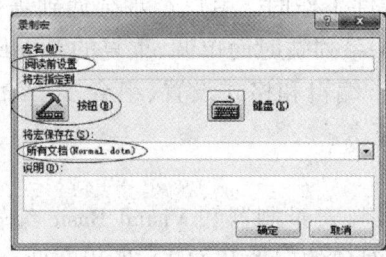

图 7-47 "录制宏"对话框

(4)打开"Word 选项"对话框,选中左边列表框中的宏名"阅读前设置",单击中间的"添加(A)>>"按钮,将宏名"阅读前设置"添加到右边的快速访问工具栏中,如图 7-48 所示。单击"确定"按钮开始录制宏。

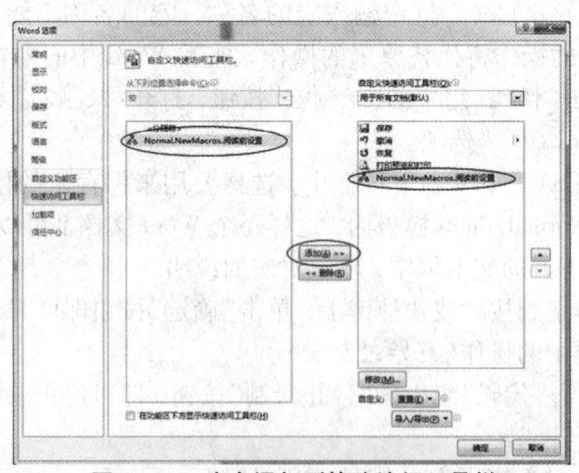

图 7-48 宏名添加到快速访问工具栏

(5)在"开始"选项卡中,进行格式设置,具体为:宋体、小四;1.5 倍行距;底纹颜色为"白色、背景 1"。

(6)在"开发工具"选项卡中,单击"代码"组中的"停止录制"命令,如图 7-49 所示,结束录制。

至此,一个名为"阅读前设置"的宏已经设置完成,并放置在"快速访问工具栏"中。以后只要在网上阅读文字,可以先把它复制到 Word 2010 文档中,然后先用 Ctrl + A 组合键全部选中后,单击"快速访问工具栏"中的"阅读前设置"宏按钮,就可以看到按指定格式设置好的、很舒服的文字效果了。

● 说明:

(1)"开发工具"选项卡的添加。步骤如下:单击"文件"选项卡→"选项"命令,打开"Word 选项"对话框,在左侧选择"自定义功能区",在右侧选择"开发工具"复选框,如图 7 - 50 所示。单击"确定"按钮,在窗口的"自定义功能区"的最后一个选项卡后面,将会添加一个新的选项卡——"开发工具"选项卡。

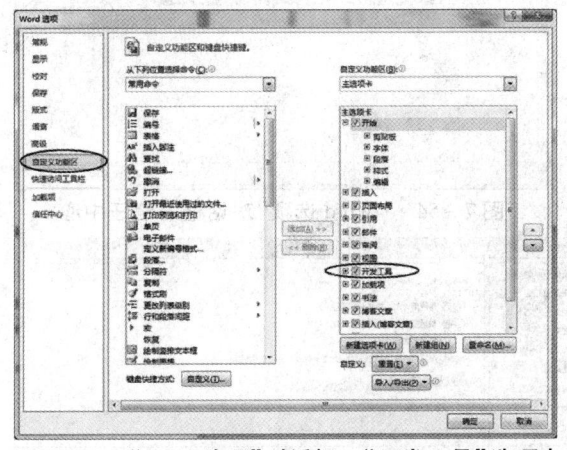

图 7 - 50 "Word 选项"对话框 - "开发工具"选项卡

(2)宏的查看。单击"视图"选项卡→"宏"组→"宏"下拉按钮→"查看宏(V)"命令,如图 7 - 51 所示。或者,单击"开发工具"选项卡→"代码"组→"宏"命令,如图 7 - 52 所示。执行完之后,打开"宏"对话框,如图 7 - 53 所示。可以查看所有的宏,并可以对宏执行:运行、单步执行、编辑、创建、删除、管理器等操作。

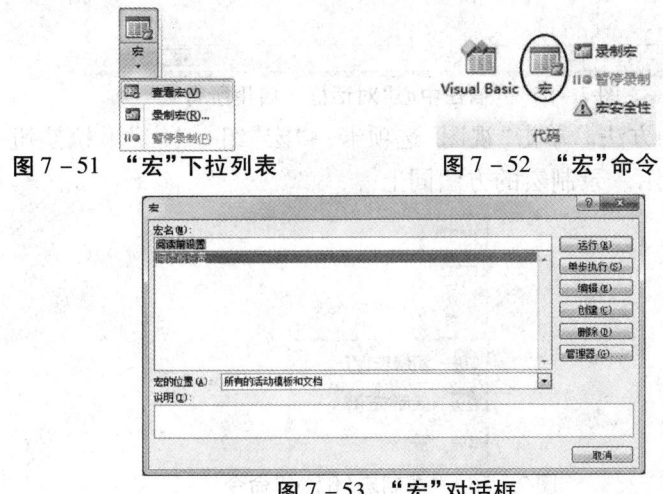

图 7 - 51 "宏"下拉列表   图 7 - 52 "宏"命令

图 7 - 53 "宏"对话框

(3)启用所有宏。启用所有宏的方法为:单击"文件"选项卡→"选项"命令,打开"Word选项"对话框,在左侧选择"信任中心",单击右侧的"信心中心设置(T)…"按钮,如图7-54所示。打开"信任中心"对话框,左侧选择"宏设置",右侧选择"启用所有宏(不推荐;可能会运行有潜在危险的代码)(E)"单选按钮,如图7-55所示,即可启用所有宏。

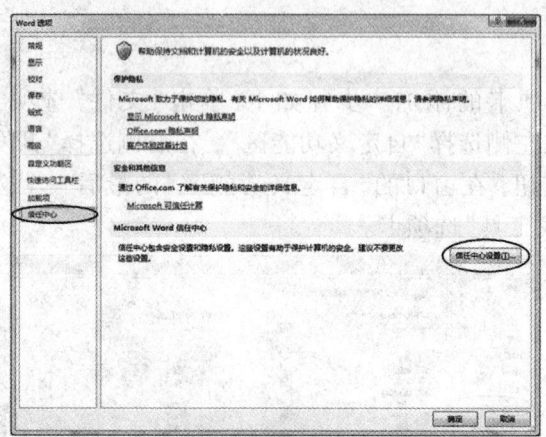

图7-54 "Word选项"对话框-信任中心

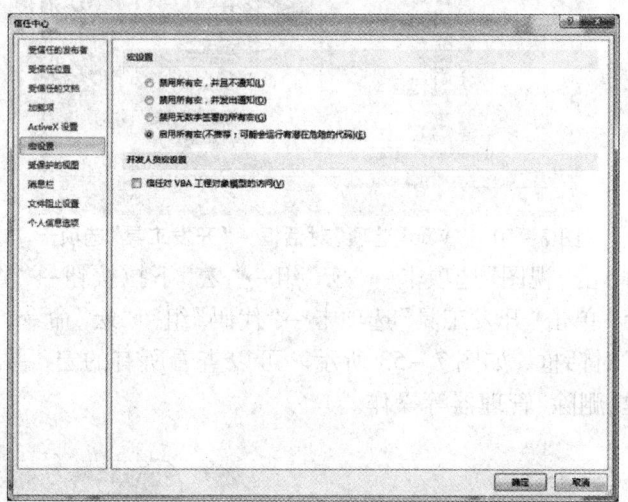

图7-55 "信任中心"对话框-启用所有宏

(4)宏的录制第二种方法。单击"视图"选项卡→"宏"组→"宏"下拉按钮→"录制宏(R)…"命令,如图7-56所示。录制宏的方法同上。

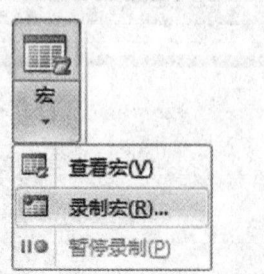

图7-56 "录制宏(R)…"命令

单元四 Excel 2010 的认识和应用

项目 8　学生考勤表的设计与统计分析

8.1　项目提出

考勤，或者说是出勤，是进行人员考核的很重要的一项指标，无论是企事业单位，还是校园。考勤，一方面是激励工作人员（学生）能够积极地投入到工作岗位（学习任务）中，另一方面，也起到监督、约束的作用，促进形成良好的企事业工作环境（校园学习环境），培养人员（学生）良好的企业工作精神（校园学习态度）。本项目，以校园为例，讲解学生考勤表的设计与统计分析。其他情况，类似处理。

8.2　项目分析

"学生考勤表"用于记录学生的到课情况，按照传统的方法，用"√"、"△"或"×"分别表示学生到课、迟到/早退、旷课三种情况。每一个"√"得10分，每一个"△"得5分，所有"×"不得分，可利用 COUNTIF 函数计算"√"、"△"的个数，在此基础上，再分别乘以 10 和 5，最后相加后，得到"考勤分"。

计算完毕后，为了使表格更加美观、易读、可视性好，可以对工作表中的字体、框线等进行整体设置。

由以上分析可知，学生考勤表的设计与统计分析，可以分解为三大任务：

任务 1：学生考勤表的设计。
任务 2：学生考勤表的统计分析。
任务 3：学生考勤表的美化。

8.3　相关知识点

1. Excel 2010 概述

Excel 2010 是 Microsoft Office 2010 的一个组件，是一个性能优越的电子表格软件，主要用于管理办公环境中的各种表格和各种数据的统计分析，它集表格、统计、数据库、图文信息为一身。Excel 2010 非常适合财务、统计、分析等领域，也适合个人及办公自动化等有关的日常事务处理。

Excel 2010 的主要功能和特点：快速有效地进行比较；从桌面获取更强大的分析功能；可

以节省时间、简化工作并提高工作效率;跨越障碍,通过新方法协同工作;在任何时间、任何地点访问工作簿。

Excel 2010 的应用:制作数据表格、绘制图形、制作图表、自动化处理、使用外部数据库和分析数据。

2. 工作簿

在 Excel 2010 中,工作簿(又称为 Excel 文件)是储存和处理数据的文件,其扩展名为".xlsx"。新建一个 Excel 2010 文件,就是新建一个工作簿,默认打开一个名字为"工作簿1"的窗口,如图 8-1 所示。该窗口同 Word 2010 的工作界面类似。工作簿有多种类型,当保存一个新的工作簿时,可以在"另存为"对话框的"保存类型"中进行选择,如图 8-2 所示。

3. 工作表

工作表是显示在工作簿窗口中的表格,即工作簿中的每一张表格称为工作表。每个工作表有一个名字,工作表名显示在工作表标签上。工作表标签在 Excel 2010 窗口左下方,显示系统默认的前三个工作表名:Sheet1、Sheet2 和 Sheet3,其中白色的工作表标签表示活动工作表,如图 8-3 所示。单击某个工作表标签,可以选择该工作表为活动工作表。Excel 2010 默认一个工作簿有三张工作表,用户可以根据需要添加工作表,但每一个工作簿中的工作表个数受可用内存的限制。

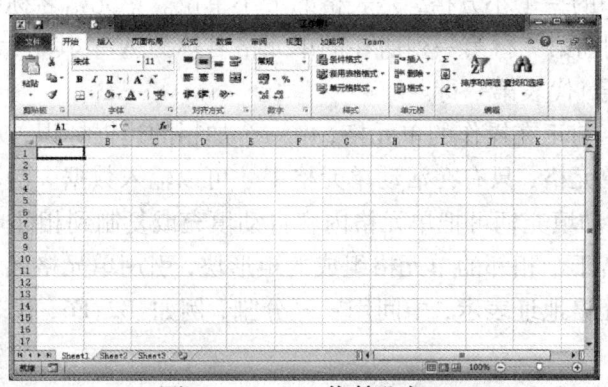

图 8-1 "工作簿"窗口

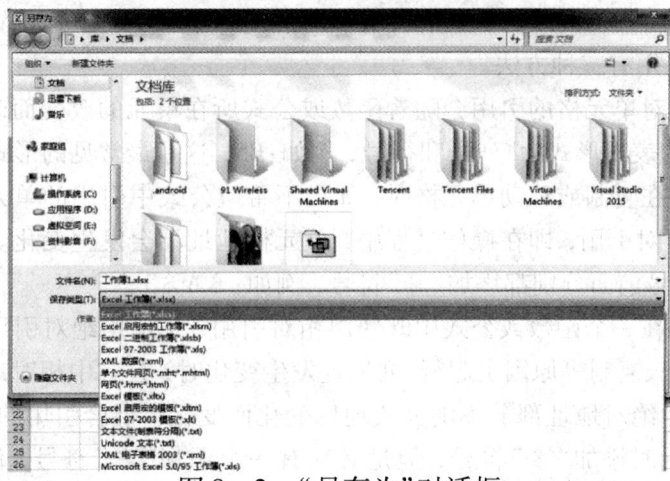

图 8-2 "另存为"对话框

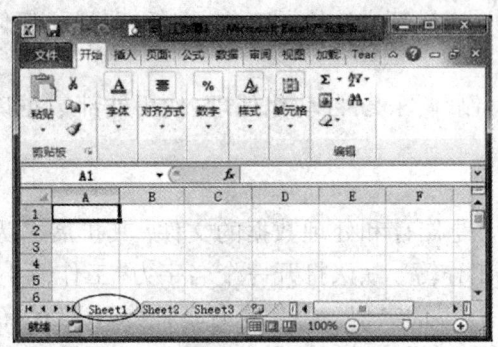 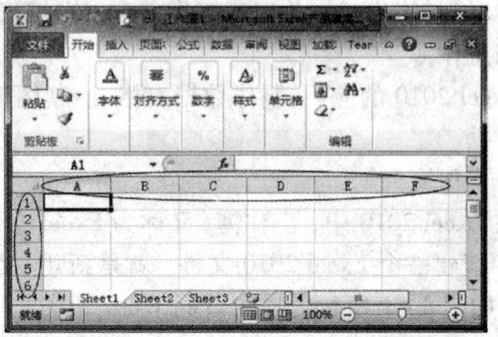

图8-3　活动工作表　　　　　图8-4　工作表的行号和列号

一张工作表是由行和列组成的,行号显示在工作簿窗口的左边,行号由数字1、2、3、……表示;列号显示在工作簿窗口的上边,列号由大写字母A、B、C、……表示,如图8-4所示。

使用工作表可以对数据进行组织和分析。可以同时在多张工作表上输入并编辑数据,并且可以对来自不同工作表的数据进行汇总计算。在创建图表之后,既可以将其置于源数据所在的工作表上,也可以放置在单独的图表工作表上。

4. 单元格

单元格是工作表中的一个小方格,是表格的最小单位。单元格名称(也称单元格地址)是由列号和行号组成,例如第一行第一列所在的单元格名称为A1,其中:大写字母A(列号)代表第一列,数字1(行号)代表第一行。

活动单元格是指当前正在操作的单元格,由一个加粗的边框标识,如图8-4所示。任何时候只能有一个活动单元格,只有在活动单元格中才可以输入数据。活动单元格右下角的小黑点,称为填充柄,拖动填充柄可把单元格内容自动填充或复制到相邻单元格中。

单元格区域是由若干个相邻的单元格组成的矩形块,引用单元格区域可用它的左上角单元格地址和右下角单元格地址表示,中间用冒号分割,例如:B2:F6,代表从B2开始到F6结束的单元格区域。

5. 单元格的引用

单元格引用是Excel中的术语,是指引用单元格在工作表中的坐标位置的标识。在工作表中,对单元格的引用有三种方法。

(1)相对引用。对单元格的引用会随着函数或公式所在单元的改变而改变的引用称为相对引用。相对引用的表现形式为:列号和行号,例如:B5,这是最常见的形式。

(2)绝对引用。在复制或移动单元格时,如果不希望公式中引用的单元格的地址发生变化,此时需要使用绝对引用,即在操作过程中,单元格地址不会发生变化。绝对引用的表现形式为:在列号和行号前面分别都添加"$"符号,例如:$A$3。

(3)混合引用。在一个函数或公式中既使用相对引用,又使用绝对引用的方式称为混合引用。当公式因插入、复制等原因引起行、列地址发生变化时,公式中相对地址部分会随着公式地址变化而变化,绝对地址部分不随公式地址变化而变化。混合引用的表现形式为:在列号和行号前面不能同时添加"$"符号,但是必须有一个添加"$"符号,例如:$E3、H$2。添加"$"符号的部分不发生变化,未添加"$"符号的部分要发生变化。

6. COUNTIF 函数

Excel 2010 中提供了大量的函数,利用函数可以实现各种复杂的计算和统计。Excel 2010 函数共有 13 类,400 多个函数,涵盖了财务、日期、工程、逻辑、数学、统计、文本等各种不同领域的数据处理任务。其中有一类特别的函数称为"兼容性函数",这些函数其实已经有新函数替换,但为了与以前的版本兼容,依然在 Excel 2010 中提供这些函数。

函数的语法为:函数名(参数 1,参数 2,……)。

单击编辑栏左侧的"插入函数"按钮 f_x,打开"插入函数"对话框,可以方便地插入各种函数。

● COUNTIF 函数

(1)主要功能:计算某个区域中满足给定条件的单元格数目。

(2)函数语法:COUNTIF(range,criteria)

(3)参数说明:range 代表要计算其中非空单元格数目的区域,criteria 代表以数字、表达式或文本形式定义的条件。

(4)应用举例:

在 D16 单元格中输入公式:"= COUNTIF(C1:C15,">=90")",表示可以计算出 C1 ~ C15 单元格区域中,数值大于或等于 90 的单元格数目。

7. 工作表美化

工作表的初始状态是没有任何修饰的,即是空白的。工作表的美化,主要分为两个部分:一个部分是针对工作表内数据的,即给数据进行格式化设置;一个部分是针对工作表整体的,即给工作表添加边框、底纹、色彩等样式。

8. 常用数据类型及输入技巧

在 Excel 2010 中,有很多种数据类型,常用的数据类型有文本型、数值型、日期型等。

文本型数据可以包括中文、字母、数字、空格和符号等,其对齐方式默认为左对齐。要直接输入由纯数字组成的文本(例如:身份证号),必须在其前面添加单引号,或者先输入一个等号(=),再在文本前后加上双引号,例如:" =010"。

数值型数据包括 0 ~ 9、( )、+、– 等,其对齐方式默认为右对齐。

(1)当输入绝对值很大或很小的数时,数据会自动更改为科学计数法的表示形式,例如:2.35E + 16。

(2)小数位数超过设定值时,数据会自动"四舍五入",但计算时一律以输入数而不是显示数进行,故而不必担心误差。

(3)输入分数时,要先输入 0 和空格,再输入分数,例如:要输入分数 1/4,正确的输入方法是"0 1/4",否则 Excel 会将分数默认为日期。

日期型数据的格式为"年 – 月 – 日"或"年/月/日",当年的年份可以省略不输入,但"月"和"日"必须输入,例如:输入 6/18,一般在单元格中显示 6 月 18 日,其对齐方式默认为右对齐。

快速输入的方法有很多,例如:利用填充柄自动填充、自定义序列、按 Ctrl + Enter 组合键可在选定区域内自动填充相同数据等。

8.4 项目实施

8.4.1 项目调研

分组调研学生考勤表的各个组成部分和统计分析项,并讨论每个组成部分的细节。其中两组老师进行深入调研,其他组进行组内讨论,然后再进行组间交流,初步形成方案的大致框架。

8.4.2 确定项目

全体组及组员进行讨论,最终确定适合本班思想的学生考勤表的设计与统计分析整体方案,形成图片,作为后续操作的依据。

●项目说明:

学生考勤表的设计与统计分析方案说明如下:

(1)学生考勤表的各个组成部分及其分析状况:学生考勤分为学生到课、迟到/早退、旷课三种情况。

(2)学生考勤表的统计分析:统计学生考勤分。统计实现方式:每一个"√"得10分,每一个"△"得5分,所有"×"不得分,可利用COUNTIF函数计算"√"、"△"的个数,在此基础上,再分别乘以10和5,最后相加后,得到"考勤分"。

(3)学生考勤表的美化。可以通过字体格式设置、段落格式设置、单元格格式设置来实现。

8.4.3 项目实施

任务1:学生考勤表的设计

●学生考勤表的初始状态如图8-5所示。

图8-5 学生考勤表的初始状态

步骤1:新建工作簿。方法如下:

方法一:单击"开始"菜单,选择"所有程序"→"Microsoft Office"→"Microsoft Excel 2010"。

方法二:双击桌面上的快捷图标 。

方法三:利用已存在的 Excel 2010 文档创建。打开已存在的 Excel 2010 文档,单击"文件"选项卡→"新建"选项→"创建"命令;或者,使用 Ctrl + N 组合键。

步骤2:保存工作簿。方法如下:

方法一:单击"文件"选项卡下的"保存"命令。
方法二:单击标题栏上的快捷图标🖫。
方法三:使用 Ctrl + S 组合键。
在弹出的"另存为"窗口中,将文件名修改为"学生考勤表"。
步骤 3:重命名工作表。
在打开的工作簿窗口中,查看左下角,鼠标定位在工作表标签 Sheet1,将其重命名为:学生考勤表。方法如下:
方法一:选中 Sheet1,鼠标右键,快捷菜单中,选择"重命名(R)"。
方法二:双击 Sheet1,变成黑底白字状态,直接修改工作表名称。
步骤 4:输入标题。在 A1 单元格内,输入文字"学生考勤表"。
● 重要总结:一个工作簿中包含一张或多张工作表,默认是包含 3 张工作表,名称分别为:Sheet1、Sheet2 和 Sheet3。一张工作表中包含若干个单元格,根据软件版本不同,单元格数量不同,以 Microsoft Excel 2010 为例,一张工作表中包含 1048576 * 16384 个单元格。其中,行数为 1048576,列数为 16384。
步骤 5:设计表头。在 A2、B2 和 C2 单元格内,分别输入文字"学号"、"姓名"和"第 1 周"。选中 C2 单元格,将鼠标放置在右下角,鼠标变成实心十字形,向右拖动填充柄至 L2 单元格,自动生成"第 2 周"到"第 10 周"。在 M2 单元格内,输入文字"考勤分"。
步骤 6:设计表格数据。
(1)输入学号数据(文本型)。在 A3 单元格内,调整数据类型为:文本型。方法:将鼠标放置在 A3 单元格内,单击"开始"选项卡→"数字"组→"常规"下拉式列表框,在展开的下拉列表中,选择"文本",如图 8 - 6 所示。在 A3 单元格内,输入"2017800001",将鼠标放置在其他单元格内,可以发现,A3 单元格左上角,有一个绿色三角形,代表文本型数据。选中 A3 单元格,将鼠标放置在右下角,鼠标变成实心十字形,向下拖动填充柄至 A32 单元格,在其右下角出现"自动填充选项"图标🖳▾,点击该图标上的黑色倒三角,在展开的菜单中,选择"填充序列(S)",如图 8 - 7 所示,自动按序生成所有学号。
● 重要总结:
① 数据主要分为文本型数据和数值型数据。在单元格内输入数据,默认是数值型数据,对齐方式为右对齐;可以更改为文本型数据,其对齐方式为左对齐,显著标识为单元格左上角有一个绿色的三角形。
② 自动填充功能。可以实现文本和数据的自动填充;可以实现无序和有序的填充。关键在于"自动填充选项"的选择设置。

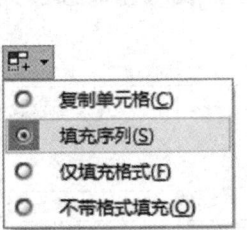

图 8 - 6 "常规"下拉列表　　图 8 - 7 自动填充选项

(2)输入姓名数据。按照图8-5所示,在B3~B32单元格内,输入指定的姓名数据。

(3)输入考勤数据。按照图8-5所示,在C3~M32单元格内,输入指定的考勤数据。方法:在指定单元格内,单击"插入"选项卡→"符号"组→"符号"命令,弹出"符号"对话框,如图8-8所示,在"符号"对话框内,选择"√"、"△"或"×",单击"插入(I)"按钮。

●说明:

1."√"的查找:字体(F):(普通文本);子集(U):数学运算符。

2."×"的查找:字体(F):(普通文本);子集(U):拉丁语-1 增补。

3."△"的查找:字体(F):(普通文本);子集(U):希腊语和科普特语。

图8-8 "符号"对话框

任务2:学生考勤表的统计分析

在"学生考勤表"中,用"√"、"△"或"×"分别表示学生到课、迟到/早退、旷课三种情况。每一个"√"得10分,每一个"△"得5分,所有"×"不得分,可利用COUNTIF函数计算"√"、"△"的个数,在此基础上,再分别乘以10和5,最后相加后,得到"考勤分"。

●利用COUNTIF函数计算"考勤分"。

步骤1:将鼠标定位在M3单元格,单击"编辑框"左侧的符号f_x,弹出"插入函数"对话框,如图8-9所示,在"或选择类别(C):"后面的下拉式列表中,选择"全部",在"搜索函数(S):"下面的区域内输入"COUNTIF",单击"转到(G)"按钮,如图8-10所示,在"选择函数(N):"下面的列表框内,第一个就是COUNTIF函数,查看下面的COUNTIF函数功能说明,然后单击"确定"按钮。

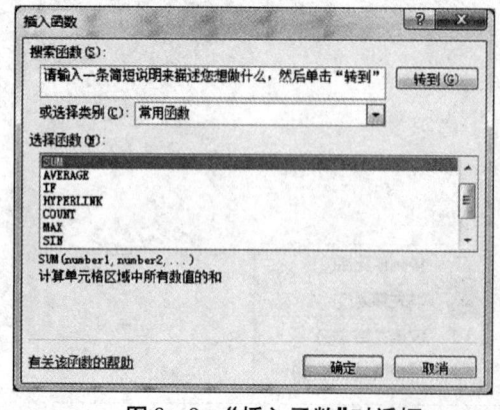

图8-9 "插入函数"对话框

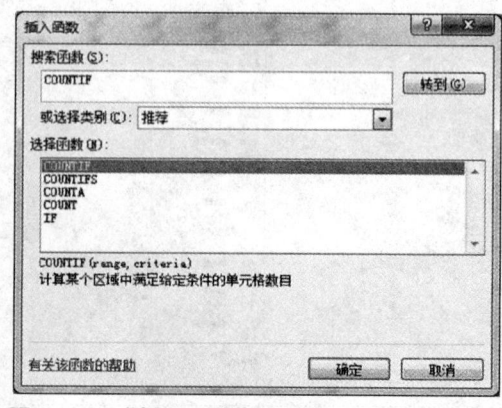

图8-10 "插入函数"对话框-COUNTIF函数

步骤 2：在弹出的"函数参数"对话框内，选取函数参数范围 Range 为"C3:L3"，选取条件 Criteria 为 C3，如图 8-11 所示，为了能够实现后续的自动填充操作，需要修改"C3"为"C3"，如图 8-12 所示，在对话框左下角，显示"计算结果 =7"，单击"确定"按钮，完成本次统计操作。

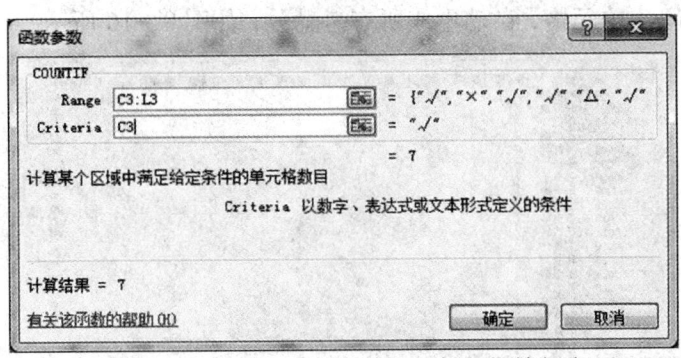

图 8-11　COUNTIF 函数参数对话框 - 初始状态

步骤 3：将鼠标定位在编辑框，在编辑框当前函数后面输入"*10+"，如图 8-13 所示，在"+"后面再次单击符号 f_x，弹出"插入函数"对话框，单击"确定"按钮，在弹出的"函数参数"对话框内进行具体设置，如图 8-14 所示，单击"确定"按钮。再次定位在编辑框，在编辑框当前函数后面输入"*5"，如图 8-15 所示，单击编辑框左侧的"√"，或直接按 Enter 键，在 M3 单元格将显示计算结果为"80"。

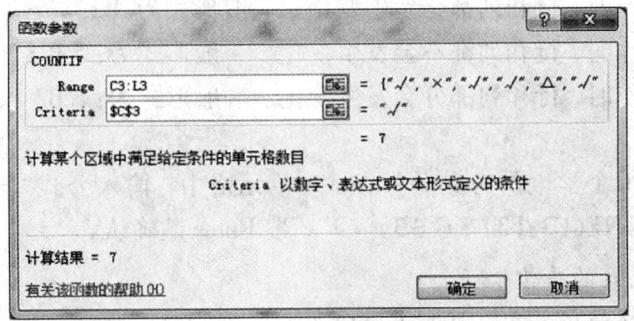

图 8-12　COUNTIF 函数参数对话框 - 具体设置

图 8-13　编辑框显示内容

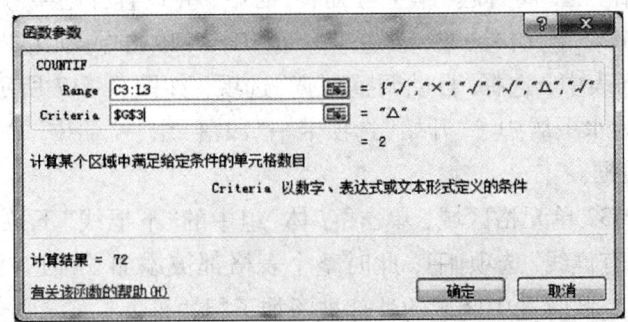

图 8-14　COUNTIF"函数参数"对话框的具体设置

=COUNTIF(C3:L3,C3)*10+COUNTIF(C3:L3,G3)*5

图 8－15　编辑框显示内容

步骤 4:将光标定位在 M3 单元格右下角，当鼠标箭头变成实心十字的时候，按下鼠标左键并拖动填充柄至 M32 单元格，自动生成所有考勤分，如图 8－16 所示。

学生考勤表												
学号	姓名	第1周	第2周	第3周	第4周	第5周	第6周	第7周	第8周	第9周	第10周	考勤分
2017800001	杨凌峰	✓	×	✓	✓	△	✓	✓	△	✓	✓	80
2017800002	朱梦鸽	✓	✓	✓	×	✓	✓	✓	✓	✓	✓	90
2017800003	徐霞	✓	✓	×	✓	✓	×	✓	✓	✓	✓	80
2017800004	高敏瑜	✓	✓	✓	△	✓	✓	✓	✓	✓	✓	95
2017800005	吴红伟	✓	✓	✓	✓	✓	✓	✓	△	✓	✓	95
2017800006	袁倩	✓	✓	✓	✓	✓	✓	✓	✓	✓	✓	100
2017800007	谷美玉	✓	✓	✓	✓	✓	△	✓	✓	✓	✓	95
2017800008	马千岚	✓	✓	✓	△	✓	✓	✓	✓	✓	✓	95
2017800009	王晓庆	✓	✓	×	✓	✓	✓	✓	✓	✓	✓	90
2017800010	李玄	✓	✓	✓	✓	✓	✓	✓	✓	✓	✓	100
2017800011	范竹轩	✓	✓	✓	✓	✓	✓	×	✓	△	✓	85
2017800012	闫靖允	✓	✓	✓	✓	✓	✓	✓	✓	✓	✓	100
2017800013	韩紫阳	✓	✓	✓	✓	✓	✓	△	✓	✓	✓	95
2017800014	张志勇	✓	✓	✓	✓	✓	✓	✓	✓	✓	✓	100
2017800015	孙志利	✓	✓	✓	✓	△	✓	✓	✓	✓	✓	95
2017800016	张文书	✓	✓	✓	✓	×	✓	✓	✓	✓	✓	90
2017800017	刘泽源	✓	✓	✓	✓	✓	✓	✓	✓	✓	✓	100
2017800018	高鲁	✓	✓	✓	✓	✓	✓	×	△	✓	✓	85
2017800019	郑建浩	✓	✓	×	✓	✓	✓	✓	✓	✓	✓	90
2017800020	董帅	✓	✓	✓	✓	✓	✓	✓	✓	✓	✓	100
2017800021	任国林	✓	✓	✓	✓	✓	✓	△	✓	✓	✓	95
2017800022	徐京伟	✓	✓	✓	✓	×	✓	✓	✓	✓	✓	90
2017800023	胡淳磊	✓	✓	✓	△	✓	✓	✓	✓	✓	✓	95
2017800024	焦康杰	✓	✓	✓	✓	✓	✓	✓	✓	✓	✓	100
2017800025	雷杨	✓	✓	✓	✓	✓	✓	✓	✓	✓	△	95
2017800026	舒雨婷	✓	✓	✓	✓	✓	△	✓	✓	✓	✓	95
2017800027	杨磊	✓	✓	✓	×	✓	✓	△	✓	✓	✓	85
2017800028	孙靖涛	✓	✓	✓	✓	✓	✓	△	✓	✓	✓	95
2017800029	李明明	✓	✓	✓	✓	✓	✓	✓	✓	✓	✓	100
2017800030	白玉霜	✓	✓	✓	✓	✓	✓	✓	✓	✓	✓	100

图 8－16　计算“考勤分”后的学生考勤表

●重要说明:单元格引用知识点。单元格引用分为三类:

1. 相对地址。操作时，行和列都会发生变化。一般形式为:B2。

2. 绝对地址。操作时，行和列都不会发生变化。一般形式为: B2。

3. 混合地址。操作时，行和列部分会发生变化。一般形式为: $B2 和 B$2。

●知识点拓展

使用公式计算第 1 个学生的考勤分。在 M3 单元格中，输入公式“ = COUNTIF(C3:L3, L3) * 10 + COUNTIF(C3:L3, G3) * 5”，按 Enter 键确认。

任务 3: 学生考勤表的美化

●本项目工作表的美化主要是设置表格格式和样式。

(1)设置表格的字体和对齐方式。

步骤 1:在“学生考勤表”中，选中 A1:M1 单元格区域，单击“开始”选项卡→“对齐方式”组→“合并后居中”按钮，将标题“学生考勤表”居中，并设置标题字号为 20。

步骤 2:选中 A2:M32 单元格区域，设置字号为 10，并单击“单元格”组中的“格式”下拉按钮，在打开的下拉列表中，选择“自动调整列宽”选项，如图 8－17 所示。设置 A2:M32 单元格区域的对齐方式为水平居中（“开始”选项卡→“段落”组→“居中”命令）。

(2)为表格添加边框。

步骤 1:选中 A2:M32 单元格区域，单击“字体”组中的“下框线”下拉按钮，在打开的下拉列表中，选择“所有框线”选项，此时整个表格都被添加了细边框。再选择下拉列表中“粗匣框线”选项，此时选中区域的外部被添加了粗边框。

步骤 2:选中 A2:M2 单元格区域，在刚才的“下框线”下拉列表中，选择“双底框线”选项，此时表格首行(表头所在的行)被添加了双底框线，设置好的效果如图 8－18 所示。

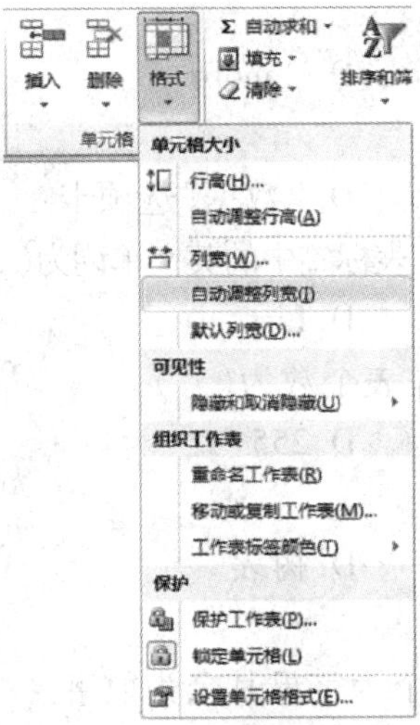

图 8－17 自动调整列宽

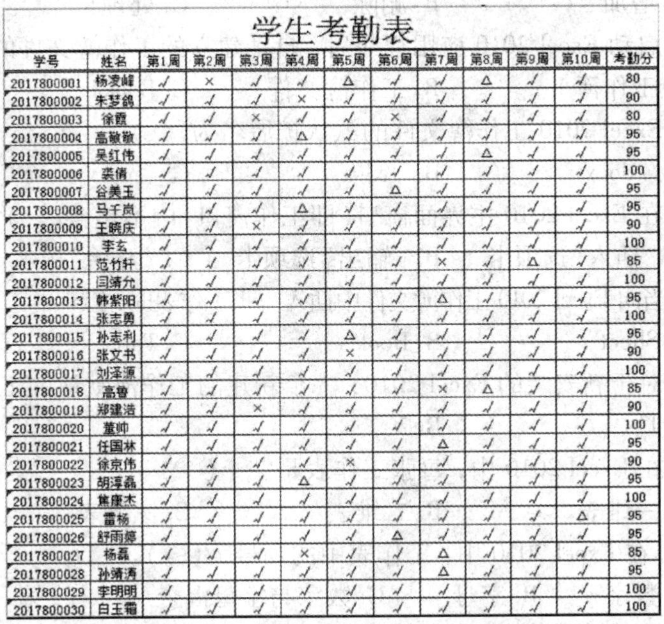

学生考勤表

学号	姓名	第1周	第2周	第3周	第4周	第5周	第6周	第7周	第8周	第9周	第10周	考勤分
2017800001	杨凌峄	√	×	√	√	△	√	√	△	√	√	80
2017800002	朱琴鸽	√	√	√	×	√	√	√	√	√	√	90
2017800003	徐霞	√	√	×	√	√	×	√	√	√	√	80
2017800004	高敏敏	√	√	√	△	√	√	√	√	√	√	95
2017800005	吴红伟	√	√	√	√	√	√	√	△	√	√	95
2017800006	裘倩	√	√	√	√	√	√	√	√	√	√	100
2017800007	谷美玉	√	√	√	√	√	△	√	√	√	√	95
2017800008	马千岚	√	√	√	△	√	√	√	√	√	√	95
2017800009	王晓庆	√	√	×	√	√	√	√	√	√	√	90
2017800010	李玄	√	√	√	√	√	√	√	√	√	√	100
2017800011	范竹轩	√	√	√	√	√	√	×	√	△	√	85
2017800012	闫靖允	√	√	√	√	√	√	√	√	√	√	100
2017800013	韩紫阳	√	√	√	√	√	√	△	√	√	√	95
2017800014	张志勇	√	√	√	√	√	√	√	√	√	√	100
2017800015	孙志利	√	√	√	√	△	√	√	√	√	√	95
2017800016	张文书	√	√	√	√	×	√	√	√	√	√	90
2017800017	刘泽源	√	√	√	√	√	√	√	√	√	√	100
2017800018	高曾	√	√	√	√	√	√	×	△	√	√	85
2017800019	郑建浩	√	√	×	√	√	√	√	√	√	√	90
2017800020	董帅	√	√	√	√	√	√	√	√	√	√	100
2017800021	任国林	√	√	√	√	√	√	△	√	√	√	95
2017800022	徐京伟	√	√	√	√	×	√	√	√	√	√	90
2017800023	胡淳磊	√	√	√	△	√	√	√	√	√	√	95
2017800024	焦康杰	√	√	√	√	√	√	√	√	√	√	100
2017800025	雷杨	√	√	√	√	√	√	√	√	√	△	95
2017800026	舒雨婷	√	√	√	√	√	△	√	√	√	√	95
2017800027	杨磊	√	√	√	×	√	√	△	√	√	√	85
2017800028	孙靖涛	√	√	√	√	√	√	△	√	√	√	95
2017800029	李明明	√	√	√	√	√	√	√	√	√	√	100
2017800030	白玉霜	√	√	√	√	√	√	√	√	√	√	100

图 8－18 美化后的学生考勤表

8.5 总结与提高

本项目主要介绍了 Excel 2010 的基本操作:工作簿的创建、保存;工作表的重命名、格式设置;单元格内数据录入的方法和技巧;COUNTIF 函数的使用;单元格引用方式等。

本项目中，数据录入方法主要强调的是文本型数据的录入，需要更改数据类型为“文本”;数据录入技巧主要使用的是自动填充功能，实现的是:有规律数据的自动填充。

函数应用时，通常和“单元格引用”密不可分，所以，一定要深刻理解:相对引用、绝对引用和混合引用的含义，以便在实际应用时不会出现错误。使用 COUNTIF 函数时要注意，在复制公式时，如果参数“Range”的引用区域固定不变，应该使用“绝对引用”;如果参数“Criteria”不是单元格引用，而是表达式或字符串，应该使用西文双引号括起来。

工作表的格式设置，主要包括对工作表中数据的格式化、字体格式、行高和列宽、数据的对齐方式、表格的边框和底纹等进行设置。

8.6 思考与练习

一、单项选择题

1. Excel 2010 所属的套装软件是(　　)。

A. Lotus 2010　　B. Windows 7　　C. Word 2010　　D. Office 2010

2. Excel 2010 是(　　)。

A. 数据库管理软件　B. 文字处理软件　　C. 电子表格软件　　D. 幻灯片制作软件

3. Excel 2010 电子表格软件，具有（　　）数据的功能。
A. 增加　　　　　B. 删除　　　　　C. 处理　　　　　D. 修改

4. 启动 Excel 2010 应用程序后，自动建立的工作簿文件的文件名为（　　）。
A. 工作簿1　　　B. 工作簿文件　　C. Book1　　　　D. BookFile1

5. Excel 2010 工作簿文件的默认扩展名为（　　）。
A. .docx　　　　B. .xlsx　　　　C. .pptx　　　　D. .mdbx

6. 在 Excel 2010 主界面窗口（即工作窗口）中不包含（　　）。
A."插入"选项卡　B."输出"选项卡　C."开始"选项卡　D."数据"选项卡

7. 当向 Excel 2010 工作簿文件中插入一张工作表时，默认的工作表标签中的英文单词为（　　）。
A. Sheet　　　　B. Book　　　　C. Table　　　　D. List

8. 对于新安装的 Excel 2010，一个新建的工作簿默认的工作表个数为（　　）。
A. 1　　　　　　B. 2　　　　　　C. 3　　　　　　D. 255

9. 在 Excel 2010 中，每张工作表是一个（　　）。
A. 一维表　　　　B. 二维表　　　　C. 三维表　　　　D. 树表

10. 在 Excel 2010 中，工作表中的列号为（　　）。
A. 数字　　B. 字母　　C. 数字与字母混合　　D. 第一个为字母其余为数字

11. 在 Excel 2010 的工作表中，最小的操作单元是（　　）。
A. 一列　　　　　B. 一行　　　　　C. 一张表　　　　D. 单元格

12. 在 Excel 2010 中，一个单元格的二维地址包含所属的（　　）。
A. 列号　　　　　B. 行号　　　　　C. 列号与行号　　D. 列号或行号

13. 在 Excel 2010 中，单元格名称的表示方法是（　　）。
A. 行号在前列号在后　B. 列号在前行号在后　C. 只包含列号　D. 只包含行号

14. 一个 Excel 2010 工作表中，第5行第4列的单元格地址是（　　）。
A. 5D　　　　　　B. 4E　　　　　　C. D5　　　　　　D. E4

15. 在 Excel 2010 中，若一个单元格的地址为 F4，则其右边紧邻的一个单元格的地址为（　　）。
A. F5　　　　　　B. G4　　　　　　C. E4　　　　　　D. F3

16. 在 Excel 2010 主界面窗口中，编辑栏上的"f_x"按钮，用来向单元格插入（　　）。
A. 文字　　　　　B. 数字　　　　　C. 公式　　　　　D. 函数

17. 在 Excel 2010 中，若给具有常规格式的单元格输入数字时，则默认为（　　）。
A. 居中　　　　　B. 左对齐　　　　C. 右对齐　　　　D. 随机

18. 若想输入数字字符串 0451，则应输入（　　）。
A. 0451　　　　　B."0451"　　　　C. 0451　　　　　D. 0451

19. 在 Excel 2010 中，被选定的单元格区域自动带有（　　）。
A. 黑色粗边框　　B. 红色边框　　　C. 蓝色边框　　　D. 黄色粗边框

20. 在 Excel 2010 中，填充柄位于所选单元格区域的（　　）。
A. 左下角　　　　B. 左上角　　　　C. 右下角　　　　D. 右上角

二、实践操作题

1. 创建如图 8-1 所示的 Excel 2010 文档。

要求：

(1)新建一个 Excel 2010 工作簿，命名为:学生信息表. xlsx。

(2)将工作表 Sheet1，重命名为:学生信息表。

(3)工作表的数据内容，如图 8－19 所示。

(4)单元格区域 A1:J1，执行“合并后居中”命令，字体设置为:黑体、22 号。

(5)单元格区域 A2:J22，所有数据，格式设置为:宋体、12 号、居中;所有框线;自动调整列宽。

学生信息表

序号	学号	姓名	性别	籍贯	出生日期	入学日期	年龄	学制	毕业日期
1	2014000001	彭森	男	黑龙江哈尔滨	1996/9/1	2014/9/1	18	4	2018/9/1
2	2014000002	申佳瑾	女	黑龙江牡丹江	1995/9/1	2014/9/1	19	3	2017/9/1
3	2014000003	张紫晨	女	吉林长春	1994/9/1	2014/9/1	20	3	2017/9/1
4	2014000004	马子硕	男	吉林通化	1994/9/1	2014/9/1	20	3	2017/9/1
5	2014000005	刘欣彤	女	辽宁沈阳	1996/9/1	2014/9/1	18	4	2018/9/1
6	2014000006	罗涛	男	辽宁大连	1995/9/1	2014/9/1	19	3	2017/9/1
7	2014000007	伊迪	女	辽宁鞍山	1995/9/1	2014/9/1	19	3	2017/9/1
8	2014000008	王鑫磊	男	河北秦皇岛	1996/9/1	2014/9/1	18	3	2017/9/1
9	2014000009	张钰	女	河北石家庄	1993/9/1	2014/9/1	21	3	2017/9/1
10	2014000010	臧国强	男	山东济南	1995/9/1	2014/9/1	19	4	2018/9/1
11	2014000011	李雨萱	女	山东青岛	1994/9/1	2014/9/1	20	4	2018/9/1
12	2015000020	刘家楷	男	河南郑州	1996/9/1	2015/9/1	19	3	2018/9/1
13	2015000021	关畅	女	河南开封	1997/9/1	2015/9/1	18	3	2018/9/1
14	2015000022	王恒轩	男	江苏南京	1997/9/1	2015/9/1	18	3	2018/9/1
15	2015000023	李保珊	女	江苏无锡	1996/9/1	2015/9/1	19	2	2017/9/1
16	2015000024	申景洲	男	浙江杭州	1996/9/1	2015/9/1	19	2	2017/9/1
17	2015000025	董郑	男	浙江绍兴	1995/9/1	2015/9/1	20	2	2017/9/1
18	2015000026	马雪娇	女	浙江嘉兴	1995/9/1	2015/9/1	20	2	2017/9/1
19	2015000027	杜和何	女	安徽合肥	1997/9/1	2015/9/1	18	2	2017/9/1
20	2015000028	张雪雁	女	安徽芜湖	1995/9/1	2015/9/1	20	2	2017/9/1

图 8－19　学生信息表

(6)单元格区域 A2:J2，“序号”所在的标题行，格式设置:加粗、双底框线。

(7)单元格区域 A22:J22，最后一行数据，格式设置:粗底框线。

(8)“学号”所在列，是文本型数据。

(9)“出生日期”所在列，其数据:使用 DATE 函数，利用“入学日期”列和“年龄”列，计算出具体结果。

(10)“毕业日期”所在列，其数据:使用 DATE 函数，利用“入学日期”列和“学制”列，计算出具体结果。

●说明：

DATE 函数

(1)主要功能:返回在 Microsoft Excel 日期时间代码中代表日期的数字。

(2)函数语法:DATE(year,month,day)

(3)参数说明：

①year:在 Windows Microsoft Excel 中介于 1900 到 9999 之间的数字或在 Macintosh Microsoft Excel 中介于 1904 到 9999 之间的数字。

②month:代表一年中月份的数字，其值在 1 到 12 之间。

③day:代表一个月中第几天的数字，其值在 1 到 31 之间。

2. 在文档“学生信息表. xlsx”中，新建一张工作表，命名为:学生籍贯统计表。

要求：

(1)该工作表，只有两列。

(2)第 1 列是姓名，其数据，通过工作表“学生信息表”，直接复制、粘贴即可。

(3)第2列是籍贯,其数据,利用VLOOKUP函数,计算出来。
(4)数据计算后,进行格式设置:新宋体、10号、居中;所有框线;自动调整列宽。
●说明:
VLOOKUP函数
(1)主要功能:搜索表区域首列满足条件的元素,确定待检索单元格在区域中的行序号,再进一步返回选定单元格的值。默认情况下,表是以升序排列的。
(2)函数语法:VLOOKUP(lookup_value, table_array, col_index_num, range_lookup)
(3)参数说明:
①lookup_value:需要在数据表首列进行搜索的值,lookup_value可以是数值、引用或字符串。
②table_array:需要在其中搜索数据的信息表。table_array可以是对区域或区域名称的引用。
③vol_index_num:满足条件的单元格在数组区域table_array中的列序号。首列序号为1。
④range_lookup:指定在查找时是精确匹配,还是大致匹配。如果为FALSE,大致匹配。如果为TRUE或忽略,精确匹配。

三、拓展训练

Excel 2010中,有规律数据的输入

Excel数据处理过程中,经常会遇到输入大量的、连续的、有规律的数据,例如:序号、连续的数值、连续的日期等,如果一个一个地输入,既麻烦又容易出现错误,效率非常低。使用Excel的自动填充功能,可以极大地提高工作效率。

观察如图8-20所示的自动填充示例,分析每列数据之间的关系。通过观察,可以发现,每列数据之间的关系如下:

A列:数值的等值填充。
B列:相同内容的文本填充。
C列:差值为1的等差序列填充。
D列:差值为1的等差序列填充;或者,自定义填充序列。
E列:差值为1的等差序列填充;或者,自定义填充序列。
F列:差值为2的等差序列填充。
G列:差值为-3的等差序列填充。
H列:比例值为2的等比序列填充。
I列:差值为1日的日期序列填充。
J列:差值为1月的日期序列填充。
K列:差值为1年的日期序列填充。

	A	B	C	D	E	F	G	H	I	J	K
1	1	计算机	1	星期一	甲	1	25	2	2017/1/1	2017/1/1	2017/1/1
2	1	计算机	2	星期二	乙	3	22	4	2017/1/2	2017/2/1	2018/1/1
3	1	计算机	3	星期三	丙	5	19	8	2017/1/3	2017/3/1	2019/1/1
4	1	计算机	4	星期四	丁	7	16	16	2017/1/4	2017/4/1	2020/1/1
5	1	计算机	5	星期五	戊	9	13	32	2017/1/5	2017/5/1	2021/1/1
6	1	计算机	6	星期六	己	11	10	64	2017/1/6	2017/6/1	2022/1/1
7	1	计算机	7	星期日	庚	13	7	128	2017/1/7	2017/7/1	2023/1/1
8	1	计算机	8	星期一	辛	15	4	256	2017/1/8	2017/8/1	2024/1/1
9	1	计算机	9	星期二	壬	17	1	512	2017/1/9	2017/9/1	2025/1/1
10	1	计算机	10	星期三	癸	19	-2	1024	2017/1/10	2017/10/1	2026/1/1

图8-20 自动填充示例

下面将介绍"自动填充"的三种实现方式。

1. 鼠标右键拖动输入数据

有规律数据的输入需要使用"填充柄"。鼠标移到"填充柄"时，指针由"空十字"变成"黑十字"状，利用鼠标右键拖动几乎能填充所有的有规律的数据。

填充数据前，应先输入序列中的第一个数据，单击选中该单元格，将鼠标指针移到"填充柄"上，按下鼠标右键拖动经过需要填充到的单元格后，放开鼠标右键，此时会弹出如图8-21所示的填充快捷菜单，根据输入数据情况不同，弹出的填充快捷菜单会有所不同，该菜单中列出了多种填充方式。或者，单击"开始"选项卡→"编辑"组→"填充"下拉按钮，在展开的下拉列表中，选择相应的命令实现，如图8-22所示。

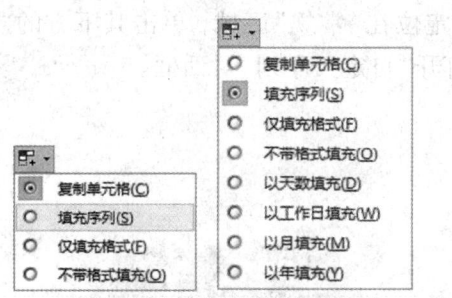 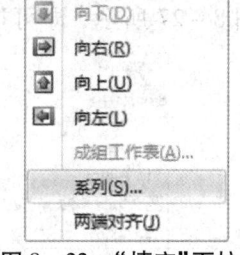

图8-21　填充快捷菜单　　　图8-22　"填充"下拉列表

2. 鼠标左键拖动填充数据

（1）数值型数据的填充。方法：一种是直接拖动，数值不变；一种是按下Ctrl键拖动，生成等差序列（向右、向下拖动，数值增大；向左、向上拖动，数值减少）。

（2）文本型数据的填充。不含数字串的文本串，无论是否按下Ctrl键，数值均不变。

（3）日期和时间型数据的填充。方法：一种是直接拖动，按"日"或"小时"生成等差序列；一种是按下Ctrl键拖动，数据不变。

3. 自定义填充序列

在Excel中，默认提供了常用数据序列，如图8-23所示。然而有些数据序列可能经常用到，但常用数据序列中并不存在。这时可以将它们定义成一个填充序列，以后用到时，与默认序列的使用方法相同。

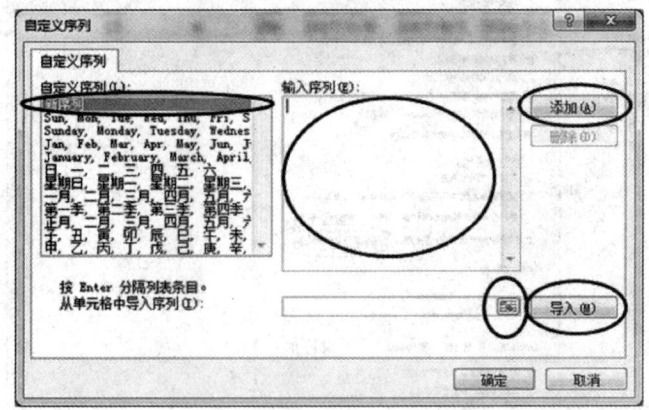

图8-23　"自定义序列"对话框

下面以常用文本"红橙黄绿青蓝紫"为例,介绍新建一个自定义序列的步骤:

(1)打开"自定义序列"对话框。方法有三种:

①单击"开始"选项卡→"编辑"组→"排序和筛选"下拉按钮→"自定义排序(U)…"命令,如图 8-24 所示。打开"排序"对话框,选择"次序"下方列表框中"自定义序列…"命令,如图 8-25 所示,打开"自定义序列"对话框。

②单击"数据"选项卡→"排序和筛选"组→"排序"命令,如图 8-26 所示。打开"排序"对话框,后续操作同上。

③单击"文件"选项卡→"选项"命令,打开"Excel 选项"对话框,在窗口左侧选择"高级"选项,拖动对话框右侧的垂直滚动条,定位在"常规"区域,单击其下方的"编辑自定义列表(O)…"命令,如图 8-27 所示,即可打开"自定义序列"对话框。

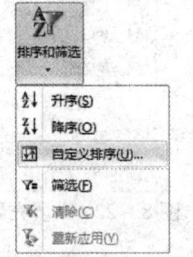

图 8-24 "排序和筛选"下拉列表　　图 8-26 "排序和筛选"组

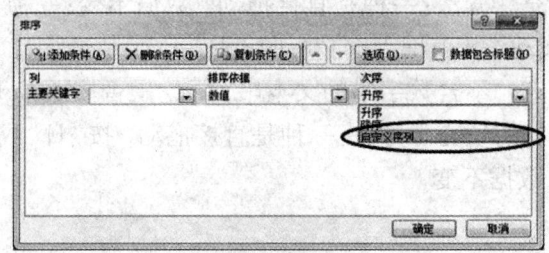

图 8-25 "自定义序列…"命令

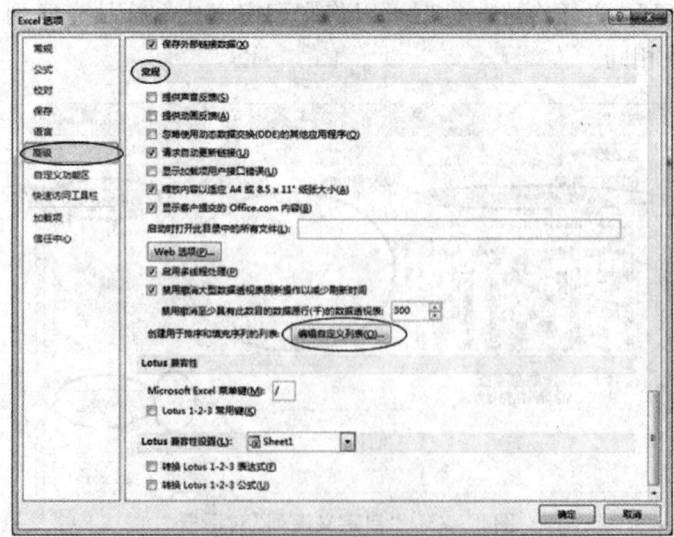

图 8-27 "Excel 选项"对话框→"高级"选项→"编辑自定义列表(O)…"命令

(2)在"自定义序列(L):"栏中选择"新序列",在"输入序列(E):"栏内输入要定义序列的数据,一行输入一个序列项,或序列项之间用英文逗号分隔。

(3)输入完毕后,单击"添加(A)"按钮,所定义的序列会添加到"自定义序列"栏内。

●说明:如果新序列的数据已经编辑好,可以采用如下方法实现:

(1)在"自定义序列(L):"栏中选择"新序列",单击"添加(A)"按钮,光标定位在"输入序列(E):"栏内。

(2)单击"导入(M)"按钮,再单击"从单元格中导入序列(I):"后面的数据选择按钮,如图8-28所示,在工作表中选择指定的数据。

(3)再次单击数据选择按钮,在"从单元格中导入序列(I):"后面显示数据区域,再次单击"导入(M)"按钮,数据会被自动添加到"自定义序列"栏内,同时添加到"自定义序列(L):"栏中,如图8-28所示。

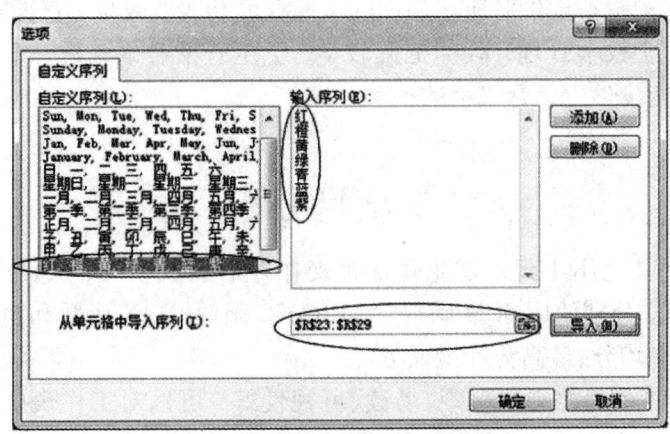

图8-28 导入并自动添加数据

项目9 学生作业表的设计与统计分析

9.1 项目背景

学生作业表基本记录了学生对所学知识的掌握程度和实践效果，它真实地呈现了学生阶段性的综合能力。对于教学管理，教师把握教学，学生查漏补缺，是一个很好的辅助手段，可以作为定量、定性衡量学生综合成绩的一个标准。

9.2 项目分析

"学生作业表"主要是用于记录学生每次提交作业后的成绩，本项目通过6次作业成绩（作业多，方法类似），分别使用SUM函数、AVERAGE函数、MAX函数和MIN函数，计算出6次作业成绩的总分、平均分、最高分和最低分。

计算完毕后，为了使表格更加美观、易读、可视性好，可以对工作表中的字体、框线等进行整体设置。

由以上分析可知，学生作业表的设计与统计分析，可以分解为三大任务：

任务1：学生作业表的设计。

任务2：学生作业表的统计分析。

任务3：学生作业表的美化。

9.3 相关知识点

Excel 2010提供了大量的函数，帮助用户快捷方便地完成各种复杂操作。

1. 函数的语法规则

函数的一般格式：函数名(参数列表)

说明：函数的语法以函数名开始，后面是一对圆括号，括号内是参数，参数可以是一个，也可以是多个，多个参数之间用逗号","分隔。函数内所有的运算符都必须在英文状态下输入(半角的)。

2. 函数的使用

函数的插入，通常利用"公式"选项卡中的"函数库"组中的工具，如图9-1所示。

项目 9 学生作业表的设计与统计分析

图9-1　"公式"选项卡中的"函数库"组

单击"公式"选项卡→"函数库"组→"插入函数"命令，打开"插入函数"对话框，如图9-2所示。在"或选择类别(C)："后面的下拉列表中可以选择要插入函数的类型，默认是"常用函数"，如果不知道插入函数的类型，可以选择"全部"。在"选择函数(N)："下面的列表框中选择需要的函数。对于选中的函数，例如：SUM函数，在列表框下方会给出该函数的语法规则和功能说明。

●说明：如果函数在"常用函数"中没有找到，在"全部"中寻找起来速度较慢，可以在"搜索函数(S)："下方的文本框中输入函数名（不区分大小写），输入完毕，单击右侧的"转到(G)"按钮，将会在"选择函数(N)："下面的列表框中快速定位到需要寻找的函数，默认放置在最上方。

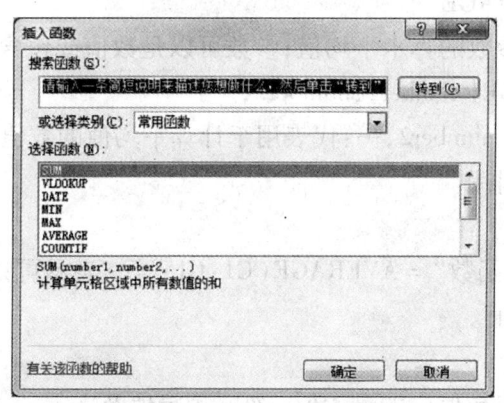

图9-2　"插入函数"对话框

3. 插入函数的步骤（以 SUM 函数为例）

（1）定位：鼠标定位在需要插入函数的单元格。

（2）选择函数：单击"公式"选项卡→"函数库"组→"插入函数"命令，打开"插入函数"对话框，如图9-2所示。在该对话框中选择需要插入的函数（以 SUM 函数为例），单击"确定"按钮，打开"函数参数"对话框，如图9-3所示。

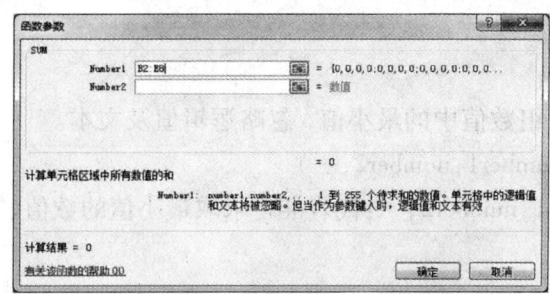

图9-3　"函数参数"对话框

（3）函数参数设置：在图9-3中，如果"Number1"后面的文本框中的单元格引用区域是正确的,单击"确定"按钮即可。如果单元格的引用区域不正确,可以直接在"Number1"后面的文本框中输入单元格的引用区域,或者光标定位在"Number1"后面的文本框中,用鼠标直接拖动选取参与运算的单元格区域,确认数据区域选择正确后,单击"确定"按钮即可。

4. 本项目中的函数及其使用方法

(1)求和函数 SUM

①主要功能:计算单元格区域中所有数值的和。

②函数语法:SUM(number1,number2,…)

③参数说明:number1,number2,…:代表待求和的数值。单元格中的逻辑值和文本将被忽略。但当作为参数键入时,逻辑值和文本有效。

④应用举例:

在 C16 单元格中插入函数"=SUM(C1:C15)",表示可以计算出 C1~C15 单元格区域中,所有数值的总和。

(2)平均值函数 AVERAGE

①主要功能:返回其参数的算术平均值;参数可以是数值或包含数值的名称、数组或引用。

②函数语法:AVERAGE(number1,number2,…)

③参数说明:number1,number2,…:代表用于计算平均值的数值参数。参数可以是数值或包含数值的名称、数组或引用。

④应用举例:

在 C16 单元格中插入函数"=AVERAGE(C1:C15)",表示可以计算出 C1~C15 单元格区域中,所有数值的平均值。

(3)最大值函数 MAX

①主要功能:返回一组数值中的最大值,忽略逻辑值及文本。

②函数语法:MAX(number1,number2,…)

③参数说明:number1,number2,…:代表准备求取最大值的数值、空单元格、逻辑值或文本数值。

④应用举例:

在 C16 单元格中插入函数"=MAX(C1:C15)",表示可以计算出 C1~C15 单元格区域中,所有数值中的最大值。

(4)最小值函数 MIN

①主要功能:返回一组数值中的最小值,忽略逻辑值及文本。

②函数语法:MIN(number1,number2,…)

③参数说明:number1,number2,…:代表准备求取最小值的数值、空单元格、逻辑值或文本数值。

④应用举例:

在 C16 单元格中插入函数"=MIN(C1:C15)",表示可以计算出 C1~C15 单元格区域中,所有数值中的最小值。

9.4 项目实施

9.4.1 项目调研

分组调研学生作业表的各个组成部分和统计分析项，并讨论每个组成部分的细节。其中两组老师进行深入调研，其他组进行组内讨论，然后再进行组间交流，初步形成方案的大致框架。

9.4.2 确定项目

全体组及组员进行讨论，最终确定适合本班思想的学生作业表的设计与统计分析整体方案，形成图片，作为后续操作的依据。

●项目说明：

学生作业表的设计与统计分析方案说明如下：

(1)学生作业表的各个组成部分及其分析状况：学生作业表主要包括 6 次作业成绩、总分、平均分、最高分和最低分。6 次作业成绩，根据采集到的实际数据实现录入；总分、平均分、最高分和最低分使用函数来实现。

(2)学生作业表的统计分析：总分、平均分、最高分和最低分分别使用 SUM 函数、AVERAGE 函数、MAX 函数和 MIN 函数来实现。

(3)学生作业表的美化。可以通过字体格式设置、段落格式设置、单元格格式设置来实现。

9.4.3 项目实施

任务 1：学生作业表的设计

●学生作业表的初始状态如图 9－4 所示。

	A	B	C	D	E	F	G	H	I	J	K	L
1	学生作业表											
2	学号	姓名	作业一	作业二	作业三	作业四	作业五	作业六	总分	平均分	最高分	最低分
3	2017800001	杨凌峰	61	99	90	75	60	89				
4	2017800002	朱梦鸽	78	98	55	60	99	92				
5	2017800003	徐霞	99	52	53	92	86	54				
6	2017800004	高敬敬	62	91	83	78	92	57				
7	2017800005	吴红伟	78	70	53	67	64	56				
8	2017800006	裘倩	51	64	71	95	80	80				
9	2017800007	谷美玉	69	99	93	51	93	65				
10	2017800008	马千岚	69	59	70	87	57	77				
11	2017800009	王晓庆	80	99	76	94	57	99				
12	2017800010	李玄	70	89	68	66	87	84				
13	2017800011	范竹轩	59	94	68	71	60	78				
14	2017800012	闫靖允	64	80	82	53	56	75				
15	2017800013	韩紫阳	66	74	64	62	76	61				
16	2017800014	张志勇	52	67	56	65	60	73				
17	2017800015	孙志利	56	51	65	96	95	78				
18	2017800016	张文书	80	55	85	53	86	70				
19	2017800017	刘泽源	90	60	82	89	76	69				
20	2017800018	高鲁	83	81	67	76	79	78				
21	2017800019	郑建浩	99	64	66	82	97	58				
22	2017800020	董帅	80	95	95	82	57	70				
23	2017800021	任国林	89	80	76	74	59	82				
24	2017800022	徐京伟	92	90	56	65	67	96				
25	2017800023	胡淳磊	59	67	63	94	77	85				
26	2017800024	焦康杰	72	85	99	94	94	85				
27	2017800025	雷杨	92	77	59	68	84	61				
28	2017800026	舒雨婷	73	76	63	60	51	91				
29	2017800027	杨磊	51	51	77	76	85	73				
30	2017800028	孙靖涛	63	78	99	59	82	82				
31	2017800029	李明明	59	84	91	89	91	58				
32	2017800030	白玉霜	88	89	66	89	95	93				

图 9－4　学生作业表的初始状态

步骤1:新建工作簿。方法参见项目8。

步骤2:保存工作簿。方法参见项目8,在弹出的"另存为"窗口中,将文件名修改为"学生作业表"。

步骤3:重命名工作表。方法参见项目8,将工作表Sheet1重命名为:学生作业表。

步骤4:输入标题。在A1单元格内,输入文字"学生作业表"。

步骤5:设计表头。在A2、B2和C2单元格内,分别输入文字"学号"、"姓名"和"作业1"。选中C2单元格,将鼠标放置在右下角,鼠标变成实心十字形,向右拖动至H2单元格,自动生成"作业2"到"作业6"。在I2、J2、K2和L2单元格内,分别输入文字"总分"、"平均分"、"最高分"和"最低分"。

步骤6:设计表格数据。

(1)输入学号数据(文本型)。方法参见项目8。

(2)输入姓名数据。按照图9-4所示,在B3～B32单元格内,输入指定的姓名数据。

(3)输入作业数据。按照图9-4所示,在C3～H32单元格内,输入指定的作业数据。

●说明:因为作业数据都是数值,为了能够提高数据录入速度,可以采用键盘右侧的"小键盘"区域来进行数据录入。

任务2:学生作业表的统计分析

步骤1:计算总分。

将鼠标放置在I3单元格内,可以使用如下方法进行第1个学生作业总分的计算。

方法一:单击"开始"选项卡→"编辑"组→"Σ自动求和"命令右侧的下拉按钮(黑色倒三角),在展开的下拉列表中,选择"求和(S)"选项,如图9-5所示,此时工作表的界面如图9-6所示,在I3单元格中自动填入了"=SUM(C3:H3)",确认函数的参数正确无误后,按Enter键,计算出第1个学生作业的"总分"。如果不正确,自己使用鼠标选择正确的函数参数。

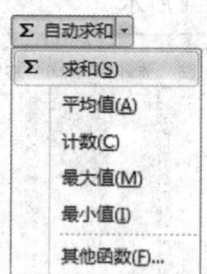

图9-5 "自动求和"下拉列表-"求和"选项

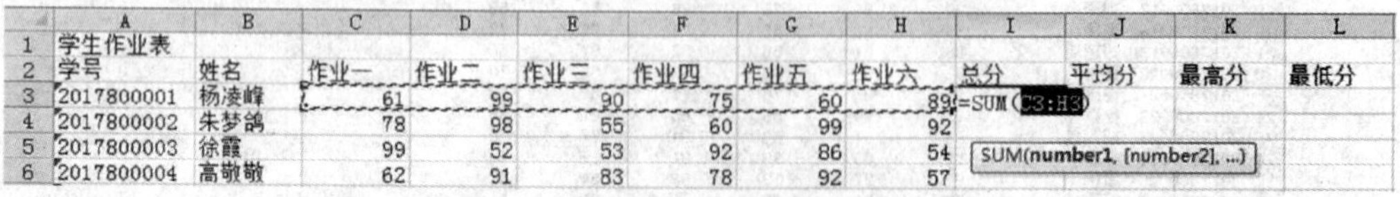

图9-6 求和函数显示效果图

方法二:单击"公式"选项卡→"函数库"组→"自动求和"下拉按钮→"求和(S)"命令,其他步骤同方法一。

项目 9 学生作业表的设计与统计分析

方法三：单击"编辑框"左侧的符号 f_x，弹出"插入函数"对话框，在"选择函数(N)："下面的列表框内，选择 SUM 函数，如图 9-2 所示，查看下面的 SUM 函数功能说明，然后单击"确定"按钮。在弹出的"函数参数"对话框内，如图 9-7 所示，查看函数的参数是否正确，如果不正确，自己使用鼠标选取正确的函数参数，在对话框左下角，显示"计算结果 = 474"，单击"确定"按钮，完成本次"求和"操作。

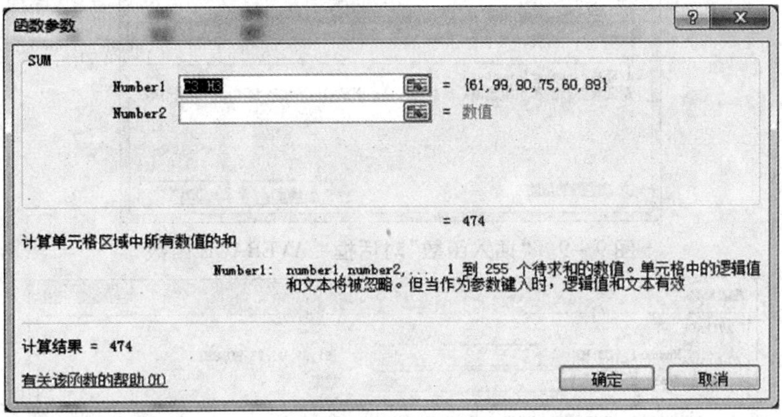

图 9-7 "函数参数"对话框 – SUM 函数

将鼠标放置在 I3 单元格右下角，变成实心十字形状，拖动至 I32 单元格，实现表内所有人作业总分的计算。

方法四：单击"公式"选项卡→"函数库"组→"插入函数"命令，其他步骤同方法三。

以上四种是常用方法，还可以尝试其他方法。

步骤 2：计算平均分。

将鼠标放置在 J3 单元格内，可以使用如下方法进行第 1 个学生作业平均分的计算。

方法一：单击"开始"选项卡→"编辑"组→"Σ自动求和"命令右侧的下拉按钮（黑色倒三角），在展开的下拉列表中，选择"平均值(A)"选项，如图 9-5 所示，此时工作表的界面如图 9-8 所示，在 J3 单元格中自动填入了"= AVERAGE(C3:I3)"，函数参数不正确，重新选取函数参数范围为"C3:H3"，按 Enter 键，计算出第 1 个学生的作业"平均分"。

方法二：单击"公式"选项卡→"函数库"组→"自动求和"下拉按钮→"平均值(A)"命令，其他步骤同方法一。

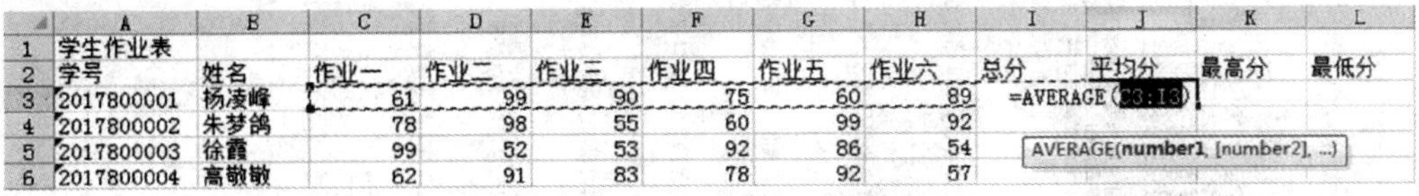

图 9-8 平均值函数显示效果图

方法三：单击"编辑框"左侧的符号 f_x，弹出"插入函数"对话框，在"选择函数(N)："下面的列表框内，选择 AVERAGE 函数，如图 9-9 所示，查看下面的 AVERAGE 函数功能说明，然后单击"确定"按钮。在弹出的"函数参数"对话框内，函数参数不正确，重新选取函数参数范围为"C3:H3"，如图 9-10 所示，在对话框左下角，显示"计算结果 = 79"，单击"确定"按钮，完成本次求"平均分"的操作。

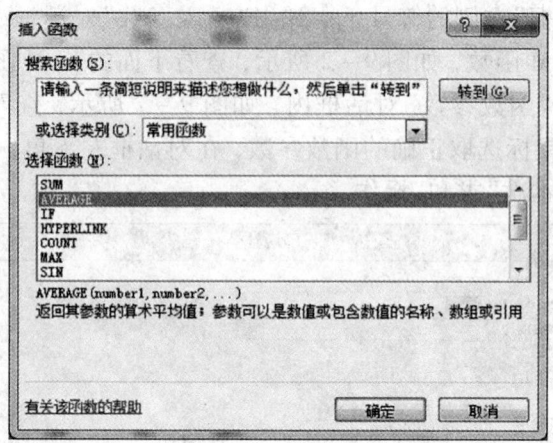

图9-9 "插入函数"对话框 – AVERAGE 函数

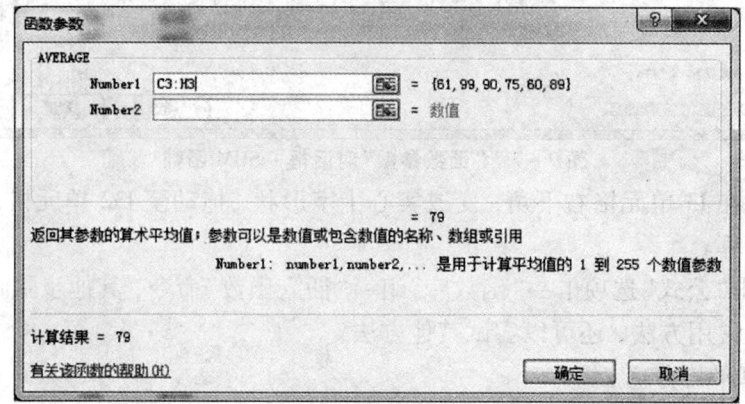

图9-10 "函数参数"对话框 – AVERAGE 函数

将鼠标放置在 J3 单元格右下角，变成实心十字形状，拖动至 J32 单元格，实现表内所有人作业平均分的计算，显示结果如图9-11所示。

	A	B	C	D	E	F	G	H	I	J	K	L
1	学生作业表											
2	学号	姓名	作业一	作业二	作业三	作业四	作业五	作业六	总分	平均分	最高分	最低分
3	2017800001	杨凌峰	61	99	90	75	60	89	474	79		
4	2017800002	朱梦筠	78	98	55	60	99	92	482	80.33333		
5	2017800003	徐霞	99	52	53	92	86	54	436	72.66667		
6	2017800004	高敏敏	62	91	83	78	92	57	463	77.16667		
7	2017800005	吴红伟	78	70	53	67	64	56	388	64.66667		
8	2017800006	栾倩	51	64	71	95	80	80	441	73.5		
9	2017800007	谷美玉	69	99	93	51	93	65	470	78.33333		
10	2017800008	马千岚	69	59	70	87	57	77	419	69.83333		
11	2017800009	王晓庆	80	99	76	94	57	99	505	84.16667		
12	2017800010	李玄	70	89	68	66	87	84	464	77.33333		
13	2017800011	范竹轩	59	94	68	71	60	78	430	71.66667		
14	2017800012	同骥允	64	80	82	53	56	75	410	68.33333		
15	2017800013	韩紫阳	66	74	64	62	76	61	403	67.16667		
16	2017800014	张志勇	52	67	56	65	60	73	373	62.16667		
17	2017800015	孙志利	56	51	65	96	95	78	441	73.5		
18	2017800016	张文书	80	55	85	53	86	70	429	71.5		
19	2017800017	刘泽源	90	60	82	89	76	69	466	77.66667		
20	2017800018	高鲁	83	81	67	76	79	78	464	77.33333		
21	2017800019	邵建浩	99	64	66	82	97	58	466	77.66667		
22	2017800020	董帅	80	95	95	82	57	70	479	79.83333		
23	2017800021	任国林	89	80	75	74	59	82	460	76.66667		
24	2017800022	徐京伟	92	90	56	65	67	96	466	77.66667		
25	2017800023	胡淳磊	59	67	63	94	77	85	445	74.16667		
26	2017800024	焦康杰	72	85	99	94	94	85	529	88.16667		
27	2017800025	雷杨	92	77	59	68	84	61	441	73.5		
28	2017800026	舒雨婷	73	76	63	60	51	91	414	69		
29	2017800027	杨磊	51	51	77	76	85	73	413	68.83333		
30	2017800028	孙谱涛	63	78	99	59	82	82	463	77.16667		
31	2017800029	李明明	59	84	91	89	91	58	472	78.66667		
32	2017800030	白玉霜	88	89	66	89	95	93	520	86.66667		

图9-11 计算作业"平均分"

方法四:单击"公式"选项卡→"函数库"组→"插入函数"命令,其他步骤同方法三。

以上四种是常用方法,还可以尝试其他方法。

从图9-11所示的界面中可以看出,作业"平均分"保留了多位小数,需要进行修改,将小数数位保留0位(小数位后第一位四舍五入)。方法如下:

方法一:选择J3:J32单元格区域,鼠标右击,在弹出的快捷菜单中,选择"设置单元格格式"命令,打开"设置单元格格式"对话框。在"数字"选项卡中,在"分类"列表框中选择"数值"选项,调整右侧的小数位数为"0",如图9-12所示,单击"确定"按钮。

图9-12 "设置单元格格式"对话框

方法二:选择J3:J32单元格区域,单击"开始"选项卡→"数字"组右下角的按钮,弹出"设置单元格格式"对话框。方法同上,调整后的平均分如图9-13所示。

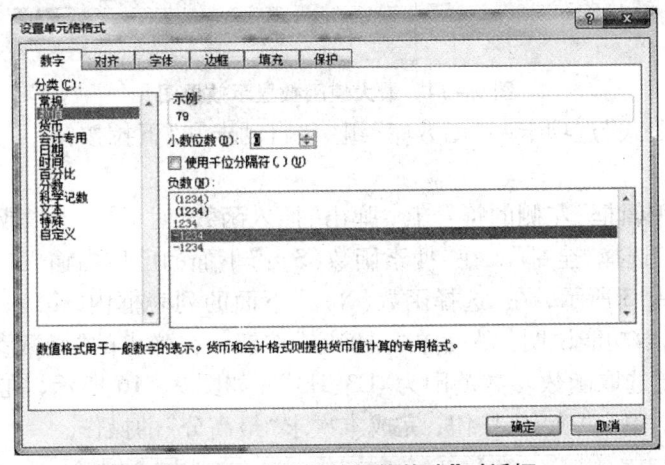

图9-13 调整后的作业"平均分"

方法三:选择J3:J32单元格区域,单击"开始"选项卡→"数字"组→"减少小数位数"命令 。每单击一次,小数位数减少一位,本项目中,小数位数最多5位,所以需要单击5次,实现小数位数为"0"的效果。

步骤3：计算最高分。

将鼠标放置在K3单元格内,可以使用如下方法进行第1个学生作业最高分的计算。

方法一：单击"开始"选项卡→"编辑"组→"∑自动求和"命令右侧的下拉按钮(黑色倒三角),在展开的下拉列表中,选择"最大值(M)"选项,如图9-5所示,此时工作表的界面如图9-14所示,在K3单元格中自动填入了"=MAX(C3:J3)",函数参数不正确,重新选取函数参数范围为"C3:H3",按Enter键,计算出第1个学生的作业"最高分"。

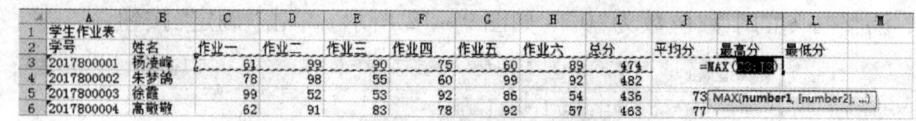

图9-14　最大值函数显示效果图

方法二：单击"公式"选项卡→"函数库"组→"自动求和"下拉按钮→"最大值(M)"命令,其他步骤同方法一。

方法三：单击"编辑框"左侧的符号 f_x ,弹出"插入函数"对话框,在"或选择类别(C):"后面的下拉式列表中,选择"全部",在"搜索函数(S):"下面的区域内输入"MAX",单击"转到(G)"按钮,如图9-15所示,在"选择函数(N):"下面的列表框内,第一个就是MAX函数,查看下面的MAX函数功能说明,然后单击"确定"按钮。在弹出的"函数参数"对话框内,函数参数不正确,重新选取函数参数范围为"C3:H3",如图9-16所示,在对话框左下角,显示"计算结果=99",单击"确定"按钮,完成本次求"最高分"的操作。

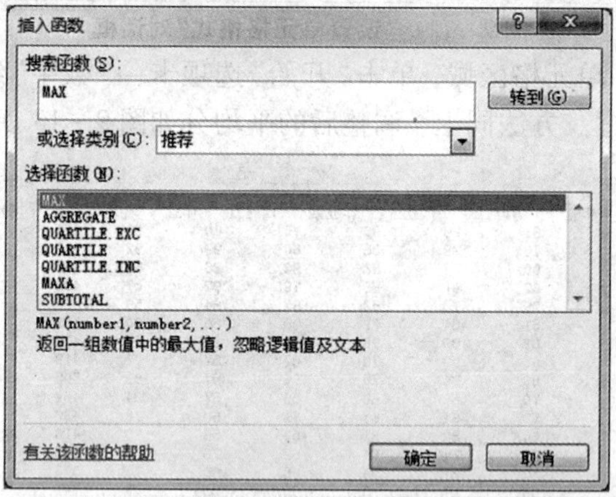

图9-15　"插入函数"对话框-MAX函数

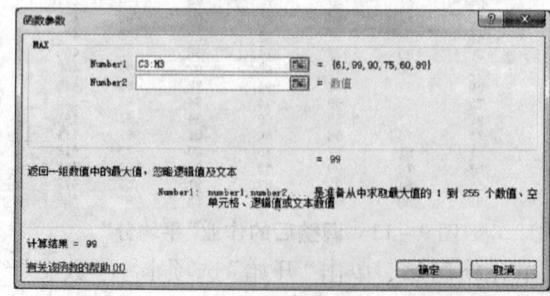

图9-16　"函数参数"对话框-MAX函数

将鼠标放置在 K3 单元格右下角，变成实心十字形状，拖动至 K32 单元格，实现表内所有人作业最高分的计算，显示结果如图 9-17 所示。

方法四：单击"公式"选项卡→"函数库"组→"插入函数"命令，其他步骤同方法三。

以上四种是常用方法，还可以尝试其他方法。

步骤 4：计算最低分。

将鼠标放置在 L3 单元格内，可以使用如下方法进行第 1 个学生作业最低分的计算。

方法一：单击"开始"选项卡→"编辑"组→"Σ 自动求和"命令右侧的下拉按钮（黑色倒三角），在展开的下拉列表中，选择"最小值(I)"选项，如图 9-5 所示，此时工作表的界面如图 9-18 所示，在 L3 单元格中自动填入了"=MIN(C3:K3)"，函数参数不正确，重新选取函数参数范围为"C3:H3"，按 Enter 键，计算出第 1 个学生的作业"最低分"。

方法二：单击"公式"选项卡→"函数库"组→"自动求和"下拉按钮→"最小值(I)"命令，其他步骤同方法一。

方法三：单击"编辑框"左侧的符号 f_x，弹出"插入函数"对话框，在"或选择类别(C)："后面的下拉式列表中，选择"全部"，在"搜索函数(S)："下面的区域内输入"MIN"，单击"转到(G)"按钮，如图 9-19 所示，在"选择函数(N)："下面的列表框内，第一个就是 MIN 函数，查看下面的 MIN 函数功能说明，然后单击"确定"按钮。在弹出的"函数参数"对话框内，函数参数不正确，重新选取函数参数范围为"C3:H3"，如图 9-20 所示，在对话框左下角，显示"计算结果 =90"，单击"确定"按钮，完成本次求"最低分"的操作。

学号	姓名	作业一	作业二	作业三	作业四	作业五	作业六	总分	平均分	最高分	最低分
2017800001	杨凌峰	61	99	90	75	60	89	474	79	99	
2017800002	朱梦鸽	78	98	55	60	99	92	482	80	99	
2017800003	徐霞	99	52	53	92	86	54	436	73	99	
2017800004	高璐璐	62	91	83	78	92	57	463	77	92	
2017800005	吴红伟	78	70	53	67	64	56	388	65	78	
2017800006	裴倩	51	64	71	95	80	80	441	74	95	
2017800007	谷美玉	69	99	93	51	93	65	470	78	99	
2017800008	马千岚	69	59	70	87	57	77	419	70	87	
2017800009	王晓庆	80	99	78	94	57	99	505	84	99	
2017800010	李玄	70	89	68	66	87	84	464	77	89	
2017800011	范竹轩	59	94	68	71	60	78	430	72	94	
2017800012	同靖允	64	80	82	53	56	75	410	68	82	
2017800013	林黎阳	66	74	64	62	76	61	403	67	76	
2017800014	张志勇	52	67	56	65	60	73	373	62	73	
2017800015	孙志利	56	51	65	96	95	78	441	74	96	
2017800016	张文书	80	55	85	53	86	70	429	72	86	
2017800017	刘泽源	90	60	82	89	76	69	466	78	90	
2017800018	高鲁	83	81	67	76	79	78	464	77	83	
2017800019	郑建浩	99	64	66	82	97	58	466	78	99	
2017800020	董帅	80	95	92	82	57	70	479	80	95	
2017800021	任国林	89	80	76	74	59	82	460	77	89	
2017800022	徐京伟	92	90	56	65	67	96	466	78	96	
2017800023	胡泽磊	59	67	63	94	77	85	445	74	94	
2017800024	焦惠杰	72	85	99	94	94	85	529	88	99	
2017800025	雷杨	92	77	59	68	84	61	441	74	92	
2017800026	舒雨博	73	76	63	60	51	91	414	69	91	
2017800027	杨磊	51	51	77	76	85	73	413	69	85	
2017800028	孙骥涛	63	78	99	59	82	82	463	77	99	
2017800029	李明明	59	84	91	87	58	72	472	79	91	
2017800030	白玉霜	88	89	66	89	95	93	520	87	95	

图 9-17　计算作业"最高分"

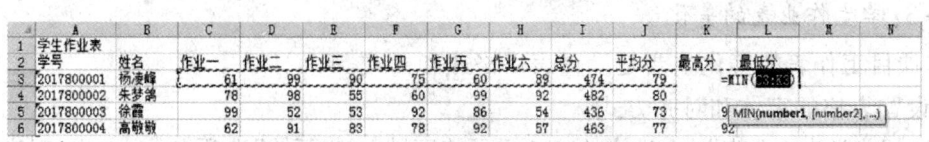

图 9-18　最小值函数显示效果图

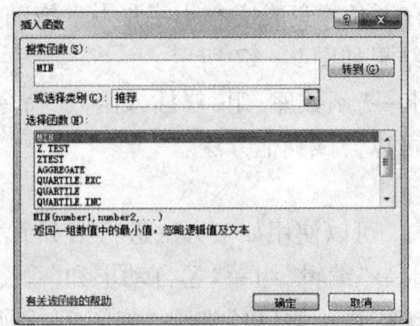

图 9-19 "插入函数"对话框 - MIN 函数

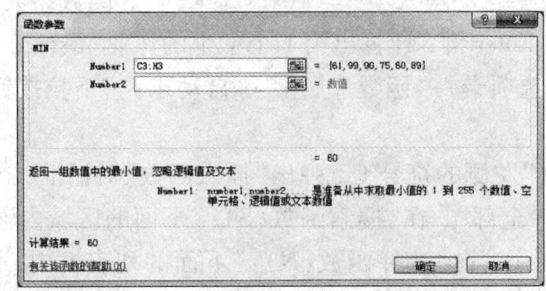

图 9-20 "函数参数"对话框 - MIN 函数

将鼠标放置在 L3 单元格右下角,变成实心十字形状,拖动至 L32 单元格,实现表内所有人作业最低分的计算,显示结果如图 9-21 所示。

学号	姓名	作业一	作业二	作业三	作业四	作业五	作业六	总分	平均分	最高分	最低分
2017800001	杨津峰	61	99	90	75	60	89	474	79	99	60
2017800002	朱梦满	78	98	55	60	79	92	482	80	99	55
2017800003	徐霞	99	52	53	92	86	54	436	73	99	52
2017800004	高敏敏	62	91	83	78	92	57	463	77	92	57
2017800005	吴红伟	78	70	53	67	64	56	388	65	78	53
2017800006	裴倩	51	64	71	95	90	63	441	74	95	51
2017800007	谷美玉	69	99	93	51	93	65	470	78	99	51
2017800008	马千岚	69	59	70	87	57	77	419	70	87	57
2017800009	王晓庆	80	99	76	94	57	99	505	84	99	57
2017800010	李玄	70	89	68	66	87	84	464	77	89	66
2017800011	范竹轩	59	94	68	71	60	78	430	72	94	59
2017800012	闰靖允	64	82	82	53	56	75	410	68	82	53
2017800013	韩紫阳	66	74	64	62	76	61	403	67	76	61
2017800014	张志勇	52	67	56	65	60	73	373	62	73	52
2017800015	孙志利	56	51	65	96	95	78	441	74	96	51
2017800016	张文书	80	55	85	53	86	70	429	72	86	53
2017800017	刘圣潇	90	60	82	89	76	79	466	78	90	60
2017800018	高鲁	83	81	67	76	79	78	464	77	83	67
2017800019	郑潇潇	84	50	82	97	58	66	437	73	97	50
2017800020	董加	80	95	95	82	57	70	479	80	95	57
2017800021	任雪林	89	80	76	74	59	82	460	77	89	59
2017800022	徐容伟	92	82	55	65	67	85	446	78	92	55
2017800023	胡净鑫	59	67	63	94	77	85	445	74	94	59
2017800024	焦慕杰	72	85	99	94	88	91	529	88	99	72
2017800025	雷杨	92	77	59	68	84	61	441	74	92	59
2017800026	舒周博	73	76	63	60	91	51	414	69	91	51
2017800027	杨鑫	51	51	77	76	85	73	413	69	85	51
2017800028	孙浦清	63	78	99	59	82	82	463	77	99	59
2017800029	李明朋	78	84	91	58	97	58	472	79	97	58
2017800030	白玉霞	88	87	77	85	93	92	520	87	95	66

图 9-21 计算作业"最低分"

方法四:单击"公式"选项卡→"函数库"组→"插入函数"命令,其他步骤同方法三。

以上四种是常用方法,还可以尝试其他方法。

任务3:学生作业表的美化

●本项目工作表的美化主要是设置表格格式和样式。

(1)设置表格的字体和对齐方式。

步骤1:在"学生作业表"中,选中 A1:L1 单元格区域,在"开始"选项卡中,单击"对齐方式"组中的"合并后居中"按钮 ，将标题"学生作业表"居中,并设置字体类型为黑体,字号为22。

步骤2:选中 A2:L32 单元格区域,设置字号为10,并单击"开始"选项卡→"单元格"组中的"格式"下拉按钮,在打开的下拉列表中,选择"自动调整列宽"选项。设置 A2:L32 单元格区域的对齐方式为水平居中 ▆("开始"选项卡→"段落"组→"居中"命令)。

(2)为表格添加边框。

步骤1:选中 A2:L32 单元格区域,单击"字体"组中的"下框线"下拉按钮 ▦ ,在打开的下拉列表中,选择"所有框线"选项 ⊞,此时整个表格都被添加了细边框。再选择下拉列表中"上框线和双下框线"选项 ▤,此时选中区域最下方的框线被修改为双下框线。

步骤2:选中 A2:L2 单元格区域,在刚才的"下框线"下拉列表中,选择"上框线和粗下框线"选项 ▤,此时表格首行(表头所在的行)下方被修改为粗下框线,设置好的效果如图 9-22 所示。

9.5 总结与提高

本项目主要介绍了 Excel 2010 的 4 个常用函数及其使用方法。

1. SUM 函数:其功能是求和,属于"数学与三角函数"类别,是最常用的函数之一,操作时要注意参数的选取范围。

2. AVERAGE 函数:其功能是求平均值,属于"统计"类别,是最常用的函数之一。使用该函数计算出来的结果,需要重新调整其小数位数。

3. MAX 函数:其功能是求最大值,属于"统计"类别,该函数通常用于统计类似于:最高分、最大值、最高气温、峰值等情况。

4. MIN 函数:其功能是求最小值,属于"统计"类别,该函数通常用于统计类似于:最低分、最小值、最低价格、最低水位等情况。

Excel 2010 的函数很多,功能强大,需要在实际应用中不断探索其灵活的使用方式。

图 9-22 美化后的学生作业表

9.6 思考与练习

一、单项选择题

1. ( )是 Excel 2010 的三个重要概念。
   A. 工作簿、工作表和单元格   B. 行、列和单元格
   C. 表格、工作表和工作簿   D. 桌面、文件夹和文件
2. 在任何时候，Excel 2010 的工作表中( )单元格是激活的。
   A. 有两个   B. 有且仅有一个   C. 可以有一个以上   D. 至少有一个
3. 关于 Excel 2010 的单元格区域定义不正确的是( )。
   A. 单元格区域可由单一单元格组成
   B. 单元格区域可由同一列连续多个单元格组成
   C. 单元格区域可由不连续的单元格组成
   D. 单元格区域可由同一行连续多个单元格组成
4. 用相对地址引用的单元在公式复制中目标公式会( )。
   A. 不变   B. 变化   C. 列地址变化   D. 行地址变化
5. 用绝对地址引用的单元在公式复制中目标公式会( )。
   A. 不变   B. 变化   C. 列地址变化   D. 行地址变化
6. 在 Excel 2010 中，若选定多个不连续的行所用的键是( )。
   A. Shift   B. Ctrl   C. Alt   D. Shift + Ctrl
7. 在 Excel 2010 中，使用"重命名"命令后，则下面说法正确的是( )。
   A. 只改变工作表的名称   B. 只改变它的内容
   C. 既改变名称又改变内容   D. 既不改变名称又不改变内容
8. 在 Excel 2010 中，若在工作表中插入一列，则一般插在当前列的( )。
   A. 左侧   B. 上方   C. 右侧   D. 下方
9. 在 Excel 2010 中，若在工作表中插入一行，则一般插在当前行的( )。
   A. 左侧   B. 上方   C. 右侧   D. 下方
10. 在 Excel 2010 中，一个完整的函数包括( )。
    A. "="和函数名   B. 函数名和变量   C. "="和变量   D. "="、函数名和变量
11. 在 Excel 2010 中，求和函数是( )。
    A. MAX   B. MIN   C. AVERAGE   D. SUM
12. 在 Excel 2010 中，最小值函数是( )。
    A. MAX   B. MIN   C. AVERAGE   D. SUM
13. 在 Excel 2010 中，函数 AVERAGE(1,3,5,7,9)的值是( )。
    A. 1   B. 3   C. 5   D. 9
14. 在 Excel 2010 中，函数 MAX(1,3,5,7,9)的值是( )。
    A. 1   B. 3   C. 5   D. 9
15. 在 Excel 2010 中，在单元格中输入文字时，缺省的对齐方式是( )。

A. 左对齐　　B. 右对齐　　C. 居中对齐　　D. 两端对齐

16. 在 Excel 2010 中，向单元格输入 3/5 Excel 会认为是(　)。

A. 分数 3/5　　B. 日期 3 月 5 日　　C. 小数 3.5　　D. 错误数据

17. 在 Excel 2010，如果想输入分数形式:1/3，下列方法正确的是(　)。

A. 直接输入 1/3　　B. 先输入单引号，再输入 1/3

C. 先输入 0，然后空格，再输入 1/3　　D. 先输入双引号，再输入 1/3

18. 在 Excel 2010 中，下面哪一个选项不属于“单元格格式”对话框中“数字”选项卡中的内容(　)。

A. 字体　　B. 货币　　C. 日期　　D. 自定义

19. 在 Excel 2010 中，排序对话框中的“升序”和“降序”指的是(　)。

A. 数据的大小　　B. 排列次序　　C. 单元格的数目　　D. 以上都不对

20. 以下填充方式，不属于 Excel 2010 的填充方式是(　)。

A. 等差填充　　B. 等比填充　　C. 排序填充　　D. 日期填充

二、 实践操作题

1. 创建如图 9－23 所示的 Excel 2010 文档。

要求：

(1)新建一个 Excel 2010 工作簿，命名为:学生成绩汇总表. xlsx。

(2)将工作表 Sheet1，重命名为:学生成绩汇总表。

(3)工作表的数据内容，如图 9－23 所示。

(4)单元格区域 A1:I1，执行“合并后居中”命令，字体设置为:华文仿宋、20 号、加粗。

(5)单元格区域 F2:I2，执行“合并后居中”命令。

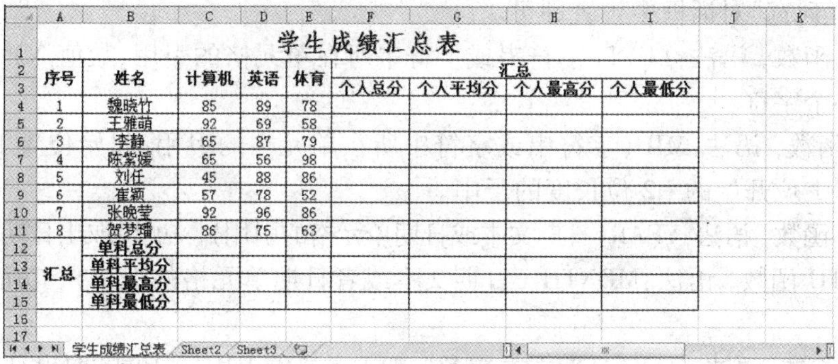

	A	B	C	D	E	F	G	H	I	J	K
1	学生成绩汇总表										
2	序号	姓名	计算机	英语	体育	汇总					
3						个人总分	个人平均分	个人最高分	个人最低分		
4	1	魏晓竹	85	89	78						
5	2	王雅萌	92	69	58						
6	3	李静	65	87	79						
7	4	陈紫媛	65	56	98						
8	5	刘任	45	88	86						
9	6	崔颖	57	78	52						
10	7	张晚莹	92	96	86						
11	8	贺梦瑁	86	75	63						
12	汇总	单科总分									
13		单科平均分									
14		单科最高分									
15		单科最低分									
16											
17											

图 9－23　学生成绩汇总表

(6)单元格区域 A12:A15，执行“合并后居中”命令。

(7)单元格区域 A2:I15，所有数据，格式设置为:宋体、12 号、居中;所有框线;自动调整列宽。

(8)单元格区域 A2:I3，格式设置:加粗。

(9)单元格区域 A12:B15，格式设置:加粗。

(10)利用求和函数，计算出:个人总分、单科总分。

(11)利用平均值函数，计算出:个人平均分、单科平均分。

(12)利用最大值函数，计算出:个人最高分、单科最高分。

(13)利用最小值函数，计算出:个人最低分、单科最低分。

2.创建如图9-24所示的Excel 2010文档。

	A	B	C	D	E	F	G	H	I	J
1	出生信息统计表									
2	序号	姓名	出生日期	姓	名	出生年	出生月	出生日	出生星期	年龄
3	1	王婵媛	1998/2/18							
4	2	尚郦郦	1999/3/16							
5	3	杜淼	1999/6/12							
6	4	艾靓	1998/8/6							
7	5	王昕玥	1999/11/5							
8	6	韩星	1999/10/11							

图9-24 出生信息统计表

要求:

(1)新建一个Excel 2010工作簿,命名为:出生信息统计表.xlsx。

(2)将工作表Sheet1,重命名为:出生信息统计表。

(3)工作表的数据内容,如图9-24所示。

(4)单元格区域A1:J1,执行"合并后居中"命令,字体设置为:方正姚体、20号。

(5)单元格区域A2:J8,所有数据,格式设置为:宋体、12号、居中;所有框线;列宽:10。

(6)利用LEFT函数,计算出:D3~D8的数值,数据类型为"常规"。

(7)利用MID函数,计算出:E3~E8的数值,数据类型为"常规"。

(8)利用YEAR函数,计算出:F3~F8的数值,数据类型为"常规"。

(9)利用MONTH函数,计算出:G3~G8的数值,数据类型为"常规"。

(10)利用DAY函数,计算出:H3~H8的数值,数据类型为"常规"。

(11)利用WEEKDAY函数,计算出:I3~I8的数值,数据类型为"常规"。

(12)利用YEAR和TODAY函数,计算出:J3~J8的数值,数据类型为"数值"。

说明:

(1)列宽调整:单击"开始"选项卡→"单元格"组→"格式"下拉按钮→"列宽(W)…"命令,在打开的"列宽"对话框中设置即可。

(2)LEFT函数,语法:LEFT(字符串或字符串所在单元格的引用,数值N),功能:取出字符串左边的N个字符。

(3)MID函数,语法:MID(字符串或字符串所在单元格的引用,起始位置N1,长度N2),功能:取出从N1位开始的N2位长度的子串。

(4)YEAR函数,语法:YEAR(日期文本或日期单元格的引用),功能:取出日期中的年份。

(5)MONTH函数,语法:MONTH(日期文本或者日期单元格的引用),功能:取出日期中的月份。

(6)DAY函数,语法:DAY(日期文本或者日期单元格的引用),功能:取出日期中的日期。

(7)WEEKDAY函数,语法:WEEKDAY(日期文本或者日期单元格的引用,值的类型),功能:计算日期的星期数。值的类型如图9-25所示:

(8)TODAY函数,语法:TODAY(),功能:取得系统日期。

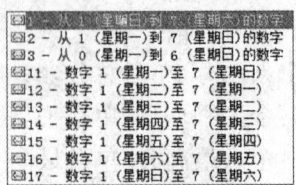

图9-25 值的类型

三、拓展训练

工作表格式化的知识点

为工作表设置格式是为了使数据整齐醒目,提高工作表的可视性。对工作表的格式化包括:字体、字号、对齐方式、边框、底纹等设置。

对工作表的格式化设置可以利用功能区中的工具,如图9-26所示,其特点是简单、方便。但是更多的还是利用"设置单元格格式"对话框对工作表进行格式化操作,因为此方法设置的内容更全面、更精确。

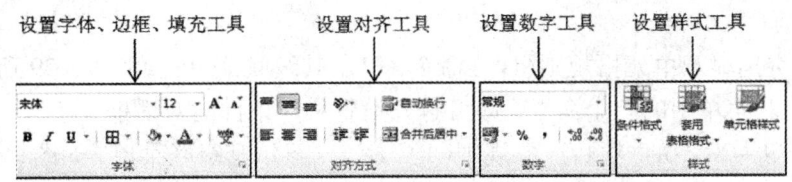

图9-26　功能区中的工作表格式化设置工具

打开"设置单元格格式"对话框的方法:

1. 选择"开始"选项卡,在"字体"、"对齐方式"、"数字"三个分组的任意一个分组中,单击右下角的"设置单元格格式"按钮，即可打开"设置单元格格式"对话框。

2. 选中某个单元格,鼠标右键,在弹出的快捷菜单中,选择"设置单元格格式(F)…"命令,即可打开"设置单元格格式"对话框。

在"设置单元格格式"对话框中,包括"数字"、"对齐"、"字体"、"边框"、"填充"、"保护"六个选项卡,分别用来设置有关单元格的:数字格式、对齐方式、字体格式、边框样式、填充效果、保护状态等。

工作表格式化的主要方面有:设置字体格式、设置数字格式、设置对齐方式、设置边框样式、设置填充效果和设置条件格式。其中:字体格式、数字格式、对齐方式、边框样式、填充效果的设置有两种主要实现方式:一种是利用功能区中的工具,如图9-26所示;一种是利用"设置单元格格式"对话框,如图9-27所示。每种实现方式都有多个命令,需要通过实践来灵活应用知识点。

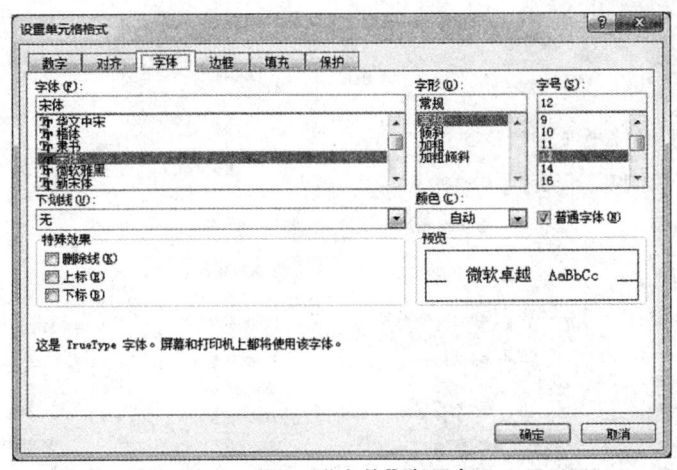

图9-27　"字体"选项卡

下面重点讲述一下条件格式的设置。

条件格式是指如果某个单元格中内容满足特定的条件，那么 Excel 将为该单元格设置填充效果、边框样式，为单元格中文本设置字体格式。一般在需要突出显示计算结果或要监视单元格的值时，会用到此项功能。

设置条件格式的步骤如下：

（1）选定要设置条件格式的单元格区域。

（2）单击"开始"选项卡→"样式"组→"条件格式"工具，打开"条件格式"下拉列表，如图 9-28 所示。

（3）单击"突出显示单元格规则(H)"命令，显示其级联菜单，如图 9-29 所示。

（4）单击级联菜单中的一个命令，即可打开设置相应条件的对话框。

（5）单击图 9-28 中的"项目选取规则(T)"命令，显示其级联菜单，如图 9-30 所示。单击级联菜单中的一个命令，即可打开设置相应条件的对话框。

（6）单击图 9-28 中的"数据条(D)"命令，显示其级联菜单，如图 9-31 所示。选择某一个命令，则选中区域的单元格就会按其中数值的大小添加宽度不同的填充色块。

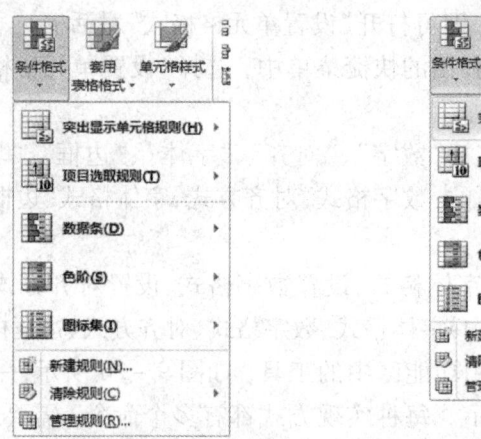
图 9-28 "条件格式"下拉列表

图 9-29 "突出显示单元格规则"级联菜单

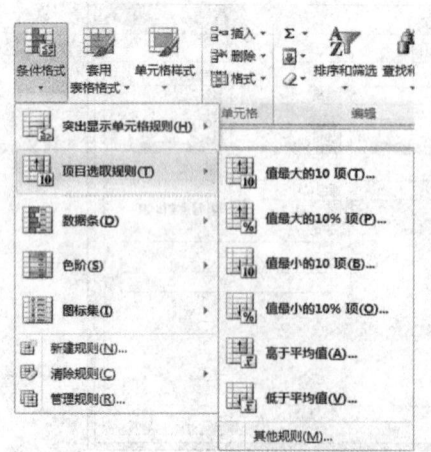
图 9-30 "项目选取规则"级联菜单

图 9-31 "数据条"级联菜单

(7)单击图9-28中的"色阶(S)"命令,显示其级联菜单,如图9-32所示。选择某一个命令,则选中区域的单元格就会按其中数值的大小添加不同的填充色块。

(8)单击图9-28中的"图标集(I)"命令,显示其级联菜单,如图9-33所示。选择某一个命令,则选中区域的单元格就会按其中数值的大小添加不同的图标。

(9)条件格式的实例,如图9-34所示。

●说明:

①E列:设置条件格式:使用"突出显示单元格规则",将"大于"80分的文本,设置,字体:红色、加粗。

②F列:设置条件格式是:使用"突出显示单元格规则",将"小于"75分的文本,设置,字体:蓝色、倾斜。

③G列:设置条件格式是:使用"项目选取规则",将"值最大的10%项"的文本,设置,字体:紫色、加粗;边框:虚线、蓝色;填充:黄色。

④H列:设置条件格式是:使用"数据条"方式,"渐变填充"中的"浅蓝色数据条",显示总分。

⑤I列:设置条件格式是:使用"色阶"方式,"红-黄-绿色阶",显示平均分。

⑥J列:设置条件格式是:使用"图标集"方式,"标记"中的"三色旗",显示最高分。

⑦K列:设置条件格式是:使用"图标集"方式,"方向"中的"四向箭头(彩色)",显示最低分。

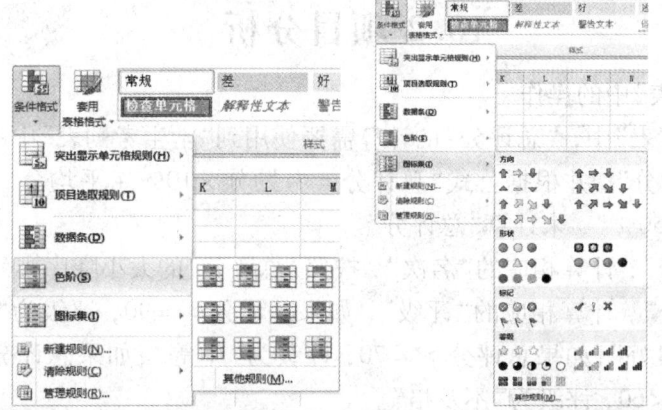

图9-32 "色阶"级联菜单   图9-33 "图标集"级联菜单

	A	B	C	D	E	F	G	H	I	J	K
1	序号	姓名	性别	籍贯	计算机	英语	体育	总分	平均分	最高分	最低分
2	1	王薇	女	浙江杭州	85	78	75	238	79	85	75
3	2	彭晴	女	浙江建德	88	92	80	260	87	92	80
4	3	赵臣	男	浙江富阳	78	82	76	236	79	82	76
5	4	王珞伊	女	浙江临安	68	74	70	212	71	74	68
6	5	龚琪	女	浙江宁波	72	66	80	218	73	80	66
7	6	李北辰	男	浙江余姚	98	85	75	258	86	98	75

图9-34 条件格式的实例

项目10 学生成绩表的设计与统计分析

10.1 项目提出

为了能够公平、公正、合理地管理学生成绩，通常情况下，会使用到4张工作表，分别是：学生考勤表、学生作业表、学生成绩表和期末成绩分析表。它们之间的关系如下：

1．"学生成绩表"中总评分的计算，需要用到"学生考勤表"和"学生作业表"中的数据。

2．"期末成绩分析表"需要用到"学生成绩表"的数据。

10.2 项目分析

1．在"学生成绩表"中的操作

（1）在"学生成绩表"中，"总评分"的计算需要使用到"学生考勤表"中的"考勤分"和"学生作业表"中的"平均分"，并根据公式"总评分＝考勤分×10％＋平均分×20％＋期中成绩×20％＋期末成绩×50％"，来计算"总评分"。

（2）根据"总评分"，计算相应的"名次"，按照"总评分"的大小降序排列。

（3）根据"总评分"，计算相应的"评级"，如果总评分＞＝90，评级为"优秀"；如果总评分＞＝80，评级为"良好"；如果总评分＞＝70，评级为"中等"；如果总评分＞＝60，评级为"及格"；如果总评分＜60，评级为"不及格"。

（4）设置条件格式，让"期末成绩"不及格的分数用红色显示。

（5）使用自动筛选功能，设置筛选条件为"总评分＜60"，可筛选出"总评分"不及格的学生，在此基础上对"总评分"不及格的学生进行降序排列。

（6）计算完毕后，为了使表格更加美观、易读，可以对工作表中的字体、框线等进行设置。

2．在"期末成绩分析表"中的操作

（1）在"期末成绩分析表"中，根据"学生成绩表"中的"期末成绩"，利用COUNTIF函数统计"期末成绩"各分数段的学生人数。

（2）根据公式，按照"期末成绩"各分数段的学生人数，计算各分数段所占的比例。

（3）统计完成以后，对"期末成绩分析表"进行美化。

（4）使用图表显示"期末成绩"各分数段的学生人数。因为统计的是"期末成绩"各分数段的学生人数，所以使用柱形图显示相对比较直观。图表最好也需要综合设置一下，便于易读、美观。

由以上分析可知，学生成绩表的设计与统计分析，可以分解为十大任务：

任务1：利用公式，计算"学生成绩表"的"总评分"。

任务2：根据"总评分"，计算相应的"名次"，并按降序排列（默认排名状态）。

任务3：根据"总评分"，计算相应的"评级"。

任务4：根据"学生成绩表"的"期末成绩"统计"各分数段的学生人数"。

任务5：利用公式，根据"各分数段的学生人数"计算"各分数段所占比例"。

任务6：学生成绩表的美化。

任务7：期末成绩分析表的美化。

任务8：设置"学生成绩表"的"期末成绩"不及格的分数用红色显示。

任务9：筛选"期末成绩"不及格的学生，并降序排列。

任务10：用图表显示"期末成绩"各分数段的学生人数。

10.3 相关知识点

1. 公式

Excel 2010 强大的计算功能是由公式和函数提供的，它为分析和处理工作表中的数据提供了很大的方便。通过使用公式，不仅可以进行各种数值运算，还可以进行逻辑运算。对于一些特殊运算无法直接通过创建公式来进行计算时，可以使用 Excel 中提供的函数来实现。

2. 条件格式

条件格式是指当指定条件为真（或者，指定条件成立）时，Excel 2010 会自动应用于单元格的格式。如果想为某些符合条件的单元格应用某种特殊格式，使用条件格式功能可以比较容易实现。如果再结合使用公式，条件格式就会变得更加有用。

3. 筛选

数据筛选是指从数据清单中选出满足条件的数据记录，筛选出的数据记录显示在原有数据区域中或新数据区域中，而将不满足条件的数据记录从视图中隐藏起来。通过数据筛选可以从大量数据中查询到所需的信息，从而大大提高了用户浏览数据的效率。

4. 排序

数据排序是指按数据清单中某一个或几个字段值的升序或降序方式，对数据清单中的所有记录排序。对数据排序的作用在于将数据排列显示，从而直观地显示数据中的最大值、最小值等。

5. 图表

在 Excel 2010 中，图表是指将工作表中的数据用图形表示出来。使用图表会使得 Excel 2010 编制的工作表更易于理解和交流，使数据更加有趣、吸引人、易于阅读和评价，也可以帮助我们分析和比较数据。与工作表相比，图表具有更好的视觉效果，可以方便用户查看数据的差异和预测趋势。

10.4 项目实施

10.4.1 项目调研

分组调研学生成绩表的各个组成部分和统计分析项,并讨论每个组成部分的细节。其中两组老师进行深入调研,其他组进行组内讨论,然后再进行组间交流,初步形成方案的大致框架。

10.4.2 确定项目

全体组及组员进行讨论,最终确定适合本班思想的学生成绩表的设计与统计分析的整体方案,形成图片,作为后续操作的依据。

●项目说明:

学生成绩表的设计与统计分析方案说明如下:

(1)学生成绩表的各个组成部分及其分析状况:学生成绩表主要包括实验、平时、期中、期末、总评分、名次和评级。平时成绩、实验成绩的采集来源于"学生考勤表"中的"考勤分"和"学生作业表"中的"平均分"。期中成绩和期末成绩需要根据实际采集数据,总评分、名次和评级需要通过计算来实现。

(2)"总评分"的计算,使用公式"总评分=考勤分×10%+平均分×20%+期中成绩×20%+期末成绩×50%"来实现。

(3)"名次"的计算,依据是"总评分",按照"总评分"的大小降序排列。

(4)"评级"的计算,依据是"总评分",如果总评分>=90,评级为"优秀";如果总评分>=80,评级为"良好";如果总评分>=70,评级为"中等";如果总评分>=60,评级为"及格";如果总评分<60,评级为"不及格"。

(5)学生成绩表数据的突出显示,设置条件格式,让"期末成绩"不及格的分数用红色显示。

(6)学生成绩表数据的筛选,筛选出"总评分"不及格的学生。

(7)学生成绩表的美化。可以通过字体格式设置、段落格式设置、单元格格式设置来实现。

(8)期末成绩分析表的设计。基于学生成绩表的期末成绩,来完成期末成绩分析表的设计,并在此基础上做其他计算。

(9)图表。将"期末成绩"各分数段的学生人数使用图表显示出来。

10.4.3 项目实施

任务1:利用公式,计算"学生成绩表"的"总评分"

将"学生考勤表"中的"考勤分"和"学生作业表"中的"平均分"选择性粘贴到"学生成绩表"的相应单元格区域中,然后利用公式"总评分=考勤分×10%+平均分×20%+期中成绩×20%+期末成绩×50%"来计算"总评分"。

●利用公式计算"总评分"

步骤1:复制"考勤分"。打开文件"学生成绩表(素材文件).xlsx",选择"学生考勤表"中的 M3:M32 单元格区域后,鼠标右击,在弹出的快捷菜单中,选择"复制"命令;再选择"学生成绩表"中的 C3 单元格,鼠标右击,在弹出的快捷菜单中,选择"粘贴选项"中的"值"命令 ,如图10-1所示,即可实现将"学生考勤表"中的"考勤分"数值,粘贴到"学生成绩表"中的相应位置。

步骤2:复制"平均分"。使用相同的方法,复制并选择性粘贴(值)"学生作业表"中的"平均分"至"学生成绩表"中的 D3:D32 单元格区域,重新调整 D3:D32 单元格区域内数据的小数位数为"0"。

●说明:调整小数位数为"0"的方法,可以参照"学生作业表"中计算"平均分"的操作步骤。

步骤3:计算第1个学生的总评分。在"学生成绩表"的 G3 单元格中,输入公式"= C3 * 0.2 + D3 * 0.1 + E3 * 0.2 + F3 * 0.5",单击编辑栏左侧的输入符号"√",或者直接按 Enter 键,在 G3 单元格内显示的计算结果为"74",拖动 G3 单元格的填充柄(即,G3 单元格右下角的实心十字形状)至 G32 单元格,计算所有人的"总评分"。此时,G3:G32 单元格区域的小数位数较多,设置 G3:G32 单元格区域的小数位数为0,最终结果如图10-2所示。

●说明:如果想实现快速输入公式"= C3 * 0.2 + D3 * 0.1 + E3 * 0.2 + F3 * 0.5",可以将公式中有关单元格名字的地方使用鼠标直接单击单元格名字所在的位置即可,这样可以节省公式输入时间。

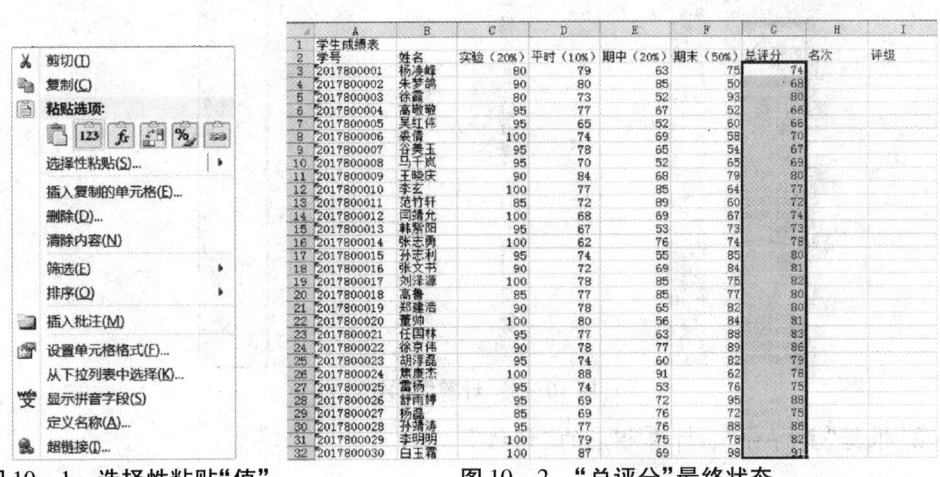

图10-1　选择性粘贴"值"　　　　图10-2　"总评分"最终状态

任务2:根据"总评分",计算相应的"名次",并按降序排列(默认排名状态)

步骤1:寻找 RANK 函数。鼠标定位在 H3 单元格内,单击"编辑框"左侧的符号 f_x,弹出"插入函数"对话框,在"或选择类别(C):"后面的下拉式列表中,选择"全部",在"搜索函数(S):"下面的区域内输入"RANK",单击"转到(G)"按钮,如图10-3所示,在"选择函数(N):"下面的列表框内,第一个就是 RANK 函数,查看下面的 RANK 函数功能说明,然后单击"确定"按钮。

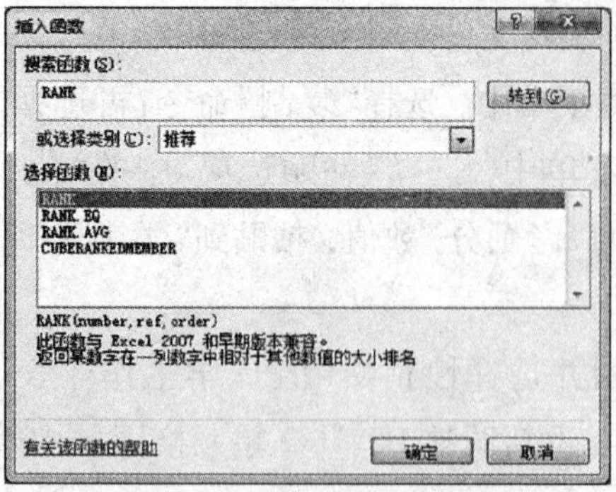

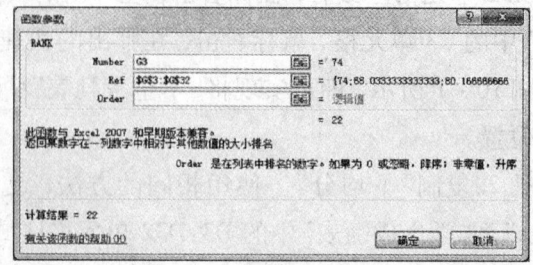

图 10－3　“插入函数”对话框

图 10－4　RANK 函数参数对话框－设置状态

步骤 2：设置函数参数。在弹出的“函数参数”对话框内，进行函数参数设置，第一个参数 Number 为“G3”（待排名的学生总评分），设置第二个参数 Ref 为“＄G＄3：＄G＄32”（代排名的参考范围），第三个参数 Order 为“空”（即，不填写任何信息，采取默认排名顺序），如图 10－4 所示，在对话框左下角，显示“计算结果＝22”，单击“确定”按钮，实现第 1 个学生的名次。

步骤 3：拖动 H3 单元格的填充柄（即，H3 单元格右下角的实心十字形状）至 H32 单元格，计算出所有人的“名次”，如图 10－5 所示。

	A	B	C	D	E	F	G	H	I
1	学生成绩表								
2	学号	姓名	实验（20%）	平时（10%）	期中（20%）	期末（50%）	总评分	名次	评级
3	2017800001	杨凌峰	80	79	63	75	74	22	
4	2017800002	朱梦鸽	90	80	85	50	68	27	
5	2017800003	徐霞	80	73	52	93	80	11	
6	2017800004	高敏敏	95	77	67	52	66	29	
7	2017800005	吴红伟	95	65	52	60	66	30	
8	2017800006	袁倩	100	74	69	58	70	25	
9	2017800007	谷美玉	95	78	65	54	67	28	
10	2017800008	马千岚	95	70	52	65	69	26	
11	2017800009	王晓庆	90	84	68	79	80	14	
12	2017800010	李玄	100	77	85	64	77	18	
13	2017800011	范竹轩	85	72	89	60	72	24	
14	2017800012	闫靖允	100	68	69	67	74	21	
15	2017800013	韩紫阳	95	67	53	73	73	23	
16	2017800014	张志勇	100	62	76	74	78	16	
17	2017800015	孙志利	95	74	55	85	80	12	
18	2017800016	张文书	90	72	69	84	81	9	
19	2017800017	刘泽源	100	78	85	75	82	6	
20	2017800018	高鲁	85	77	85	77	80	10	
21	2017800019	郑建浩	90	78	65	82	80	13	
22	2017800020	董帅	100	80	56	84	81	8	
23	2017800021	任国林	95	77	63	88	83	5	
24	2017800022	徐京伟	90	78	77	89	86	4	
25	2017800023	胡淳淼	95	74	60	82	79	15	
26	2017800024	焦康杰	100	88	91	62	78	17	
27	2017800025	雷杨	95	74	53	76	75	20	
28	2017800026	舒雨婷	95	69	72	95	88	2	
29	2017800027	杨磊	85	69	76	72	75	19	
30	2017800028	孙靖涛	95	77	76	88	86	3	
31	2017800029	李明明	100	79	75	78	82	7	
32	2017800030	白玉霜	100	87	69	98	91	1	

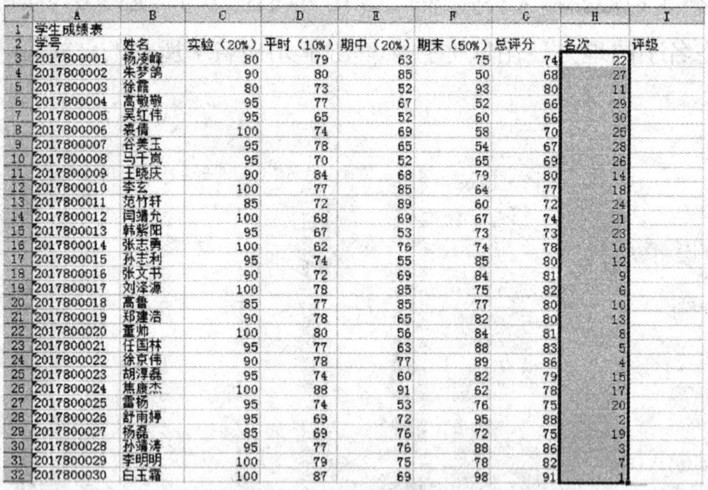

图 10－5　计算“名次”

任务 3：根据“总评分”，计算相应的“评级”

根据“总评分”，计算相应的“评级”，如果总评分＞＝90，评级为“优秀”；如果总评分＞＝80，评级为“良好”；如果总评分＞＝70，评级为“中等”；如果总评分＞＝60，评级为“及格”；如果总评分＜60，评级为“不及格”。

步骤 1：在 I3 单元格中输入公式“＝IF(G3＞＝90,“优秀”,IF(G3＞＝80,“良好”,IF(G3＞＝70,“中等”,IF(G3＞＝60,“及格”,“不及格”))))”，输入完后，按 Enter 键实现确认，此时，I3 单元格的显示结果为“中等”。

●说明：输入过程中，除了汉字以外，其他标点符号都是在英文输入法状态下输入的，否则会出现错误，得不到想要的结果。

步骤 2：拖动 I3 单元格的填充柄至 I32 单元格，最终结果如图 10－6 所示。

	A	B	C	D	E	F	G	H	I
1	学生成绩表								
2	学号	姓名	实验（20%）	平时（10%）	期中（20%）	期末（50%）	总评分	名次	评级
3	2017800001	杨凌峰	80	79	63	75	74	22	中等
4	2017800002	朱梦鸽	90	80	85	50	68	27	及格
5	2017800003	徐霞	80	73	52	93	80	11	良好
6	2017800004	高敏敏	95	77	67	52	66	29	及格
7	2017800005	吴红伟	95	65	52	60	66	30	及格
8	2017800006	裘倩	100	74	69	58	70	25	中等
9	2017800007	谷美玉	95	78	65	54	67	28	及格
10	2017800008	马千岚	95	70	52	65	69	26	及格
11	2017800009	王晓庆	90	84	68	79	80	14	中等
12	2017800010	李玄	100	77	85	64	77	18	中等
13	2017800011	范竹轩	85	72	89	60	72	24	中等
14	2017800012	闫靖允	100	68	69	67	74	21	中等
15	2017800013	韩紫阳	95	67	53	73	73	23	中等
16	2017800014	张志勇	100	62	76	74	78	16	中等
17	2017800015	孙志利	95	74	55	85	80	12	中等
18	2017800016	张文书	90	72	69	84	81	9	良好
19	2017800017	刘泽源	100	78	85	75	82	6	良好
20	2017800018	高鲁	85	77	85	77	80	10	良好
21	2017800019	郑建浩	90	78	65	82	80	13	中等
22	2017800020	董帅	100	80	56	84	81	8	良好
23	2017800021	任国林	95	77	63	88	83	5	良好
24	2017800022	徐京伟	90	78	77	89	86	4	良好
25	2017800023	胡淳磊	95	74	60	82	79	15	中等
26	2017800024	焦康杰	100	88	91	62	78	17	中等
27	2017800025	霍杨	95	74	53	76	75	20	中等
28	2017800026	舒雨婷	95	69	72	95	88	2	良好
29	2017800027	杨磊	85	69	76	72	75	19	中等
30	2017800028	孙靖涛	95	77	76	88	86	3	良好
31	2017800029	李明明	100	79	75	78	82	7	良好
32	2017800030	白玉霜	100	87	69	98	91	1	优秀

图 10－6　计算“评级”

任务 4：根据“学生成绩表”的“期末成绩”统计“各分数段的学生人数”

这里使用 COUNTIF 函数统计“期末成绩”各分数段的学生人数。在统计“期末成绩”在 80～90 之间的人数时，这里有两个统计条件要同时满足，一个是“＞＝80”，另一个是“＜90”，可以先用 COUNTIF 函数计算出“期末成绩＞＝80”的人数，再减去用 COUNTIF 函数计算出“期末成绩＞＝90”的人数即可。计算其他分数段的人数时，可用类似的方法处理。

步骤 1：在“期末成绩分析表”的 B3 单元格中，输入公式“＝COUNTIF(学生成绩表！F3：F32，“＞＝90”)”，统计“期末成绩”在 90 分以上的学生人数。

步骤 2：在 B4 单元格中，输入公式“＝COUNTIF(学生成绩表！F3：F32，“＞＝80”)－B3”，统计“期末成绩”大于等于 80 且小于 90 分的学生人数。

步骤 3：在 B5 单元格中，输入公式“＝COUNTIF(学生成绩表！F3：F32，“＞＝70”)－B3－B4”，统计“期末成绩”大于等于 70 且小于 80 分的学生人数。

步骤 4：在 B6 单元格中，输入公式“＝COUNTIF(学生成绩表！F3：F32，“＞＝60”)－B3－B4－B5”，统计“期末成绩”大于等于 60 且小于 70 分的学生人数。

步骤 5：在 B7 单元格中，输入公式“＝COUNTIF(学生成绩表！F3：F32，“＜60”)”，统计“期末成绩”不及格的学生人数。

“期末成绩”各分数段的学生人数的统计结果如图 10－7 所示。

	A	B	C
1	期末成绩分析表		
2	分数段	人数	各分数段所占比例
3	90～100	3	
4	80～89	8	
5	70～79	9	
6	60～69	6	
7	0～59	4	
8	合计	30	

图 10－7　“期末成绩”各分数段的学生人数的统计结果

●思考：是否还有其他方式和方法实现？

●提示：可以使用函数实现。

任务5：利用公式，根据"各分数段的学生人数"计算"各分数段所占比例"

步骤1：利用公式计算总人数。选中 B8 单元格，输入公式"＝SUM(B3:B10)"，按 Enter 键实现确认，计算结果显示总人数为"30"。

步骤2：利用公式计算"第1个"分数段所占比例。选中 C3 单元格，输入公式"＝B3/＄B＄8"，按 Enter 键实现确认，计算结果显示为小数。需要把小数转换为百分比，并保留2位小数位数。方法如下：

方法一：选中 C3 单元格，鼠标右击，在弹出的快捷菜单中，选择"设置单元格格式"命令，打开"设置单元格格式"对话框。在"数字"选项卡中，在"分类"列表框中选择"百分比"选项，调整右侧的小数位数为"2"，如图10-8所示，单击"确定"按钮。

方法二：选中 C3 单元格，单击"开始"选项卡→"数字"组右下角的按钮，弹出"设置单元格格式"对话框，其余步骤同方法一。

方法三：选中 C3 单元格，单击"开始"选项卡→"数字"组→"常规"下拉列表→"百分比"选项。

方法四：选中 C3 单元格，单击"开始"选项卡→"数字"组→"百分比"命令。

步骤3：拖动 C3 单元格的填充柄至 C8 单元格，计算所有结果，如图10-9所示。

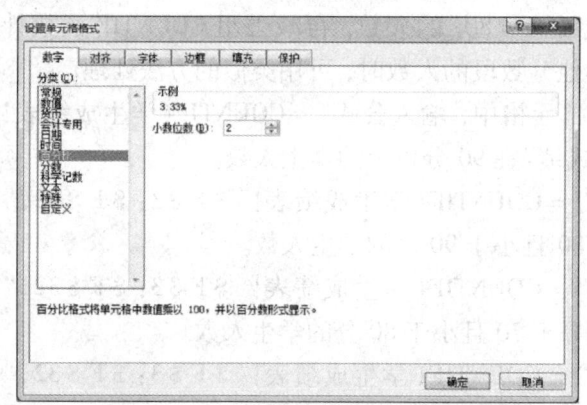

图10-8　"设置单元格格式"对话框　　图10-9　"各分数段所占比例"结果

任务6：学生成绩表的美化

●本项目工作表的美化主要是设置表格格式和样式。

1）设置表格的字体和对齐方式。

步骤1：在"学生成绩表"中，选中 A1:I1 单元格区域，单击"开始"选项卡→"对齐方式"组→"合并后居中"按钮，将标题"学生成绩表"居中，并设置标题格式为"华文仿宋，24号，加粗"。

步骤2：选中 A2:I32 单元格区域，设置字号为10，并单击"单元格"组中的"格式"下拉按钮，在打开的下拉列表中，选择"自动调整列宽"选项。设置 A2:I32 单元格区域的对齐方式为水平居中（"开始"选项卡→"段落"组→"居中"命令）。

2）为表格添加边框。

步骤1:选中 A2:I32 单元格区域,单击"字体"组中的"下框线"下拉按钮,在打开的下拉列表中,选择"所有框线"选项,此时整个表格都被添加了细边框。再选择下拉列表中"上框线和粗下框线"选项,此时选中区域的最下面的边框被添加了粗边框。

步骤2:选中 A2:I2 单元格区域,在刚才的"下框线"下拉列表中,选择"双底框线"选项,此时表格首行(表头所在的行)被添加了双底框线,设置好的效果如图 10-10 所示。

图 10-10　美化后的学生成绩表　　　　图 10-11　美化后的期末成绩分析表

任务7:期末成绩分析表的美化

使用同任务6类似的方法来实现期末成绩分析表的美化,设置好的效果如图 10-11 所示。关键点:标题格式为"宋体,24 号"、边框设置顺序:所有框线、粗匣框线、双底框线。

任务8:设置"学生成绩表"的"期末成绩"不及格的分数用红色显示

步骤1:复制"学生成绩表"。方法如下:

方法一:选中工作表标签"学生成绩表",鼠标右击,在弹出的快捷菜单中,选择"移动或复制(M)…"命令,如图 10-12 所示。在弹出的"移动或复制工作表"对话框中,在"下列选定工作表之前(B):"下面的列表框中,选择"Sheet2",勾选"建立副本(C)"复选框,如图 10-13 所示,单击"确定"按钮。

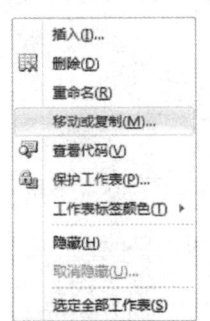
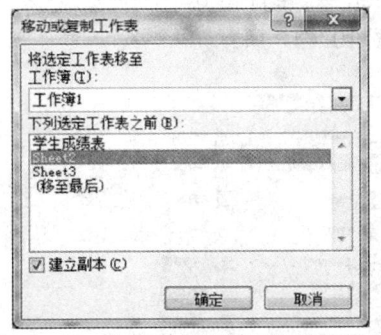

图 10-12　"移动或复制(M)…"命令　　图 10-13　"移动或复制工作表"对话框

方法二：选中工作表标签"学生成绩表"，单击"开始"选项卡→"单元格"组→"格式"下拉按钮→"组织工作表"→"移动或复制工作表(M)…"命令，如图10-14所示，其余步骤同方法一。

方法三：选中工作表标签"学生成绩表"，同时按住Ctrl键，鼠标向右拖拽到工作表标签"Sheet2"前面，放开鼠标，即可实现复制操作。

●说明：复制后的工作表标签名称默认为"学生成绩表(2)"。

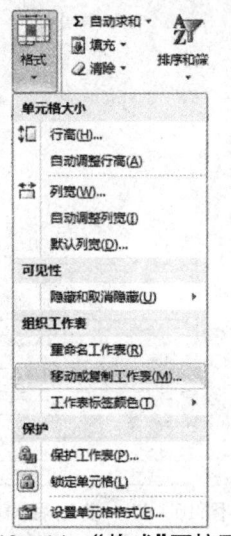
图10-14 "格式"下拉列表

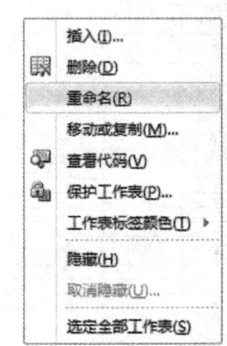
图10-15 "重命名(R)"命令

步骤2：重命名工作表标签。

方法一：选中工作表标签"学生成绩表(2)"，鼠标右击，在弹出的快捷菜单中，选择"重命名(R)"命令，如图10-15所示。此时工作表标签更改为黑底白字的选中状态，将名称直接修改为"学生成绩表-条件格式"。

方法二：选中工作表标签"学生成绩表(2)"，单击"开始"选项卡→"单元格"组→"格式"下拉按钮→"组织工作表"→"重命名工作表(R)"命令，如图10-14所示，其余步骤同方法一。

方法三：双击工作表标签"学生成绩表(2)"，此时工作表标签更改为黑底白字的选中状态，将名称直接修改为"学生成绩表-条件格式"。

步骤3：在工作表"学生成绩表-条件格式"中，选中F3:F32单元格区域，单击"开始"选项卡→"样式"组→"条件格式"下拉按钮→"突出显示单元格规则(H)"右侧按钮→"小于(L)…"选项，如图10-16所示。

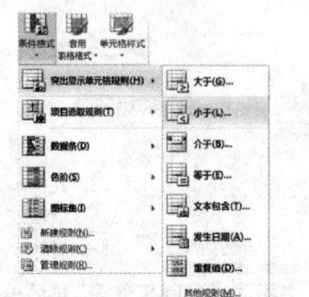
图10-16 "条件格式"下拉列表

图10-17 "小于"对话框

步骤4:在打开的“小于”对话框中，在“为小于以下值的单元格设置格式:”下的文本框中输入“60”，在“设置为”右边的下拉列表中选择“红色文本”选项，如图10－17所示，单击“确定”按钮，此时所有“期末成绩”不及格的分数用红色显示，如图10－18所示。

	A	B	C	D	E	F	G	H	I
1	学生成绩表								
2	学号	姓名	实验（20%）	平时（10%）	期中（20%）	期末（50%）	总评分	名次	评级
3	2017800001	杨凌峰	80	79	63	75	74	22	中等
4	2017800002	朱梦鸽	90	80	85	50	68	27	及格
5	2017800003	徐霞	80	73	52	93	80	11	良好
6	2017800004	高敬勋	95	77	67	52	66	29	及格
7	2017800005	吴红伟	95	65	52	60	66	30	及格
8	2017800006	裴倩	100	74	69	58	70	25	中等
9	2017800007	谷美玉	95	78	65	54	67	28	及格
10	2017800008	马千岚	95	70	52	65	69	26	及格
11	2017800009	王晓庆	90	84	68	79	80	14	中等
12	2017800010	李玄	100	77	85	64	77	18	中等
13	2017800011	范竹轩	85	72	89	60	72	24	中等
14	2017800012	闫靖允	100	68	69	67	74	21	中等
15	2017800013	韩紫阳	95	67	53	73	73	23	中等
16	2017800014	张志勇	100	62	76	74	78	16	中等
17	2017800015	孙志利	95	74	56	85	80	12	中等
18	2017800016	张文书	90	72	69	84	81	9	良好
19	2017800017	刘泽源	100	78	85	75	82	6	良好
20	2017800018	高鲁	85	77	85	77	80	10	良好
21	2017800019	郑建浩	90	78	65	82	80	13	中等
22	2017800020	董帅	100	80	56	84	81	8	良好
23	2017800021	任国林	95	77	63	88	83	5	良好
24	2017800022	徐京伟	90	78	77	89	86	4	良好
25	2017800023	胡淳磊	95	74	60	82	79	15	中等
26	2017800024	焦庚杰	100	88	91	62	78	17	中等
27	2017800025	霍杨	95	74	53	76	75	20	中等
28	2017800026	舒雨婷	95	69	72	95	88	2	良好
29	2017800027	杨磊	85	69	76	72	75	19	中等
30	2017800028	孙靖涛	95	77	76	88	86	3	良好
31	2017800029	李明明	100	79	75	78	82	7	良好
32	2017800030	白玉霜	100	87	69	98	91	1	优秀

图10－18 “期末成绩”不及格的分数用红色显示

●说明:如果想实现其他的显示方式，在如图10－17所示的对话框中，在“设置为”右边的下拉列表中选择“自定义格式…”选项，将会弹出“设置单元格格式”对话框，如图10－19所示，根据自己的需求，进行相应设置。

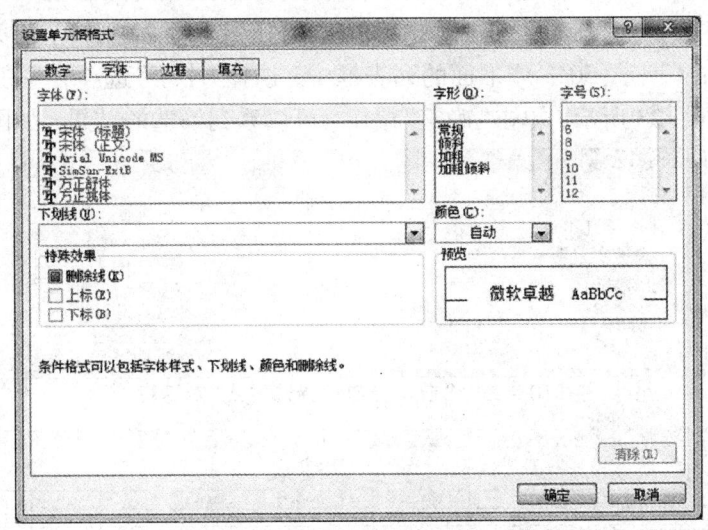

图10－19 “设置单元格格式”对话框

任务9:筛选“期末成绩”不及格的学生，并降序排列

任务要求:对数据进行筛选和排序，筛选“期末成绩”小于60分的学生，并按“期末成绩”进行降序排列。

步骤1：复制"学生成绩表"。方法参照"任务8"的步骤1。

步骤2：重命名工作表标签。方法参照"任务8"的步骤2，将刚刚复制的工作表标签重新命名为"自动筛选"。

步骤3：在工作表"自动筛选"中，选中A2:I2单元格区域，在"开始"选项卡中，单击"编辑"组中的"排序和筛选"下拉按钮，在打开的下拉列表中，选择"筛选"选项，如图10-20所示，此时可以看到工作表的所有列标题右侧多了一个下拉箭头，如图10-21所示。

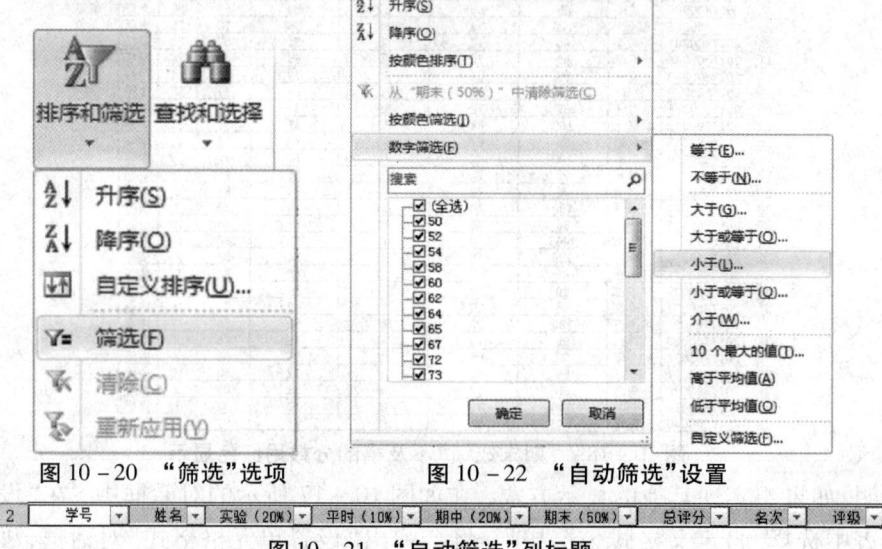

图10-20 "筛选"选项　　　　图10-22 "自动筛选"设置

图10-21 "自动筛选"列标题

步骤4：单击"期末（50%）"单元格（F2单元格）右侧的下拉箭头，在打开的下拉列表中，选择"数字筛选(F)"右侧按钮→"小于(L)…"选项，如图10-22所示，打开"自定义自动筛选方式"对话框，在"期末（50%）"下面的列表框中，选择"小于"选项，并在右侧的文本框中输入"60"，如图10-23所示，单击"确定"按钮，可以看到筛选的结果，如图10-24所示。

图10-23 "自定义自动筛选方式"对话框

图10-24 "自动筛选"结果

步骤5：选择某个期末成绩所在的单元格，单击"编辑"组中的"排序和筛选"下拉按钮，在打开的下拉列表中，选择"降序(O)"选项，如图10-20所示，这样已筛选的期末成绩就按降序排列,结果如图 10-25 所示。

图 10-25 "降序(O)"排列结果

●说明:使用同样的方法,也可对其他数据进行升序或降序的排列。

任务 10:用图表显示"期末成绩"各分数段的学生人数

步骤 1:在工作表"期末成绩分析表"中,选中 A2:B10 单元格区域,在"插入"选项卡中,单击"图表"组中的"柱形图"下拉按钮,在打开的下拉列表中,选择"二维柱形图"区域中的"簇状柱形图"选项,如图 10-26 所示。此时,在工作表的编辑区内将显示一个默认的"簇状柱形图",如图 10-27 所示。

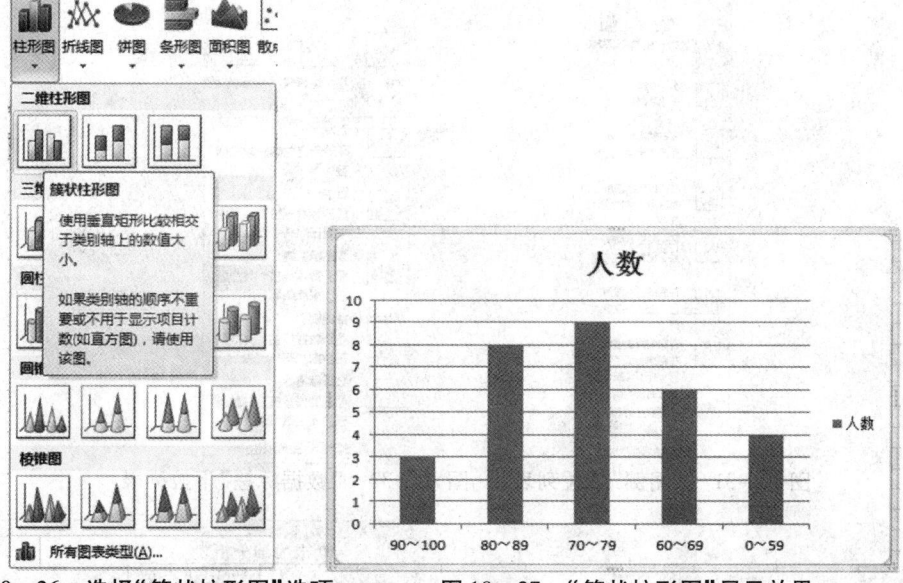

图 10-26 选择"簇状柱形图"选项　　图 10-27 "簇状柱形图"显示效果

步骤 2:选中"簇状柱形图",在"设计"选项卡中,在"图表样式"组中选择"样式 1"选项(即,第一个样式),更改图表的颜色为"黑色",如图 10-28 所示;在"图表布局"组中选择"布局 9"选项,如图 10-29 所示,更改图表的布局;修改图表中的水平坐标轴标题为"分数段",修改图表中的垂直坐标轴标题为"人数",修改图表中的图表标题为"期末成绩统计",并去除"分数段"和"人数"的"加粗"字体格式,如图 10-30 所示。

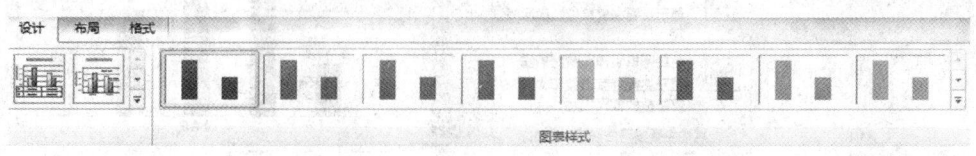

图 10-28 "图表样式"组-"样式 1"

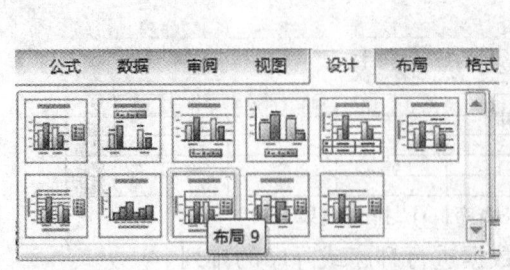
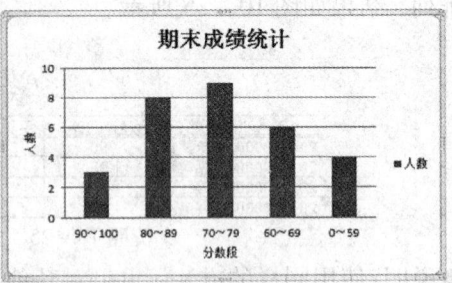

图 10-29 "图表布局"组-"布局9"　　　　图 10-30 设置标题

步骤3：在"布局"选项卡中，单击"标签"组中的"图例"下拉按钮，在打开的下拉列表中，选择"无"选项，如图10-31所示，关闭图例；单击"数据标签"下拉按钮，在打开的下拉列表中，选择"数据标签外"选项，如图10-32所示，显示数据标签，并放置在数据点结尾之外；单击"坐标轴"组中的"网格线"下拉按钮，在打开的下拉列表中，选择"主要横网格线(H)"→"无"选项，如图10-33所示，不显示横网格线。

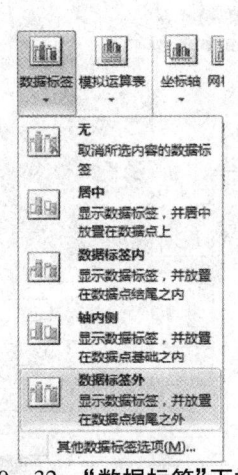

图 10-31 "图例"下拉列表　　　图 10-32 "数据标签"下拉列表

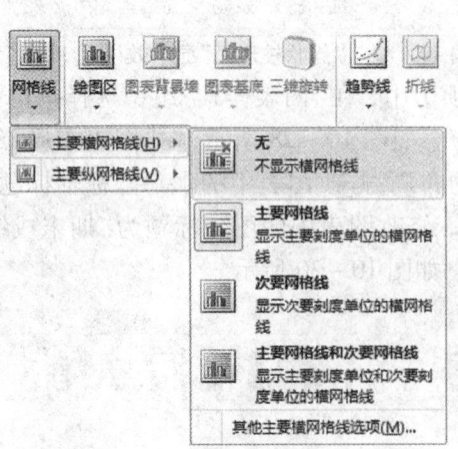
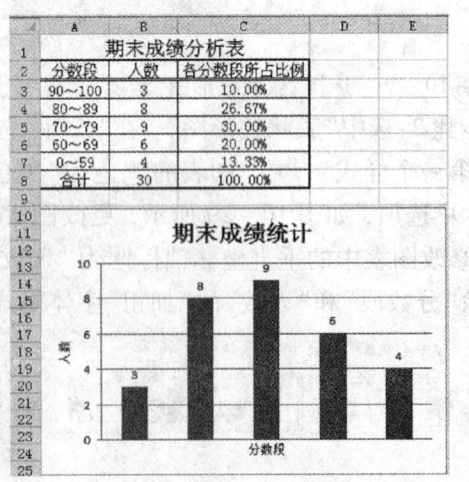

图 10-33 "网格线"下拉列表　　　图 10-34 "期末成绩统计"图表的显示位置

步骤4:调整图表的位置和大小,使之位于A10:E25单元格区域中,如图10-34所示。

步骤5:选中"簇状柱形图",在"设计"选项卡中,单击"位置"组中的"移动图表"按钮,打开"移动图表"对话框,选中"新工作表"单选按钮,如图10-35所示,单击"确定"按钮,图表将放置在新建的Chart1工作表中。

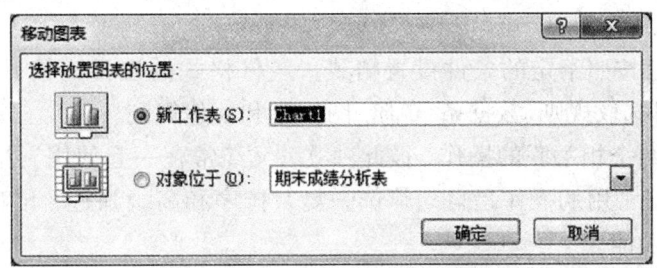

图 10-35 "移动图表"对话框

● 说明:名称为"Chart1"的工作表标签,将自动放置在,名称为"期末成绩分析表"工作表标签前面。

10.5 总结与提高

本项目主要介绍了Excel 2010的公式、函数、条件格式、排序、筛选和图表的知识点。

公式是用户为了减少输入或方便计算而设置的计算式子,它可以对工作表中的数据进行加、减、乘、除等运算。公式可以由值、单元格引用、名称、函数或运算符组成,它可以引用同一个工作表中的其他单元格,同一工作簿不同工作表中的单元格,或者其他工作簿的工作表中的单元格。使用公式有助于分析工作表中的数据。当改变工作表内与公式有关的数据,Excel 2010会自动更新计算结果。输入公式的操作类似于文本。不同之处在于,输入公式时,要以等号(=)开头。对公式中包含的单元格或单元格区域的引用,可以直接用鼠标拖动进行选定,或者单击要引用的单元格输入引用单元格标志或名称。在编辑栏中输入和编辑公式十分方便。

输入公式的步骤如下:

(1)选定要输入公式的单元格。

(2)在单元格中或编辑栏中输入"="。

(3)输入设置的公式,按Enter键或单击编辑栏上的"√"按钮。

如果公式中含有函数,当输入函数时可以按照以下步骤操作:

(1)直接输入公式中所需的函数名称;或单击编辑栏上的"插入函数"命令按钮f_x,在打开的"插入函数"对话框中选择所需的函数名称。

(2)输入要引用的单元格或单元格区域,并设置函数及其参数。

(3)单击"确定"按钮。

对于一些特殊运算,无法直接通过创建公式来进行计算时,可以使用Excel 2010中提供的函数来补充。当数据源发生变化时,通过公式和函数计算的结果将自动更改。

函数是预定义内置的公式。它有其特定的格式与用法,通常每个函数由一个函数名和相应的参数组成。参数位于函数名的右侧并用括号括起来，它是一个函数用以生成新值或进行运算的信息，大多数参数的数据类型都是确定的，而其具体值由用户提供。

在 Excel 2010 中，函数按其功能可以分为财务函数、日期时间函数、数学与三角函数、统计函数、查找与引用函数、数据库函数、文本函数、逻辑函数以及信息函数。本项目中，主要使用了3个函数：RANK 函数、IF 函数和 SUM 函数。

条件格式，就是按照给定的条件设置格式。条件格式的设置比较灵活，主要有：突出显示单元格规则、项目选取规则、数据条、色阶、图标集和新建规则。

排序和筛选是两个相关联的操作，彼此独立，又经常在一起使用。排序最常见的操作是升序和降序，筛选最常用的操作是自动筛选。复杂排序和高级筛选，相对比较复杂一点，但是能实现更丰富的功能。

图表是 Excel 2010 比较常用的对象之一，它是以图形的方式来显示工作表中的数据。与工作表相比，图表具有十分突出的优势，它可以使用户看起来更清晰、更直观。

10.6 思考与练习

一、单项选择题

1. 若在 Excel 2010 的一个工作表的 D3 和 E3 单元格中分别输入八月和九月，选中 D3 和 E3 单元格并向右拖拽填充柄经过 F3 和 G3 后松开，F3 和 G3 中显示的内容为（　　）。
   A. 十月、十月　　　B. 十月、十一月　　　C. 八月、九月　　　D. 九月、九月

2. 给定以下几组数，拖动单元格的填充柄不能自动得到序列的是（　　）。
   A. 一月、二月……　B. 甲、乙、丙……　C. 1、5、9、13……　D. A、B、C…

3. 在 Excel 2010 中，向一个单元格输入公式或函数时应以一个（　　）开头，以作为前导字符。
   A. =　　　　　　　B. %　　　　　　　C. &　　　　　　　D. $

4. 在 Excel 2010 中，公式中不可使用的运算符是（　　）。
   A. 算术运算符　　　B. 关系运算符　　　C. 文本运算符　　　D. 逻辑运算符

5. 使用单元格地址 D1 可以引用工作表第 D 列（即第 4 列）第 1 行的单元格，这称为对单元格地址的（　　）。
   A. 混合引用　　　　B. 相对引用　　　　C. 绝对引用　　　　D. 交叉引用

6. 在 Excel 2010 中，假定一个单元格的地址为 $D2，则它是该单元格的（　　）表示。
   A. 相对地址　　　　B. 绝对地址　　　　C. 混合地址　　　　D. 三维地址

7. 在 Excel 2010 中，若要表示当前工作表中 B2 到 F4 的整个单元格区域，则应书写为（　　）。
   A. B2 F4　　　　　B. B2:F4　　　　　C. B2;F4　　　　　D. B2,F4

8. 如果在某一单元格写入公式 = Average(B2:F4)，则求平均值一共有（　　）个单元格。
   A. 5　　　　　　　B. 10　　　　　　　C. 15　　　　　　　D. 20

9. 在 Excel 2010 中，A3 中的内容是 3，B3 中的内容是 5，在 A5 中输入：A3 + B3，A5 单

格将显示( )。

A. 3 + 5　　　　　B. 8　　　　　C. 5　　　　　D. A3 + B3

10. 在 Excel 2010 中，假定一个单元格所存入的公式为"=13*2+7"，则当该单元格处于非编辑状态时显示的内容为( )。

A. 13*2+7　　　B. =13*2+7　　　C. 33　　　　　D. =33

11. 在 Excel 2010 中，公式：=sum(10,min(15,max(2,1),3))的计算结果是( )。

A. 10　　　　　B. 12　　　　　C. 14　　　　　D. 15

12. 在 Excel 2010 工作表的单元格中，输入函数 =avreage(10,25,13)，得到的值为( )。

A. 12　　　　　B. 16　　　　　C. 25　　　　　D. 48

13. 在电子表格中处理学生成绩时，有时需要对不及格的成绩用醒目的方式表示(例如设置为红色)。假如现在需要处理大量的学生成绩，利用( )命令按钮最为方便。

A. 查找　　　　B. 定位　　　　C. 数据筛选　　　D. 条件格式

14. 一个工作表各列数据均含标题，要对所有列数据进行排序，用户应选取的排序区域是( )。

A. 不含标题的任一列数据

B. 含标题的任一列数据

C. 含标题的所有列数据

D. 不含标题的所有列数据

15. 在 Excel 2010 中，要对数据表(即数据清单)进行自动筛选，首先要单击( )选项卡。

A. 开始　　　　B. 页面布局　　　C. 公式　　　　D. 数据

16. 使用 Excel 2010 的数据筛选功能，是将( )。

A. 满足条件的记录显示出来，而删除掉不满足条件的数据

B. 不满足条件的记录暂时隐藏起来，只显示满足条件的数据

C. 不满足条件的数据用另外一个工作表来保存起来

D. 将满足条件的数据突出显示

17. 在 Excel 2010 中，创建图表，首先要打开( )选项卡，然后在"图表"组中操作。

A. 开始　　　　B. 插入　　　　C. 公式　　　　D. 数据

18. 在 Excel 2010 中，图表是用于( )。

A. 可视化地显示数字　　　　　B. 可视化地显示文本

C. 可以说明一个进程　　　　　D. 可以显示一个组织的结构

19. 能够表现个体与整体之间关系的图表类型是( )。

A. 柱形图　　　B. 条形图　　　C. 饼图　　　　D. 折线图

20. 对于工作表建立的柱状形图表，如果删除图表中某数据系列柱状形图，那么( )。

A. 数据表中相应的数据不变

B. 数据表中相应的数据消失

C. 若事先选定被删除柱状图相应的数据区域，则该区域数据消失，否则保持不变

D. 若事先选定被删除柱状图相应的数据区域，则该区域数据不变，否则数据消失

二、实践操作题

1. 创建如下要求的 Excel 2010 文档。

要求：

(1)新建一个 Excel 2010 工作簿,命名为:学生成绩等级表.xlsx。

(2)将工作表 Sheet1,重命名为:学生成绩等级表。

(3)工作表的数据内容,如图 10-36 所示。

(4)单元格区域 A1:H1,执行"合并后居中"命令,字体设置为:楷体、20 号、加粗。

(5)单元格区域 A2:H10,所有数据,格式设置为:宋体、12 号、居中;所有框线;粗匣框线;调整合适的列宽。

(6)单元格区域 A2:H2,格式设置为:双底框线。

(7)利用 IF 函数,计算出:计算机等级列、英语等级列和体育等级列的数值。等级划分标准为:60 以下"不及格",60-70 为"合格",80-90 为"良",90 以上为"优"。

(8)学生成绩等级表,最后的效果,如图 10-36 所示。

(9)复制工作表"学生成绩等级表",并将工作表重命名为:简单排序-计算机。

(10)在工作表"简单排序-计算机"中,按照"计算机"成绩降序排序,并将该列的单元格样式设置为"强调文字颜色 2",操作后的效果,如图 10-37 所示。

(11)复制工作表"学生成绩等级表",并将工作表重命名为:自动筛选-英语。

(12)在工作表"自动筛选-英语"中,使用自动筛选,筛选出"英语"成绩大于 80 分的学生,操作后的效果,如图 10-38 所示。

(13)复制工作表"学生成绩等级表",并将工作表重命名为:图表-折线图。

(14)在工作表"图表-折线图"中,选中单元格区域 B2:E10,单击"插入"选项卡→"图表"组→"折线图"命令下拉按钮→"二维折线图"区域→"带数据标记的堆积折线图"(第二行第二列的折线图)。

(15)选中"折线图",设置"图表布局"为"布局 9","图表标题"为"学生成绩折线图","图表样式"为"样式 26",并将该图表放置在单元格区域 B13:G28,操作后的效果,如图 10-39 所示。

	A	B	C	D	E	F	G	H
1	学生成绩等级表							
2	序号	姓名	计算机	英语	体育	计算机等级	英语等级	体育等级
3	1	任艳	85	89	78	良	良	合格
4	2	窦焦阳	92	69	58	优	合格	不及格
5	3	屈茗靓	65	87	79	合格	良	合格
6	4	蔚佳鹏	65	56	98	合格	不及格	优
7	5	邵仁昭	45	88	86	不及格	良	良
8	6	桂绣湘	57	78	52	不及格	合格	不及格
9	7	乔伊昂	92	96	86	优	优	良
10	8	程琨	83	92	良	合格	优	

图 10-36 学生成绩等级表

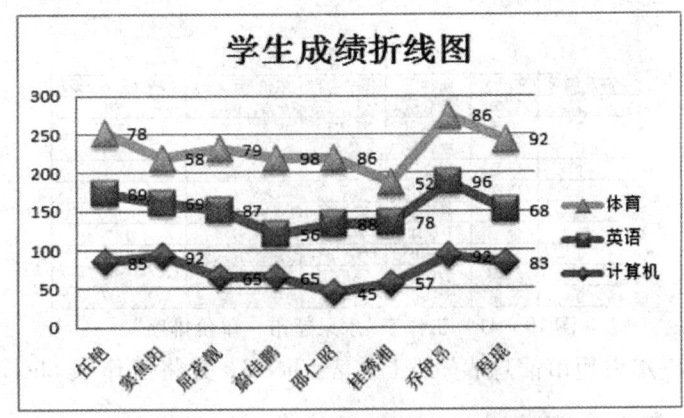

图 10-37 工作表"简单排序-计算机"

图 10-38 工作表"自动筛选-英语"

图 10-39 带数据标记的堆积折线图

说明:

(1)"强调文字颜色 2"命令的打开方式:单击"开始"选项卡→"样式"组→"其他"命令下拉按钮→"主题单元格样式"区域→"强调文字颜色 2"命令。

(2)"布局 9"命令的打开方式:选中"折线图",单击"图表工具"选项卡→"设计"选项卡→"图表布局"组→"其他"命令下拉按钮→"布局 9"命令。

(3)"样式 26"命令的打开方式:选中"折线图",单击"图表工具"选项卡→"设计"选项卡→"图表样式"组→"其他"命令下拉按钮→"样式 26"命令。

2. 创建如下要求的 Excel 2010 文档。

要求:

(1)新建一个 Excel 2010 工作簿,命名为:水果超市信息表.xlsx。

(2)将工作表 Sheet1,重命名为:水果超市信息表。

(3)工作表的数据内容,如图 10-40 所示。

(4)单元格区域 A1:F1,执行"合并后居中"命令,字体设置为:宋体、20 号。

(5)单元格区域 A2:F12,所有数据,格式设置为:宋体、12 号、居中;所有框线;自动调整列宽。

图 10-40 水果超市信息表

(6)复制工作表"水果超市信息表"到工作表 Sheet2,并将工作表 Sheet2 重命名为:水果超市-单价排序。

(7)在工作表"水果超市-单价排序"中,按照"单价(元/斤)"升序排序,并将该列的条件格式设置为"浅绿色数据",操作后的效果,如图 10-41 所示。

图 10-41 工作表"水果超市-单价排序"

(8)复制工作表"水果超市信息表"到工作表 Sheet3,并将工作表 Sheet3 重命名为:水果超市-数量排序。

(9)在工作表"水果超市-数量排序"中,按照"数量(公斤/天)"降序排序,并将该列的条件格式设置为"绿-黄-红色阶",操作后的效果,如图 10-42 所示。

(10)复制工作表"水果超市信息表"到"最后",并将该工作表重命名为:水果超市-超市名称筛选。

(11)在工作表"水果超市-超市名称筛选"中,按照"超市名称"进行自动筛选,将"沃尔玛"超市信息筛选出来,操作后的效果,如图 10-43 所示。

(12)复制工作表"水果超市信息表"到"最后",并将该工作表重命名为:水果超市-图表-饼图。

(13)在工作表"水果超市-图表-饼图"中,选中"产品名"列、"单价(元/斤)"列和"数量(公斤/天)"列,单击"插入"选项卡→"图表"组→"饼图"命令下拉按钮→"二维饼图"区域→"复合饼图"(第一行第三列的饼图)。

(14)选中"饼图",设置"图表布局"为"布局1","图表样式"为"样式34",并移动图表到新工作表 Chart1,操作后的效果,如图 10-44 所示。

	A	B	C	D	E	F
1	水果超市信息表					
2	产品编号	产品名	所在区	超市名称	单价(元/斤)	数量(公斤/天)
3	1	苹果	崇文区	美廉美	¥3.20	300
4	10	柑橘	昌平区	京客隆	¥4.69	260
5	2	雪梨	宣武区	沃尔玛	¥1.99	250
6	7	葡萄	门头沟区	美廉美	¥5.50	160
7	3	香蕉	朝阳区	沃尔玛	¥2.80	150
8	4	草莓	海淀区	世纪华联	¥6.50	100
9	6	菠萝	石景山区	家乐福	¥3.29	100
10	5	西瓜	丰台区	物美	¥2.99	80
11	8	红提	房山区	家乐福	¥7.65	80
12	9	芒果	大兴区	超市发	¥7.80	60

图10-42 工作表"水果超市-数量排序"

	A	B	C	D	E	F
1	水果超市信息表					
2	产品编号	产品名	所在区	超市名称	单价(元/斤)	数量(公斤/天)
4	2	雪梨	宣武区	沃尔玛	¥1.99	250
5	3	香蕉	朝阳区	沃尔玛	¥2.80	150

图10-43 工作表"水果超市-超市名称筛选"

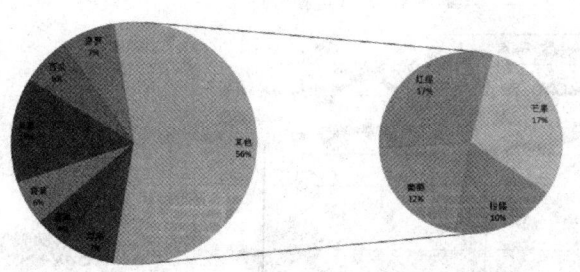

图10-44 饼图

说明:

(1)"浅绿色数据"命令的打开方式:选中"单价(元/斤)"列的数据,单击"开始"选项卡→"样式"组→"条件格式"命令下拉按钮→"数据条"命令→"渐变填充"区域→"浅绿色数据条"命令。

(2)"绿-黄-红色阶"命令的打开方式:选中"数量(公斤/天)"列的数据,单击"开始"选项卡→"样式"组→"条件格式"命令下拉按钮→"色阶"命令→"绿-黄-红色阶"命令。

(3)"布局1"命令的打开方式:选中"饼图",单击"图表工具"选项卡→"设计"选项卡→"图表布局"组→"其他"命令下拉按钮→"布局1"命令。

(4)"样式34"命令的打开方式:选中"饼图",单击"图表工具"选项卡→"设计"选项卡→"图表样式"组→"其他"命令下拉按钮→"样式34"命令。

(5)移动图表:选中图表,单击"图表工具"选项卡→"设计"选项卡→"位置"组→"移动图表"命令;或者,鼠标右键,在弹出的快捷菜单中,选择"移动图表(M)…"命令,执行完命令后,在弹出的"移动图表"对话框中,选择"新工作表(S):"单选按钮,如图10-45所示,单击"确定"按钮,完成操作。

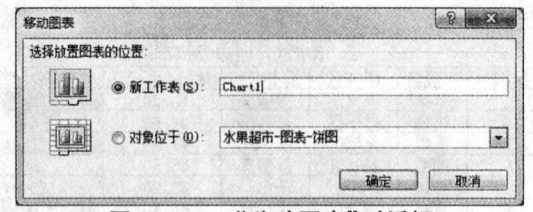

图10-45 "移动图表"对话框

三、拓展训练

(一)图表的知识点

1. 图表的组成

一份完整的图表主要由图表区、绘图区、标题、图例、坐标轴、数据系列等构成,它们共同协作构成能表达设计者需要表达的意义的图表,如图10-46所示。可以通过"图表工具"选项卡中"设计"、"布局"和"格式"3个选项卡,进行具体设置,如图10-47所示。

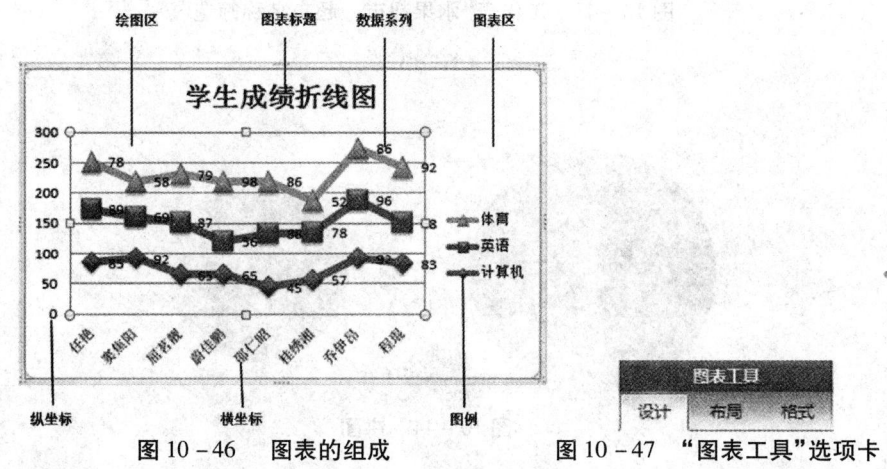

图10-46 图表的组成　　图10-47 "图表工具"选项卡

2. 图表的建立

建立一个图表一般需要考虑以下几点:图表类型、图表数据源、图表布局和图表位置。

图表建立的过程如下:

(1)插入图表

①选取数据源:根据实际情况选取数据源,不能多选也不能少选。不连续的单元格区域通常按 Ctrl 键来选取。

②选择图表类型:根据实际情况选择图表类型。方法:在"插入"选项卡的"图表"组中,选择插入图表的类型,单击其中的一种图表类型,即可显示详细的图表类型列表。例如:单击"插入"选项卡→"图表"组→"柱形图"命令下拉按钮,展开"柱形图"下拉列表,如图10-48所示。如果希望显示所有的图表类型,可以单击"图表"组中的"创建图表"命令按钮,打开"插入图表"对话框,如图10-49所示。

(2)编辑图表

图表的编辑是指对图表的类型、图表的数据源、图表布局和图表位置进行重新地设置或更改。具体内容包括:图表的移动、复制、剪切、粘贴、定位、缩放和删除;改变图表类型;添加、删除数据系列、调整数据系列的顺序;编辑图表元素;调整图表显示效果等。

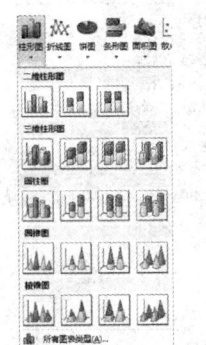

图 10-48 "柱形图"下拉列表

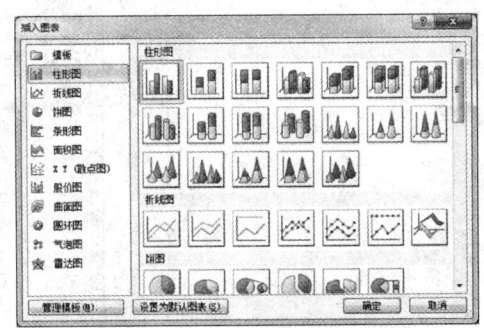

图 10-49 "插入图表"对话框

3. 图表的修饰

修饰图表即格式化图表,可以对图表区、绘图区、图例、数据系列、网格线,以及相应的图案、字体、位置、边框线等图表对象进行修饰。

(二)图表修饰实例

将实践操作题中第 1 道题的图表——学生成绩折线图,进行如下修饰:

1. 选中图表标题,设置字体格式为:微软雅黑、18 号。
2. 选中横坐标轴,设置字体格式为:红色。
3. 选中纵坐标轴,设置字体格式为:蓝色。
4. 选中图表区,设置填充效果为:图案填充,前景色为:蓝色,背景色为白色,选择第一种图案效果,如图 10-50 所示。
5. 选中绘图区,设置填充效果为:渐变填充,具体设置,如图 10-51 所示。
6. 选中图例区,进行如下设置:

(1)边框颜色设置为:实线、紫色,如图 10-52 所示。

(2)边框样式设置为:宽度:3 磅;复合类型:三线;线端类型:圆形;联接类型:棱台,如图 10-53 所示。

(3)阴影设置为:预设:左下对角透视,如图 10-54 所示;颜色:蓝色,如图 10-55 所示。

图 10-50 设置图表区格式

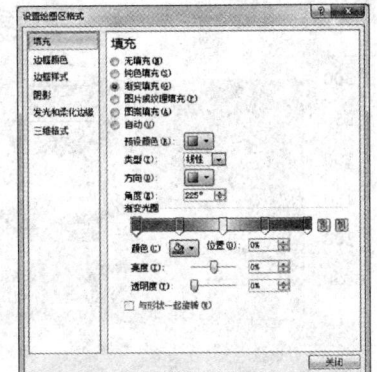

图 10-51 设置绘图区格式

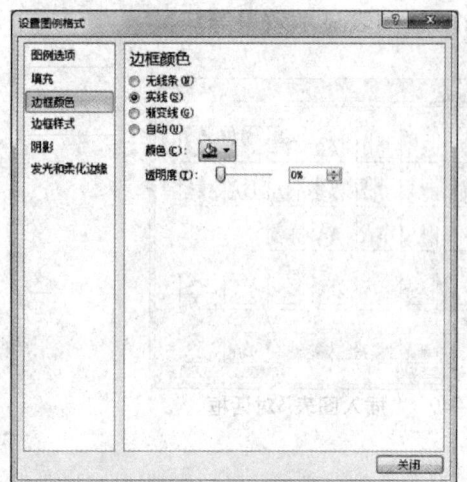
图 10－52　"边框颜色"设置

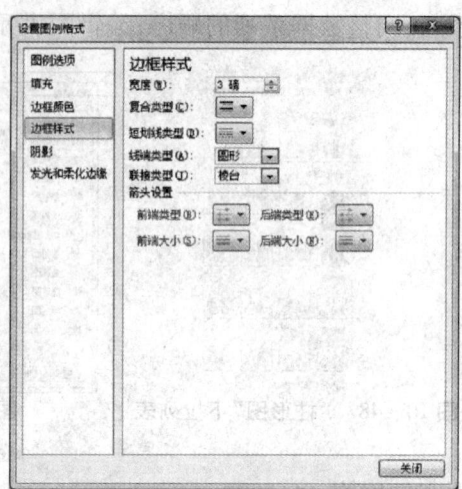
图 10－53　"边框样式"设置

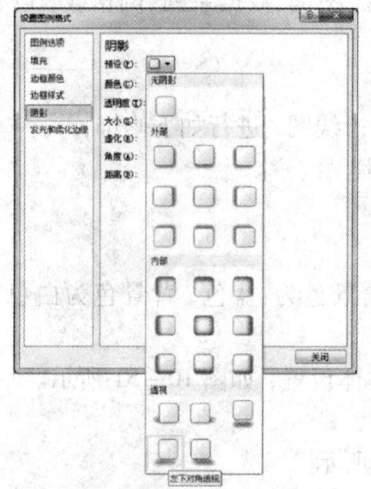
图 10－54　阴影－预设

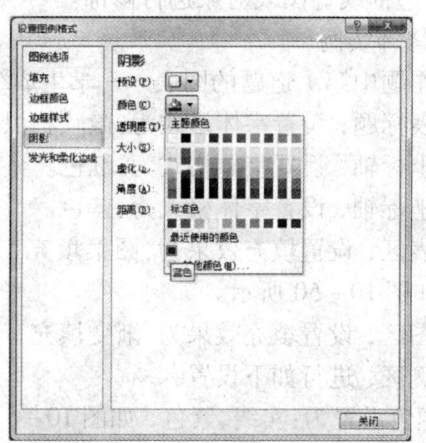
图 10－55　阴影－颜色

7. 设置好的效果，如图 10－56 所示。

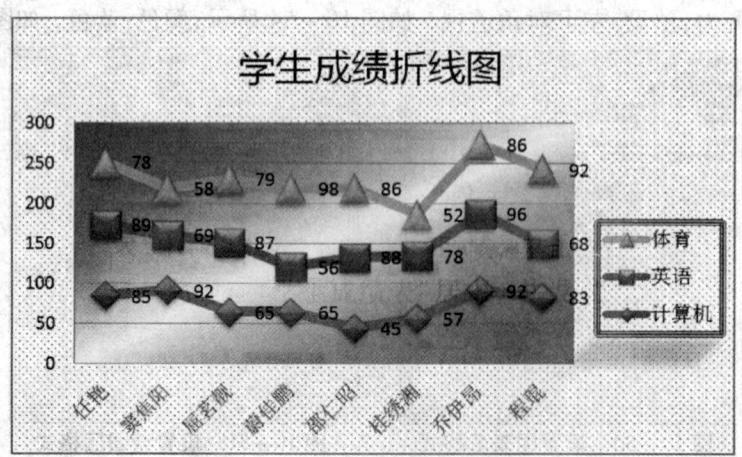
图 10－56　图表修饰后的效果图

项目11　职工工资发放表的设计与统计分析

11.1　项目提出

　　大学是步入社会的通道,走入社会的一扇门,同时也是一所社会大学,要求在学习知识的同时,更深入地了解社会。就业是每个大学生的必然选择,就业时比较关注的话题就是工资问题,工资的计算是大学生需要掌握的一项基本常识。本项目以职工工资发放表为例来介绍企业的职工工资发放表的设计、统计与分析。

11.2　项目分析

　　职工工资发放表关注的信息主要是姓名、部门、职务、基本工资、岗位津贴、奖金、所得税、应发工资和实发工资的信息。本项目中,首先给出基本信息,设计出职工工资发放表的初始工作表,然后在此基础上,进行职工工资发放表的美化、样式设置、排序、筛选、分类汇总、数据透视、工资(应发工资和实发工资)的相关计算、统计与分析以及图表的制作。

　　由以上分析可知,职工工资发放表的设计与统计分析,可以分解为九大任务:

任务1:职工工资发放表的设计。
任务2:职工工资发放表的美化。
任务3:职工工资发放表的样式设置。
任务4:职工工资发放表的排序。
任务5:职工工资发放表的筛选。
任务6:职工工资发放表的分类汇总。
任务7:职工工资发放表的数据透视。
任务8:职工工资发放表的工资计算、统计与分析。
任务9:职工工资发放表的图表制作。

11.3　相关知识点

1. 样式设置

在 Excel 2010 中,提供了样式设置,对工作表中的数据区域进行格式化设置,进而达到突显、美化等效果。在"开始"选项卡的"样式"组,可以看见样式设置的命令,如图 11-1 所示,主要有条件格式、套用表格格式、其他等样式。

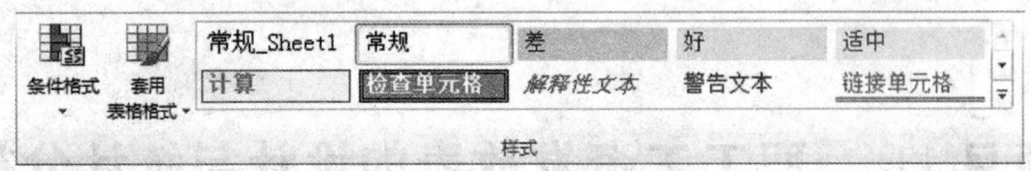

图 11-1 "开始"选项卡的"样式"组

2. 排序

数据排序是 Excel 2010 常用的数据操作之一,它是指将所选中数据区域按某一个或几个字段值的升序或降序方式进行排序。其作用在于按顺序将数据排列显示,从而直观地显示数据中的关键信息,例如:最大值、最小值等。

在对工作表中的数据进行排序前,先要确定排序的数据,在 Excel 中把排序的依据称为"关键字",根据排序关键字的多少分为简单排序和复杂排序。

简单排序是指按一个关键字进行的排序,快捷方便。

复杂排序是指按多个关键字进行的排序,即先按主要关键字排序,在主要关键字相同的情况下,再按次要关键字排序,依此类推。复杂排序一次能够实现更复杂功能的排序。

多次简单排序可以实现和复杂排序一样的效果。

3. 筛选

数据筛选是 Excel 2010 常用的数据操作之一,按照某一个或几个条件能够快速地筛选出所需的数据。它主要分为自动筛选和高级筛选。

自动筛选是每次针对一个条件进行筛选,简单实用。

高级筛选是每个针对多个多件进行筛选,能够实现更复杂功能的筛选,筛选条件需要单独编辑。

多次自动筛选可以实现和高级筛选一样的效果。

4. 分类汇总

分类汇总是数据分析的一种方式,它是将同类数据放在一起,再进行数据求和、计数、求平均值之类的计算。

分类汇总有三个基本要素:

(1)分类字段:将要进行分类的字段。在分类汇总前,必须先对数据区域按照分类字段进行排序。

(2)汇总方式:求和、计数、求平均值、求最大值、求最小值等。

(3)汇总项:可以选择多个字段进行汇总。

5. 数据透视表

数据透视表是一种交互式工作表,用于对现有工作表进行汇总和分析,可以快速合并和比较大量数据。创建数据透视表后,可以按照不同的需要、依据不同的关系来提取和组织数据。

6. 数据透视图

数据透视图是数据分析的一种方式，它和数据透视表的功能类似，区别主要在于表现形式。数据透视表是以多维表格的形式展示，数据透视图是以图表的形式展示。

11.4 项目实施

11.4.1 项目调研

分组调研职工工资发放表的各个组成部分和统计分析项，并讨论每个组成部分的细节。其中两组老师进行深入调研，其他组进行组内讨论，然后再进行组间交流，初步形成项目的大致框架。

11.4.2 确定项目

全体组及组员进行讨论，最终确定适合本班思想的职工工资发放表的设计与统计分析整体方案，形成图片，作为后续操作的依据。

●项目说明：

职工工资发放表的设计与统计分析方案说明如下：

(1)职工工资发放表的组成部分包括：姓名、部门、职务、基本工资、岗位津贴、奖金、所得税、应发工资和实发工资等信息。

(2)"应发工资"的计算，使用公式"应发工资 = 基本工资 + 岗位津贴 + 奖金"来实现。

(3)"实发工资"的计算，使用公式"实发工资 = 应发工资 − 所得税"来实现。

(4)职工工资发放表中数据的突出显示，通过设置条件格式来实现。

(5)职工工资发放表的排序，通过简单排序和复杂排序两种方式来实现。

(6)职工工资发放表的筛选，通过自动筛选和高级筛选两种方式来实现。

(7)职工工资发放表的分类汇总。

(8)职工工资发放表的数据透视，通过数据透视表和数据透视图两种方式来实现。

(9)职工工资发放表的美化，通过字体格式设置、段落格式设置、单元格格式设置来实现。

(10)函数工作表的设计，主要使用常用数学函数来实现。

(11)图表，按照指定要求使用图表来实现。

11.4.3 项目实施

任务1：职工工资发放表的设计

根据素材文件"职工工资发放表.png"，设计"职工工资发放表"。

步骤1：新建一个工作簿，命名为"职工工资发放表.xlsx"。

步骤2：重命名工作表。将工作表标签"Sheet1"重新命名为"职工工资发放表"。

步骤3：输入标题。在A1单元格内，输入文字"职工工资发放表"。

步骤4：设计表头。在A2:H2单元格内，分别输入文字"序号"、"姓名"、"部门"、"职务"、"基本工资"、"岗位津贴"、"奖金"和"所得税"。

步骤5:设计表格数据。

(1)输入序号(数值型数据)。在A3单元格内,输入数字"1"。选中A3单元格,将鼠标放置在右下角,鼠标变成实心十字形,向下拖动至A12单元格,在其右下角出现"自动填充选项"图标,如图11-2所示,点击该图标上的黑色倒三角,在展开的菜单中,选择"填充序列(S)",如图11-3所示,自动按序生成所有序号,如图11-4所示。

(2)输入其他数据。按照素材文件"职工工资发放表.png",在B3:H12单元格区域内,输入指定的所有数据。

● 说明:所有的文本数据左对齐,所有的数值数据右对齐。

(3)数据录入后的效果,如图11-5所示。

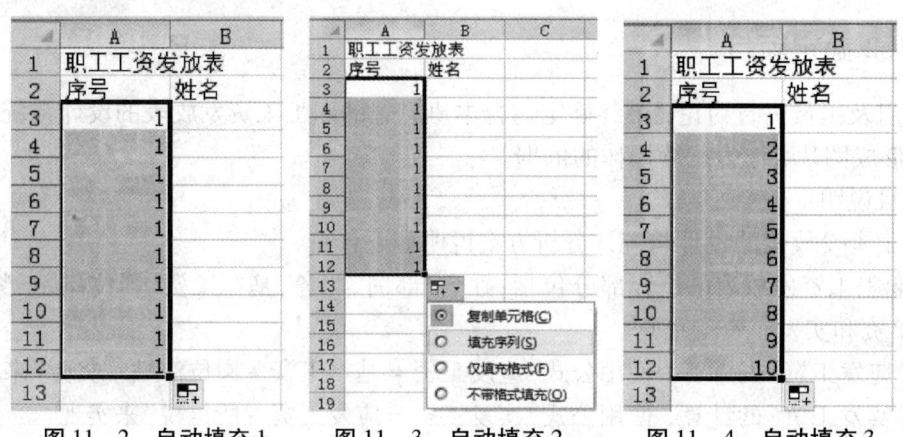

图11-2　自动填充1　　图11-3　自动填充2　　图11-4　自动填充3

图11-5　职工工资发放表的原始状态

● 说明:如果在录入过程中,忘记输入标题,可以在表头所在行(第1行)的上方,插入一个新行,方法如下:

方法一:选中第1行("序号"所在的行),鼠标右键,在弹出的快捷菜单中,选择"插入(I)",在当前行之前插入一个新行,如图11-6所示。

方法二:选中第1行("序号"所在的行),单击"开始"选项卡→"单元格"组→"插入"下拉按钮,在展开的下拉列表中,选择"插入工作表行(R)",如图11-7所示。

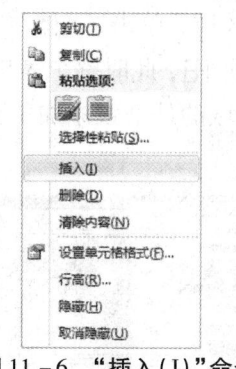 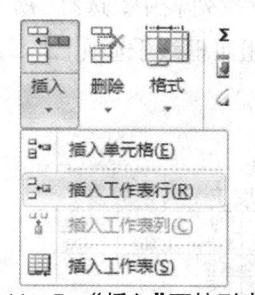

图 11-6 "插入(I)"命令　　　图 11-7 "插入"下拉列表

任务2：职工工资发放表的美化

步骤1：选中 A1:H1 单元格区域，单击"开始"选项卡→"对齐方式"组→"合并后居中"按钮，将 A1 到 H1 单元格合并成一个单元格并居中显示，如图 11-8 所示。

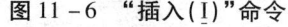

图 11-8 "合并后居中"显示效果

步骤2：选中"职工工资发放表"，将字体设置为"黑体，20 号"。

步骤3：选中单元格区域 A2:H12，将单元格内容居中显示，单击"开始"选项卡→"对齐方式"组→"居中"命令，设置后的效果，如图 11-9 所示。

	A	B	C	D	E	F	G	H
1				职工工资发放表				
2	序号	姓名	部门	职务	基本工资	岗位津贴	奖金	所得税
3	1	孙俪	人事部	职员	1500	500	500	325
4	2	占强	开发部	主管	3000	800	1000	575
5	3	马文龙	人事部	职员	1500	200	300	216
6	4	褚巧红	市场部	职员	1800	1000	500	438
7	5	刘永豪	大专部	编辑	2500	200	200	579
8	6	常宏亮	销售部	职员	1500	800	700	362
9	7	李伟霞	大专部	编辑	1200	300	350	189
10	8	郝建祥	行政部	职员	1000	500	400	127
11	9	王程娇	幼教部	教师	1500	600	500	254
12	10	朱喜倩	幼教部	经理	2000	450	600	418

图 11-9 单元格内容居中显示

步骤4：选中单元格区域 A2:H12，将字体设置为"宋体，14 号"，设置后的效果，如图 11-10 所示。

步骤5：自动调整列宽。选中单元格区域 A2:H12，单击"开始"选项卡→"单元格"组→"格式"下拉按钮，在打开的下拉列表中，选择"自动调整列宽"选项，调整后的效果，如图 11-11 所示。

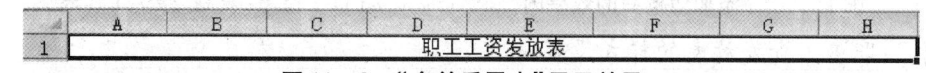

图 11-10 数据区域字体设置效果图　　图 11-11 "自动调整列宽"效果图

步骤6：为表格添加边框。选中 A2:H12 单元格区域，单击"字体"组中的"下框线"下拉按钮，在打开的下拉列表中，选择"所有框线"选项，此时整个表格都被添加了细边框。再选择下拉列表中"粗匣框线"选项，此时选中区域的外部被添加了粗边框，效果如图11-12 所示。

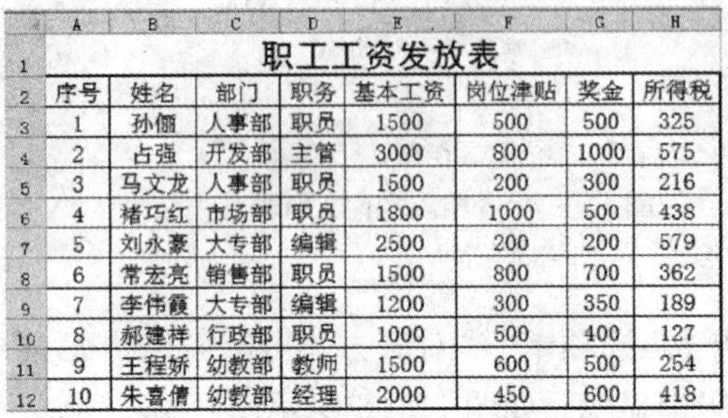

图 11-12　添加边框后的效果图　　　图 11-13　"复制"整个工作表

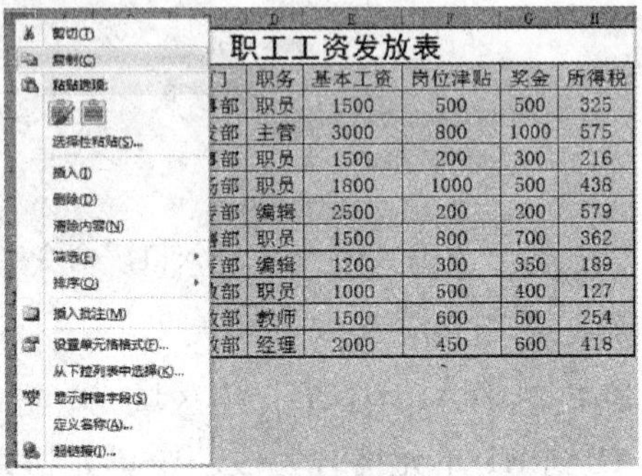

任务3：职工工资发放表的样式设置

步骤1：双击工作表标签"Sheet2"，将工作表重命名为"样式设置"。

步骤2：复制工作表"职工工资发放表"到工作表"样式设置"。将鼠标放置在第1张工作表"职工工资发放表"编辑区的左上角，选中整个工作表，鼠标右键，在弹出的快捷菜单中，选择"复制"命令，如图11-13 所示，再将鼠标放置在第2张工作表"样式设置"编辑区的左上角，选中整个工作表，鼠标右键，在弹出的快捷菜单中，选择"粘贴"命令。

步骤3：将"部门"所在列中的"人事部"突出显示。具体操作如下：

（1）选中单元格区域 C3:C12，单击"开始"选项卡→"样式"组→"条件格式"下拉按钮→"突出显示单元格规则（H）"右侧按钮→"等于（E）…"选项，如图11-14 所示。

（2）弹出"等于"对话框，如图11-15 所示。在"为等于以下值的单元格设置格式："中，选择 C3 单元格；单击"设置为"后面的下拉列表，选择"自定义格式…"，如图11-16 所示。

（3）弹出"设置单元格格式"对话框，在"字体"选项卡中，设置字体的"字形"为"加粗"，"颜色"为"黄色"，如图11-17 所示；在"填充"选项卡中，"背景色"选择"蓝色"，如图11-18 所示，单击"确定"按钮，关闭"设置单元格格式"对话框。

（4）再次单击"确定"按钮，关闭"等于"对话框，设置后的效果如图11-19 所示。

●说明：可根据自己的喜好，设置突出显示的样式。

图 11-14　"等于（E）…"选项　　　图 11-15　"等于"对话框

项目 11 职工工资发放表的设计与统计分析

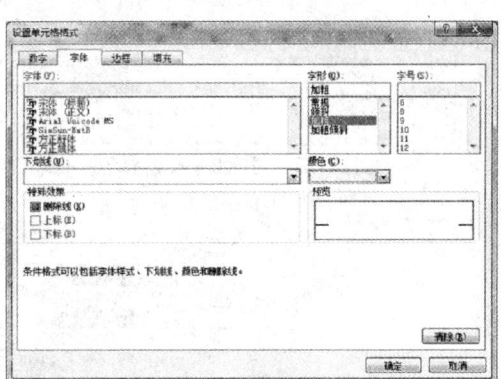

图 11-16 "等于"对话框的设置　　　　图 11-17 "字体"选项卡

图 11-18 "填充"选项卡

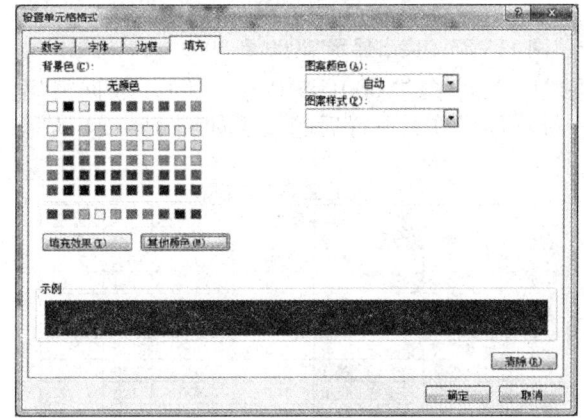

图 11-19 突出显示"人事部"　　　　图 11-20 突出显示"编辑"

步骤 4：将"职务"所在列中的"编辑"进行突出显示。选中单元格区域 D3:D12，参见步骤 3，进行具体操作，设置后的效果如图 11-20 所示。

步骤 5：将"基本工资"所在列中的"2000 到 3000"之间的数据突出显示。选中单元格区域 E3:E12，具体操作参见步骤 3，不同之处是选取命令时，需要选择"介于"命令，即单击"开始"选项卡→"样式"组→"条件格式"下拉按钮→"突出显示单元格规则(H)"右侧按钮→"介于(O)…"选项，如图 11-14 所示。在弹出的"介于"对话框中，可以手动输入"介于"范围的边界值，如图 11-21 所示，也可以使用鼠标单击指定单元格进行设置，如图 11-22 所示，其余设置同步骤 3，设置后的效果如图 11-23 所示。

— 261 —

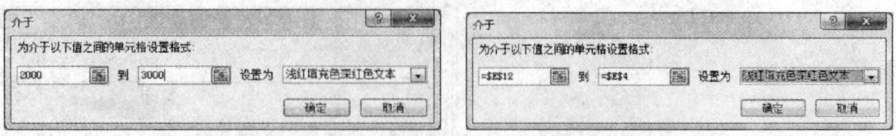

图 11－21　手动输入边界值

图 11－22　使用鼠标设置边界值

职工工资发放表							
序号	姓名	部门	职务	基本工资	岗位津贴	奖金	所得税
1	孙俪	人事部	职员	1500	500	500	325
2	占强	开发部	主管	3000	800	1000	575
3	马文龙	人事部	职员	1500	200	300	216
4	褚巧红	市场部	职员	1800	1000	500	438
5	刘永豪	大专部	编辑	2500	200	200	579
6	常宏亮	销售部	职员	1500	800	700	362
7	李伟霞	大专部	编辑	1200	300	350	189
8	郝建祥	行政部	职员	1000	500	400	127
9	王程娇	幼教部	教师	1500	600	500	254
10	朱喜倩	幼教部	经理	2000	450	600	418

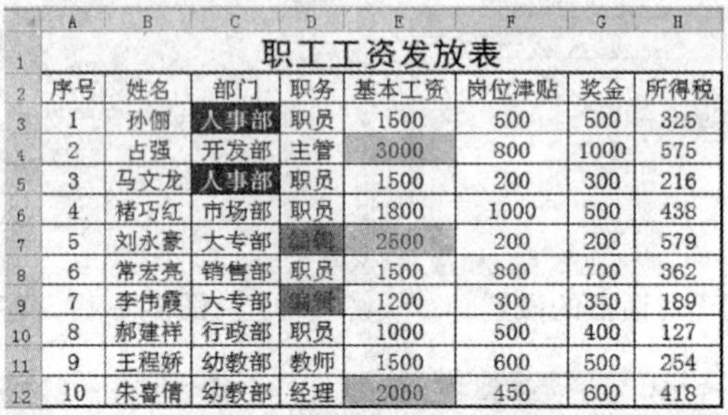

图 11－23　突出显示“2000 到 3000”之间的数据

步骤 6：将“岗位津贴”所在列中的“600 到 1000”之间的数据突出显示。选中单元格区域 F3：F12，参见步骤 5，进行具体操作，设置后的效果如图 11－24 所示。

职工工资发放表							
序号	姓名	部门	职务	基本工资	岗位津贴	奖金	所得税
1	孙俪	人事部	职员	1500	500	500	325
2	占强	开发部	主管	3000	800	1000	575
3	马文龙	人事部	职员	1500	200	300	216
4	褚巧红	市场部	职员	1800	1000	500	438
5	刘永豪	大专部	编辑	2500	200	200	579
6	常宏亮	销售部	职员	1500	800	700	362
7	李伟霞	大专部	编辑	1200	300	350	189
8	郝建祥	行政部	职员	1000	500	400	127
9	王程娇	幼教部	教师	1500	600	500	254
10	朱喜倩	幼教部	经理	2000	450	600	418

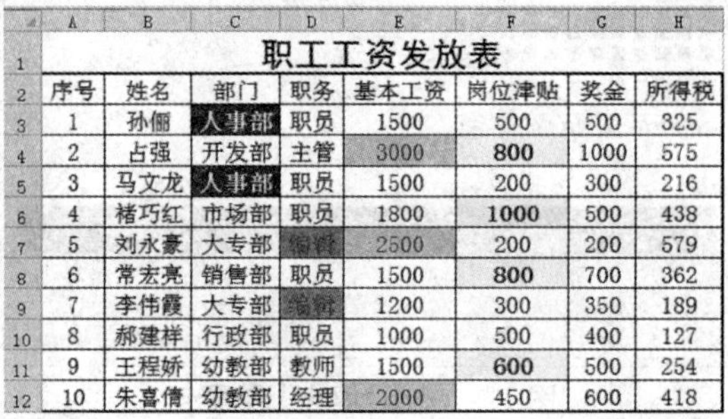

图 11－24　突出显示“600 到 1000”之间的数据

步骤 7：将“奖金”所在列中的“大于或等于 600”的数据使用红色加粗显示出来。具体操作如下：

（1）选中单元格区域 G3：G12，单击“开始”选项卡→“样式”组→“条件格式”下拉按钮→“新建规则（N）…”选项，如图 11－25 所示。

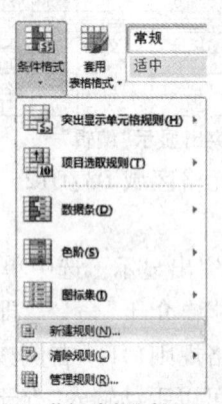

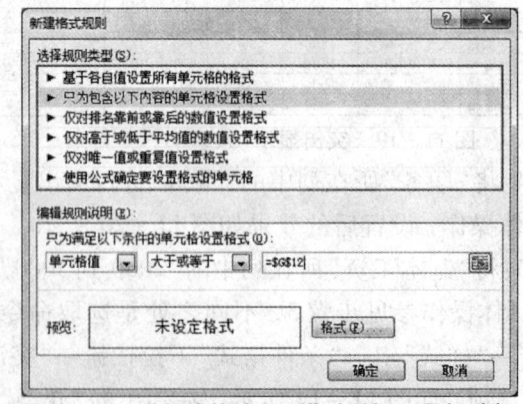

图 11－25　“新建规则（N）…”选项

图 11－26　“新建格式规则”对话框－鼠标选择

（2）在弹出的“新建格式规则”对话框中，在“选择规则类型（S）：”中，选择第 2 项“只为包含以下内容的单元格设置格式”；在“编辑规则说明（E）：”下方列表框中，在“只为满足以下条件的单元格设置格式(O):"下方,在"介于"下拉列表中选择"大于或等于",在其后的文本框中选择单元格G12,如图11-26所示,或者手动输入"600",如图11-27所示。

(3)单击"格式(F)…"按钮,弹出"设置单元格格式"对话框,在"字体"选项卡中,设置字体的"字形"为"加粗","颜色"为"红色",单击"确定"按钮,关闭"设置单元格格式"对话框,如图11-28所示。

(4)单击"确定"按钮,关闭"新建格式规则"对话框,设置后的效果,如图11-29所示。

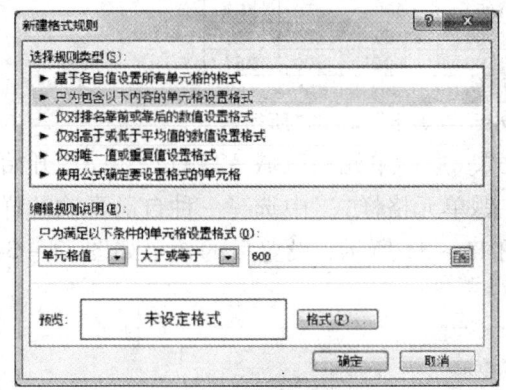
图11-27 手动输入"600"

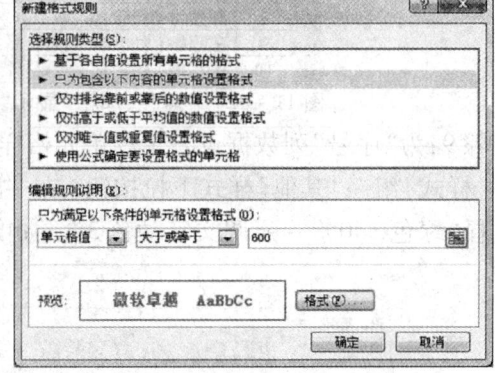
图11-28 "格式(F)…"设置后效果

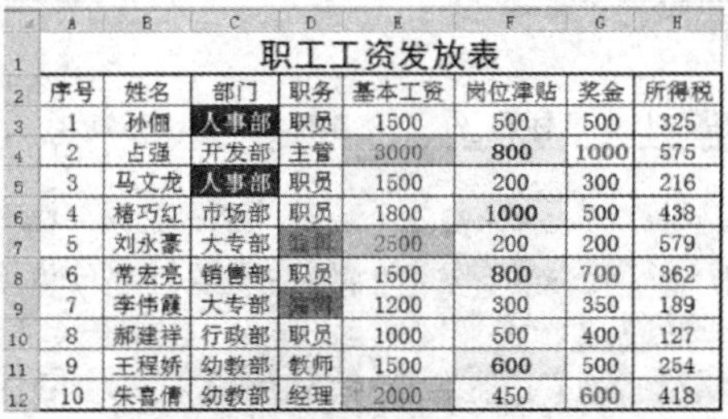

图11-29 "红色、加粗"显示"大于或等于"600的"奖金"数据

步骤8:将"所得税"所在列中"小于或等于"325的数据使用蓝色加粗显示出来。选中单元格区域H3:H12,参见步骤7,进行具体操作,在"新建格式规则"对话框中,在"只为满足以下条件的单元格设置格式(O):"下方,在"介于"下拉列表中选择"小于或等于",在其后的文本框中选择单元格H3,如图11-30所示,或者手动输入"325",如图11-31所示。单击"格式(F)…"按钮,在字体设置为"蓝色、加粗",设置后的效果如图11-32所示。

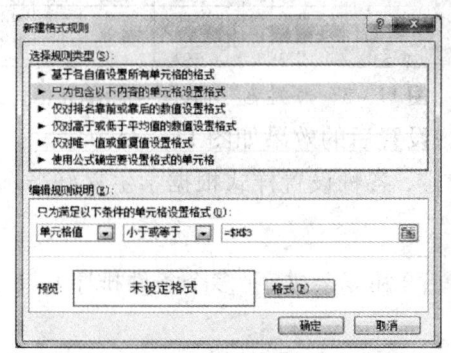
图11-30 自动选择条件数值

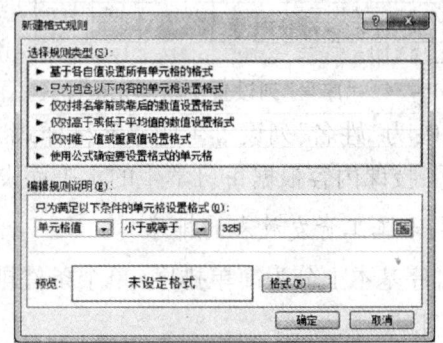
图11-31 手动输入条件数值

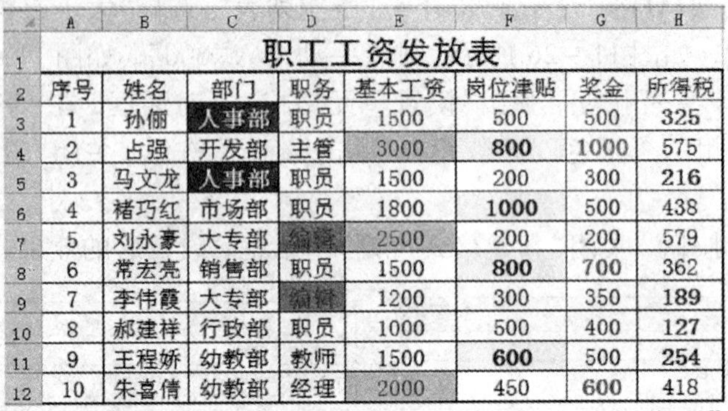

职工工资发放表							
序号	姓名	部门	职务	基本工资	岗位津贴	奖金	所得税
1	孙俪	人事部	职员	1500	500	500	325
2	占强	开发部	主管	3000	800	1000	575
3	马文龙	人事部	职员	1500	200	300	216
4	褚巧红	市场部	职员	1800	1000	500	438
5	刘永豪	大专部	编辑	2500	200	200	579
6	常宏亮	销售部	职员	1500	800	700	362
7	李伟霞	大专部	编辑	1200	300	350	189
8	郝建祥	行政部	职员	1000	500	400	127
9	王程娇	幼教部	教师	1500	600	500	254
10	朱喜倩	幼教部	经理	2000	450	600	418

图 11－32 “蓝色、加粗”显示“小于或等于”325 的“所得税”

步骤 9：为“序号”列数据设置主题单元格样式。选中单元格区域 A2：A12，单击“开始”选项卡→“样式”组→“其他”样式下拉按钮，在“主题单元格样式”中选择一种自己喜欢的样式，本例选择“绿色，40%－强调文字颜色 3”，如图 11－33 所示，设置后的效果如图 11－34 所示。

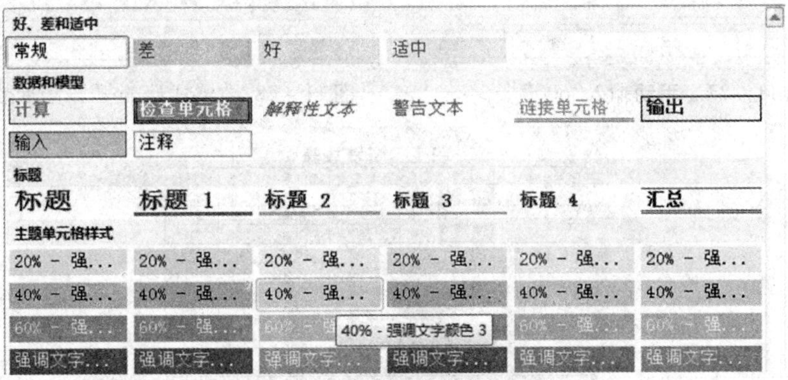

图 11－33 “主题单元格样式”选择设置

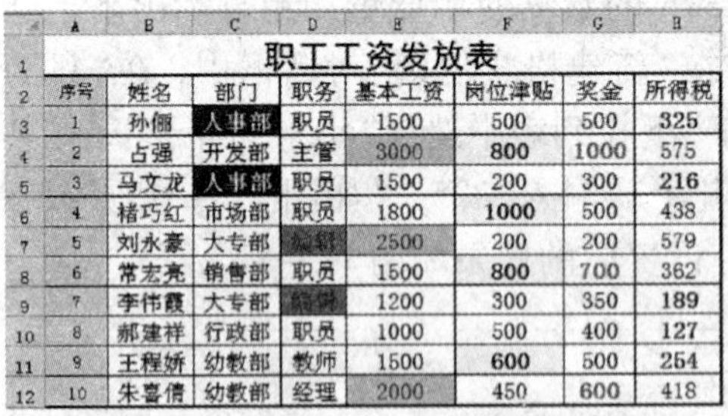

职工工资发放表							
序号	姓名	部门	职务	基本工资	岗位津贴	奖金	所得税
1	孙俪	人事部	职员	1500	500	500	325
2	占强	开发部	主管	3000	800	1000	575
3	马文龙	人事部	职员	1500	200	300	216
4	褚巧红	市场部	职员	1800	1000	500	438
5	刘永豪	大专部	编辑	2500	200	200	579
6	常宏亮	销售部	职员	1500	800	700	362
7	李伟霞	大专部	编辑	1200	300	350	189
8	郝建祥	行政部	职员	1000	500	400	127
9	王程娇	幼教部	教师	1500	600	500	254
10	朱喜倩	幼教部	经理	2000	450	600	418

图 11－34 “序号”列设置主题单元格样式

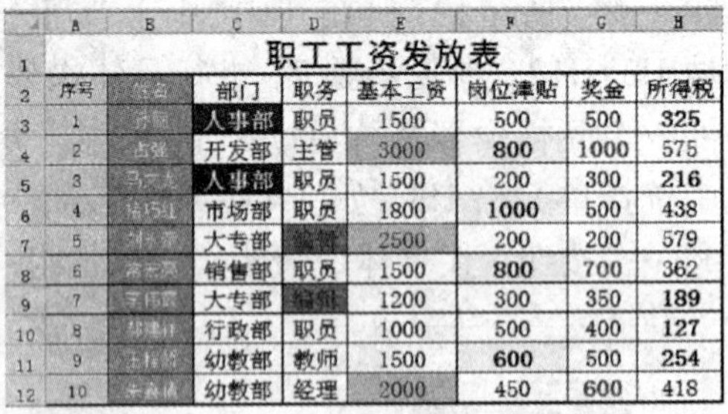

职工工资发放表							
序号	姓名	部门	职务	基本工资	岗位津贴	奖金	所得税
1	孙俪	人事部	职员	1500	500	500	325
2	占强	开发部	主管	3000	800	1000	575
3	马文龙	人事部	职员	1500	200	300	216
4	褚巧红	市场部	职员	1800	1000	500	438
5	刘永豪	大专部	编辑	2500	200	200	579
6	常宏亮	销售部	职员	1500	800	700	362
7	李伟霞	大专部	编辑	1200	300	350	189
8	郝建祥	行政部	职员	1000	500	400	127
9	王程娇	幼教部	教师	1500	600	500	254
10	朱喜倩	幼教部	经理	2000	450	600	418

图 11－35 “姓名”列设置主题单元格样式

步骤 10：为“姓名”列设置主题单元格样式。设置后的效果如图 11－35 所示。

●说明：授课内容根据每班学生的水平而设定，各种设置样式根据学生喜好来选择。

任务 4：职工工资发放表的排序

数据排序基本上分为简单排序（单个条件排序）和复杂排序（多个条件排序）。

1. 简单排序。

步骤 1：复制工作表。本项目采用的方法：选中工作表标签“职工工资发放表”，鼠标右键,在弹出的快捷菜单中,选择"移动或复制(M)…"命令,如图11-36所示,在弹出的"移动或复制工作表"对话框中,在"下列选定工作表之前(B):"下面的列表框中,选择"Sheet3",勾选"建立副本(C)"复选框,如图11-37所示,单击"确定"按钮。这样在工作表Sheet3之前将复制一个名为"职工工资发放表(2)"的工作表。

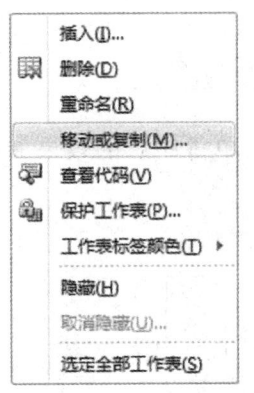
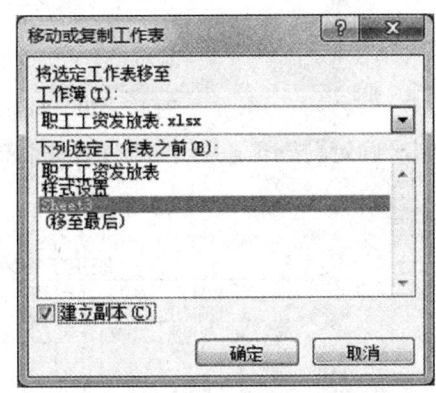

图11-36 "移动或复制(M)…"命令　　图11-37 "移动或复制工作表"对话框

步骤2:重命名工作表。双击工作表标签"职工工资发放表(2)",将其重命名为"简单排序"。

步骤3:对"简单排序"工作表中的数据进行简单排序(按照"基本工资"单个条件进行升序排序)操作。具体操作步骤如下:

(1)选中除了标题"职工工资发放表"外的所有数据。

(2)单击"开始"选项卡→"编辑"组→"排序和筛选"下拉按钮,在打开的下拉列表中,选择"自定义排序(U)…"选项,如图11-38所示。

●说明:其他方法,单击"数据"选项卡→"排序和筛选"组→"排序"命令,如图11-39所示,可以弹出"排序"对话框。

(3)在弹出的"排序"对话框中,在"主要关键字"后面的下拉列表中选择"基本工资",其他选项默认,如图11-40所示,实现将工作表数据按照"基本工资"单个条件进行升序排序。

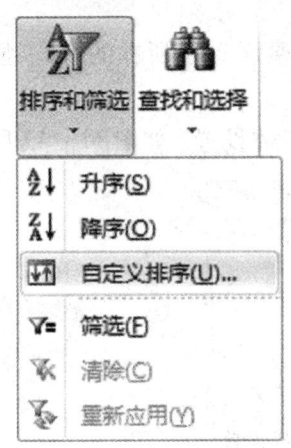
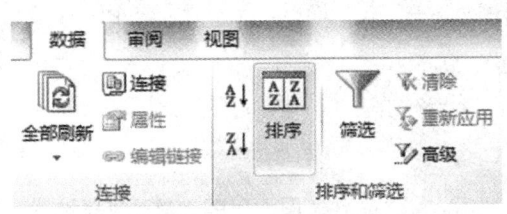

图11-38 "自定义排序(U)…"选项　　图11-39 "排序"命令

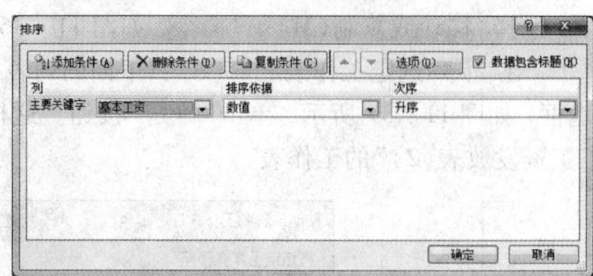

图 11－40 “排序”对话框

步骤 4：单击“确定”按钮，关闭“排序”对话框，经过简单排序后的效果如图 11－41 所示。

职工工资发放表							
序号	姓名	部门	职务	基本工资	岗位津贴	奖金	所得税
8	郝建祥	行政部	职员	1000	500	400	127
7	李伟霞	大专部	编辑	1200	300	350	189
1	孙俪	人事部	职员	1500	500	500	325
3	马文龙	人事部	职员	1500	200	300	216
6	常宏亮	销售部	职员	1500	800	700	362
9	王程娇	幼教部	教师	1500	600	500	254
4	楮巧红	市场部	职员	1800	1000	500	438
10	朱喜倩	幼教部	经理	2000	450	600	418
5	刘永豪	大专部	编辑	2500	200	200	579
2	占强	开发部	主管	3000	800	1000	575

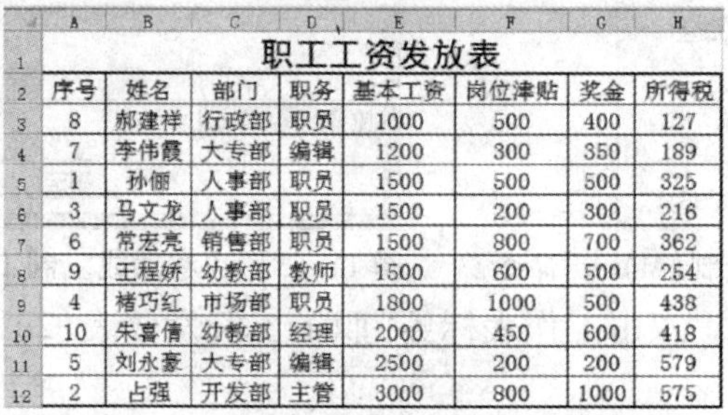

图 11－41 简单排序后的职工工资发放表

2. 复杂排序。

步骤 1：将“职工工资发放表”进行复制，放置在工作表 Sheet3 之前，重命名为“复杂排序”。

步骤 2：对“复杂排序”工作表中的数据进行复杂排序（多个条件的排序）操作。具体操作步骤如下：

（1）选中除了标题“职工工资发放表”外的所有数据。

（2）单击“开始”选项卡→“编辑”组→“排序和筛选”下拉按钮，在打开的下拉列表中，选择“自定义排序（U）…”选项，如图 11－38 所示。

（3）在弹出的“排序”对话框中，在“主要关键字”后面的下拉列表中选择“基本工资”，其他选项默认，如图 11－40 所示。

（4）单击“添加条件（A）”按钮，添加第 2 个排序条件（次要关键字所在的行），显示效果如图 11－42 所示。

（5）在“次要关键字”所在的行，进行第 2 个排序条件的具体设置，如图 11－43 所示。

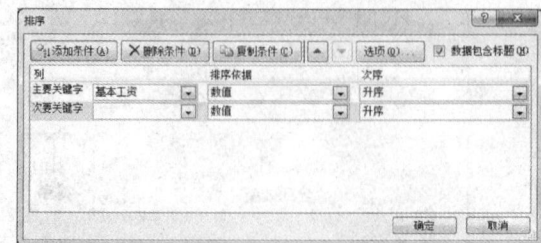

图 11－42 复杂排序设置－“主要关键字”设置

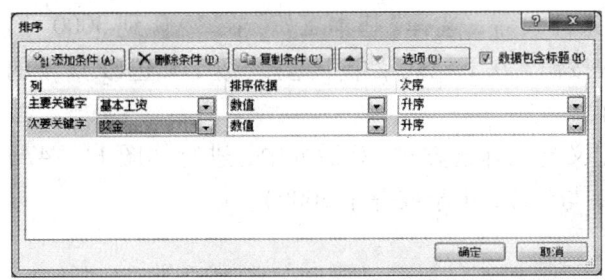

图 11－43　复杂排序设置－“次要关键字”设置

步骤 3:单击“确定”按钮，关闭“排序”对话框，经过复杂排序后的效果如图 11－44 所示。

	A	B	C	D	E	F	G	H
1	职工工资发放表							
2	序号	姓名	部门	职务	基本工资	岗位津贴	奖金	所得税
3	8	郝建祥	行政部	职员	1000	500	400	127
4	7	李伟霞	大专部	编辑	1200	300	350	189
5	3	马文龙	人事部	职员	1500	200	300	216
6	1	孙俪	人事部	职员	1500	500	500	325
7	9	王程娇	幼教部	教师	1500	600	500	254
8	6	常宏亮	销售部	职员	1500	800	700	362
9	4	褚巧红	市场部	职员	1800	1000	500	438
10	10	朱喜倩	幼教部	经理	2000	450	600	418
11	5	刘永豪	大专部	编辑	2500	200	200	579
12	2	占强	开发部	主管	3000	800	1000	575

图 11－44　复杂排序后的职工工资发放表

任务 5:职工工资发放表的筛选

数据筛选分为自动筛选(单个条件筛选)和高级筛选(多个条件筛选)。

1. 自动筛选。

步骤 1:将“职工工资发放表”进行复制，放置在工作表 Sheet3 之前，重命名为“简单筛选”。

步骤 2:对“简单筛选”工作表中的数据进行简单筛选(单个条件的筛选)操作。具体操作步骤如下:

(1)选中除了标题“职工工资发放表”外的所有数据。

(2)单击“开始”选项卡→“编辑”组→“排序和筛选”下拉按钮，在打开的下拉列表中，选择“筛选(F)”选项，如图 11－38 所示。

●说明:其他方法，单击“数据”选项卡→“排序和筛选”组→“筛选”命令，如图 11－39 所示。

(3)选中“筛选(F)”选项后，工作表的每个标题列都会自动添加 1 个下拉式按钮，如图 11－45 所示。

	A	B	C	D	E	F	G	H
1	职工工资发放表							
2	序号	姓名	部门	职务	基本工资	岗位津贴	奖金	所得税
3	1	孙俪	人事部	职员	1500	500	500	325
4	2	占强	开发部	主管	3000	800	1000	575
5	3	马文龙	人事部	职员	1500	200	300	216
6	4	褚巧红	市场部	职员	1800	1000	500	438
7	5	刘永豪	大专部	编辑	2500	200	200	579
8	6	常宏亮	销售部	职员	1500	800	700	362
9	7	李伟霞	大专部	编辑	1200	300	350	189
10	8	郝建祥	行政部	职员	1000	500	400	127
11	9	王程娇	幼教部	教师	1500	600	500	254
12	10	朱喜倩	幼教部	经理	2000	450	600	418

图 11－45　“筛选”初始状态

(4)进行简单筛选条件设置,选择"基本工资"在2500到3000之间的职工信息。单击"基本工资"列的下拉式按钮,在下拉式菜单中选择"数字筛选(F)"下的"大于或等于(O)…"选项,如图11-46所示。

(5)在弹出的"自定义自动筛选方式"对话框中,进行如图11-47所示的设置("基本工资",大于或等于2500,与(A),小于或等于3000)。

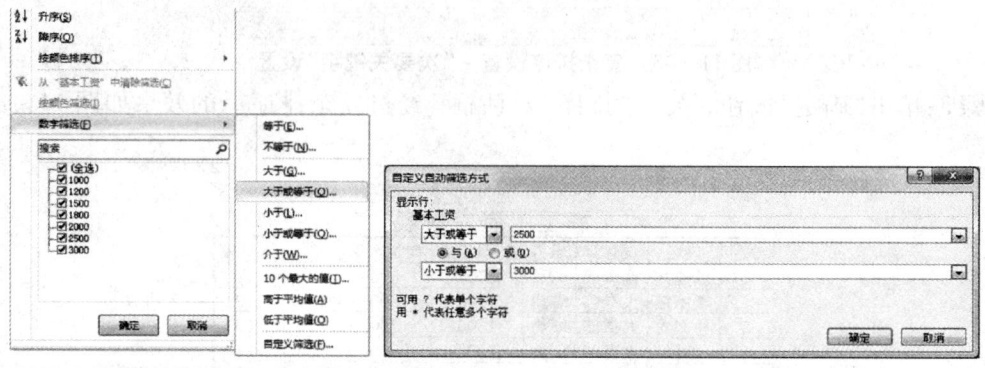

图11-46 "大于或等于(O)…"选项　　　图11-47 "自定义筛选方式"对话框

(6)单击"确定"按钮,关闭"自定义自动筛选方式"对话框,经过自动筛选后的结果如图11-48所示。

图11-48 自动筛选后的职工工资发放表

2. 高级筛选。

步骤1:将"职工工资发放表"进行复制,放置在工作表Sheet3之前,重命名为"高级筛选"。

步骤2:对"高级筛选"工作表中的数据进行高级筛选(多个条件的筛选)操作。具体操作步骤如下:

(1)在"高级筛选"工作表中的任意空白区域,编辑高级筛选条件,如图11-49所示。
(2)选中除了标题"职工工资发放表"外的所有数据。
(3)单击"数据"选项卡→"排序和筛选"组→"高级"命令,如图11-50所示。

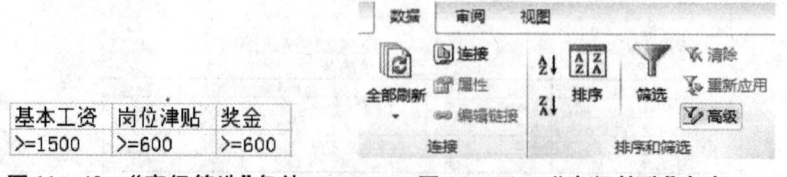

图11-49 "高级筛选"条件　　　图11-50 "高级筛选"命令

(4)弹出"高级筛选"对话框,如图11-51所示,鼠标定位在"条件区域(C):"后面的选项框内,选择已经编写好的高级筛选条件,如图11-52所示。

项目 11 职工工资发放表的设计与统计分析

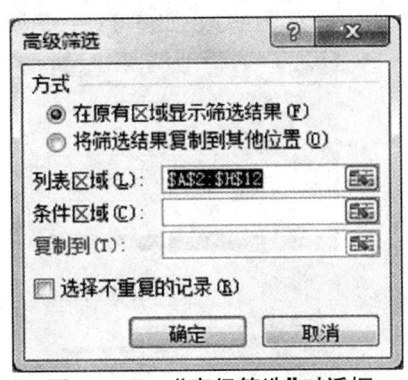

图 11-51 "高级筛选"对话框

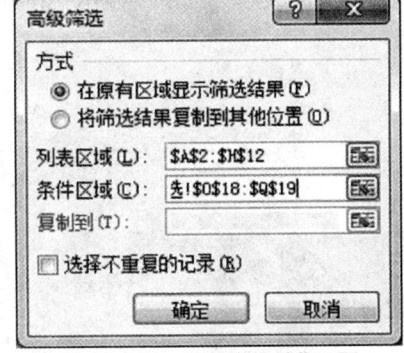

图 11-52 "高级筛选"设置

(5)在"高级筛选"对话框内,实现的是对所选中的数据区域,进行给定高级筛选条件的设置,单击"确定"按钮,经过高级筛选后的结果如图 11-53 所示。

序号	姓名	部门	职务	基本工资	岗位津贴	奖金	所得税
			职工工资发放表				
2	占强	开发部	主管	3000	800	1000	575
6	常宏亮	销售部	职员	1500	800	700	362

图 11-53 高级筛选后的职工工资发放表

●说明:每个教学班给出不同的筛选条件,方便学生灵活掌握筛选操作。

任务 6:职工工资发放表的分类汇总

●本任务说明问题:

1. 分类汇总操作的前提条件是:排序。
2. 分类汇总要求:按照"部门"对"基本工资"进行"求和"操作。

步骤 1:将"职工工资发放表"进行复制,放置在工作表 Sheet3 之前,重命名为"数据分类汇总"。

步骤 2:在"数据分类汇总"工作表中,先对所有数据按照"部门"进行简单排序,排序后的结果如图 11-54 所示。

●注意:分类汇总之前必须排序。

序号	姓名	部门	职务	基本工资	岗位津贴	奖金	所得税
			职工工资发放表				
5	刘永豪	大专部	编辑	2500	200	200	579
7	李伟霞	大专部	编辑	1200	300	350	189
8	郝建祥	行政部	职员	1000	500	400	127
2	占强	开发部	主管	3000	800	1000	575
1	孙俪	人事部	职员	1500	500	500	325
3	马文龙	人事部	职员	1500	200	300	216
4	褚巧红	市场部	职员	1800	1000	500	438
6	常宏亮	销售部	职员	1500	800	700	362
9	王程娇	幼教部	教师	1500	600	500	254
10	朱喜倩	幼教部	经理	2000	450	600	418

图 11-54 按照"部门"排序后的职工工资发放表

步骤 3:在"数据分类汇总"工作表中,进行数据分类汇总操作。具体操作步骤如下:

(1)选中除了标题"职工工资发放表"外的所有数据。

— 269 —

（2）单击"数据"选项卡→"分级显示"组→"分类汇总"命令，如图11-55所示。

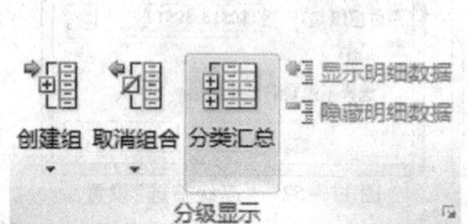

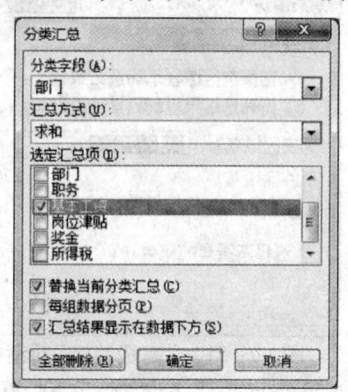

图11-55 "分类汇总"命令　　　图11-56 "分类汇总"设置

（3）弹出"分类汇总"对话框，进行数据分类汇总的具体设置："分类字段(A)"下面的下拉列表中选择"部门"；"汇总方式(U)"下面的列表框中选择"求和"；"选定汇总项(D)"下面的下拉列表中选择"基本工资"；其他：默认，如图11-56所示。

（4）单击"确定"按钮，关闭"分类汇总"对话框，经过数据分类汇总后的结果如图11-57所示。

● 说明：观察图11-57左侧的"-"符号，单击此符号，可以实现折叠（数据隐藏），同时变成"+"符号。同理，如果单击"+"符号，可以实现伸展（数据显示），同时变成"-"符号。通过上述切换，可以清晰、快速、有目的地观察分类汇总后的结果。

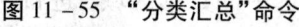

图11-57 分类汇总后的职工工资发放表

任务7：职工工资发放表的数据透视

数据透视主要有两种：数据透视表和数据透视图。

1. 数据透视表。

步骤1：将"职工工资发放表"进行复制，放置在工作表Sheet3之前，重命名为"数据透视表"。

步骤2：在"数据透视表"工作表中，插入数据透视表，具体操作步骤如下：

(1) 选中除了标题"职工工资发放表"外的所有数据。

(2) 单击"插入"选项卡→"表格"组→"数据透视表"下拉按钮→"数据透视表(T)"选项，如图 11-58 所示。

(3) 弹出"创建数据透视表"对话框，如图 11-59 所示。

图 11-58 "数据透视表(T)"选项

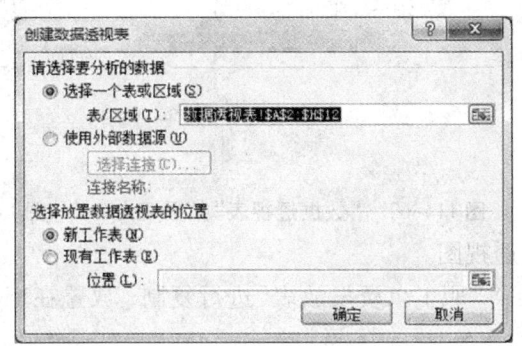

图 11-59 "创建数据透视表"对话框

(4) 在"选择放置数据透视表的位置"下方选择"现有工作表(E)"，在"位置(L)："后面的对话框中选择具体位置（这个位置任意，本项目不做具体说明），如图 11-60 所示。

● 说明：在图 11-59 中，"位置(L)："后面的对话框中需要选择具体的位置，如果不做选择的话，会有错误提示，如图 11-61 所示。解决方法：单击"确定"按钮，回到"创建数据透视表"对话框，在"位置(L)："后面的对话框中继续选择位置即可。

(5) 在"创建数据透视表"对话框中，设置完成后，单击"确定"按钮，将在指定位置（即：自己设定的位置）处，显示空白数据透视表及其相应的任务窗格。

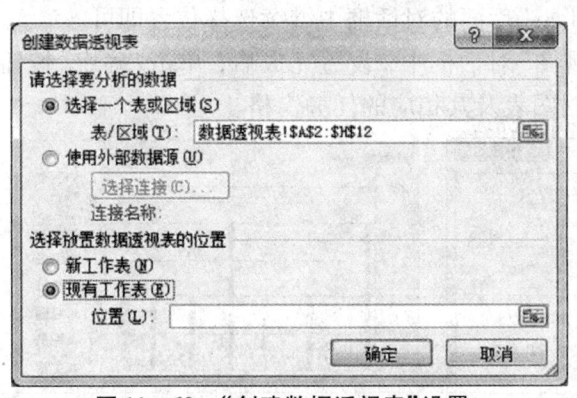

图 11-60 "创建数据透视表"设置

图 11-61 "错误提示"对话框

(6) 在最右侧的任务窗格中，将"数据透视表字段列表"→"选择要添加到报表的字段："→"部门"字段，使用鼠标拖放到"在以下区域间拖动字段："→"行标签"下面的空白区域；将"职务"字段分别拖放到"列标签"和"数值"下面的空白区域，完成数据透视表的数据填充，如图 11-62 所示。

(7) 在图 11-62 左侧，就是按照指定要求形成的数据透视表，如图 11-63 所示。

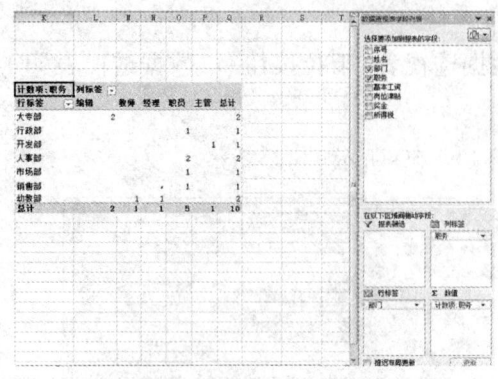
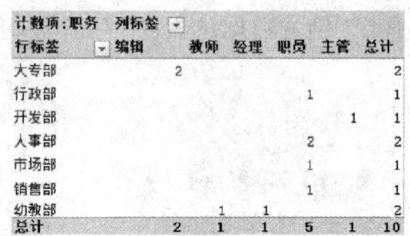

图 11-62 "数据透视表"数据填充　　　图 11-63 职工工资发放表的数据透视表

2. 数据透视图。

步骤1：将"职工工资发放表"进行复制，放置在工作表 Sheet3 之前，重命名为"数据透视图"。

步骤2：在"数据透视图"工作表中，插入数据透视图，具体操作步骤如下：

(1)选中除了标题"职工工资发放表"外的所有数据。

(2)单击"插入"选项卡→"表格"组→"数据透视表"下拉按钮→"数据透视图(C)"选项，如图11-58所示，弹出"创建数据透视表及数据透视图"的对话框。

(3)在"选择放置数据透视表的位置"下方选择"现有工作表(E)"，在"位置(L)："后面的对话框中选择具体位置(这个位置任意，本项目不做具体说明)，如图11-64所示。

● 说明：在图11-64中，"位置(L)："后面的对话框中需要选择具体的位置，如果不做选择的话，会有错误提示，如图11-61所示。解决方法：单击"确定"按钮，回到"创建数据透视表及数据透视图"对话框，在"位置(L)："后面的对话框中继续选择位置即可。

(4)在"创建数据透视表及数据透视图"对话框中，设置完成后，单击"确定"按钮，将在指定位置处，显示空白数据透视表、空白图表及其相应的任务窗格。

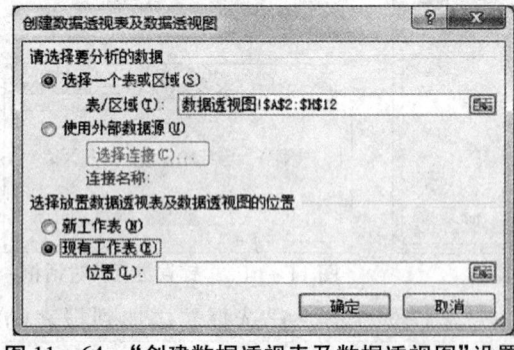
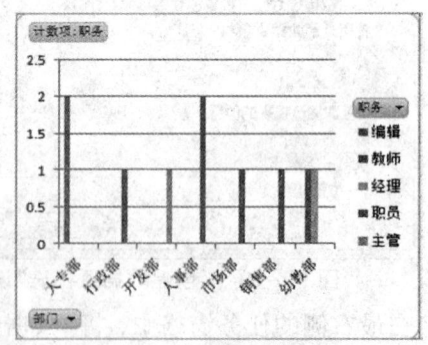

图 11-64 "创建数据透视表及数据透视图"设置　　图 11-66 数据透视图

(5)在最右侧的任务窗格中，将"数据透视表字段列表"→"选择要添加到报表的字段："→"部门"字段，使用鼠标拖放到"在以下区域间拖动字段："→"轴字段(分类)"下面的空白区域；将"职务"字段分别拖放到"图例字段(系列)"和"数值"下面的空白区域，完成数据透视表和数据透视图的数据填充，如图11-65所示。

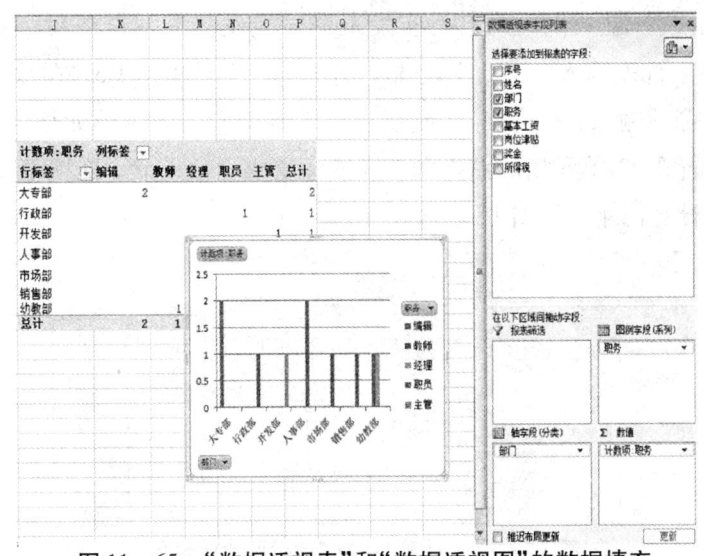

图 11－65 “数据透视表”和“数据透视图”的数据填充

(6)在图 11－65 中，左侧、上面的图形区域，即是按照指定要求形成的数据透视图，如图 11－66 所示。

任务 8:职工工资发放表的工资计算、统计与分析

1. 制作工作表“公式”。

步骤 1:双击工作表标签“Sheet3”，将工作表重命名为“公式”。

步骤 2:复制工作表“职工工资发放表”内的所有内容到工作表“公式”中。方法:将鼠标放置在工作表“职工工资发放表”的编辑区左上角，选中整个工作表，鼠标右键，在弹出的快捷菜单中，选择“复制”命令，再将鼠标放置在工作表“公式”的编辑区左上角，选中整个工作表，鼠标右键，在弹出的快捷菜单中，选择“粘贴”命令。

步骤 3:在 I2 单元格内输入“应发工资”，在 J2 单元格内输入“实发工资”，并自动调整列宽(“自动调整列宽”命令所在位置:“开始”选项卡→“单元格”→“格式”→“自动调整列宽”)。

步骤 4:计算应发工资。计算公式为:应发工资＝基本工资＋岗位津贴＋奖金。具体操作:将鼠标放置在 I3 单元格内，首先输入“＝”，单击 E3，输入“＋”，再单击 F3，输入“＋”，再单击 G3，在编辑区显示:＝ E3＋F3＋G3，单击编辑区左侧的输入按钮“√”，或直接按 Enter 键，在 I3 单元格内显示计算结果为“2500”，将鼠标放置在 I3 单元格的右下角，当鼠标变成十字形状，拖拽至 I12 单元格，将所有职工的应发工资计算出来，如图 11－67 所示。

	A	B	C	D	E	F	G	H	I	J
1	职工工资发放表									
2	序号	姓名	部门	职务	基本工资	岗位津贴	奖金	所得税	应发工资	实发工资
3	1	孙俪	人事部	职员	1500	500	500	325	2500	
4	2	占强	开发部	主管	3000	800	1000	575	4800	
5	3	马文龙	人事部	职员	1500	200	300	216	2000	
6	4	褚巧红	市场部	职员	1800	1000	500	438	3300	
7	5	刘永豪	大专部	编辑	2500	200	200	579	2900	
8	6	常宏亮	销售部	职员	1500	800	700	362	3000	
9	7	李伟霞	大专部	编辑	1200	300	350	189	1850	
10	8	郝建祥	行政部	职员	1000	500	400	127	1900	
11	9	王程娇	幼教部	教师	1500	600	500	254	2600	
12	10	朱喜倩	幼教部	经理	2000	450	600	418	3050	

图 11－67 计算“应发工资”后的效果图

步骤5:计算实发工资。计算公式为:实发工资=应发工资-所得税。具体操作:将鼠标放置在J3单元格内,首先输入“=”,单击I3,输入“-”,再单击H3,在编辑区显示:=I3-H3,单击编辑区左侧的输入按钮“√”,或直接按Enter键,在J3单元格内显示计算结果为“2175”,将鼠标放置在J3单元格的右下角,当鼠标变成十字形状,拖拽至J12单元格,将所有职工的实发工资计算出来,如图11-68所示。

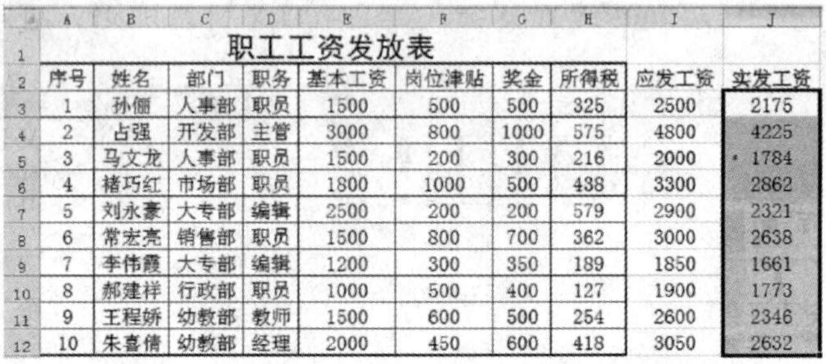

职工工资发放表

序号	姓名	部门	职务	基本工资	岗位津贴	奖金	所得税	应发工资	实发工资
1	孙俪	人事部	职员	1500	500	500	325	2500	2175
2	占强	开发部	主管	3000	800	1000	575	4800	4225
3	马文龙	人事部	职员	1500	200	300	216	2000	1784
4	褚巧红	市场部	职员	1800	1000	500	438	3300	2862
5	刘永豪	大专部	编辑	2500	200	200	579	2900	2321
6	常宏亮	销售部	职员	1500	800	700	362	3000	2638
7	李伟霞	大专部	编辑	1200	300	350	189	1850	1661
8	郝建祥	行政部	职员	1000	500	400	127	1900	1773
9	王程娇	幼教部	教师	1500	600	500	254	2600	2346
10	朱喜倩	幼教部	经理	2000	450	600	418	3050	2632

图11-68 计算“实发工资”后的效果图

步骤6:选中单元格区域I2:J12,将格式设置为“宋体、14号、居中”。

步骤7:选中单元格区域A2:J12,重新设置边框线。方法为:选中单元格区域A2:J12,单击“字体”组中的“下框线”下拉按钮 ,在打开的下拉列表中,选择“所有框线”选项 ,此时整个表格都被添加了细边框。再选择下拉列表中“粗匣框线”选项 ,此时选中区域的外部被添加了粗边框,设置后的效果如图11-69所示。

步骤8:选中A1:J1单元格区域,单击2次“合并后居中”按钮(“合并后居中”所在位置:“开始”选项卡→“对齐方式”→“合并后居中”),使文字“职工工资发放表”重新实现“合并后居中”的功能,如图11-70所示。

2. 制作工作表“函数”。

步骤1:插入一张新的工作表。方法如下:

方法一:选中1张现有工作表标签,鼠标右键,在弹出的快捷菜单中,选择“插入(I)…”命令,如图11-71所示。弹出“插入”对话框,如图11-72所示,默认设置,直接单击“确定”按钮,在当前工作表标签前面会添加一个名为“Sheet3”的工作表。

方法二:选中1张现有工作表标签,单击“开始”选项卡→“单元格”组→“插入”下拉按钮→“插入工作表(S)”选项,如图11-73所示,在当前工作表标签前面会添加一个名为“Sheet3”的工作表。

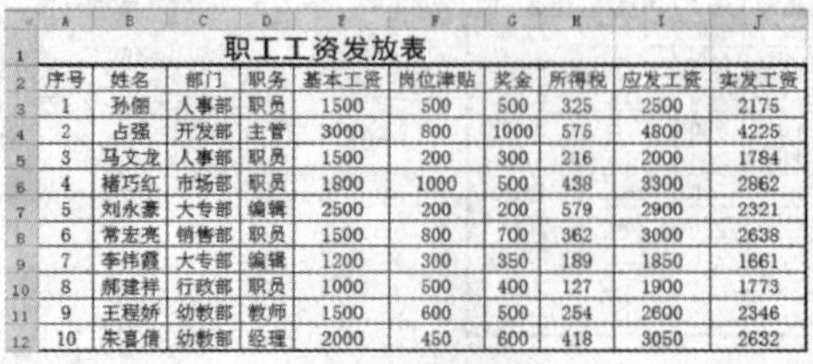

职工工资发放表

序号	姓名	部门	职务	基本工资	岗位津贴	奖金	所得税	应发工资	实发工资
1	孙俪	人事部	职员	1500	500	500	325	2500	2175
2	占强	开发部	主管	3000	800	1000	575	4800	4225
3	马文龙	人事部	职员	1500	200	300	216	2000	1784
4	褚巧红	市场部	职员	1800	1000	500	438	3300	2862
5	刘永豪	大专部	编辑	2500	200	200	579	2900	2321
6	常宏亮	销售部	职员	1500	800	700	362	3000	2638
7	李伟霞	大专部	编辑	1200	300	350	189	1850	1661
8	郝建祥	行政部	职员	1000	500	400	127	1900	1773
9	王程娇	幼教部	教师	1500	600	500	254	2600	2346
10	朱喜倩	幼教部	经理	2000	450	600	418	3050	2632

图11-69 重新设置边框线后的效果图

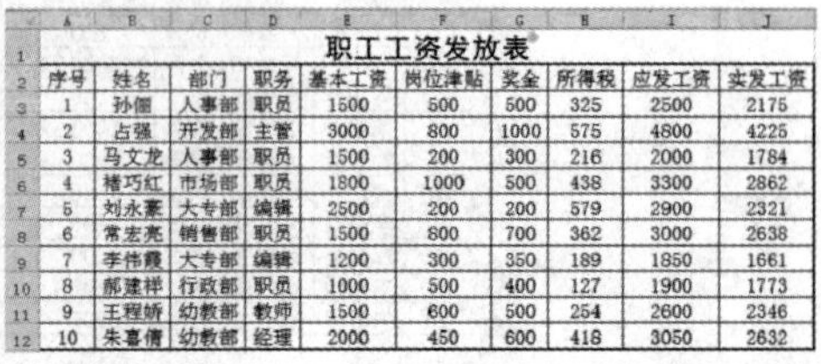

职工工资发放表

序号	姓名	部门	职务	基本工资	岗位津贴	奖金	所得税	应发工资	实发工资
1	孙俪	人事部	职员	1500	500	500	325	2500	2175
2	占强	开发部	主管	3000	800	1000	575	4800	4225
3	马文龙	人事部	职员	1500	200	300	216	2000	1784
4	褚巧红	市场部	职员	1800	1000	500	438	3300	2862
5	刘永豪	大专部	编辑	2500	200	200	579	2900	2321
6	常宏亮	销售部	职员	1500	800	700	362	3000	2638
7	李伟霞	大专部	编辑	1200	300	350	189	1850	1661
8	郝建祥	行政部	职员	1000	500	400	127	1900	1773
9	王程娇	幼教部	教师	1500	600	500	254	2600	2346
10	朱喜倩	幼教部	经理	2000	450	600	418	3050	2632

图11-70 “合并后居中”后的效果图

项目 11 职工工资发放表的设计与统计分析

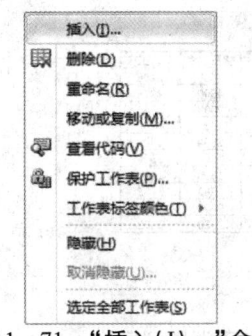

图 11-71 "插入(I)…"命令

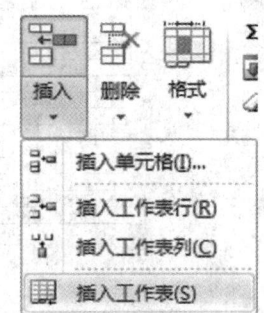

图 11-73 "插入工作表(S)"选项

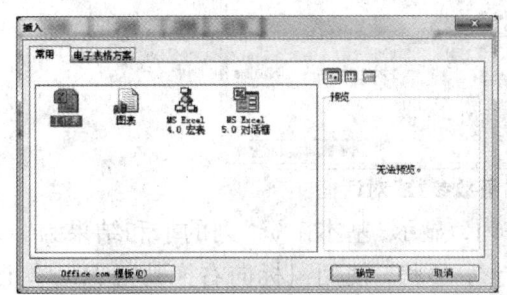

图 11-72 "插入"对话框

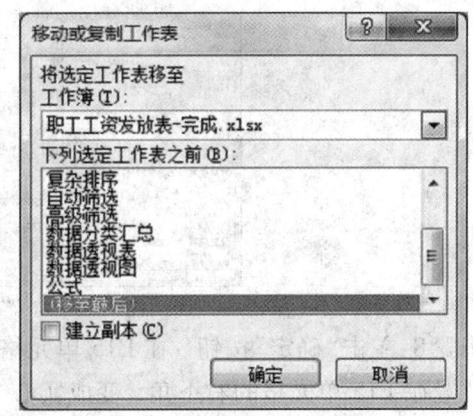

图 11-74 "移动或复制工作表"对话框

步骤 2：重命名工作表。双击工作表标签"Sheet3"，将工作表重命名为"函数"。

步骤 3：移动工作表。方法如下：

方法一：选中名为"函数"的工作表标签，鼠标右键，在弹出的快捷菜单中，选择"移动或复制(M)…"命令，如图 11-71 所示。弹出"移动或复制工作表"对话框，在"下列选定工作表之前(B)："下面的列表框内，选择"(移至最后)"，如图 11-74 所示，单击"确定"按钮，关闭"移动或复制工作表"对话框，操作完成后，名为"函数"的工作表就会移动到最后。

方法二：直接拖动名为"函数"的工作表标签到最后 1 个工作表标签之后。

步骤 4：复制工作表"公式"内容到工作表"函数"。将鼠标放置在工作表"公式"的编辑区左上角，选中整个工作表，鼠标右键，在弹出的快捷菜单中，选择"复制"命令，再将鼠标放置在工作表"函数"的编辑区左上角，选中整个工作表，鼠标右键，在弹出的快捷菜单中，选择"粘贴"命令。

步骤 5：在单元格区域 D15:D18 内，分别输入：求和、平均值、最大值和最小值，输入完成后，需要进行"自动调整列宽"设置，效果如图 11-75 所示。

步骤 6：将鼠标放置在 E15 单元格内，单击编辑栏左侧的插入函数按钮，弹出"插入函数"对话框，在"选择函数(N)："下方的列表区域，选择求和函数 SUM。

步骤 7：单击"确定"按钮，弹出"函数参数"对话框，在选中的输入框内，使用鼠标选择 E3:E12 单元格区域，如图 11-76 所示。

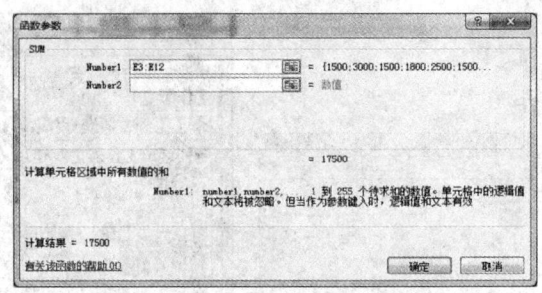

图11-75　在工作表中添加数据并自动调整列宽

图11-76　"函数参数"对话框

步骤8：单击"确定"按钮，在E15单元格内，显示"基本工资"列的求和结果为"17500"。鼠标放置在E15单元格的右下角，变成实心十字形状，使用鼠标向右拖动至J15单元格，将其他各列的"数值总和"计算出来，如图11-77所示。

| 求和 | 17500 | 5350 | 5050 | 3483 | 27900 | 24417 |

图11-77　各个数值列的"求和"结果

步骤9：计算各个数值列的平均值。具体操作步骤参见"步骤4~步骤6"，区别在于：被操作单元格为E16，函数为AVERAGE。操作后的结果，如图11-78所示。

| 平均值 | 1750 | 535 | 505 | 348.3 | 2790 | 2441.7 |

图11-78　各个数值列的"平均值"结果

●注意：函数选取范围保持不变。

步骤10：计算各个数值列的最大值。具体操作步骤参见"步骤4~步骤6"，区别在于：被操作单元格为E17，函数为MAX。操作后的结果，如图11-79所示。

图11-79　各个数值列的"最大值"结果

步骤11：计算各个数值列的最小值。具体操作步骤参见"步骤4~步骤6"，区别在于：被操作单元格为E18，函数为MIN。操作后的结果，如图11-80所示。

图11-80　各个数值列的"最小值"结果

●说明：如果没有找到最小值函数MIN，可以采用如下方法：在"插入函数"对话框中，在"或选择类别(C)："后面的列表框中选择"全部"；在"搜索函数(S)："下面的列表框内输入

"min 或 MIN",单击右侧的"转到(G)"按钮,将会自动定位到 MIN 函数,如图 11-81 所示。

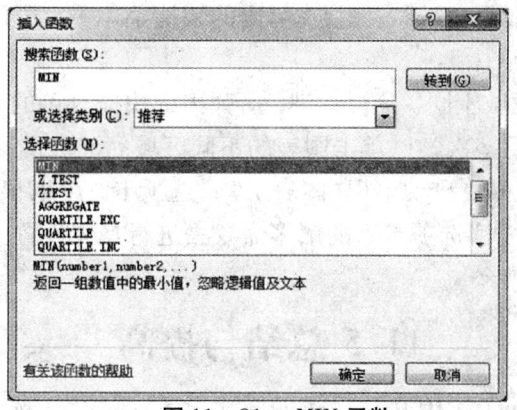

图 11-81　MIN 函数

步骤 12:设置格式。选中单元格区域 E15:J18,设置格式为"宋体、14 号、居中",效果如图 11-82 所示。

求和	17500	5350	5050	3483	27900	24417
平均值	1750	535	505	348.3	2790	2441.7
最大值	3000	1000	1000	579	4800	4225
最小值	1000	200	200	127	1850	1661

图 11-82　格式设置后的效果图

任务 9:职工工资发放表的图表制作

● 任务要求:根据指定列(本项目包含姓名、基本工资、岗位津贴、奖金和所得税共 5 列)的数据,创建图表。

步骤 1:在工作表"函数"中,使用鼠标选择"姓名"列,按住 Ctrl 键,分别选择"基本工资"、"岗位津贴"、"奖金"和"所得税"各列。

步骤 2:单击"插入"选项卡→"图表"组→"柱形图"下拉按钮→"圆柱图"→"簇状圆柱图"选项,如图 11-83 所示。

步骤 3:操作后的数据图表,如图 11-84 所示,将其移动到单元格区域 L2:R14。

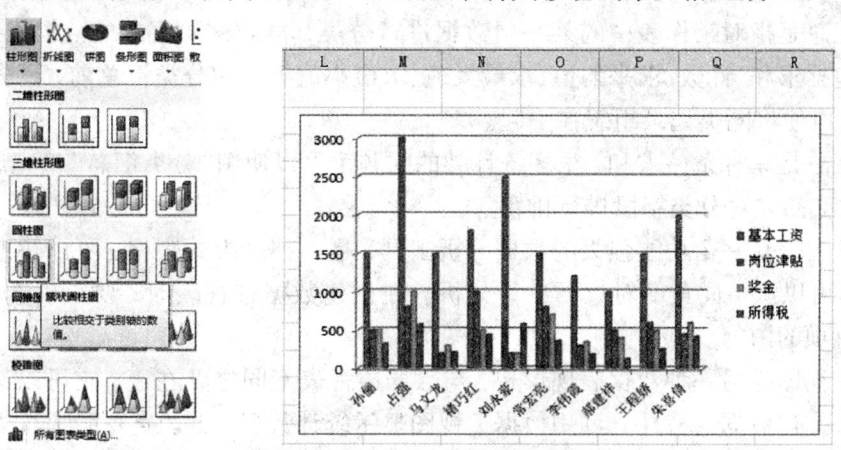

图 11-83　"柱形图"下拉列表　　　图 11-84　操作后的数据图表

● 说明:图 11-84 所示的图表样式是默认设置,可以根据自己的喜好来自由设置图表样式。方法如下：

1. 方法一：选中图表区域，鼠标右键，在弹出的快捷菜单中，选择相应的命令，设置图表的样式。

● 注意：选择的图表区域不同，鼠标右键，所弹出的快捷菜单的命令会有所不同，如果想达到自己理想的效果，需要多次尝试单击图表的不同区域。

2. 方法二：选中图表区域，自动出现"图表工具"选项卡，可以根据"图表工具"选项卡下和的"设计"、"布局"和"格式"选项卡下的诸多命令去进行具体设置。

11.5 总结与提高

本项目主要介绍了 Excel 2010 中工作表的样式设置、排序、筛选、分类汇总、数据透视、公式、函数、图表。

工作表的样式设置，主要是对工作表中的数据区域进行特殊效果的显示，主要分为：条件格式、套用表格格式和其他样式三种，每种设置中又包含多种命令可供选择，在实际操作中，需要根据实际情况选择合适的命令，来进行工作表的样式设置。

排序主要分为简单排序和复杂排序。

简单排序实现的是单条件排序，每次针对一个条件进行排序，可以通过多次简单排序实现更复杂条件的排序。

复杂排序实现的是多条件排序，可以实现更复杂功能的排序。

筛选主要分为自动筛选和高级筛选两种。

自动筛选实现的是简单的筛选，每次针对一个条件进行筛选，可以通过多次自动筛选实现更复杂条件的筛选。

高级筛选可以根据复杂条件进行筛选，而且还可以把筛选的结果复制到指定的地方。在高级筛选的指定条件中，如果遇到需要满足多个条件中的任何一个，此时需要把所有条件写在同一列中；如果遇到同时满足多个条件，此时需要把所有条件写在同一行中。

分类汇总是指对工作表中的某一项数据进行分类，再对需要汇总的数据进行汇总计算。汇总方式包括求和、计数、求平均值、求最大值、求最小值等。在分类汇总前，要先对分类字段进行排序，以便将同类记录组织在一起。

分类汇总是一种条件求和，很多统计类的问题都可以使用"分类汇总"来完成，在进行分类汇总前，必须先对分类字段进行排序。

数据透视表是一个功能强大的数据分析工具，是一种多维式表格，可以快速合并和比较大量数据，可以从不同角度对数据进行分析。在创建数据透视表时，要正确选择行标签、列标签和汇总项的内容。

数据透视图是另一种数据表现形式，与数据透视表不同之处在于，它可以选择适当的图形和色彩来描述数据的特性。利用数据透视图显示统计数据，更加直观明了。

在使用公式和函数时，要注意以下几点：

1. 公式是对单元格中数据进行计算的等式，输入公式前，应首先输入"＝"。

2. 函数的引用形式：函数名(参数1，参数2，……)，参数之间用逗号隔开。如果是单独使用函数，要在函数名称前输入"="构成公式。如果单击编辑栏左侧的"插入函数"按钮 f_x 来插入函数，会自动在函数名称前面加上"="。

3. 复制公式时，公式中使用的单元格引用需要随着所在位置的不同而变化时，应该使用单元格的"相对引用"；不随所在位置变化的，使用单元格的"绝对引用"。

图表比数据更易于表达数据之间的关系及数据变化趋势。表现不同的数据关系时，要选择合适的图表类型，应特别注意正确选择数据。创建的图表既可以插入到工作表中，也可以移动到一个独立的工作表中。

11.6 思考与练习

一、单项选择题

1. 在 Excel 2010 中，如果在 A1 单元格中输入 =SUM(8,7,8,7)，则其值为(　　)。
   A. 15　　　　　B. 30　　　　　C. 7　　　　　D. 8

2. Excel 2010 函数的参数可以有多个，相邻参数之间可用(　　)分隔。
   A. 空格　　　　B. 分号　　　　C. 逗号　　　　D. /

3. 在 Excel 2010 中，如果单元格 A5 的值是单元格 A1、A2、A3、A4 的平均值，则不正确的输入公式为(　　)。
   A. =AVERAGE(A1:A4)　　　　　B. =AVERAGE(A1,A2,A3,A4)
   C. =(A1+A2+A3+A4)/4　　　　D. =AVERAGE(A1+A2+A3+A4)

4. 在 Excel 2010 中，在单元格中输入公式时，编辑栏上的"√"按钮表示(　　)操作。
   A. 拼写检查　　B. 函数向导　　C. 确认　　　　D. 取消

5. 在 Excel 2010 中，下列(　　)不能对数据区域进行排序。
   A. 选择要排序的数据区域，然后单击"公式"→"排序和筛选"→"排序"命令
   B. 选择要排序的数据区域，然后单击"开始"→"编辑"→"排序和筛选"下拉按钮，在下拉列表中选择"升序"、"降序"或"自定义排序"命令
   C. 选择要排序的数据区域，然后单击"数据"→"排序和筛选"→"排序"命令
   D. 选择要排序的数据区域，鼠标右键，在弹出的快捷菜单中，选择"排序"命令

6. 在 Excel 2010 中，选择"数据"→"排序和筛选"→"排序"命令，在"排序"对话框中，必须指定排序的关键字为(　　)。
   A. 次要关键字　　B. 不用指定关键字　　C. 第三关键字　　D. 主要关键字

7. 某单位要统计各科室人员工资情况，按工资从高到低排序，若工资相同，以工龄降序排列，则以下做法正确的是(　　)。
   A. 关键字为"科室"，次关键字为"工资"，第三关键字为"工龄"
   B. 关键字为"工资"，次关键字为"工龄"，第三关键字为"科室"
   C. 关键字为"工龄"，次关键字为"工资"，第三关键字为"科室"
   D. 关键字为"科室"，次关键字为"工龄"，第三关键字为"工资"

8. 在 Excel 2010 中，有关排序的说法正确是（　　）。
   A. 只有数字类型可以作为排序的依据
   B. 只有日期类型可以作为排序的依据
   C. 笔画和拼音不能作为排序的依据
   D. 排序规则有升序和降序

9. 在 Excel 2010 工作表中，筛选出某项的正确操作方法是（　　）。
   A. 鼠标单击数据清单之外的任一单元格，执行"数据"→"筛选"→"自动筛选"命令，鼠标单击想查找列的向下箭头，从下拉菜单中选择筛选项
   B. 鼠标单击数据清单中的任一单元格，执行"数据"→"筛选"→"自动筛选"命令，鼠标单击想查找列的向下箭头，从下拉菜单中选择筛选项
   C. 执行"编辑"→"查找"命令，在"查找"对话框的"查找内容"框输入要查找的项，单击"关闭"按钮
   D. 执行"编辑"→"查找"命令，在"查找"对话框的"查找内容"框输入要查找的项，单击"查找下一个"按钮

10. 在 Excel 2010 中，执行自动筛选命令以后，在数据清单的列标志单元格中会出现（　　）。
    A. 加粗表示　　　　B. 被选中　　　　C. 下拉按钮　　　　D. 虚线框

11. 在 Excel 2010 中，在自动筛选的自定义方式中，最多可以给出（　　）个条件。
    A. 4　　　　　　　B. 1　　　　　　　C. 2　　　　　　　D. 3

12. 在 Excel 2010 高级筛选中，条件区域中不同行的条件是（　　）。
    A. "或"关系　　　　B. "与"关系　　　　C. "非"关系　　　　D. "异或"关系

13. 在 Excel 2010 高级筛选中，条件区域中相同行的条件是（　　）。
    A. "或"关系　　　　B. "与"关系　　　　C. "非"关系　　　　D. "异或"关系

14. 在 Excel 2010 中，对工作表中的数据进行分类汇总可以通过（　　）选项卡实现。
    A. 插入　　　　　　B. 编辑　　　　　　C. 格式　　　　　　D. 数据

15. 在 Excel 2010 中进行分类汇总操作之前，必须对数据清单中的分类字段进行（　　）。
    A. 筛选　　　　　　B. 排序　　　　　　C. 建立数据库　　　D. 有效计算

16. 在 Excel 2010 中，取消所有自动分类汇总的操作是（　　）。
    A. 在"文件"选项卡中选择"关闭"命令
    B. 单击"开始"→"编辑"→"清除"→"全部清除"命令
    C. 在"分类汇总"对话框中，单击"全部删除"命令
    D. 直接按 Delete 键实现

17. 在 Excel 2010 中，下列能够最简便地表现一段时期内数据变化的图表类型是（　　）。
    A. 柱形图　　　　　B. 雷达图　　　　　C. 饼图　　　　　　D. XY 散点图

18. 在 Excel 2010 中，下列能够最简便地反映数据的变动情况及变化趋势的图表类型是（　　）。
    A. 雷达图　　　　　B. XY 散点图　　　　C. 饼图　　　　　　D. 折线图

19. 在 Excel 2010 中，想要删除已有图表的一个数据系列，不能实现的操作方法是(　　)。

A. 在图表中单击选定这个数据系列，按 Delete 键

B. 在工作表中选定这个数据系列，执行"编辑"→"清除"→"全部清除"命令

C. 在图表中单击选定这个数据系列，执行"编辑"→"清除"→"清除内容"命令

D. 在工作表中选定这个数据系列，执行"编辑"→"清除"→"清除内容"命令

20. 有关 Excel 2010 的图表，下面表述正确的是(　　)。

A. 要往图表中增加一个系列，必须重新建立图表

B. 修改了图表数据源单元格的数据，图表会自动跟着刷新

C. 要修改图表的类型，必须重新建立图表

D. 修改了图表坐标轴的字体、字号，坐标轴标题就自动跟着变化

二、实践操作题

1. 创建如下要求的 Excel 2010 文档。

要求：

(1) 新建一个 Excel 2010 工作簿，命名为：玩具厂数据统计与分析.xlsx。

(2) 将工作表 Sheet1，重命名为：员工计件月工资表。

(3) 工作表的数据内容，如图 11-85 所示。

(4) 单元格区域 A1:H1，执行"合并后居中"命令，字体设置为：黑体、18 号。

(5) 单元格区域 A2:H22，所有数据，格式设置为：宋体、11 号、居中；所有框线；粗匣框线；自动调整列宽。

(6) 单元格区域 A2:H2，格式设置为：双底框线。

(7) 在单元格区域 J1:K7，制作"产品单价表"，制作过程，参照要求(3)~(6)。

(8) 员工计件月工资表，初始的效果，如图 11-85 所示。

	A	B	C	D	E	F	G	H		J	K
1	玩具厂员工计件月工资表									产品单价表	
2	员工编号	员工姓名	所属车间	产品名称	产品单价(元)	数量	产值	计件工资		产品名称	单价(元)
3	D0001	张铭鑫	一车间	龙猫		846				龙猫	21
4	D0002	王悦婷	二车间	獭兔		1012				獭兔	23
5	D0003	袁梦	三车间	哈士奇		1653				哈士奇	25
6	D0004	莫雅冰	二车间	泰迪熊		1435				泰迪熊	28
7	D0005	宋瑶	四车间	小黄人		953				小黄人	18
8	D0006	刘洁怡	一车间	龙猫		1265					
9	D0007	闻静	四车间	小黄人		951					
10	D0008	王笑	三车间	哈士奇		1342					
11	D0009	李佳	四车间	小黄人		975					
12	D0010	陶爽	一车间	龙猫		1516					
13	D0011	姜蕊	三车间	哈士奇		1682					
14	D0012	李雨婷	二车间	獭兔		1328					
15	D0013	薛敏瑶	四车间	小黄人		1572					
16	D0014	王梦琦	三车间	哈士奇		1365					
17	D0015	芦玉凤	二车间	泰迪熊		1462					
18	D0016	马丽	一车间	龙猫		1183					
19	D0017	刘海彤	四车间	小黄人		986					
20	D0018	陈刘硕	二车间	泰迪熊		896					
21	D0019	张蕊	三车间	哈士奇		1236					
22	D0020	杨滢	一车间	龙猫		1006					

图 11-85　员工计件月工资表

(9) 根据"产品单价表"，利用 VLOOKUP 函数，将相应产品的"单价"填入到单元格区域 E3:E22 中；利用公式计算"产值"和"计件工资"。产值 = 产品单价×数量；计件工资 = 产值×10%；"产值"和"计件工资"的计算结果保留 2 位小数。

（10）将工作表Sheet2，重命名为：员工月工资总表；制作过程，参照要求（3）~（6）；制作后的效果，如图11-86所示。

A	B	C	D	E	F	G	H	I
玩具厂员工月工资总表									
员工编号	员工姓名	计件工资	基本工资	水电费	房租	公积金	应发工资	实发工资
D0001	张铭鑫		800.00	30.00	300.00	240.00		
D0002	王悦婷		600.00	30.00	250.00	200.00		
D0003	袁梦		1000.00	30.00	350.00	280.00		
D0004	莫雅冰		800.00	30.00	300.00	240.00		
D0005	宋瑶		1000.00	30.00	350.00	280.00		
D0006	刘洁怡		600.00	30.00	250.00	200.00		
D0007	闻静		800.00	30.00	300.00	240.00		
D0008	王笑		600.00	30.00	250.00	200.00		
D0009	李佳		1000.00	30.00	350.00	280.00		
D0010	陶爽		600.00	30.00	300.00	200.00		
D0011	姜蕊		800.00	30.00	300.00	240.00		
D0012	李雨婷		1000.00	30.00	300.00	280.00		
D0013	薛馨瑶		800.00	30.00	300.00	240.00		
D0014	王梦琦		600.00	30.00	250.00	200.00		
D0015	芦玉凤		800.00	30.00	300.00	240.00		
D0016	马丽		800.00	30.00	300.00	240.00		
D0017	刘海彤		600.00	30.00	250.00	200.00		
D0018	陈刘硕		800.00	30.00	300.00	240.00		
D0019	张蕊		1000.00	30.00	350.00	280.00		
D0020	杨澄		600.00	30.00	250.00	200.00		

图11-86　员工月工资总表

（11）在工作表"员工月工资总表"中，先引用"员工计件月工资表"中的"计件工资"，然后利用公式计算"应发工资"和"实发工资"。应发工资＝计件工资＋基本工资；实发工资＝应发工资－水电费－房租－公积金；"应发工资"和"实发工资"的计算结果保留2位小数。

（12）复制工作表"员工月工资总表"，并将其重命名为：员工月工资总表－高级筛选，筛选出"实发工资"在1800~2100之间的员工信息。

（13）复制工作表"员工计件月工资表"，并将其重命名为：各类产品分类汇总；将标题修改为"玩具厂产品分类汇总表"；按照"产品名称"进行分类汇总，"分类字段"为"产品名称"，"汇总方式"为"求和"，"选定汇总项"为"数量"。

（14）选中工作表"员工计件月工资表"的数据区域A2:H22，在一个新工作表中，创建一个数据透视表，设置"列标签"为"产品名称"，"行标签"为"所属车间"，"数值"为"数量"，将该工作表重命名为：产品数据透视表。

（15）将工作表Sheet3，重命名为：各车间数据统计表；制作过程，参照要求（3）~（6）；制作后的效果，如图11-87所示。

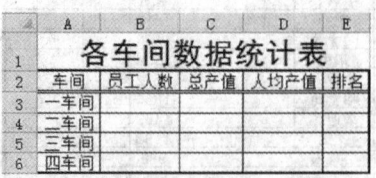

图11-87　各车间数据统计表

（16）根据工作表"员工计件月工资表"，利用COUNTIF函数统计各车间的员工人数；利用SUMIF函数统计各车间的总产值，保留0位小数；利用公式计算各车间的人均产值，人均产值＝总产值/员工人数，保留2位小数；利用RANK.EQ函数计算各车间人均产值的排名。

说明：

(1) VLOOKUP 函数

● 主要功能:在表格或单元格区域的第一列中查找指定的数值,然后返回该区域中该数值所在行中指定列处的数值。默认情况下,表是以升序排列的。

● 使用格式:VLOOKUP(lookup_value, table_array, col_index_num, [range_lookup])

● 参数说明:

①lookup_value:代表在表格或单元格区域的第一列中需要查找的数值。

②table_array:代表需要在其中查找数据的单元格区域。

③col_index_num:是在 table_array 中待返回的匹配值的列序号,例如:当 col_index_num 为 2 时,返回 table_array 中第 2 列中的数值;为 3 时,返回第 3 列中的数值,……。

④range_lookup:是一个逻辑值,如果为 TRUE 或被省略,则返回精确匹配值或近似匹配值;如果为 FALSE,只查找精确匹配值,且不需要对表格或单元格区域的第一列中的值进行排序,如果找不到,则返回错误值#N/A。

● 应用举例:该函数的应用举例,如图 11-88 所示。

	A	B
1	常用密度表	
2	名称	密度
3	汽油	0.700
4	乙醚	0.710
5	石油	0.760
6	酒精	0.790
7	煤油	0.800
8	松节油	0.855
9	橄榄油	0.920
10	鱼肝油	0.945
11	蓖麻油	0.970
12	公式	说明(结果)
13	=VLOOKUP(A6,A3:B11,2,FALSE)	在单元格区域A3:B11中的第2列,查找A6所在行对应的数值,返回值为0.790
14	=VLOOKUP(A8,A3:B11,2,FALSE)	在单元格区域A3:B11中的第2列,查找A8所在行对应的数值,返回值为0.855

图 11-88 VLOOKUP 函数的应用举例

(2) SUMIF 函数

● 主要功能:对满足条件的单元格求和。

● 使用格式:SUMIF(range, criteria, sum_range)

● 参数说明:

①range:代表条件判断的单元格区域。

②criteria:代表指定条件表达式。

③sum_range:代表需要求和的实际单元格区域。

● 应用举例:该函数的应用举例,如图 11-89 所示。

	A	B
1	基本工资	奖金
2	1500	500
3	1800	600
4	2000	800
5	2500	1000
6	3000	1500
7	2800	1200
8	公式	说明(结果)
9	=SUMIF(A2:A7,">=2500",B2:B7)	A2:A7单元格区域,满足>=2500的条件,所对应的B2:B7单元格区域内数值求和是3700

图 11-89 SUMIF 函数的应用举例

(3) RANK.EQ 函数

● 主要功能:

返回某数字在一列数字中相对于其他数值的大小排名;如果多个数值排名相同,则返回该组数值的最高排名。

● 使用格式:RANK.EQ(number, ref, [order])

● 参数说明:

①number:代表需要排名的数字。

②ref:为数字列表数组或对数字列表的引用。

③order:为一数字,指明数字排名的方式。如果 order 为 0 或省略,表示降序排列;如果 order 不为 0,表示升序排列。

● 应用举例:该函数的应用举例,如图 11-90 所示。

图 11-90 RANK.EQ 函数的应用举例

2. 打开项目 11 素材库中的"教材订购情况表.xlsx"文件,按照下面的操作要求进行操作,并把结果进行存盘。

注意:因为 Excel 表中数据非常容易被修改,所以做题时不得将数据表进行任意更改。

要求:

(1)利用公式,对 Sheet1 中的"金额"进行计算,金额 = 订数 × 单价。

(2)使用统计函数 COUNTIF,对 Sheet1 中的结果按以下条件进行统计,并将结果保存在 Sheet1 中的相应位置,要求:

①统计出版社名称为"高等教育出版社"的书的种类数,并将结果保存在 Sheet1 中的 L2 单元格中。

②统计订数大于 110,且小于 850 的书的种类数,并将结果保存在 Sheet1 中的 L3 单元格中。

(3)使用函数 SUMIF,计算每个用户所订购图书所需支付的金额总数,并将结果保存在 Sheet1 中"用户支付情况表"的"支付金额"列中。

(4)将 Sheet1 复制到 Sheet2 中,对 Sheet2 进行高级筛选。

①要求:

● 筛选条件为"订数 > =500,且金额 < =30000"。

● 将结果保存在 Sheet2 中。

②注意:

● 无须考虑是否删除或移动筛选条件。

● 复制过程中,将标题项"教材订购情况表"连同数据一起复制。

● 数据表必须顶格放置。

● 复制过程中,数据保持一致。

(5)根据 Sheet1 中的结果,在 Sheet3 中新建一张数据透视表。要求:

①显示每个客户在每个出版社所订的教材数目。
②行区域设置为"出版社"。
③列区域设置为"客户"。
④求和项为"订数"。
⑤数据区域设置为"订数"。

（6）在 Sheet4 的 A1 单元格中设置为只能录入 5 位数字或文本。当录入位数错误时，提示错误原因，样式为"警告"，错误信息为"只能录入 5 位数字或文本"。

●提示："数据有效性"命令的打开方式：单击"数据"选项卡→"数据工具"组→"数据有效性"下拉按钮→"数据有效性(V)…"命令。

三、拓展训练

（一）Excel 实用技巧

1. 快速选中全部工作表

在工作簿窗口中，右键单击下面任意一个工作表标签，在弹出的菜单中选择"选定全部工作表(S)"命令。

2. 快速删除选定数据区域中的数据

如果用鼠标右键向上或向左拖动选定单元格区域的填充柄时，没有将其拖出选定区域即释放了鼠标右键，则将删除选定区域中的部分或全部数据，即在拖动过程中变成灰色模糊的单元格区域，在释放了鼠标右键后其内容将被删除。

3. 彻底清除单元格内容

选定单元格，然后按 Delete 键，这时仅是删除了单元格内容，它的格式和批注等仍然保留着。要想彻底清除单元格，可以采用以下方法：选定想要清除的单元格或单元格区域，单击"开始"选项卡→"编辑"组→"清除"下拉按钮→"全部清除(A)"命令即可，当然也可以选择"清除格式(F)"、"清除内容(C)"、"清除批注(M)"或"清除超链接(L)"中的任意一个命令，根据实际情况进行单元格内容的清除。

4. 快速删除工作表中的空行

如果用户想删除 Excel 工作表中的空行，一般的方法是需要将空行都找出来，然后逐行删除，但这样做操作量非常大，很不方便。下面提供一种快速删除工作表中空行的方法：首先打开要删除空行的工作表，单击"开始"选项卡→"单元格"组→"插入"下拉按钮→"插入工作表列(C)"命令，从而插入一个新列 X，在新列 X 中顺序填入整数，然后根据其他任何一列将表中的行排序，使所有空行都集中到表的底部。删去所有空行中新列 X 的数据，以新列 X 重新排序，然后删去新列 X。

5. 把数据彻底隐藏

工作表的部分单元格中的内容如果不想让浏览者查阅，可以将其隐藏起来。

（1）选中需要隐藏内容的单元格（或单元格区域），鼠标右击，在弹出的快捷菜单中，选择"设置单元格格式(F)…"命令，打开"设置单元格格式"对话框，在"数字"选项卡中，"分类(C)："下方的列表区域中选择"自定义"选项，然后在右边"类型(T)："下面的文本框中输入"；；；"（3 个英文状态下的分号）。

(2)在"保护"选项卡中,选中"隐藏(I)"复选框,单击"确定"按钮退出"设置单元格格式"对话框。

(3)在"审阅"选项卡中,单击"更改"组中的"保护工作表"命令,打开"保护工作表"对话框,设置好密码后,单击"确定"按钮退出。

经过这样的设置以后,上述单元格(或单元格区域)中的内容就不会再显示出来了。

6. Excel 中的错误符号

在 Excel 中,由于操作不当、设置错误等原因,单元格中会出现一些错误符号,这些符号的含义如下:

(1)#####!:当输入到单元格中的数值太长或公式产生的结果太长,单元格容纳不下时,会出现这种错误。

(2)#DIV/0:当公式被零(0)除时,会出现这种错误。

(3)#N/A:当在函数或公式中没有可用的数值时,会出现这种错误。

(4)#NUM!:当函数或公式中某些数字有问题时,会出现这种错误。

(5)#REF!:当公式中使用了无效的单元格引用时,会出现这种错误。

(6)#NAME?:在公式中使用了 Excel 无法识别的文本时,会出现这种错误。

(7)#VALUE!:当使用错误的参数或运算对象类型时,例如:文本类型的数据参与了数值运算,或者当公式的自动更正功能不能更正公式时,会出现这种错误。

(8)#NULL!:当使用了不正确的区域运算符或引用的单元格区域的交集为空时,会出现这种错误。

(二)Excel 文档保护

1. 保护工作表

若要防止工作表中的重要数据被更改、移动或删除,可以保护特定工作表。操作步骤如下:

步骤1:选择"文件"→"信息"→"保护工作簿"→"保护当前工作表(P)"选项,打开"保护工作表"对话框,如图 11-91 所示。选中"保护工作表及锁定的单元格内容(C)"复选框,并在"取消工作表保护时需要使用的密码(P):"下方的文本框中输入要设定的密码,在"允许此工作表的所有用户进行(O):"下方的列表框中选择允许用户进行的操作。

步骤2:单击"确定"按钮,打开"确认密码"对话框,如图 11-92 所示。在"重新输入密码(R):"下方的文本框中输入确认密码后,单击"确定"按钮,完成对工作表的保护。

2. 保护工作簿

保护工作簿是指对工作簿的结构和窗口大小进行保护。如果一个工作簿被设置了"保护",就不能对该工作簿内的工作表进行插入、删除、移动、隐藏、取消隐藏和重命名等操作,也不能对工作簿窗口(不是 Excel 窗口)进行移动和调整大小的操作了。操作步骤如下:

步骤1:选择"文件"→"信息"→"保护工作簿"→"保护工作簿结构(W)"选项,打开"保护结构和窗口"对话框,如图 11-93 所示。选中"结构(S)"和"窗口(W)"复选框,并在"密码(可选)(P):"下方的文本框中输入要设定的密码。

步骤2:单击"确定"按钮,打开"确认密码"对话框,在"重新输入密码(R):"下方的文本框中输入确认密码后,如图 11-92 所示,单击"确定"按钮,完成对工作簿的保护。

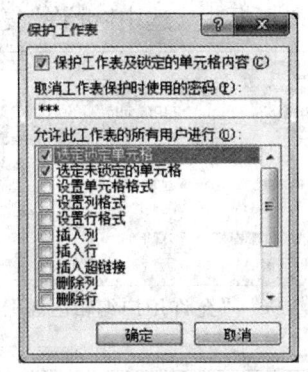

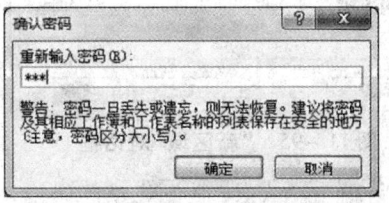

图 11-91 "保护工作表"对话框　　图 11-92 "确认密码"对话框

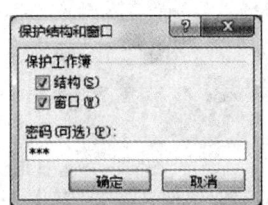

图 11-93 "保护结构和窗口"对话框　　图 11-94 "允许用户编辑区域"对话框

3. 允许用户编辑区域

(1) 使用密码访问保护区域。有时并不是工作表中的所有单元格都需要保护,对部分单元格可以允许拥有访问密码的用户访问,此时需要设置受保护的编辑区域,操作步骤如下:

步骤 1:选定某个单元格或者单元格区域,单击"审阅"选项卡→"更改"组→"允许用户编辑区域"按钮,打开"允许用户编辑区域"对话框,如图 11-94 所示。

步骤 2:单击"新建(N)…"按钮,打开"新区域"对话框,如图 11-95 所示。选定的单元格或者单元格区域地址已经自动填入"引用单元格(R):"下方的文本框中。在"区域密码(P):"下方的文本框中输入密码。单击"确定"按钮,打开"确认密码"对话框,如图 11-92 所示。在"重新输入密码(R):"下方的文本框中输入确认密码后,单击"确定"按钮,返回到"允许用户编辑区域"对话框。

步骤 3:单击"保护工作表(O)…"按钮,打开"保护工作表"对话框,接下来的操作与前面的"保护工作表"的操作相同,在此不再赘述。

(2) 设定权限访问保护区域。若要允许特定的用户不需要密码即可直接访问保护的区域,可给这些用户设定权限,操作步骤如下:

步骤 1:执行(1)中的步骤 1 和步骤 2。返回到"允许用户编辑区域"对话框,如图 11-96 所示。

步骤 2:选择"区域 1"后,单击"权限(P)…"按钮,打开"区域 1 的权限"对话框,如图 11-97 所示。

步骤 3:单击"添加(D)…"按钮,打开"选择用户或组"对话框,单击"高级(A)…"按钮,选择用户,添加的用户显示在"输入对象名称来选择(示例)(E):"下方的列表框中。

步骤4：单击"确定"按钮，返回"区域1的权限"对话框，如图11-98所示。在"权限(P)"（这里显示的是Administrator的权限(P)）下面的列表框中，选中"允许"复选框。

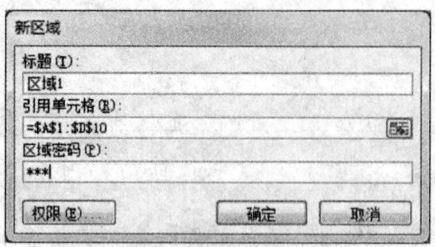

图11-95 "新区域"对话框

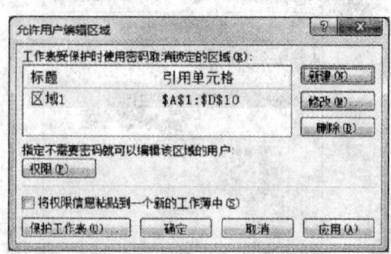

图11-96 "允许用户编辑区域"对话框

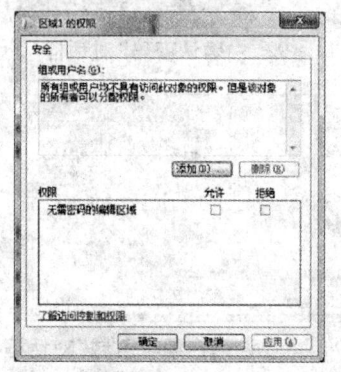

图11-97 "区域1的权限"对话框

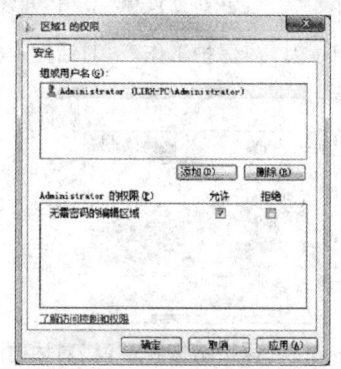

图11-98 "区域1的权限"对话框

步骤5：单击"确定"按钮，返回"允许用户编辑区域"对话框，然后单击"保护工作表(O)…"按钮，打开"保护工作表"对话框，接下来的操作与前面的"保护工作表"的操作相同，在此不再赘述。

（3）保护并共享工作簿。共享工作簿时，可以对工作簿中的修订进行跟踪，避免丢失修订记录，操作步骤如下：

步骤1：单击"审阅"选项卡→"更改"组→"保护并共享工作簿"按钮，打开"保护共享工作簿"对话框，如图11-99所示。

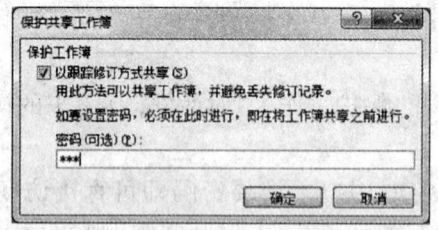

图11-99 "保护共享工作簿"对话框

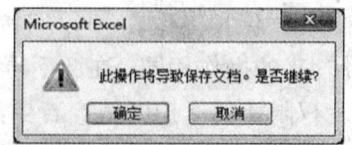

图11-100 提示对话框

步骤2：选中"以跟踪修订方式共享(S)"复选框，然后在"密码(可选)(P)："下方的文本框中输入需要设定的密码，单击"确定"按钮，打开"确认密码"对话框，如图11-92所示。在"重新输入密码(R)："下方的文本框中输入确认密码后，单击"确定"按钮，打开一个提示对话框，如图11-100所示。

步骤3：单击"确定"按钮，工作簿被保护并共享，此时在窗口的标题上显示"共享"字样。

单元五 PowerPoint 2010 的认识和应用

项目12 毕业论文答辩稿的设计与制作

12.1 项目提出

毕业论文答辩是毕业之前很重要的、必不可少的一个环节,发生在论文编辑完成之后。以前,毕业论文答辩只是存在于口头形式,现在越来越多的院校需要进行演讲。这样,毕业论文答辩演讲稿的制作就变得十分重要。目前,主要是使用 PowerPoint 演示文稿制作软件,因为它可以集文字、图形、图像、声音、视频、动画于一体,同时可以借助超链接功能创建形象生动、高度交互的多媒体演示文稿。

小李同学马上就要进行毕业论文答辩了,如何才能使答辩生动活泼、引人入胜,给评委们留下一个良好的印象,是非常重要的。小李同学觉得 Word 使用于文字处理,Excel 适用于数据处理,只有 PowerPoint 才能更好地适用于演示处理,例如:课堂教学、论文答辩、产品发布、项目论证、会议报告、个人或公司介绍等。因此,小李同学决定使用 PowerPoint 2010 来制作毕业论文答辩演讲稿。

在设计与制作毕业论文答辩演讲稿的过程中,遇到了如下问题:

1. 如何制作一张幻灯片,能够恰当地来阐述论文的观点?
2. 如何实现不同幻灯片之间的跳转,来提高演示文稿的交互性?
3. 如何在每张幻灯片中添加日期、幻灯片编号等,并设置幻灯片的动画效果?
4. 如何设计可以使每张幻灯片具有统一的风格?
5. 如何设置放映方式,并打印演示文稿?

经过指导老师的引导和帮助,小李同学解决了以上几个问题,他的解决方案阐述如下。

12.2 项目分析

根据论文的内容纲要,为每张幻灯片选定适合的版式,在每张幻灯片中添加文字、图形、图片、艺术字等对象,从而制作出各张幻灯片。其中,第1张幻灯片一般为标题幻灯片,主要包括论文题目、答辩者的姓名、所在班级、指导老师等信息;由于论文内容较多,所以在第2张幻灯片中设置论文的"目录",起到预览论文核心内容和导读的作用;后面的幻灯片是各相关主题的幻灯片,最后一张幻灯片是"答辩结束"幻灯片。

各幻灯片制作完成后,为了便于讲解和提高交互性,可能要随时改变播放顺序,可对目录中的各个条目建立超链接(链接到相关主题的幻灯片),还可以建立动作按钮,实现上下翻页的功能。

在页眉和页脚中,可以添加日期、幻灯片编号等,为了使演示文稿更加生动活泼、形象逼真,获得最佳演示效果,还应该设置动画效果。动画效果包括幻灯片之间的切换效果和幻灯片内部的自定义动画效果。

可以利用"主题"功能,快速美化和统一每一张幻灯片的风格,PowerPoint 2010 中内置的主题库中提供了大量的主题,根据需要可以选择其中的某个主题来快速美化幻灯片。

最后,应该设置合适的幻灯片放映方式,有时还需要打印演示文稿。

由以上分析可知,"毕业论文答辩稿的设计与制作"可以分解为四大任务:

任务 1:制作 8 张幻灯片。

任务 2:添加超链接和动作按钮。

任务 3:设置页眉页脚、动画效果和主题。

任务 4:设置放映方式和打印演示文稿。

12.3 相关知识点

1. PowerPoint 2010 的概述

PowerPoint 2010 作为 Microsoft Office 2010 办公软件家族的一员,一直是非常优秀的演示文稿制作软件。演示文稿正在成为人们学习、工作、生活中的重要组成部分,使用 PowerPoint 2010 可以轻松制作出内容丰富、图文并茂、层次分明、形象生动的演示文稿,广泛应用于个人或公司介绍、工作汇报、企业宣传、产品推介、婚礼庆典、项目竞标、管理咨询、教学演示、交流观点、信息传递等领域。

PowerPoint 2010 的主要特点:与 Office 系列的其他成员很相似,可以很快地掌握 PowerPoint 2010 的制作要领;可以和 Office 其他系列的办公软件紧密结合;美化功能更为方便;使用动画刷制作动画更方便、更高效;可以去除图像背景和进行抠图操作;可以嵌入并编辑视频。

2. 演示文稿

把所有为某一主题而制作的幻灯片存放在一个 PowerPoint 文件中,这个文件称为演示文稿。演示文稿由演示时用的幻灯片、演讲者备注、概要、通报、录音等组成,以文件形式存放在 PowerPoint 文件中,PowerPoint 2010 文件的扩展名为.pptx。

3. 幻灯片

在 PowerPoint 演示文稿中创建和编辑的单页称为幻灯片。每张幻灯片都是演示文稿中既相互独立又相互联系的内容。

4. 对象

演示文稿中的每一张幻灯片都是由若干个对象组成的,对象是幻灯片中重要的组成元素。插入到幻灯片中的文字、图片、图表、组织结构图及其他可插入元素,都是以一个个对象出现在幻灯片中的。用户可以选择对象、修改对象的内容或大小、移动、复制或删除对象;还可以改变对象的属性,例如:颜色、边框等。

5. 演示文稿和幻灯片

一个 PowerPoint 文件称为一个演示文稿,通常它是由一组幻灯片构成,制作演示文稿的过程实际上就是制作一张张幻灯片的过程。幻灯片中包含文字、表格、图片、声音、视频等对象，所以制作一张幻灯片的过程，实际上就是编辑其中每一个对象的过程。

6. 占位符

占位符是指幻灯片上一种带有虚线或阴影线边缘的框，绝大部分幻灯片版式中都有这种框。在这些框内可以放置标题、正文、图表、表格、图片等对象。占位符的大小和位置一般取决于幻灯片所用的版式。

7. 幻灯片版式

幻灯片版式是指幻灯片内容在幻灯片上的排列方式。版式由占位符组成，占位符中可放置文字(例如:标题和项目符号)和幻灯片内容(例如:表格、图片、形状、剪贴画)等。

8. 动作按钮和超链接

演示文稿放映时，默认是按顺序播放幻灯片的。通过对幻灯片中的对象设置动作按钮和超链接，可以改变幻灯片的放映顺序，提高演示文稿的交互性。

在 PowerPoint 中，超链接可以从一张幻灯片跳转到同一演示文稿中的其他幻灯片，也可以跳转到其他演示文稿、文件(例如:Word 文档)、电子邮件地址、网页等。

动作按钮是以图形化的按钮进行超链接，例如:"前进"、"后退"动作按钮分别超链接到"下一张"、"上一张"幻灯片。

9. 动画效果

动画效果是指当放映幻灯片时，幻灯片中的一些对象(例如:文本、图形等)会按照一定的顺序依次显示对象或者使用运动画面。为幻灯片上的文本、图形、表格和其他对象添加动画效果，可以突出重点、控制信息流，并增加演示文稿的趣味性，从而给观众留下深刻的印象。动画效果有时可以起到画龙点睛的作用。

动画效果包括幻灯片之间的切换效果和幻灯片内部的自定义动画效果。为演示文稿中的幻灯片添加切换效果，可以使演示文稿放映过程中幻灯片之间的过渡衔接更为自然。"自定义动画"可以为每一张幻灯片中的各种对象分别设置不同的、功能更强的动画效果，以期达到更好的播放效果。

10. 动画刷

为演示文稿添加动画是比较烦琐的事情，尤其是还要逐个调节时间和速度。PowerPoint 2010 新增了"动画刷"功能，可以像使用"格式刷"功能一样，只要轻轻"一刷"就可以把原有对象的动画复制到新的目标对象上。

11. 主题

主题是由主题颜色、主题字体和主题效果三部分组成的。主题可以作为一套独立的选择方案应用于文件中。主题颜色、主题字体和主题效果可以同时在 PowerPoint、Excel、Word 和 Outlook 中应用，使演示文稿、工作表、文档和电子邮件具有统一的风格。

12.4 项目实施

12.4.1 项目调研

分组调研毕业论文答辩稿的设计与制作的各个组成部分，并讨论每个组成部分的细节。

其中两组老师进行深入调研,其他组进行组内讨论,然后再进行组间交流,初步形成项目的大致框架。

12.4.2 确定项目

全体组及组员进行讨论,最终确定适合本班思想的毕业论文答辩稿的设计与制作的整体方案,形成图片,作为后续操作的依据。

项目说明:

[1]第1张幻灯片,主题为"标题幻灯片",写明标题和副标题。

[2]第2、4-7张幻灯片,主题为"标题和内容",具体填写标题和内容。

[3]第3、8张幻灯片,主题为"仅标题",具体填写标题,并设计其他部分内容。

[4]第3张幻灯片,除了标题外,使用形状绘制一个图形。

[5]第8张幻灯片,除了标题外,添加一个艺术字。

12.4.3 项目实施

任务1:制作8张幻灯片

根据论文的内容摘要,为每张幻灯片选定合适的版式,在每张幻灯片中添加文字、形状、图片、艺术字等对象,从而制作出每张幻灯片。其中,第1张幻灯片一般为标题幻灯片,主要包括论文题目、答辩者的姓名、所在班级、指导老师等信息;由于论文内容较多,可在第2张幻灯片中放置论文的目录,起到预览论文核心内容和导读的作用;后面的幻灯片是各个相关主题的幻灯片,最后1张幻灯片是"答辩结束"幻灯片。

步骤1:制作第1张幻灯片。

1. 新建幻灯片。使用任意一种自己熟悉的方式,启动 PowerPoint 2010 软件,默认第1张幻灯片 Office 主题是"标题幻灯片"。

2. 编辑幻灯片。在"标题"中输入"图书馆信息资料管理系统的研究与设计",在"副标题"中输入其他信息,效果如图12-1所示。本项目要求,设置"标题"的字体格式为:华文行楷、44号;设置"副标题"的字体格式为:华文行楷、40号,调整2个文本框的位置,设置后的效果如图12-2所示。

● 说明:关于字体的类型、大小和颜色等格式设置,根据个人喜好设定,没有强制要求。

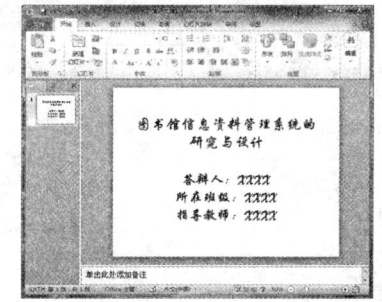

图12-1 第1张幻灯片-初始编辑状态　　图12-2 第1张幻灯片-文本设置后的效果图

步骤2:新建并编辑第2张幻灯片,Office 主题为"标题和内容"。单击"开始"选项卡→"幻灯片"组→"新建幻灯片"下拉按钮,在打开的下拉列表中,选择"标题和内容"版式,如图

12-3所示,插入一张新幻灯片(第2张幻灯片)。在"标题"中输入文字"目录",在"内容"中输入目录内容,如图12-4所示。

● 说明:关于内容字体的类型、大小和颜色根据个人喜好设定。

步骤3:使用相同的方法,再次插入一张"仅标题"版式的新幻灯片,如图12-5所示,在"标题"中输入文字"问题定义"。

● 说明:关于内容字体的类型、大小和颜色根据个人喜好设定。

步骤4:在"插入"选项卡中,单击"插图"组中的"形状"下拉按钮,在打开的下拉列表中,选择"基本形状"区域中的"椭圆"形状,如图12-6所示,然后在"标题"下方的空白处拖动鼠标,画出一个适当大小的椭圆,再画2个略小一些的椭圆,移动这3个椭圆,使它们重叠,并实现定点相切,如图12-7所示。

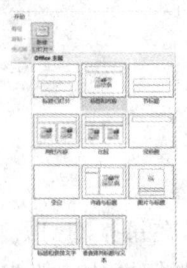

目录

- 问题定义
- 可行性研究
- 系统设计分析
- 系统应用程序设计
- 结论

图12-3 选择"标题和内容"版式　　　　图12-4 第2张幻灯片

步骤5:右击最上面的椭圆,在弹出的快捷菜单中,选择"设置形状格式(O)…"命令,打开"设置形状格式"对话框,如图12-8所示,在左侧窗格中选择"填充"选项,在右侧窗格中选中"纯色填充(S)"单选按钮,并在"颜色(C):"下拉列表中选择"茶色,背景2,深色10%"颜色作为椭圆的填充色,另外,在左侧窗格中选择"线条颜色"选项,还可设置椭圆线条的颜色。

● 说明:填充颜色和线条颜色根据个人喜好来设定。

 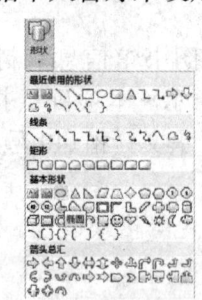 

图12-5 选择"仅标题"版式　　图12-6 选择"椭圆"形状　　图12-7 画3个相切的椭圆

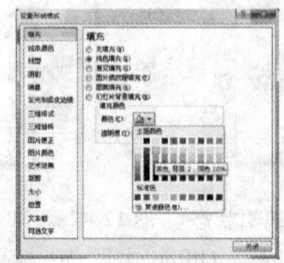

图12-8 "设置形状格式"对话框

步骤6:使用相同的方法,设置两外两个椭圆的填充色分别为"茶色,背景2,深色25%"和"茶色,背景2,深色50%"。

步骤7:右击最上面的椭圆,在弹出的快捷菜单中,选择"编辑文字(X)"命令,然后在最上面的椭圆中输入文字"问题定义",并设置文字颜色为黑色。

● 说明:关于内容字体的类型、大小和颜色根据个人喜好设定。

步骤8:按住Ctrl键,逐个选中这3个椭圆,然后右击,在弹出的快捷菜单中,选择"组合(G)"→"组合(G)"命令,使这3个椭圆组合在一起,成为一个整体(组合图形),移动组合图形至幻灯片的中央。

步骤9:使用相同的方法,在组合图形的左侧插入一个圆角矩形,在圆角矩形中添加文字"问题提出",再在组合图形的右侧插入一个圆角矩形,在圆角矩形中添加文字"问题定义报告"。

● 说明:圆角矩形的填充色、边框线颜色和其内的文字类型、大小和颜色根据个人喜好设定。

步骤10:在这些图形之间分别插入上弧形箭头 和下弧形箭头 (弧线箭头所在位置:"插入"选项卡→"插图"组→"形状"下拉按钮→"箭头总汇"区域),并调整这些图形的大小和位置,效果如图12-9所示。

步骤11:插入一张"标题和内容"版式的新幻灯片,在"标题"中输入文字"可行性研究",在"内容"中输入相应文字,并设置1.5倍行距,效果如图12-10所示。

● 说明:关于内容字体的类型、大小和颜色根据各人喜好设定。

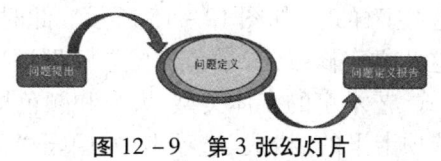

图12-9 第3张幻灯片

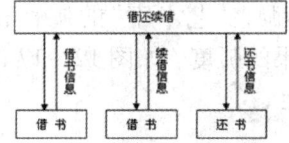

图12-10 第4张幻灯片　　　　图12-11 第5张幻灯片

步骤12:插入一张"标题和内容"版式的新幻灯片,在"标题"中输入文字"系统设计分析",在"内容"中,点击"插入来自文件的图片"按钮 ,打开"插入图片"对话框,找到并插入"系统设计分析图.png"图片,适当调整该图片的大小和位置,效果如图12-11所示。

● 说明:关于内容字体的类型、大小和颜色根据各人喜好设定。

步骤13:插入一张"标题和内容"版式的新幻灯片,在"标题"中输入文字"系统应用程序设计",在"内容"中输入相应文字,并设置1.5倍行距;选中"内容"中的所有文字,单击"开始"选项卡下,"段落"组中,"编号"下拉按钮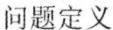,在打开的下拉列表中,选择第1行第2列的数字编号,如图12-12所示,此时幻灯片效果如图12-13所示。

●说明:关于内容字体的类型、大小和颜色根据各人喜好设定。

系统应用程序设计

1. 模块IPO图
2. 系统设计
3. 数据库设计
4. 系统主要功能输出设计

图12-12 "编号"下拉按钮　　　　　　　　图12-13 第6张幻灯片

步骤14:插入一张"标题和内容"版式的新幻灯片,在"标题"中输入文字"结论",在"内容"中输入相应文字,并设置1.5倍行距,效果如图12-14所示。

●说明:关于内容字体的类型、大小和颜色根据各人喜好设定。

结论

- 由于本人才疏学浅,对VB掌握不深,使得很多设计想法不能实现,改用别的措施代替,很多功能尚不能实现。
- 此系统在图书类别、读者类别、出版社设置、图书报废等方面可以进一步加强,实现动态更新功能。
- 在系统管理员方面,可设置不同级别的权限来管理系统信息,避免系统数据混乱。

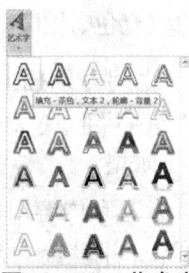

图12-14 第7张幻灯片　　　　　　　图12-15 艺术字样式列表

步骤15:插入一张"仅标题"版式的新幻灯片,如图12-5所示,在"标题"中输入文字"答辩结束",然后在"插入"选项卡中,单击"文本"组中的"艺术字"按钮,在打开的下拉列表中,选择第1行第1列的艺术字样式,如图12-15所示。此时,在幻灯片中插入了艺术字"请在此放置您的文字",把这些文字修改为"敬请各位老师批评指正!"。

●说明:关于艺术字的样式、艺术字的字体类型、大小和颜色根据个人喜好设定。

步骤16:在"绘图工具"选项卡下的"格式"选项卡中,单击"艺术字样式"组中的"文本效果"下拉按钮,在打开的下拉列表中,选择"转换"→"朝鲜鼓"选项,如图12-16所示。

●说明:关于艺术字的转换样式根据个人喜好设定。

步骤17:适当调整"艺术字"的位置和大小,上下拖动"艺术字"的菱形控制柄,可调整"朝鲜鼓"文本效果的弧度,如图12-17所示。

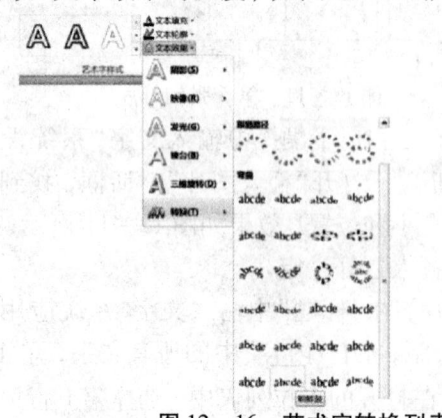

答辩结束

敬请各位老师批评指正!

图12-16 艺术字转换列表　　　　　　图12-17 第8张幻灯片

任务2:添加超链接和动作按钮

每张幻灯片的顺序是按照毕业论文的大纲内容规划的,但是出于答辩需要,可能会改变播放顺序,这可通过添加超链接、动作按钮等操作来实现。

1. 添加超链接

步骤1:在第2张"目录"幻灯片中,选中文字"问题定义",然后右击,在弹出的快捷菜单中,选择"超链接(H)…"命令,打开"插入超链接"对话框,如图12-18所示。在左侧的"链接到:"窗格中选择"本文档中的位置(A)"选项,在中央的"请选择文档中的位置(C):"窗格中选择标题为"3.问题定义"的幻灯片(第3张幻灯片),单击"确定"按钮,完成超链接的设置,此时文字"问题定义"变为蓝色,并添加了下划线。

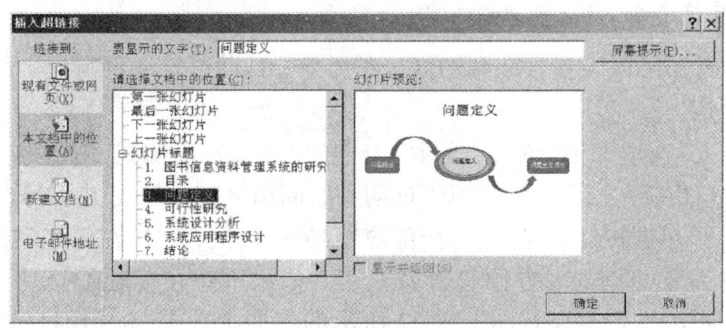

图12-18 "插入超链接"对话框

步骤2:使用与步骤1相同的方法,为第2张"目录"幻灯片中的文字"可行性研究"、"系统设计分析"、"系统应用程序设计"和"结论",分别链接到第4、5、6、7张幻灯片,设置超链接后的效果如图12-19所示。

目录

- 问题定义
- 可行性研究
- 系统设计分析
- 系统应用程序设计
- 结论

图12-19 设置超链接后的第2张幻灯片

2. 添加动作按钮

为了便于幻灯片的上下翻页,可以制作"上一页"和"下一页"动作按钮,因为这两个动作按钮需要在每张幻灯片中出现,可以在幻灯片母版中制作这两个动作按钮。

步骤1:在"视图"选项卡中,单击"母版视图"组中的"幻灯片母版"按钮,打开母版视图,在左侧窗格中选择第1张幻灯片母版(Office主题幻灯片母版:由幻灯片1~12使用)。

步骤2:在"插入"选项卡中,单击"插图"组中的"形状"下拉按钮,在打开的下拉列表中,选择"动作按钮"区域中的最后一个动作按钮(动作按钮:自定义),然后在幻灯片母版底部画出一个按钮,在打开的"动作设置"对话框的"单击鼠标"选项卡中,选中"超链接到(H):"单选按钮,并在其下拉列表中选择"上一张幻灯片"选项,如图12-20所示,单击"确定"按钮。

步骤3:右击刚刚绘制的按钮,在弹出的快捷菜单中,选择"编辑文字(X)"命令,然后在"动作按钮"内输入文字"上一页",使用相同的方法,再制作一个"下一页"动作按钮(超链接到"下一张幻灯片"),效果如图12-21所示。

图12-20 "动作设置"对话框　　　　图12-21 动作按钮设置

任务3：设置页眉页脚、动画效果和主题

在页眉和页脚中，可以设置日期和幻灯片编号等，日期可自动更新为当前日期。

1. 设置页眉页脚

步骤1：在"插入"选项卡中，单击"文本"组中的"页眉和页脚"下拉按钮，打开"页眉和页脚"对话框，如图12-22所示，选中"日期和时间(D)"和"幻灯片编号(N)"复选框，并选中"自动更新(U)"单选按钮，再单击"全部应用(Y)"按钮，这样在每张幻灯片中都会显示当前日期和幻灯片编号（页码），方便答辩者使用。如果不想在标题幻灯片中显示当前日期（其他幻灯片中要显示），则需要在图12-22所示的界面中选中"标题幻灯片中不显示(S)"复选框。

步骤2：在"幻灯片母版"选项卡中，单击"关闭"组中的"关闭母版视图"按钮，返回到"幻灯片"视图。

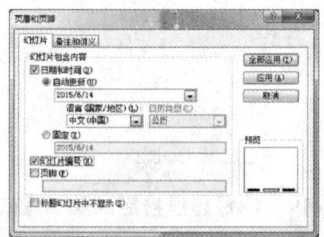

图12-22 "页眉和页脚"对话框

2. 设置幻灯片的动画效果

动画效果是指给文本或对象添加特殊的视觉或声音效果。为演示文稿添加动画效果，目的是突出重点，添加演示文稿的趣味性。动画效果包括幻灯片之间的切换效果和幻灯片内部的自定义动画效果。

下面先设置所有幻灯片之间的切换效果为"窗口"，再设置各张幻灯片内部的自定义动画效果。

步骤1：在"切换"选项卡中，单击"切换到此幻灯片"组右下角的"其他"按钮，如图12-23所示。展开切换效果所有选项，选择"动态内容"区域中的"窗口"切换效果，如图12-24所示。再单击"计时"组中的"全部应用"按钮，使得所有幻灯片均采用"窗口"切换效果。

图12-23 "切换到此幻灯片"组中的"其他"按钮

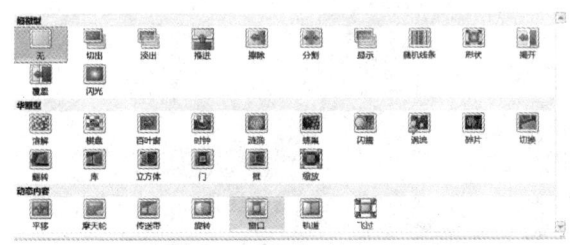

图 12-24 选择"窗口"切换效果

下面设置第 1 张幻灯片(标题幻灯片)的自定义动作效果:标题内容"图书馆信息资料管理系统的研究与设计"的动作设置为进入效果"棋盘";副标题内容(共 3 行文字)的动作设置为进入效果"上浮",并且在标题内容出现后 1 秒后自动开始,不需要单击。

步骤 2:选择第 1 张幻灯片中的标题内容"图书馆信息资料管理系统的研究与设计",在"动画"选项卡中,单击"高级动画"组中的"添加动画"下拉按钮 ,在打开的下拉列表中,选择"更多进入效果(E)…"选项,打开"添加进入效果"对话框,单击"基本型"区域中的"棋盘"选项,如图 12-25 所示。单击"确定"按钮,然后在"计时"组中,设置"开始"为"上一个动画之后"。

步骤 3:使用相同的方法,选择副标题内容(共 3 行文字),并添加其进入效果为"上浮",然后在"计时"组中,设置"开始"为"上一个动画之后","延迟"时间为 1 秒,如图 12-26 所示。

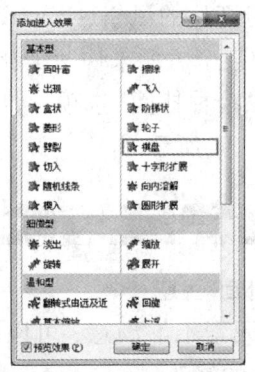

图 12-25 "添加进入效果"对话框

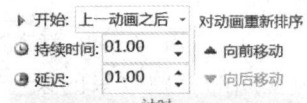

图 12-26 设置"开始"和"延迟"时间

下面利用"动画刷"功能,把第 1 张幻灯片标题的动作效果复制到其他 7 张幻灯片的标题中。

步骤 4:单击第 1 张幻灯片中的标题,在"动画"选项卡中,双击"高级动画"组中的"动画刷"按钮 ,此时鼠标箭头旁出现一把刷子,用鼠标分别单击其他 7 张幻灯片的标题,最后单击"动画刷"按钮,使该按钮处于未选中状态,表示动画效果复制结束。

以下设置其他幻灯片内部的自定义动画效果。

步骤 5:在第 2 张幻灯片中,单击"内容"中的所有文本,在"动画"选项卡中,单击"动画"组中的"飞入"按钮 ,如图 12-27 所示,再单击"动画"组右侧的"效果选项"按钮,在打开的下拉列表中,选择"自左侧(L)"方向,如图 12-28 所示。

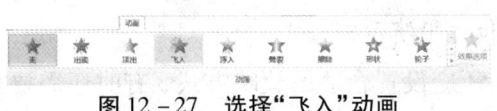

图 12-27 选择"飞入"动画

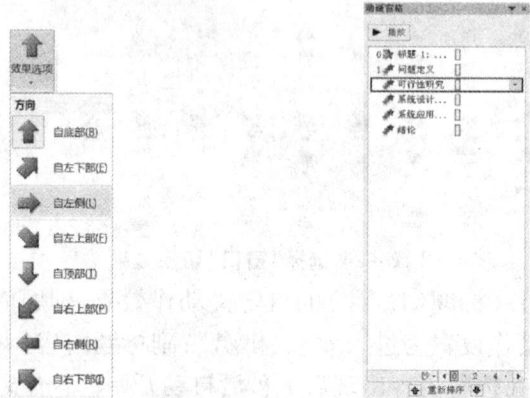

图12-28 选择"自左侧"方向　　图12-29 第2张幻灯片的"动画窗格"

步骤6:使用与步骤4相同的方法,利用"动画刷"功能,将第2张幻灯片"内容"中的动画效果复制到其他幻灯片(第3~8张幻灯片)的"内容"中或图形中。

步骤7:在"动画"选项卡中,单击"高级动画"组中的"动画窗格"按钮 ,可以打开"动画窗格"任务窗格,如图12-29所示。图12-29是第2张幻灯片的"动画窗格",其中的序号表示动画播放的顺序,单击"动画窗格"底部的 、 箭头,可调整动画播放的顺序。

3. 设置幻灯片的主题

可以利用"主题"功能,快速美化和统一每一张幻灯片的风格,PowerPoint 2010中内置的主题库中提供了大量的主题,根据需要可选择其中的某个主题来快速美化幻灯片。

步骤1:在"设计"选项卡中,单击"主题"组中的"暗香扑面"选项,如图12-30所示,则所有幻灯片都应用了"暗香扑面"主题,效果如图12-31所示。

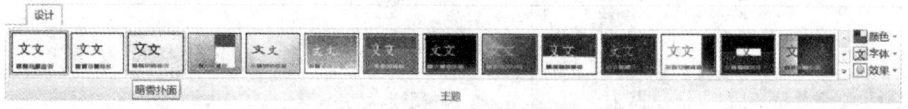

图12-30 选择"暗香扑面"主题

步骤2:如果对所有应用的主题效果的某一部分元素不够满意,可以通过单击"主题"组右侧的"颜色"、"字体"或者"效果"按钮,进行进一步的修改。

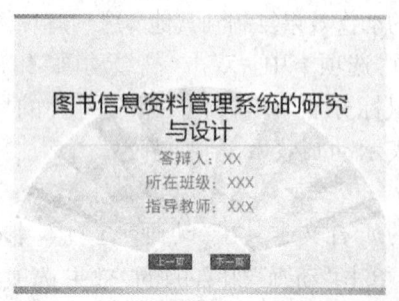
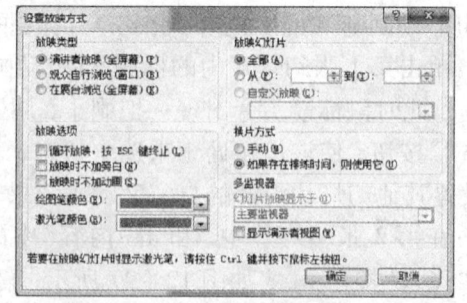

图12-31 应用"暗香扑面"主题　　图12-32 "设置放映方式"对话框

任务4:设置放映方式和打印演示文稿

演示文稿制作完毕后,还应设置合适的放映方式,有时还需要打印演示文稿。

步骤1:在"幻灯片放映"选项卡中,单击"设置"组中的"设置幻灯片放映"按钮 ,打开

"设置放映方式"对话框,如图12-32所示,可设置放映类型、放映选项、放映幻灯片、换片方式等。

步骤2:在"设计"选项卡中,单击"页面设置"组中的"页面设置"按钮,打开"页面设置"对话框,如图12-33所示,可设置"幻灯片大小(S):"、"宽度(W):"、"高度(E):"、"幻灯片编号起始值(N):"、幻灯片方向等。

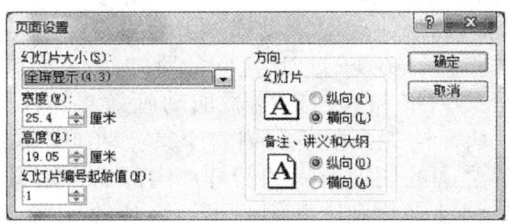

图12-33 "页面设置"对话框

步骤3:选择"文件"→"打印"命令,在窗口右侧可设置"打印"选项,如打印份数、打印范围、打印内容、打印颜色等。设置打印份数为1,打印全部幻灯片,打印内容为讲义,并每页打印6张垂直放置的幻灯片,打印颜色为黑色,如图12-34所示。

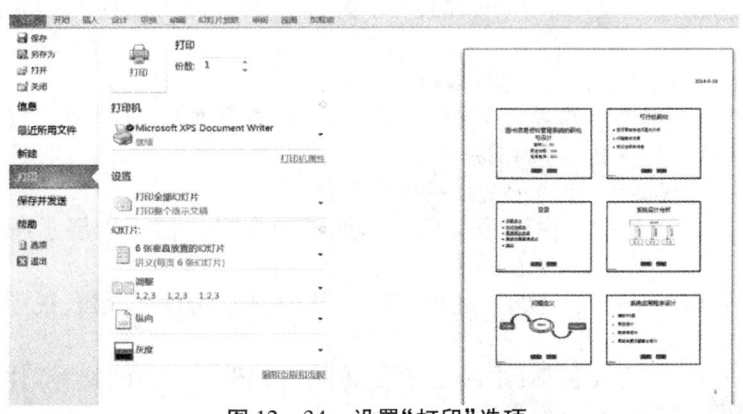

图12-34 设置"打印"选项

●说明:

(1)在图11-32所示的界面中,一般选择放映全部幻灯片,也可以选择放映部分幻灯片,例如:选择"从(F):到(T):"单选按钮,或者选择"自定义放映(C):"。如果设置了自定义放映(单击"幻灯片放映"选项卡→"开始放映幻灯片"组→"自定义幻灯片放映"下拉按钮→"自定义放映(W)…"命令),也可以选择只放映自定义部分。

(2)如果某张或某些幻灯片不想放映,又不想删除,可以设置其为幻灯片,单击"幻灯片放映"选项卡→"设置"组→"隐藏幻灯片"命令。

(3)幻灯片放映时,右击并选择"指针选项(O)",再选择某种绘图笔后,可以在幻灯片上写字、画线或绘图。

(4)在图12-34所示的界面中,打印内容可以选择整页幻灯片、备注页、大纲、讲义等。为了节约纸张,可以选择打印内容为讲义,并设置每页打印的幻灯片数(例如:6张)和顺序(水平或垂直)。

12.5 总结与提高

本项目介绍了如何使用 PowerPoint 2010 来制作幻灯片、添加超链接和动作按钮、设置页眉和页脚、设置动画效果(包括:幻灯片之间的切换效果、幻灯片内部的自定义动画效果)、设置主题、设置放映方式和打印演示文稿。

如果幻灯片数量和内容较多,一般应该设置"目录",起到预览核心内容和导读的作用。可以通过设置超链接和动作按钮,实现幻灯片之间的跳转。

对幻灯片上的文本、图形、表格和其他对象添加动画效果,可以突出重点、控制信息流,并增加演示文稿的趣味性,从而给观众留下深刻的印象。动画效果有时可以起到画龙点睛的作用。动画效果包括幻灯片之间的切换效果和幻灯片内部的自定义动画效果。

可以利用"主题"功能,快速美化和统一每一张幻灯片的风格,PowerPoint 2010 中内置的主题库中提供了大量的主题,根据需要可以选择其中的某个主题来快速美化幻灯片。

可以利用"动画刷"功能,快速地将原有对象的动画复制到新的目标对象上。

为了节约纸张,可以选择打印内容为讲义,并设置每页打印的幻灯片数(例如:6张)和顺序(水平或垂直)。

总之,演示文稿的设计是一门学问和技术,好的演示文稿可以使内容介绍更加有重点,让人更容易接受。

利用 PowerPoint 制作演示文稿的基本过程如下:

(1)准备素材:确立主题,围绕主题搜集和准备演示文稿所需要的相关素材(文本、图片、声音、动画等),并对素材进行筛选和提炼。

(2)确立方案。策划和设计演示文稿的整个架构。

(3)内容制作。向新建的空白演示文稿中添加各种多媒体信息以展示所要表达的主题。主要包括:

①制作静态幻灯片,除了文本外,还可以添加各种图形、图片、音频、视频等多媒体元素,达到图文并茂、形象生动的效果。

②制作动态幻灯片,主要包括:添加超链接和动作按钮,便于在各幻灯片之间跳转;添加动画效果,包括:幻灯片切换效果、自定义动画效果等。

(4)修饰处理。通过各种设计模板、调整各种配色方案、设置背景等操作来修饰演示文稿。

(5)设置合适的放映方式和观看放映,如果需要,还可以打印幻灯片。设置放映过程中的一些要素,通过预览播放查看效果,满意后正式观看放映。例如:添加动画设计,可以使幻灯片的内容以动态的形式向观众展现;可以通过设置幻灯片的切换方式,丰富幻灯片之间的过渡效果,增强幻灯片的放映效果;利用内容超链接及设置动作按钮,可以在放映过程中在不连续的幻灯片之间进行切换,使幻灯片内容的安排更加灵活。

演示文稿的制作原则总结如下:

(1)主题明确,文字简练

演示文稿的目的在于传达信息,要主题鲜明、内容简练,不要试图在一个演示文稿中面面俱到,阐述好主题即可。

(2)结构清晰,逻辑性强

演示文稿的结构要清新,逻辑性要强,通常采用"并列"、"递进"两类逻辑关系,可以通过不同层次的标题,表明演示文稿结构的逻辑关系。

(3)和谐美观,布局合理

遵循 KISS(Keep It Simple and Stupid)设计原则,保持简单的版式布局。

简明是演示文稿风格的第一原则,即尽量少用文字,充分借助图表。

使用母版定义演示文稿风格,母版背景应该为空白或淡色,可以凸显图文。

Magic Seven 原则(7±2=5~9),每张幻灯片传达 5 个概念效果最好,7 个概念人脑恰好可以处理,超过 9 个概念负担太重了,需要重新组织。

商业应用中,风格通常趋于保守,尽量少用动画(不要超过三种动画效果)。

(4)少用术语,无错别字

如果演示文稿比较专业,就要少用观众不理解的术语,避免科学性和知识性的错误,不要出现错别字。

12.6 思考与练习

一、单项选择题

1. PowerPoint 2010 运行的平台是( )。
   A. Linux   B. Windows   C. UNIX   D. DOS
2. PowerPoint 2010 是( )家族中的一员。
   A. Linux   B. Windows   C. Office   D. Word
3. PowerPoint 2010 属于( )。
   A. 高级语言   B. 操作系统   C. 语言处理程序   D. 应用软件
4. PowerPoint 2010 的主要功能是( )。
   A. 电子演示文稿处理   B. 声音处理   C. 图像处理   D. 文字处理
5. PowerPoint 2010 中新建文件的默认名称是( )。
   A. DOC1   B. SHEET1   C. 演示文稿1   D. BOOK1
6. PowerPoint 2010 制作的演示文稿文件扩展名是( )。
   A. .pptx   B. .xls   C. .fpt   D. .doc
7. 扩展名为( )的文件,在没有安装 PowerPoint 2010 的系统中可直接放映。
   A. .pop   B. .ppz   C. .pps   D. .ppt
8. 在 PowerPoint 2010 中,"文件"选项卡可以创建( )。
   A. 文件   B. 图表   C. 页眉或页脚   D. 动画
9. 要对幻灯片进行保存、打开、新建、打印等操作时,应在( )选项卡中操作。
   A. 文件   B. 开始   C. 设计   D. 审阅
10. 光标位于幻灯片窗格中时,单击"开始"选项卡的"幻灯片"组中的"新建幻灯片"按钮,插入的新幻灯片位于( )。
    A. 当前幻灯片之前   B. 当前幻灯片之后   C. 文档的最前面   D. 文档的最后面
11. 在 PowerPoint 2010 中,添加新幻灯片的快捷键是( )。
    A. Ctrl + M   B. Ctrl + N   C. Ctrl + O   D. Ctrl + P
12. 幻灯片的版式是由( )组成的。
    A. 文本框   B. 表格   C. 图表   D. 占位符
13. 要对幻灯片母版进行设计和修改时,应在( )选项卡中操作。
    A. 设计   B. 审阅   C. 插入   D. 视图
14. 要设置幻灯片中对象的动画效果以及动画的出现方式时,应在( )选项卡中操作。
    A. 切换   B. 动画   C. 设计   D. 审阅
15. 要设置幻灯片的切换效果以及切换方式时,应在( )选项卡中操作。
    A. 开始   B. 设计   C. 切换   D. 动画

16. 在 PowerPoint 2010 中,"插入"选项卡可以实现( )。
   A. 创建新文件、打开文件   B. 插入表格、形状与图表
   C. 文本左对齐   D. 添加动画
17. 在 PowerPoint 2010 中,"设计"选项卡可自定义演示文稿的( )。
   A. 文本框、艺术字   B. 表格、形状与图表
   C. 背景、主题   D. 动画、页面设置
18. 要进行幻灯片页面设置、主题选择,可以在( )选项卡中操作。
   A. 开始   B. 插入   C. 视图   D. 设计
19. 从第一张幻灯片开始放映幻灯片的快捷键是( )。
   A. F2   B. F3   C. F4   D. F5
20. 从当前幻灯片开始放映幻灯片的快捷键是( )。
   A. Shift + F5   B. Shift + F4   C. Shift + F3   D. Shift + F2

二、实践操作题

1. 新建一个 PowerPoint 2010 演示文稿,保存在 D 盘,文件名为"应聘资料.pptx",实现如下要求的操作:
(1)将第一张默认的幻灯片删除。
(2)插入第一张幻灯片,选择幻灯片版式为"空白",进行如下操作:
①插入一个横排文本框,设置文字内容为"应聘人基本资料",字体为"微软雅黑",字号为"36",字形为"加粗、倾斜",字体效果为"阴影"。
②设置幻灯片背景为"纹理填充"中的"新闻纸"。
③在幻灯片中添加一张符合专业特点的剪贴画。
(3)插入第二张幻灯片,选择幻灯片版式为"标题与内容",进行如下操作:
①设置标题文字内容为艺术字"个人简介"(艺术字样式与颜色根据个人喜好设置)。
②在文本处的每行分别添加"姓名:张三"、"性别:男"、"年龄:24"、"专业:计算机科学与技术"。
③在幻灯片中添加一张符合专业特点的剪贴画。
④设置标题自定义动画为"自顶部飞入",文本自定义动画为"上浮",剪贴画自定义动画为"缩放"。
(4)设置全部幻灯片切换效果为"自左侧擦除"。
完成后的幻灯片缩略图,如图 12-35 所示。

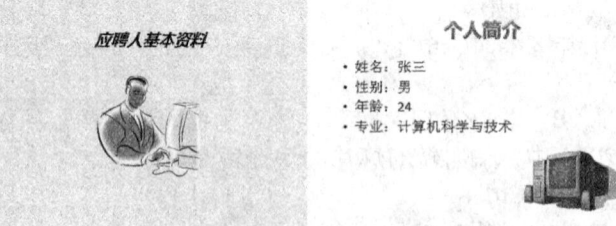

图 12-35 完成后的幻灯片缩略图

2. 新建一个 PowerPoint 2010 演示文稿,保存在 D 盘,文件名为"计算机毕业实习指导.pptx",实现如下要求的操作:
(1)更改第一张幻灯片的版式为"标题和内容",输入如图 12-36 所示的内容。
(2)将标题格式设置为:隶书、44 号、居中,将内容格式设置为:华文楷体、28 号、左对齐、添加如图 12-36 所示的编号。

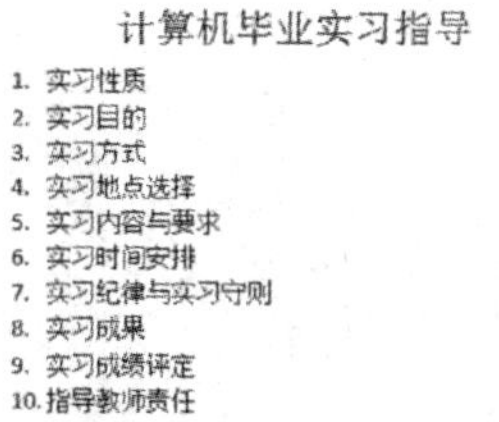

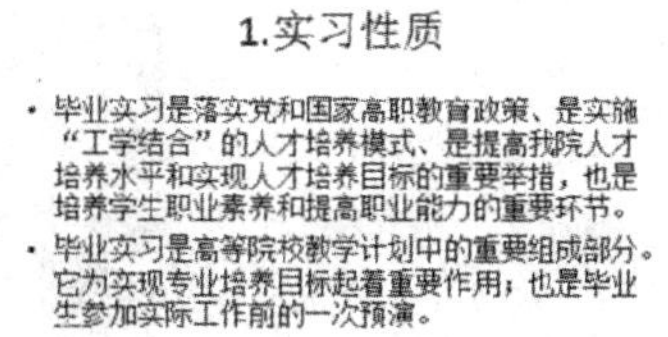

图12-36 第一张幻灯片的内容　　图12-37 第二张幻灯片的内容

（3）设置第一张幻灯片的主题为"龙腾四海"。
（4）插入第二张幻灯片，版式为"标题和内容"，输入如图12-37所示的内容，标题和内容的格式设置同第一张幻灯片。
（5）在第二张幻灯片中，设置幻灯片背景，在"渐变填充"中，预设颜色为"雨后初晴"，类型为"矩形"，方向为"中心辐射"。
（6）在第二张幻灯片中，插入一个"左箭头"形状，设置形状样式，其中：形状填充为"蓝色强调文字颜色1，淡色60%"，形状轮廓为"无轮廓"。给"左箭头"形状编辑文本为：返回目录。
（7）在第一张幻灯片中，使用文本"实习性质"做超链接，链接到第二张幻灯片。
（8）在第二张幻灯片中，使用形状"左箭头"做超链接，链接到第一张幻灯片。
（9）在第一张幻灯片中，动画效果设置如下：
①设置标题的动画效果为：劈裂，中央向左右展开。
②设置内容的动画效果为：飞入，自右侧。
（10）在第二张幻灯片中，动画效果设置如下：
①设置标题的动画效果为：弹跳。
②设置内容的动画效果为：翻转式由远及近。
③设置"左箭头"形状的动画效果为：旋转。
（11）在所有幻灯片的页脚位置插入幻灯片编号和可以自动更新的日期，日期格式为"××××/××/××"，并通过母版进行格式设置：宋体、12号、加粗。
（12）设置所有幻灯片的切换方式为"自左侧推进"，换片方式为"自动换片间隔2秒"，取消"单击鼠标时"。
（13）完成后的幻灯片缩略图，如图12-38、图12-39所示。

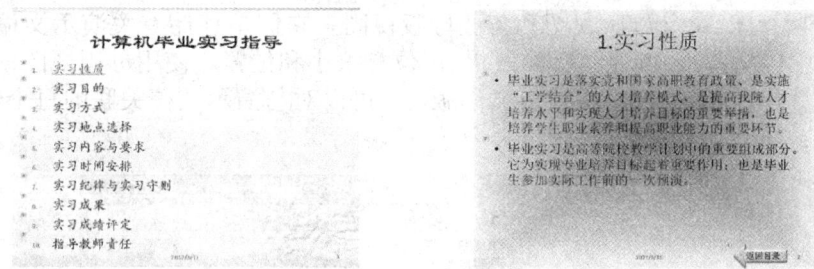

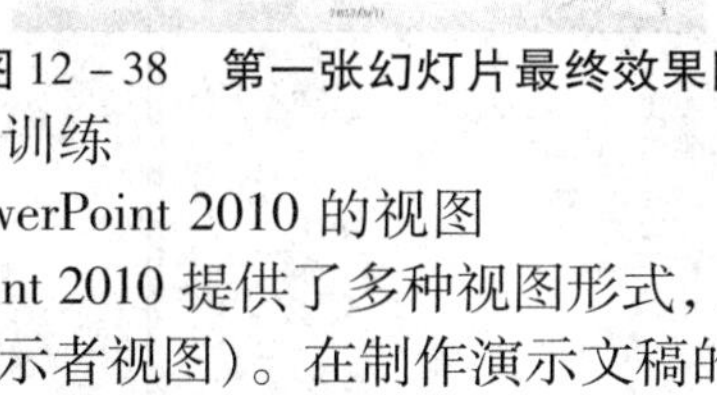

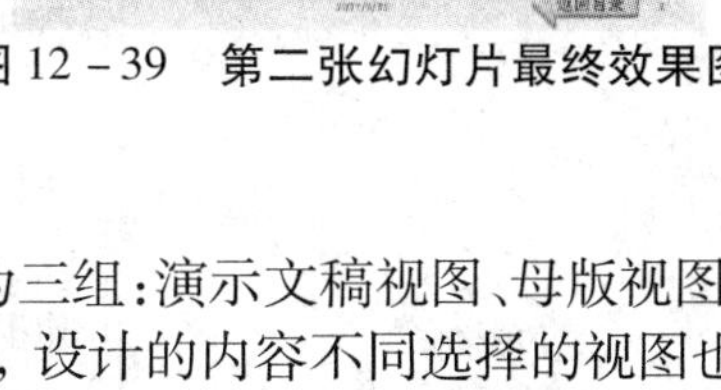

图12-38 第一张幻灯片最终效果图　　图12-39 第二张幻灯片最终效果图

三、拓展训练

（一）PowerPoint 2010 的视图

PowerPoint 2010 提供了多种视图形式，主要分为三组：演示文稿视图、母版视图、幻灯片放映视图（包括演示者视图）。在制作演示文稿的过程中，设计的内容不同选择的视图也会不同。

1. 演示文稿视图

所有的演示文稿视图可以在"视图"选项卡上的"演示文稿视图"组中找到，如图12-40所示。默认情况下是"普通视图"。

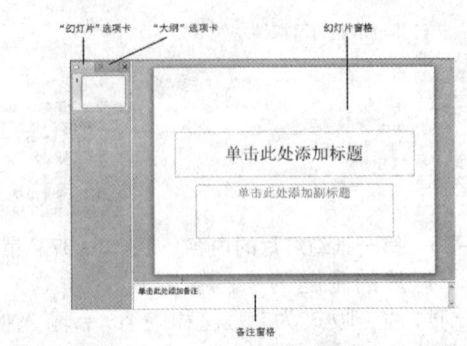

图 12-40 "演示文稿视图"组　　图 12-41 普通视图的选项卡和窗格

(1) 普通视图

普通视图是主要的编辑视图，可用于撰写和设计演示文稿。该视图有选项卡和窗格，选项卡有"大纲"选项卡和"幻灯片"选项卡，窗格有幻灯片窗格和备注窗格，如图 12-41 所示。通过拖动边框可以调整选项卡和窗格的大小。

(2) 幻灯片浏览视图

该视图方式将当前演示文稿中所有幻灯片以缩略图的形式排列在窗口中。通过幻灯片浏览视图，可以直观地查看所有幻灯片的情况；在创建以及准备打印演示文稿时，可以轻松地对演示文稿的顺序进行排列和组织；可以直接进行复制、删除和移动幻灯片的操作；可以在幻灯片浏览视图中添加节，并按不同的类别或节对幻灯片进行排序。

(3) 备注页视图

在该视图中，可以键入要应用于当前幻灯片的备注；可以将备注打印出来并在放映演示文稿时进行参考；可以将打印好的备注分发给受众，或者将备注包括在发送给受众或发布在网页上的演示文稿中。

(4) 阅读视图

阅读视图便于以阅读模式进行阅览文档，方便实用。如果要更改演示文稿，可随时从阅读视图切换至某个其他视图。

2. 母版视图

母版视图可以在"视图"选项卡上的"母版视图"组中找到，如图 12-42 所示。母版视图包括幻灯片母版视图、讲义母版视图和备注母版视图。它们是存储有关演示文稿的信息的主要幻灯片，其中包括背景、颜色、字体、效果、占位符大小和位置。使用母版视图的一个主要优点在于，在幻灯片母版、备注母版或讲义母版上，可以对与演示文稿关联的每个幻灯片、备注页或讲义的样式进行全局更改。

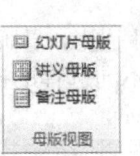
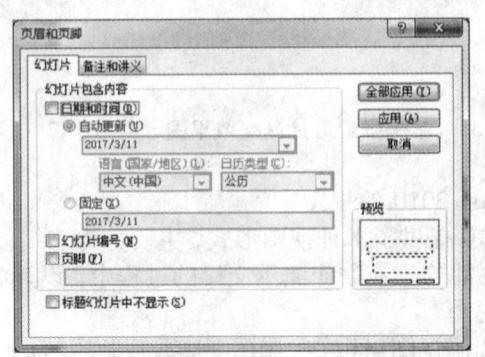

图 12-42 "母版视图"组　　图 12-43 "页眉和页脚"对话框

3.幻灯片放映视图(包括演示者视图)

幻灯片放映视图可用于向受众放映演示文稿,幻灯片放映视图会占据整个计算机屏幕。若要退出幻灯片放映视图,请按 Esc。

演示者视图是一种可在演示期间使用的基于幻灯片放映的关键视图。借助监视器,可以运行其他程序并查看演示者备注,而这些是受众所无法看到的。

(二)美化演示文稿

PowerPoint 的一大特色就是可以使演示文稿的所有幻灯片具有一致的外观。控制幻灯片外观的方法有:母版、配色方案、幻灯片背景和应用设计模板。

1.页眉页脚相关设置

在编辑 PowerPoint 演示文稿时,可以为每张幻灯片添加日期、编号、页脚等内容。

(1)选中一张幻灯片。

(2)选中"插入"选项卡,在"文本"分组中,单击"页眉和页脚"、"日期和时间"或"幻灯片编号"命令,都可以打开"页眉和页脚"对话框,如图 12-43 所示。

(3)在该对话框中,根据需求进行"日期和时间"、"幻灯片编号"、"页脚"等设置。

2.母版设置

PowerPoint 中的母版是进行幻灯片设计的重要辅助工具,使用母版可以方便地统一幻灯片的风格。母版类型包括幻灯片母版、讲义母版和备注母版。

(1)幻灯片母版

幻灯片母版是幻灯片层次结构中的顶层幻灯片,是所有幻灯片版式的"母亲",更改幻灯片母版将影响幻灯片版式。多个幻灯片母版可以在一个演示文稿中共存。

①进入幻灯片母版视图:单击"视图"选项卡→"母版视图"组→"幻灯片母版"命令,即可进入幻灯片母版视图,如图 12-44 所示。

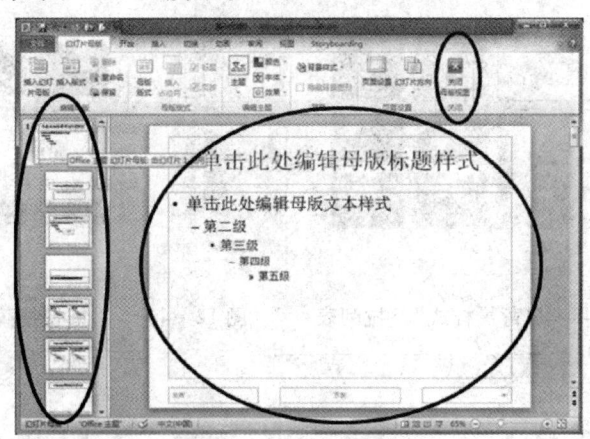

图 12-44 幻灯片母版

②关闭母版视图:单击"幻灯片母版"选项卡→"关闭"组→"关闭母版视图"命令,即可关闭母版视图,如图 12-44 所示。

③幻灯片母版视图的组成:幻灯片母版视图由左右两个窗格组成。左侧为缩略图,当选择一个对象时,右侧窗格显示其大图形式,并可以在右侧窗格中进行编辑设置。

④利用幻灯片母版设置占位符格式:在幻灯片母版视图中,可以统一设置各种占位符格式,设置完成后会将此设置应用到幻灯片对应的占位符中,使幻灯片中对应的占位符具有相同的格式效果。

⑤利用幻灯片母版为幻灯片添加对象:在幻灯片母版视图中插入对象,则多张幻灯片在

相同位置拥有了该对象。

(2)讲义母版

讲义母版实际上是设置打印样式,可以从中设置一页打印多张幻灯片,也可以设置打印页上的页眉和页脚,还可以通过母版在打印页上添加修饰性图形等。

(3)备注母版

与讲义母版一样,备注母版也是设置打印备注页时的打印样式,只有工作在备注母版上、备注页视图中或打印备注时,它们才会出现。

3. 背景设置

利用 PowerPoint 的"背景"功能,可以设计幻灯片背景颜色或填充效果,并将其应用于演示文稿中选定的幻灯片或所有幻灯片。

具体操作步骤如下:

(1)选中要设置背景颜色的幻灯片。

(2)单击"设计"选项卡→"背景"组→"背景样式"下拉按钮,展开"背景样式"下拉列表,如图 12-45 所示。

● 如果左键单击某一种样式,则可将演示文稿中的所有幻灯片的背景应用该样式。

● 如果右键单击某一种样式,在打开的快捷菜单中,如图 12-46 所示。可以选择"应用于所有幻灯片(A)"或者"应用于所选幻灯片(S)"。

● 如果单击下方的"设置背景格式(B)…"命令,将打开"设置背景格式"对话框,如图 12-47 所示。利用该对话框,可以对幻灯片背景进行填充,包括:纯色填充、渐变填充、图片或纹理填充、图案填充。

说明:选中某张幻灯片后,可以鼠标右击,在弹出的快捷菜单中,选择"设置背景格式(B)…"命令,如图 12-48 所示,将会打开"设置背景格式"对话框,进行具体设置。

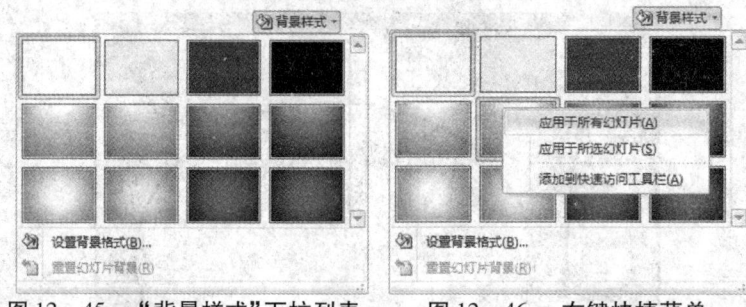

图 12-45 "背景样式"下拉列表　　图 12-46 右键快捷菜单

 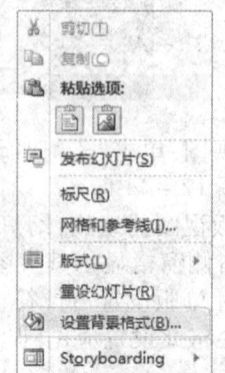

图 12-47 "设置背景格式"对话框　　图 12-48 "设置背景格式(B)…"命令

(四)应用主题

PowerPoint 提供了许多由美工人员精心设计的幻灯片主题模板，使用 PowerPoint 2010 创建演示文稿的时候，可以通过使用"主题"功能来快速的美化和统一每一张幻灯片的风格。

（1）显示主题库

选择"设计"选项卡，在"主题"分组中，单击"其他"按钮，即可打开 PowerPoint 2010 的主题库，如图 12-49 所示。

如果单击"启用来自 office.com 的内容更新(O)…"命令，则"主题"库中就会增加"来自 office.com"的主题。

（2）应用主题

应用主题的方式有两种，阐述如下：

①整套演示文稿应用一种主题。

在主题样式库中，单击某一种主题，则整套演示文稿中的幻灯片都应用了该主题。

②主题只应用于选定幻灯片。

●如果希望部分幻灯片应用一种主题，可以先选中这些幻灯片。

●右键单击，在弹出的快捷菜单中，选择"应用于选定幻灯片(S)"命令，如图 12-50 所示，则只有选定的幻灯片应用了新的主题。

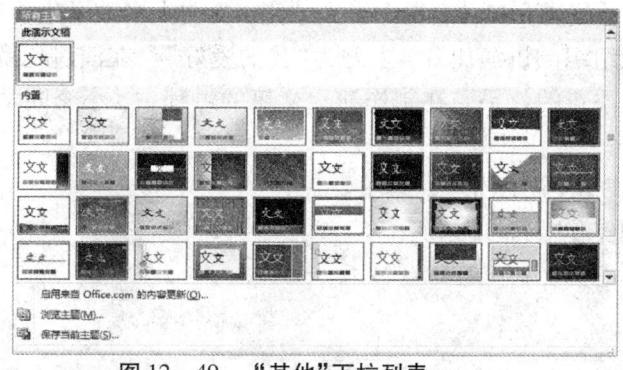

图 12-49　"其他"下拉列表

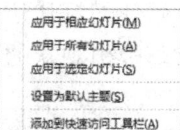

图 12-50　右键快捷菜单

（3）修改主题样式

如果幻灯片应用了某种主题，并对主题效果的某一部分元素不够满意，可以通过颜色、字体或者效果命令进行更改，如图 12-51 所示。

图 12-51　修改主体样式命令

项目 13 "我的爱好"演示文稿的设计与制作

13.1 项目提出

在日常生活中，无论是企事业单位还是校园，都有展示自我的机会，通常是通过演讲来实现，而演讲通常会借助于"演示文稿"文件来增强效果。具体案例有：某公司为了推进企业文化，决定要举办一次演讲比赛，在了解员工的同时，还要更多地推进企业文化的推广，通过展示自己的爱好来发掘员工的潜力和资质。或者，校园内举办讲演比赛，通过演讲比赛，在学生展示自我的同时，锻炼了演讲和口才，发挥个人才能，更向大多数学生传递了正能量。

小李同学近日要参加学校组织的讲演比赛，主题为"我的爱好"。在演讲比赛中，如果能够借助演示文稿，会达到锦上添花的效果。在制作演示文稿的过程中，小李同学遇到了如下问题：

1. 如何能够简约、清晰地表达主题思想？
2. 如何能够使幻灯片达到美化效果？
3. 如何能够吸引观众的注意力？

13.2 项目分析

我的爱好是个永恒的话题，每个人的爱好都不尽相同，为了能够大众化，本项目要求给出的爱好是大众爱好。"我的爱好"包含的基本内容包括：自我介绍、文学、音乐、旅游，如果有能力的同学，自己还可以拓展更多、其他的爱好。在制作过程中，要求有静态元素和动态元素，要求幻灯片效果：主题明确，色彩丰富，动静结合。

由以上分析可知，"我的爱好"演示文稿的设计与制作，可以分解为两大任务：

任务 1：创建静态演示文稿。
任务 2：创建动态演示文稿。

13.3 相关知识点

1. 新建演示文稿和幻灯片

新建演示文稿，和新建其他文档的方法类似，本项目提供三种方法来实现，基本掌握后，选择一种自己最熟练的方式,达到快速新建演示文稿的目的。

新建幻灯片,本项目提供了五种方法来实现,基本掌握后,选择一种自己最熟练的方式,达到快速新建幻灯片的目的。

2. 插入选项卡

插入选项卡中提供了幻灯片编辑时所需要的大多数对象,通过 7 个分组来实现,分别是:"表格"、"图像"、"插图"、"链接"、"文本"、"符号"和"媒体",每个分组及其组内的对象都有各自的格式和特点,需要通过实践练习来逐步掌握。本项目中只对部分对象进行讲解,其他对象如果感兴趣可以课下实践。

3. 图片工具选项卡

图片工具选项卡提供了编辑图片的多种方法,通过 4 个分组来实现,分别是:"调整"、"图片样式"、"排列"和"大小",每个分组及其组内的工具,需要通过实践来灵活应用。

4. 幻灯片背景

幻灯片背景能够有效地统一和体现幻灯片的风格,PowerPoint 2010 提供了一些内置的背景样式,可供选择;也可以通过"设置背景格式"命令,灵活地设置所需要的幻灯片背景。

5. 幻灯片切换

幻灯片切换主要是实现幻灯片之间的自然过渡。PowerPoint 2010 提供了一些内置的"切换"可供选择。针对每一种"切换",可以根据需求设置其效果选项、声音、持续时间、应用范围(全部应用或应用于选项幻灯片)、换片方式(单击鼠标时或设置自动换片时间)。

6. 自定义动画

自定义动画主要是实现幻灯片内部各个对象的动画效果。PowerPoint 2010 提供了一些内置的"动画"可供选择。针对每一种"动画",可以根据需求设置其效果选项、开始方式、持续时间、延迟时间、触发方式、重新排序等;还可以为某个对象添加一个以上的动画效果。

13.4 项目实施

13.4.1 项目调研

分组调研主题为"我的爱好"演示文稿的各个组成部分,并讨论每个组成部分的细节。其中两组老师进行深入调研,其他组进行组内讨论,然后再进行组间交流,初步形成方案的大致框架。

13.4.2 确定项目

全体组及组员进行讨论,最终确定适合本班思想的"我的爱好"演示文稿的设计与制作的整体方案,形成图片,作为后续操作的依据。

●项目说明:

"我的爱好"演示文稿的设计与制作的方案说明如下:

(1)创建静态演示文稿,其内容包括:文字、表格、形状、剪贴画、艺术字、音频、视频。

(2)创建动态演示文稿,其内容包括:超链接、幻灯片切换、动画设置。

(3)幻灯片背景设计,实现方式有:幻灯片设计模板、背景纯色填充、背景渐变填充、背景图片填充、背景纹理填充、背景图案填充。

13.4.3 项目实施

任务1:创建静态演示文稿

1. 创建演示文稿

创建一个主题为"我的爱好"的演示文稿,要求第1张幻灯片为项目主题;第2张幻灯片为目录,目录中包含的内容有:自我介绍、文学、音乐和旅游;第3-6张幻灯片分别为自我介绍、文学、音乐和旅游的简要介绍。

步骤1:创建演示文稿文档,方法如下:可以使用以下任意一种方式打开Microsoft PowerPoint 2010。

(1)方法一:鼠标单击,开始菜单→所有程序→Microsoft Office→Microsoft PowerPoint 2010,如图13-1所示。

(2)方法二:鼠标双击,桌面上PowerPoint 2010的快捷图标 。

(3)方法三:在桌面上,鼠标右键快捷菜单→新建→Microsoft PowerPoint 演示文稿,如图13-2所示。

步骤2:新建空白演示文稿。使用步骤1的方法,新建出来的空白演示文稿,如图13-3所示。

步骤3:第1张幻灯片文本编辑。第1张幻灯片的默认类型为:标题幻灯片,在"标题"(即:"单击此处添加标题")文本框内输入:我的爱好,在"副标题"(即:"单击此处添加副标题")文本框内输入:班级和姓名(说明:根据个人的实际信息填写),如图13-4所示。

步骤4:第1张幻灯片文本格式设置。将第1张幻灯片内的文本进行格式化设置(字体类型、大小、颜色等),本项目的设置要求为,标题"我的爱好"字体格式设置为:华文行楷、66号、黑色;副标题:"班级"和"姓名"字体格式设置为:华文行楷、36号、黑色,设置后的效果如图13-5所示。

图13-1 "开始"菜单创建方式

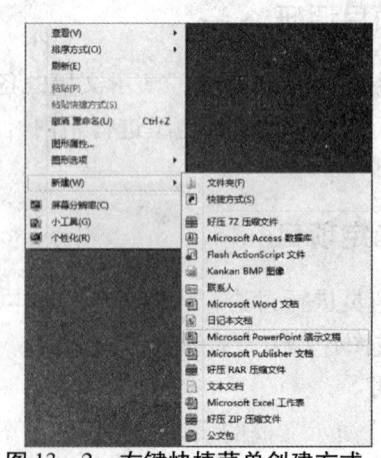

图13-2 右键快捷菜单创建方式

项目 **13** "我的爱好"演示文稿的设计与制作

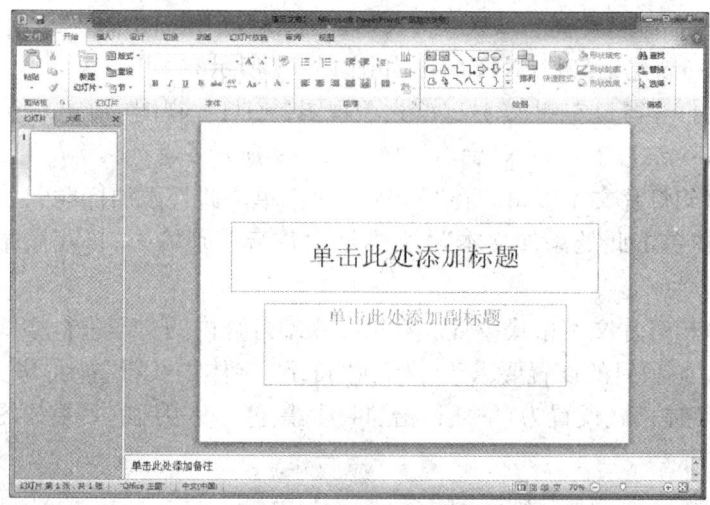

图 13-3　空白演示文稿

 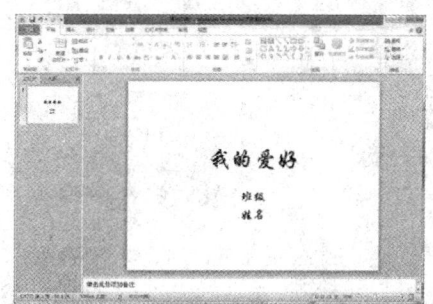

图 13-4　第 1 张幻灯片文本编辑效果图　　　图 13-5　第 1 张幻灯片文本格式设置效果图

步骤 5:新建第 2 张幻灯片。方法为:单击"开始"选项卡→"幻灯片"组→"新建幻灯片"选项右侧的下拉按钮→"Office 主题"→"标题和内容"选项,如图 13-6 所示,新建后的幻灯片效果如图 13-7 所示。

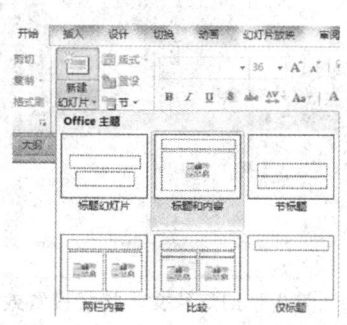

　　图 13-6　"新建幻灯片"下拉列表　　图 13-7 应用"标题和内容"主题的幻灯片

●说明:知识点拓展。新建"Office 主题"为"标题和内容"的幻灯片,其他方法如下:

(1)方法一:在打开窗口左侧,幻灯片/大纲视图,幻灯片视图中,第 1 张幻灯片下面,直接按 Enter 键。

(2)方法二:在打开窗口左侧,幻灯片/大纲视图,幻灯片视图中,第 1 张幻灯片下面,使用快捷键:Ctrl + M。

(3)方法三:在打开窗口左侧,幻灯片/大纲视图,幻灯片视图中,第1张幻灯片下面,鼠标右键→快捷菜单→新建幻灯片(N)命令,如图13-8所示。

(4)方法四:在打开窗口左侧,幻灯片/大纲视图,幻灯片视图中,选中第1张幻灯片,鼠标右键→快捷菜单→新建幻灯片(N)命令,如图13-9所示。

步骤6:第2张幻灯片文本编辑。在"标题"(即:"单击此处添加标题")文本框内输入:目录,在"内容"(即:"单击此处添加文本")文本框内每行分别输入:自我介绍、文学、音乐、旅游,如图13-10所示。

步骤7:第2张幻灯片文本格式设置。将第2张幻灯片内的文本进行格式化设置(字体类型、大小、颜色等),本项目的设置要求为,标题"目录"字体格式设置为:华文行楷、60号、黑色;所有"内容"的字体格式设置为:华文行楷、44号、黑色,设置后的效果如图13-11所示。

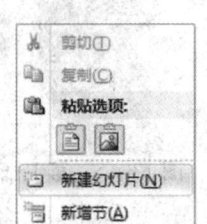
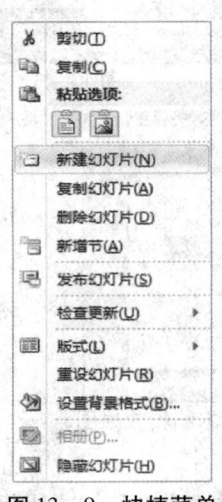

图13-8　快捷菜单1　　图13-9　快捷菜单2

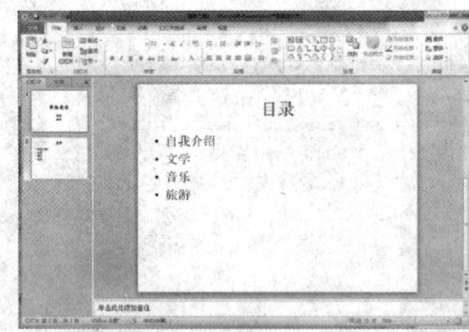
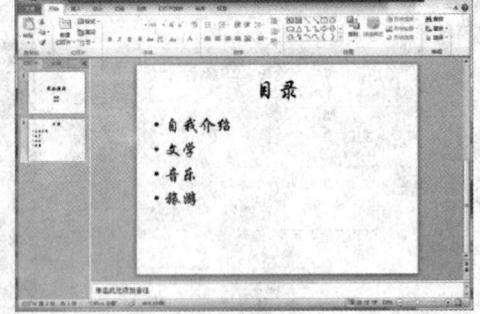

图13-10　第2张幻灯片文本编辑效果图　　图13-11 第2张幻灯片文本格式设置效果图

步骤8:重复5-13步,继续新建4张幻灯片,幻灯片内的具体内容和设置如图13-12所示。

●说明:字体类型、大小和颜色可以根据自己的喜好来设置。

步骤9:单击PowerPoint窗口最上端(标题栏上)的保存按钮,保存PowerPoint文档,名称为"我的爱好",默认扩展名为.pptx。

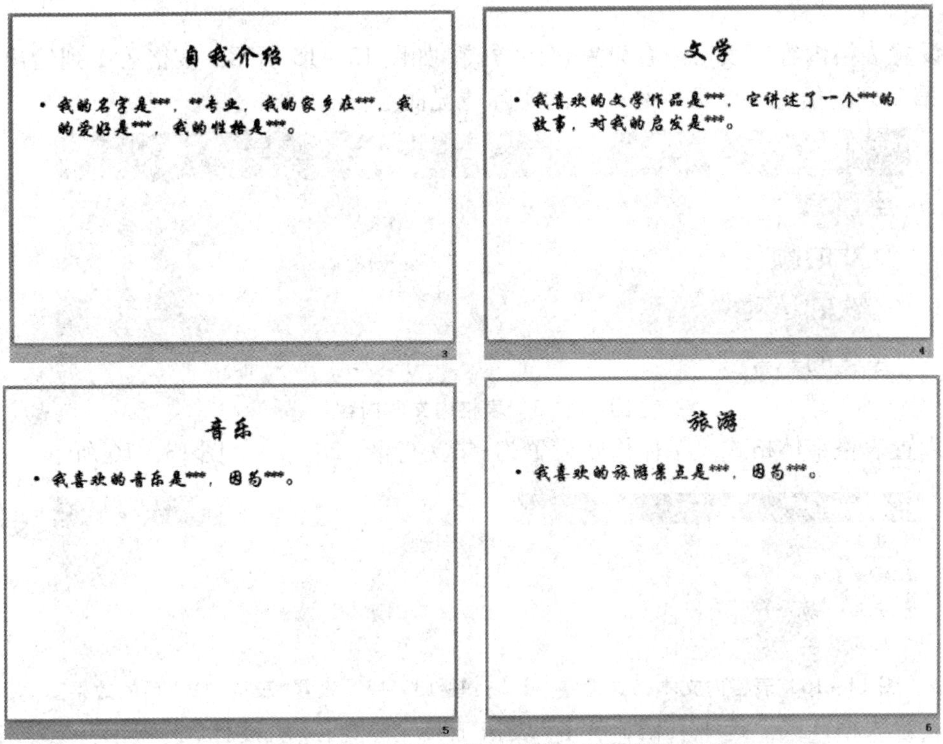

图 13-12　第 3-6 张幻灯片的文字设置最终效果图

2. 插入表格

插入一个 2 列 5 行的表格，调整表格的大小和位置，编辑表格内的数据，进行表格样式的设置。

步骤 1：鼠标定位到第 3 张幻灯片，标题为"自我介绍"。

步骤 2：单击"插入"选项卡→"表格"组→"表格"下拉按钮→"插入表格(I)…"选项。

步骤 3：弹出"插入表格"对话框，本项目将表格设置为 2 列 5 行，即：列数(C)后面的列表框选择"2"；行数(R)后面的列表框选择"5"；设置后效果如图 13-13 所示。

步骤 4：单击"确定"按钮，插入的表格，在调整位置后，效果如图 13-14 所示。

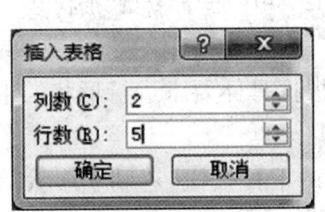

图 13-13　"插入表格"对话框

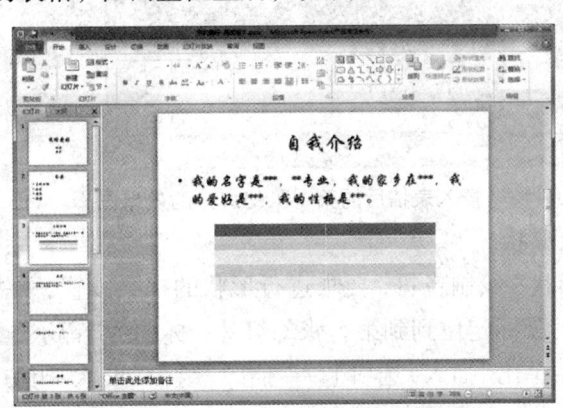

图 13-14　插入表格后的效果图

步骤5:表格设置。

(1)设置表格内容。表格内容设置初始样式,如图13-15所示,表格第1列给出了填充项,表格第2列的信息需要根据每个人的实际情况而定。

毕业院校	
至理名言	
喜欢的颜色	
喜欢的运动	
喜欢的数字	

图13-15　表格内文本内容

(2)设置表格字体格式。字体格式设置为:华文行楷,28号,如图13-16所示。

毕业院校			毕业院校	
至理名言			至理名言	
喜欢的颜色			喜欢的颜色	
喜欢的运动			喜欢的运动	
喜欢的数字			喜欢的数字	

图13-16　表格内文本格式设置　　图13-17　设置"表格样式"后的效果图

(3)设置表格样式。选中表格,单击"表格工具"选项卡→"设计"选项卡→"表格样式"组→"其他"样式下拉按钮,在展开的下拉列表中,选择"中"列表区域→"中度样式2-强调6"样式,设置后的效果,如图13-17所示。

(4)调整表格的最终效果。重新设置表格字体格式:华文行楷,28号;调整表格的大小和位置,调整后的第3张幻灯片的效果如图13-18所示。

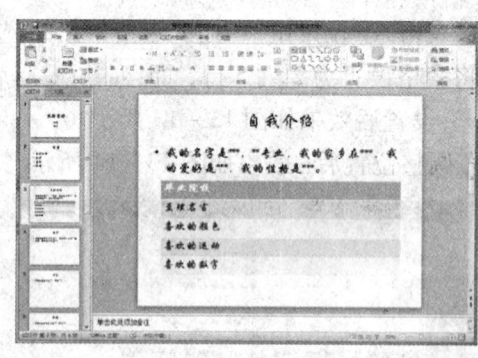

图13-18　插入表格后的第3张幻灯片的效果图　　图13-19　选择"椭圆"形状

3. 插入形状

使用形状,绘制音符,要求进行形状的样式设置,并根据具体要求进行形状的组合。

步骤1:鼠标定位到到第5张幻灯片,标题为"音乐"。

步骤2:单击"插入"选项卡→"插图"组→"形状"下方的下拉按钮→"基本形状"列表区域→"椭圆"形状,如图13-19所示。

步骤3:绘制音符。在第5张幻灯片内绘制出椭圆形状,作为音符的符头。同理,使用

"线条"列表区域中的"直线",如图 13 - 20 所示,绘制音符的符干,使用"线条"列表区域中的中的"曲线",如图 13 - 21 所示,绘制音符的符尾,绘制后的形状,初始效果如图 13 - 22 所示。

图 13 - 20 选择"直线"形状

图 13 - 21 选择"曲线"形状

步骤 4:形状样式设置。双击每一个形状,在"绘图工具"选项卡→"格式"选项卡→"形状样式"组中,通过"形状填充"、"形状轮廓"、"形状效果"、"其他"等选项进行设置,如图 13 - 23 所示,本项目设置后的效果如图 13 - 24 所示。

●说明:每个人可以根据自己的喜好来设置。

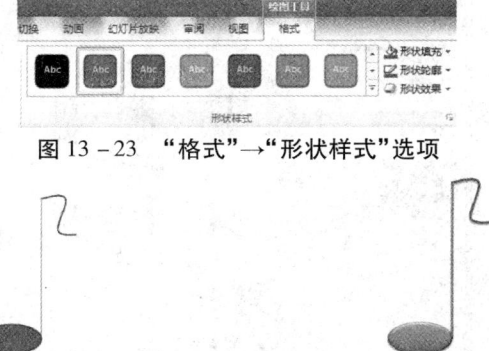
图 13 - 23 "格式"→"形状样式"选项

图 13 - 22 音符的初始效果图   图 13 - 24 音符的形状样式设置效果图

步骤 5:组合形状。为了能够实现音符的符头、符干和符尾是一个整体,需要将三个形状进行组合,组合的方法为:使用 Ctrl 键,依次选中 3 个形状,鼠标右键快捷菜单中,选择"组合(G)"命令中的"组合(G)"选项,如图 13 - 25 所示。

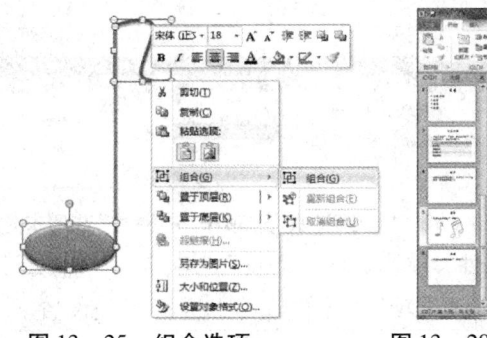

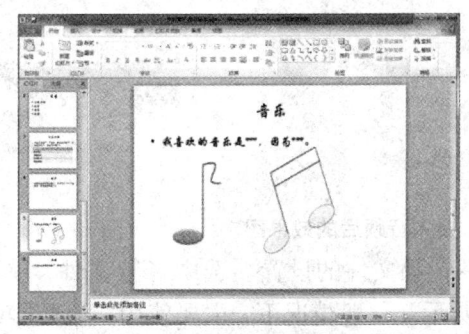

图 13 - 25 组合选项   图 13 - 28 插入形状后的第 5 张幻灯片的效果图

步骤 6:使用同样的方式,绘制其他样式的音符,效果如图 13 - 26 所示,将其旋转,效果如图 13 - 27 所示。

图 13-26　使用形状绘制的音符效果　　　　图 13-27　将形状旋转后的效果图

● 说明:音符的绘制可以根据自己对音符的认知来决定,音符的具体设置(形状颜色、形状轮廓、形状效果等)根据自己的喜好来设定。

步骤 7:调整后的第 5 张幻灯片的效果,如图 13-28 所示。

4. 插入音频

在第 5 张幻灯片中,插入一个声音文件,并对声音文件进行设置。

步骤 1:鼠标定位到第 5 张幻灯片,标题为"音乐"。

步骤 2:单击"插入"选项卡→"媒体"组→"音频"下拉按钮→"文件中的音频(F)…"选项,如图 13-29 所示。

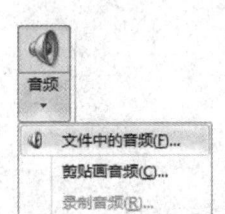 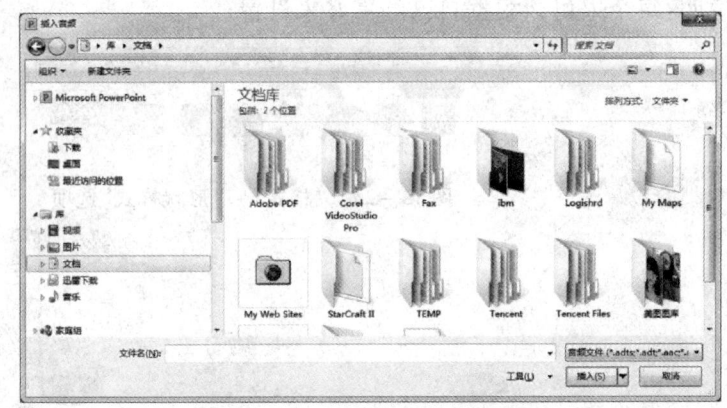

图 13-29　"音频"命令　　　　　　　图 13-30　"插入音频"对话框

步骤 3:在弹出的"插入音频"对话框中,如图 13-30 所示,选择指定的声音文件(说明:选择课前教师要求采集的声音资源,每个人根据自己个人情况而定)。

步骤 4:选择好指定的声音文件后,单击"插入(S)"按钮,在幻灯片中的效果如图 13-31 所示。

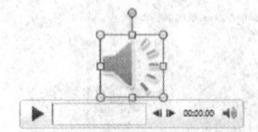 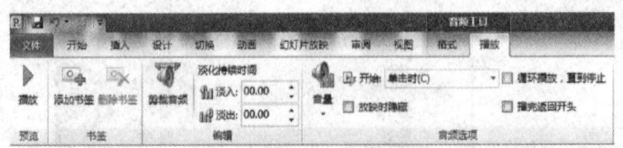

图 13-31　插入音频后的效果图　　　　图 13-32　"音频工具"选项卡→"播放"选项卡

步骤 5:音频文件的设置。选中音频文件,单击"音频工具"选项卡→"播放"选项卡,如图 13-32 所示。一般情况下,主要使用"音频选项"组中的命令,进行相关设置。当然,也可以使用其他组中的命令来进行预览和详细设置。

步骤 6:请根据指定的需求,在"音频选项"组中对幻灯片放映音量、开始放映形式、放映时隐藏等选项进行设置,本项目设置效果如图 13-33 所示。

步骤 7:插入音频文件的第 5 张幻灯片的效果,如图 13-34 所示。

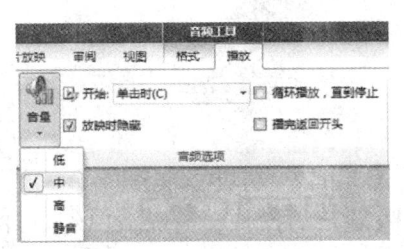

图 13-33 "音频选项"设置效果图　　图 13-34 插入音频文件后的效果图

5. 插入视频

新建 1 张幻灯片,Office 主题为"空白",在新幻灯片中插入一个影片文件,并对影片文件进行设置。

步骤 1:新建 1 张幻灯片。方法为:单击"开始"选项卡→"幻灯片"组→"新建幻灯片"下拉按钮→"Office 主题"→"空白"选项,如图 13-35 所示,新建后的幻灯片效果如图 13-36 所示。

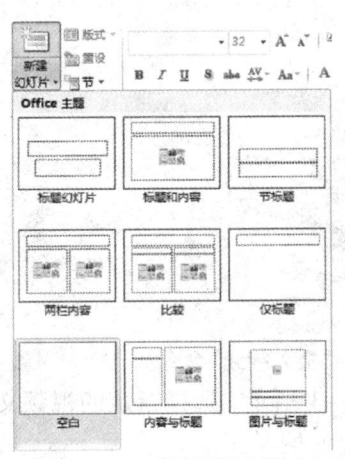 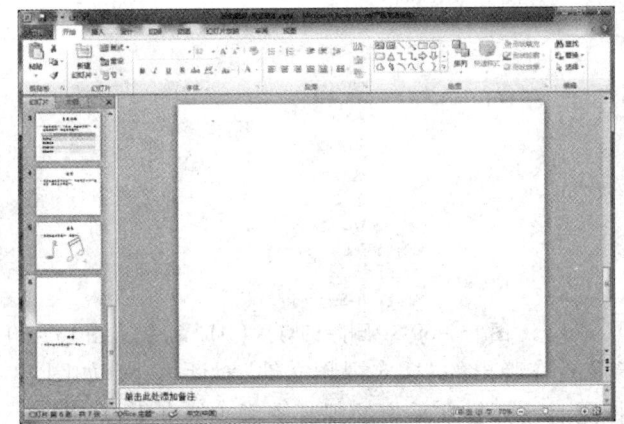

图 13-35 "空白"主题　　　　　图 13-36 "空白"幻灯片

●知识拓展:可以使用自己熟悉的方法来创建一张新的幻灯片,最终转换为空白幻灯片。实例如下:创建一个主题为"标题和内容"的幻灯片,再将其转换为主题为"空白"的幻灯片。方法如下:

(1)将鼠标定位在窗口左侧,幻灯片视图中,第 5 张幻灯片下面,直接按 Enter 键,创建一张主题为"标题和内容"的幻灯片。

(2)更改幻灯片主题。将鼠标定位在窗口左侧,幻灯片视图中,第 6 张幻灯片上,鼠标右键快捷菜单→"版式"→"Office 主题"→"空白"选项,如图 13-37 所示。

(3)转换后的幻灯片效果如图 13-36 所示。

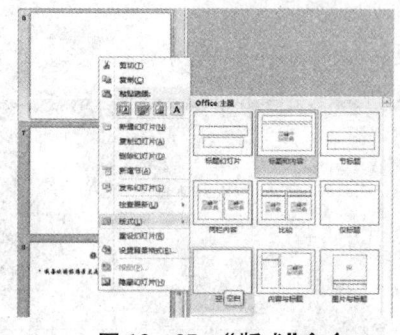 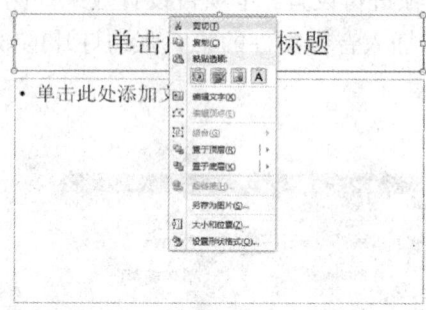

图 13-37 "版式"命令　　图 13-38 剪切"文本框"

●说明：如果不想实现直接转换，可以使用稍微复杂的操作，实现空白幻灯片。主要方法为：选中幻灯片中"标题"文本框的边缘，右键快捷菜单→剪切(T)，如图 13-38 所示，将此文本框剪切掉。同理，将"内容"文本框也剪切掉，形成一个空白幻灯片。

（4）删除幻灯片。将鼠标定位在窗口左侧，幻灯片视图中，第 6 张幻灯片上，鼠标右键快捷菜单→"删除幻灯片(D)"命令，如图 13-39 所示，将多余的幻灯片删除。

步骤 2：选择插入视频文件的命令。单击"插入"选项卡→"媒体"组→"视频"下拉按钮→"文件中的视频(F)…"命令，如图 13-40 所示。

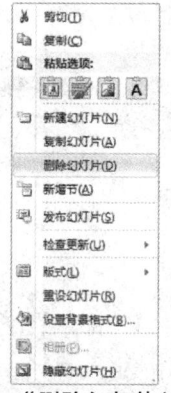 

图 13-39 "删除幻灯片(D)"命令　　图 13-40 "插入视频"命令

步骤 3：在弹出的"插入视频文件"对话框中，如图 13-41 所示，选择指定的视频文件（说明：选择课前教师要求采集的视频资源，每个人根据自己个人情况而定）。

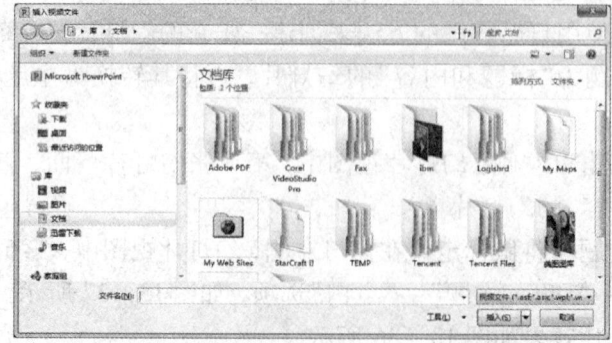

图 13-41 "插入视频文件"对话框

步骤4:选择好指定的视频文件后,单击"插入(S)"按钮,在幻灯片中的效果如图13-42所示。

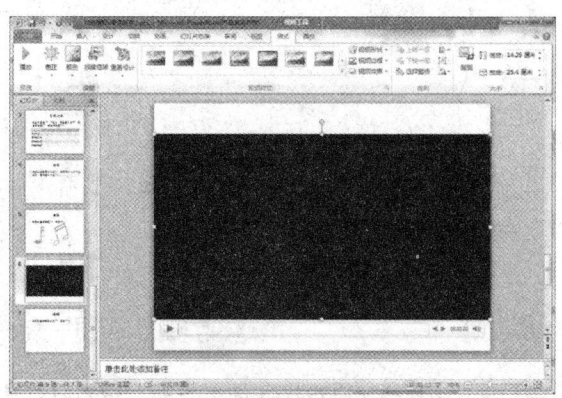

图13-42　插入视频文件后的显示效果图

步骤5:视频文件的设置。选中视频文件,单击"视频工具"选项卡→"播放"选项卡,如图13-43所示。一般情况下,主要使用"视频选项"组中的命令,进行相关设置。当然,也可以使用其他组中的命令来进行预览和详细设置。

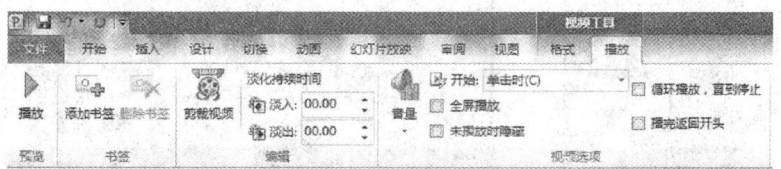

图13-43　"视频工具"选项卡→"播放"选项卡

步骤6:请根据指定的需求,在"视频选项"组中对幻灯片放映音量、开始放映形式、全屏播放、未播放时隐藏等选项进行设置,本项目设置效果如图13-44所示。

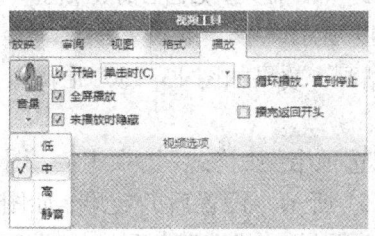 

图13-44 "视频选项"设置效果图　　图13-45 "剪贴画"选项

步骤7:插入视频文件的第6张幻灯片的效果,如图13-42所示。此时发现,设置前后没有发生变化,这是正常的,只有在放映时或者放映之后,才能体现出区别。

6.插入剪贴画

在第7张幻灯片中,插入3张剪贴画,并对剪贴画进行样式设置。

步骤1:鼠标定位到第7张幻灯片,标题为"旅游"。

步骤2:单击"插入"选项卡→"图像"组→"剪贴画"选项,如图13-45所示。

步骤3:在幻灯片右侧,显示"剪贴画"的任务窗格,如图13-46所示。单击"搜索"按钮,显示所有剪贴画,如图13-47所示。

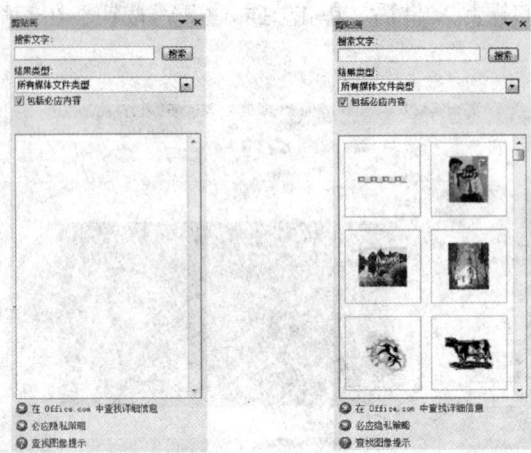

图13-46 剪贴画任务窗格-原始状态　图13-47 搜索后效果图

步骤4：选中自己喜欢的任意一个剪贴画，单击剪贴画右侧的下拉按钮，在弹出的快捷菜单中，选择"插入(I)"命令，如图13-48所示。

● 知识拓展：更为快捷的插入方式是：选中剪贴画后，直接单击剪贴画，即可实现插入。

图13-48 插入剪贴画命令　　图13-49 插入剪贴画后的效果图

步骤5：插入剪贴画后的效果，如图13-49所示。

步骤6：使用同样的方法，再插入2张剪贴画，效果如图13-50所示。

步骤7：第1张剪贴画样式设置。

（1）选中第1张剪贴画，单击"图片工具"选项卡→"格式"选项卡→"图片样式"组→"其他"样式→"透明阴影，白色"样式，如图13-51所示。设置后的效果，如图13-52所示。

（2）选中第1张剪贴画，单击"图片工具"选项卡→"格式"选项卡→"图片样式"组→"图片边框"下拉按钮→"标准色"下方的绿色，如图13-53所示。设置后的效果，如图13-54所示。

图13-50 插入3张剪贴画后的幻灯片　　图13-52 设置"透明阴影，白色"样式后的效果

图 13-51 "透明阴影,白色"样式

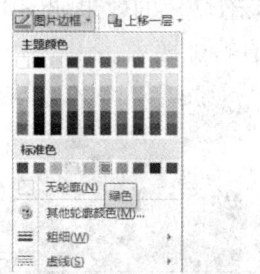

图 13-53 图片边框-颜色设置

图 13-54 设置图片边框颜色后的效果图

(3)选中第 1 张剪贴画,单击"图片工具"选项卡→"格式"选项卡→"图片样式"组→"图片边框"下拉按钮→"粗细(W)"→"2.25 磅",如图 13-55 所示。设置后的效果,如图 13-56 所示。

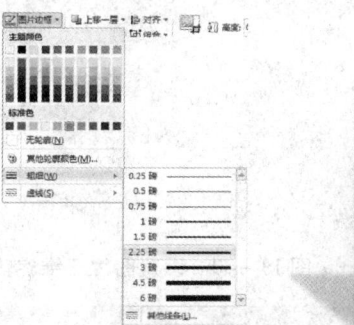

图 13-55 图片边框-粗细设置　　图 13-56 设置图片粗细后的效果图

(4)选中第 1 张剪贴画,单击"图片工具"选项卡→"格式"选项卡→"图片样式"组→"图片效果"下拉按钮→"映像(R)"→"映像变体"选项区域→"全映像,接触"选项,如图 13-57 所示。设置后的效果,如图 13-58 所示。

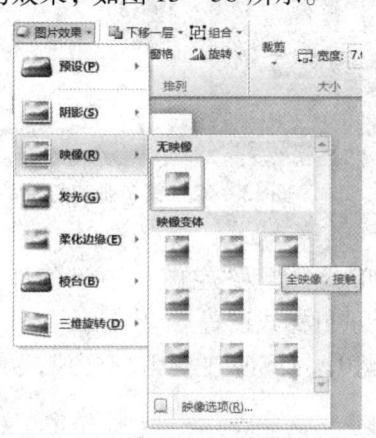

图 13-57 图片效果-映像设置　　图 13-58 设置图片映像后的效果图

(5)选中第 1 张剪贴画,单击"图片工具"选项卡→"格式"选项卡→"图片样式"组→"图片效果"下拉按钮→"三维旋转(D)"→"透视"选项区域→"右透视"选项,如图 13-59 所示。设置后的效果,如图 13-60 所示。

步骤8:使用同样的方法,按照自己的喜好,将其他2幅剪贴画进行图片样式设置,本项目设置后的效果图,如图 13-61 所示。

步骤9:调整剪贴画的大小和位置,调整后的第7张幻灯片的效果如图 13-62 所示。

●说明:剪贴画的样式设置根据个人情况而定,没有特殊要求。

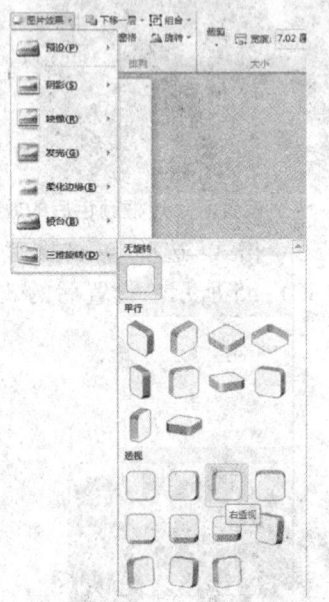
图 13-59　图片效果-三维旋转设置

图 13-60　设置图片三维旋转后的效果图

图 13-61 剪贴画设置样式后的效果图

图 13-62　第7张幻灯片的效果图

7. 插入艺术字

在第7张幻灯片下面,新建1张幻灯片,Office 主题为"空白",在新幻灯片中插入1个艺术字,艺术字文本为"谢谢观赏!",并对艺术字进行样式设置。

步骤1:在第7张幻灯片下面,新建1张幻灯片,Office 主题为"空白",方法同上(使用自己熟练掌握的方法即可)。

步骤2:单击"插入"选项卡→"文本"组→"艺术字"下拉按钮→"填充-红色,强调文字颜色2,颜色粗糙棱台"选项,如图 13-63 所示。

项目 13 "我的爱好"演示文稿的设计与制作

图 13-63 "插入"选项卡→"文本"组→"艺术字"下拉列表

步骤 3：插入后的原始状态，如图 13-64 所示。
步骤 4：编辑艺术字为"谢谢欣赏！"，如图 13-65 所示。

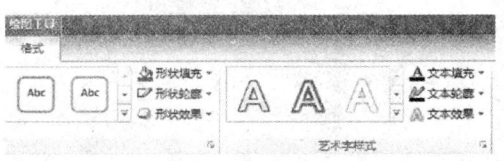

图 13-64 艺术字-原始状态　　图 13-65 艺术字-编辑文本

步骤 5：选中艺术字，鼠标定位到"绘图工具"选项卡→"格式"选项卡→"艺术字样式"组，如图 13-66 所示，进行艺术字的样式设置。

图 13-66 "绘图工具"工具栏

（1）文本填充。如果不喜欢现在文本颜色的效果，可以通过"文本填充"选项进行设置，可以选择标准色、渐变、纹理等。本项目设置如下：单击"文本填充"下拉按钮→"渐变(G)"→"变体"选项区域→"线性对角-左上到右下"选项，如图 13-67 所示。设置后的效果，如图 13-68 所示。

（2）文本轮廓。如果不喜欢现在文本轮廓的效果，可以通过"文本轮廓"选项进行设置，可以选择标准色、无轮廓、粗细、虚线等效果。本项目设置如下：单击"文本轮廓"下拉按钮→"标准色"→"黄色"选项，如图 13-69 所示。设置后的效果，如图 13-70 所示。

（3）文本效果。如果不喜欢现在文本效果，可以通过"文本效果"选项进行设置。本项目设置如下：

①映像设置。单击"文本效果"下拉按钮→"映像(R)"→"映像变体"→"全映像，8pt 偏移量"选项，如图 13-71 所示。设置后的效果，如图 13-72 所示。

②发光设置。再次单击"文本效果"下拉按钮→"发光(G)"→"发光变体"→"橄榄色，8pt 发光，强调文字颜色 3"选项，如图 13-73 所示。设置后的效果，如图 13-74 所示。

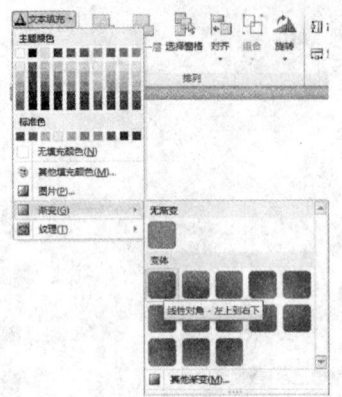

图 13-67 "文本填充"下拉列表　　图 13-68 设置渐变后的效果图

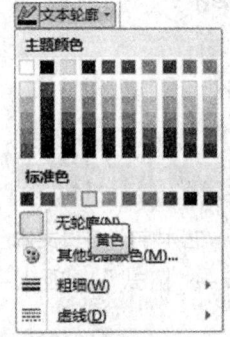

图 13-69 "文本轮廓"-黄色　　图 13-70 设置渐变后的效果图

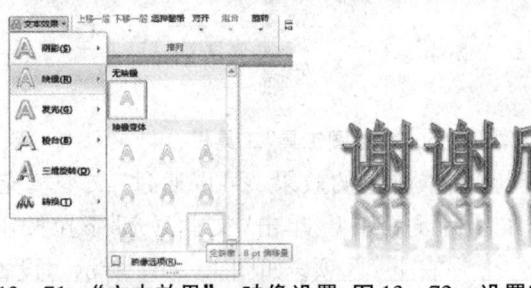

图 13-71 "文本效果"-映像设置　图 13-72 设置映像后的效果图

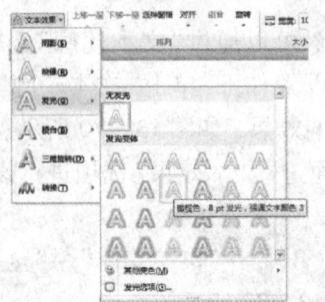

图 13-73 "文本效果"-发光设置　　图 13-74 设置发光后的效果图

③转换设置。再次单击"文本效果"下拉按钮→"转换(T)"→"弯曲"→"双波形 1"选项，如图 13-75 所示。设置后的效果，如图 13-76 所示。

项目 13 "我的爱好"演示文稿的设计与制作

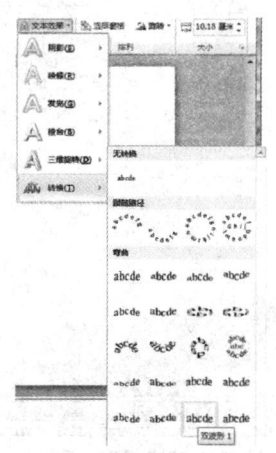 

图 13-75 "文本效果"-转换设置　　图 13-76 设置转换后的效果图

（4）设置艺术字的字体格式。将艺术字的字体类型设置为"华文行楷"，如图 13-77 所示。

（5）调整艺术字的字体大小。选中艺术字，调整艺术字四周的控制点，直接使用鼠标拖拽，调整到合适的大小即可，使用同样的方法，调整艺术字所在的位置。

步骤 6：调整后的第 8 张幻灯片的效果如图 13-78 所示。

图 13-77　设置字体类型后的效果图　　图 13-78　插入艺术字后的第 8 张幻灯片的效果图

8. 设置幻灯片背景（背景颜色或背景图片）

为每张幻灯片设置背景，可以是背景颜色或背景图片。要求至少要设置 7 种背景样式。

（1）第 1 张幻灯片，背景进行纯色填充。

步骤 1：鼠标定位在第 1 张幻灯片，在幻灯片空白处，鼠标右键快捷菜单中，选择"设置背景格式(B)…"命令，如图 13-79 所示。

步骤 2：弹出"设置背景格式"对话框，初始状态默认为"纯色填充(S)"，如图 13-80 所示。

步骤 3：根据个人喜好，更改"纯色填充"的颜色，本项目的"纯色填充"颜色为"绿色"，如图 13-81 所示。

步骤 4：单击"关闭"按钮，进行"纯色填充"设置后的效果，如图 13-82 所示。

— 327 —

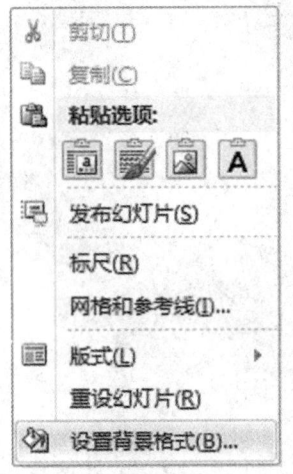

图 13-79 "设置背景格式"命令　　图 13-80 "设置背景格式"对话框

图 13-81 "颜色"下拉列表

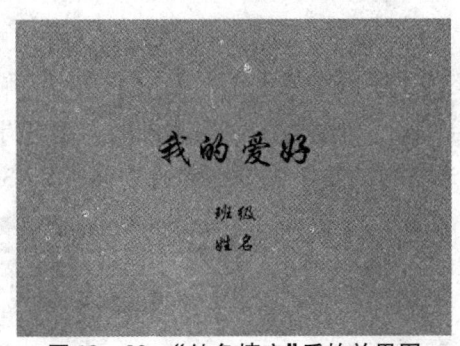

图 13-82 "纯色填充"后的效果图

（2）第 2 张幻灯片，背景进行渐变填充。

步骤 1：鼠标定位在第 2 张幻灯片，在幻灯片空白处，鼠标右键快捷菜单中，选择"设置背景格式(B)…"命令，如图 13-79 所示。

步骤 2：在弹出的"设置背景格式"对话框中，更改背景填充方式为"渐变填充(G)"。

步骤 3：根据个人喜好，更改"渐变填充"的设置，本项目的渐变填充设置如图 13-83 所示。

步骤 4：单击"关闭"按钮，"渐变填充"设置后的效果，如图 13-84 所示。

图 13-83 "渐变填充"选项

图 13-84 "渐变填充"后的效果图

(3) 第 3 张幻灯片,背景进行纹理填充。

步骤 1:鼠标定位在第 3 张幻灯片,在幻灯片空白处,鼠标右键快捷菜单中,选择"设置背景格式(B)…"命令,如图 13-79 所示。

步骤 2:在弹出的对话框中,更改背景填充方式为"图片或纹理填充(P)"。

步骤 3:根据个人喜好,更改"图片或纹理填充"的设置,本项目选择的是:"纹理(U):"下拉列表→"水滴"选项,具体设置如图 13-85 所示。

步骤 4:单击"关闭"按钮,进行"图片或纹理填充"设置后的效果,如图 13-86 所示。

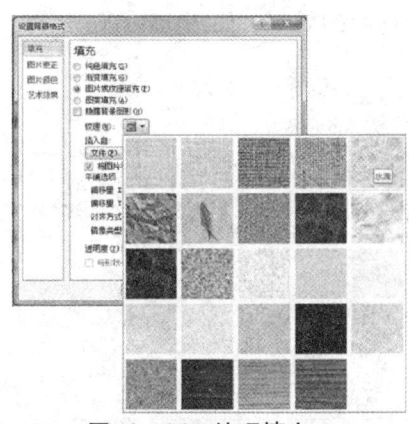

图 13-85　纹理填充

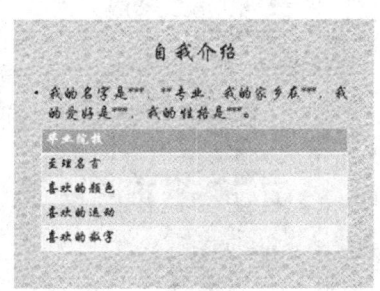

图 13-86　"纹理填充"后的效果图

(4) 第 8 张幻灯片,背景进行图片填充。

步骤 1:鼠标定位在第 8 张幻灯片,在幻灯片空白处,鼠标右键快捷菜单中,选择"设置背景格式(B)…"命令,如图 13-79 所示。

步骤 2:在弹出的对话框中,更改背景填充方式为"图片或纹理填充(P)"。

步骤 3:根据个人喜好,更改"图片或纹理填充(P)"的设置,具体设置为:单击"插入自:"→"文件(F)…"按钮,在弹出的"插入图片"对话框中,选择一张自己喜欢的图片,如图 13-87 所示。

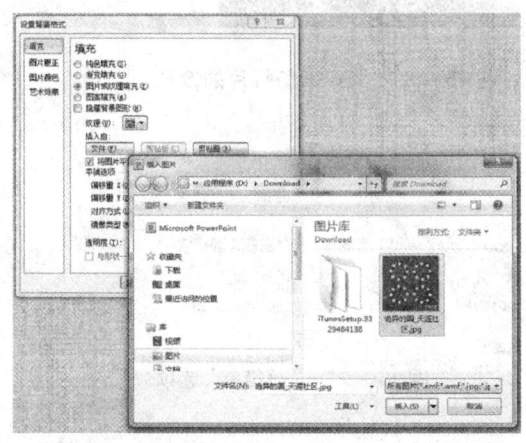

图 13-87　图片填充

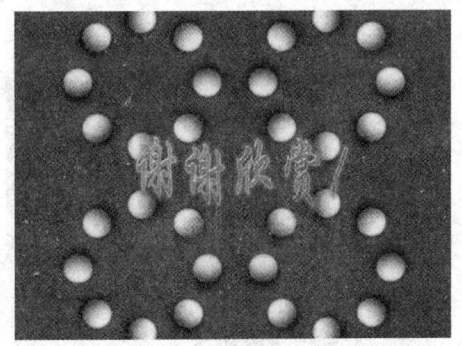

图 13-88　"图片填充"后的效果图

步骤 4:单击"插入"按钮,完成背景图片设置。单击"关闭"按钮,进行"图片或纹理填充

(P)"设置后的效果,如图 13-88 所示。

(5)第 4 张幻灯片,背景进行图案填充。

步骤 1:鼠标定位在第 4 张幻灯片,在幻灯片空白处,鼠标右键快捷菜单中,选择"设置背景格式(B)…"命令,如图 13-79 所示。

步骤 2:在弹出的对话框中,更改背景填充方式为"图案填充(A)"。

步骤 3:根据个人喜好,更改"图案填充"的设置,本项目:选择"前景色(F):"为"粉色","背景色(C):"为"黄色",在组合的图案中,选择第 3 行第 7 列的图案,如图 13-89 所示。

步骤 4:单击"关闭"按钮,进行"图案填充"设置后的效果,如图 13-90 所示。

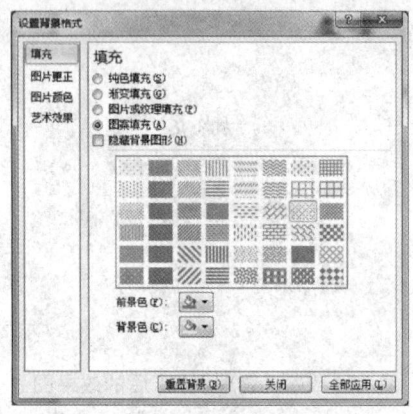
图 13-89 "图案填充"选项

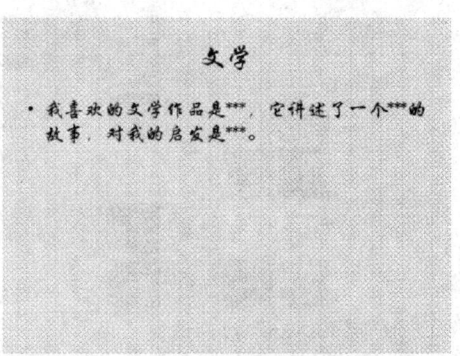
图 13-90 "图案填充"设置后的效果图

(6)其他 3 张幻灯片背景设置。按照上面操作步骤,根据个人喜好和准备好的资源,将剩余的幻灯片进行背景设置,本项目设置后的效果如图 13-91、图 13-92、图 13-93 所示。

图 13-91 第 5 张幻灯片的效果图

图 13-92 第 6 张幻灯片的效果图

图 13-93 第 7 张幻灯片的效果图

图 13-94 "超链接"选项

任务 2:创建动态演示文稿

1. 超链接

在幻灯片中实现文本超链接、动作按钮和图片超链接。其中,在第 2 张幻灯片实现文本超链接,在第 3-8 张实现动作按钮,在第 7 张幻灯片实现图片超链接。

(1) 文本超链接

步骤 1:鼠标定位在第 2 张幻灯片,选择文本"自我介绍",单击"插入"选项卡→"链接"组→"超链接"选项,如图 13-94 所示。弹出"插入超链接"对话框,如图 13-95 所示。

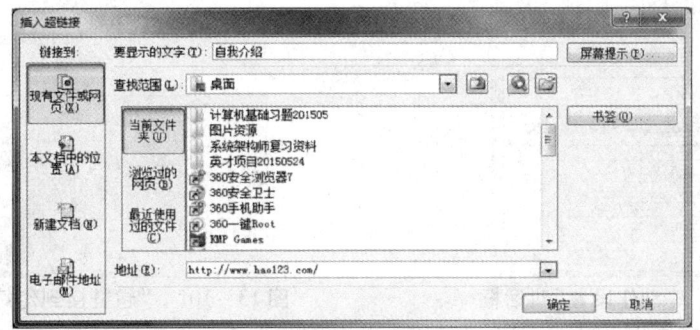

图 13-95 "插入超链接"对话框-初始状态

步骤 2:进行文本超链接的具体设置,如图 13-96 所示。

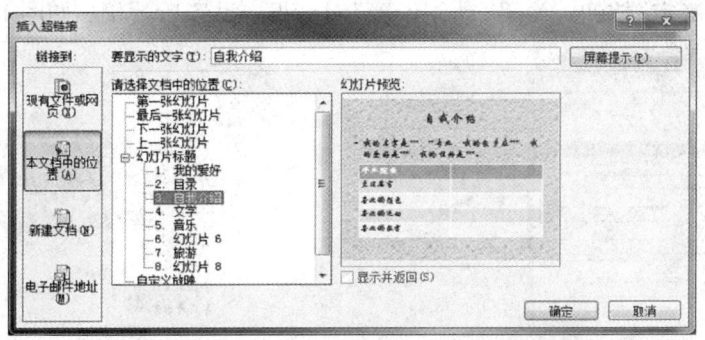

图 13-96 "插入超链接"对话框-具体设置

步骤 3:单击"确定"按钮,设置后的效果,如图 13-97 所示。

步骤 4:同理,分别为"文学"、"音乐"和"旅游"设置文本超链接,链接到指定的幻灯片,设置后的效果,如图 13-98 所示。

图 13-97 设置文本超链接后的效果图　　图 13-98 设置文本超链接后的总效果图

(2) 动作按钮

步骤 1:鼠标定位在第 3 张幻灯片,单击"插入"选项卡→"插图"组→"形状"下拉列表→"动作按钮"选项区域→"动作按钮:后退或前一项"选项,如图 13-99 所示。

图 13-99 选择"动作按钮"效果图

步骤 2:在第 3 张幻灯片中绘制动作按钮,弹出"动作设置"对话框。

步骤3：进行具体的动作设置，单击"超链接到(H)："下方列表框→"幻灯片…"选项，如图13-100所示。在弹出的"超链接到幻灯片"对话框内，选择"幻灯片标题(S)："→"2.目录"，如图13-101所示。

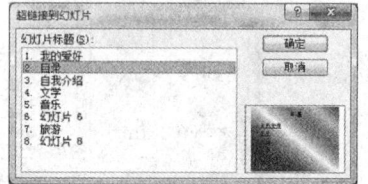

图13-100 "动作设置"对话框　　　　　图13-101 "超链接到幻灯片"对话框

步骤4：单击"确定"按钮，关闭"超链接到幻灯片"对话框，返回"动作设置"对话框，如图13-102所示。

步骤5：单击"确定"按钮，关闭"动作设置"对话框，设置后效果，如图13-103所示。

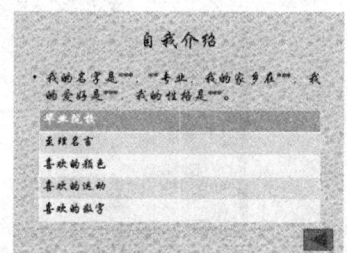

图13-102 "动作设置"对话框　　　　　图13-103 "动作按钮"设置后的效果图

步骤6：动作按钮样式设置。选中"动作按钮"，单击"绘图工具"选项卡→"格式"选项卡→"形状样式"组的选项，也可以鼠标右键快捷菜单→"设置形状格式(O)…"命令，进行动作按钮样式的具体设置，动作按钮设置后的幻灯片效果，如图13-104所示。

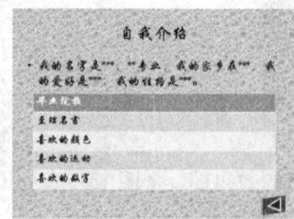

图13-104 第3张幻灯片设置"动作按钮"后的效果图

步骤13：同理，在第4-8张幻灯片设置动作按钮，要求动作按钮的样式设置各不相同，效果如图13-105所示。

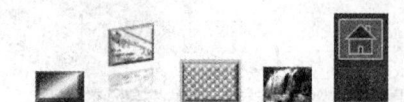

图13-105 第4-8张幻灯片设置的"动作按钮"效果图

项目 13 "我的爱好"演示文稿的设计与制作

（3）图片超链接

步骤1：鼠标定位在第7张幻灯片，选择第1张剪贴画，单击"插入"选项卡→"链接"组→"超链接"选项，在弹出的"插入超链接"对话框中，选择"剪贴画"要超链接到的位置。

步骤2：单击"确定"按钮，剪贴画超链接设置完成。同理，可以根据个人喜好，设置所需的图片超链接。

●说明：其他设置超链接的方式。选中设置超链接的对象，鼠标右键，在弹出的快捷菜单中，选择"超链接(H)…"命令即可。

2. 幻灯片切换

为每一张幻灯片设置幻灯片切换效果。

步骤1：鼠标定位在第1张幻灯片，单击"切换"选项卡→"切换到此幻灯片"组，如图13－106所示。

图13－106 "切换"选项卡→"切换到此幻灯片"组

步骤2：在"切换到此幻灯片"组内，选择1种个人喜欢的切换效果，本项目的选择为：单击"切换到此幻灯片"组→"其他"下拉列表→"华丽型"选项区域→"涟漪"选项，如图13－107所示。

图13－107 "华丽型"选项区域→"涟漪"选项

步骤3：幻灯片切换效果详细设置。

（1）效果选项设置。设置好"涟漪"选项效果后，"切换到此幻灯片"组中"效果选项"选项可用，本项目将"效果选项"设置为"居中"，如图13－108所示。

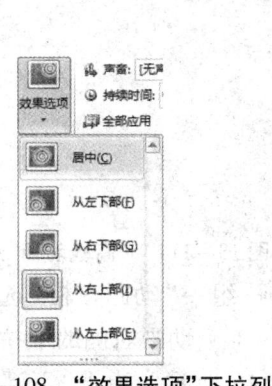 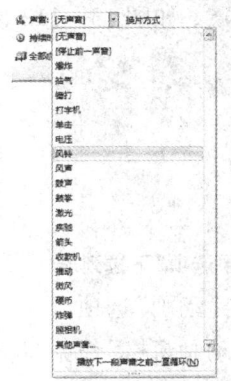

图13－108 "效果选项"下拉列表　　图13－109 "声音"下拉列表

— 333 —

●说明:幻灯片切换的"效果选项",会根据选择的幻灯片"切换"选项而有所不同。

(2)声音设置。单击"计时"组→"声音"下拉列表→"风铃"选项,如图13-109所示,将幻灯片切换的声音进行设置。

(3)其他设置。根据需求,可对"计时"组的"持续时间"、"换片方式"等选项进行设置,如图13-110所示。

图13-110 "计时"组

步骤4:同理,为第2-8张幻灯片设置幻灯片切换效果,要求每张幻灯片的切换效果各不相同。

3. 自定义动画

为每一张幻灯片的所有对象设置自定义动画。

步骤1:鼠标定位在第1张幻灯片,选中要设置动画的对象,本项目选择"我的爱好"文本框,单击"动画"选项卡→"动画"组,如图13-111所示。

图13-111 "动画"选项卡→"动画"组

步骤2:设置动画。

(1)选择动画样式。单击"动画"组→"进入"选项区域→"浮入"选项,如图13-112所示。

图13-112 "动画"组→"进入"选项区域→"浮入"选项

(2)设置动画效果。

①简单设置。设置好"浮入"动画后,"动画"组中"效果选项"选项可用,本项目将"效果选项"设置为"下浮(D)",如图13-113所示。

图13-113 "效果选项"下拉列表

图13-114 "高级动画"组→"动画窗格"选项

②详细设置。单击"动画"选项卡→"高级动画"组→"动画窗格"选项,如图13-114所示。在窗口右侧出现"动画窗格"任务窗格,单击第1个动画右侧的下拉按钮,在弹出的快捷菜单中,选择"效果选项(E)…"命令,如图13-115所示。弹出"下浮"对话框,如图13-

116 所示。根据个人喜好进行具体设置。

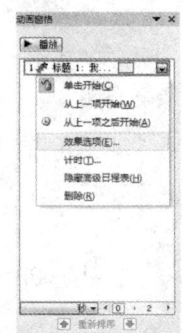

图 13-115 "动画窗格"任务窗格

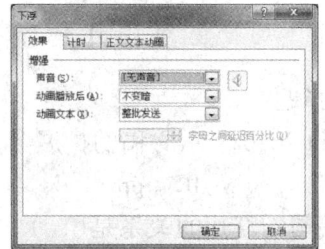

图 13-116 "下浮"对话框

●本项目示范如下：

（1）效果设置。在"效果"选项卡，单击"增强"区域→"声音（S）："后面的下拉列表，选择"风铃"选项，如图 13-117 所示。

（2）计时设置。切换到"计时"选项卡，单击"期间（N）："后面的下拉列表，选择"中速（2秒）"选项，如图 13-118 所示。

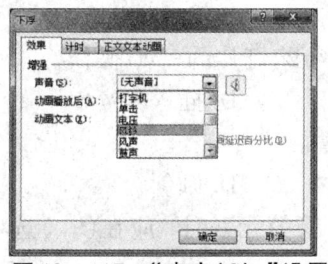

图 13-117 "声音（S）："设置

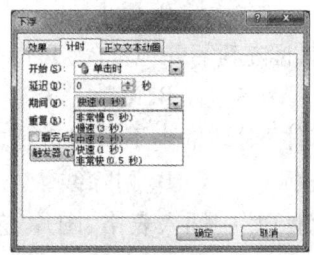

图 13-118 "期间"设置

步骤 3：同理，为第 1 张幻灯片其他对象设置动画，设置完之后，再为其他幻灯片的对象设置动画效果。要求：所设置动画尽量风格统一、设置合理、动态效果变化多样。

13.5 总结与提高

本项目主要介绍了 PowerPoint 2010 的基本操作，包括：新建演示文稿、新建幻灯片、编辑幻灯片、插入对象、编辑对象、超链接、幻灯片背景、幻灯片切换、自定义动画。

新建演示文稿和新建幻灯片有多种方法，这些方法应该都知道，但是在现实生活中，主要掌握一种自己最熟练的方法即可。

编辑幻灯片，主要是向幻灯片中添加对象，例如：表格、剪贴画、形状、艺术字、音频、视频等，并对这些对象进行格式设置。

幻灯片背景，用于统一幻灯片风格和美化幻灯片。其设置方法主要有两种：一种是通过内置的背景样式来设置，另一种是通过"设置背景格式"命令来实现。

幻灯片切换，主要是实现幻灯片之间的自然过渡。自定义动画，主要是实现幻灯片内部各个对象的动画效果。幻灯片切换和自定义动画，主要是为了让幻灯片呈现动态显示的效果。

超链接，用来实现跳转功能。可以是同一演示文稿内，各个幻灯片之间的跳转；也可以是一个演示文稿内的对象和不同的演示文稿、其他文档(例如:Word 文档)、电子邮件、网页等之间的跳转。

13.6 思考与练习

一、单项选择题

1. PowerPoint 2010 演示文稿的扩展名是(　　)。
   A. .pptx　　　　B. .ppzx　　　　C. .potx　　　　D. .ppsx

2. 演示文稿与幻灯片的关系是(　　)。
   A. 演示文稿和幻灯片是同一个对象　　　　B. 幻灯片由若干个演示文稿组成
   C. 演示文稿由若干个幻灯片组成　　　　　D. 演示文稿和幻灯片没有联系

3. 在应用了版式之后,幻灯片中的占位符(　　)。
   A. 不能添加,也不能删除　　　　B. 不能添加,但可以删除
   C. 可以添加,也可以删除　　　　D. 可以添加,但不能删除

4. 按住(　　)键可以选择多张不连续的幻灯片。
   A. Shift　　　　B. Ctrl　　　　C. Alt　　　　D. Ctrl + Shift

5. 按住鼠标左键,并拖动幻灯片到其他位置是进行幻灯片的(　　)操作。
   A. 移动　　　　B. 复制　　　　C. 删除　　　　D. 插入

6. 在"字体"对话框中不可以进行文本的(　　)设置。
   A. 上、下标　　　B. 删除线　　　C. 下划线　　　D. 倾斜

7. 要在幻灯片中插入表格、图片、艺术字、视频、音频等元素时,应在(　　)选项卡中操作。
   A. 文件　　　　B. 开始　　　　C. 插入　　　　D. 设计

8. 如果要在表格的最后添加新的一行,则可以单击表格的最后一个单格,然后按(　　)键。
   A. Enter　　　　B. Tab　　　　C. Shfit + Enter　　　D. Shfit + Tab

9. 单击"表格工具"选项卡下的"布局"选项卡下的"合并"组中的(　　)按钮,可以将一个单元格变为两个。
   A. 绘制表格　　　B. 框线　　　　C. 合并单元格　　　D. 拆分单元格

10. "主题"组在功能区的(　　)选项卡中。
    A. 开始　　　　B. 设计　　　　C. 插入　　　　D. 动画

11. PowerPoint 2010 提供的幻灯片模板,主要是解决幻灯片的(　　)。
    A. 文字格式　　　B. 文字颜色　　　C. 背景图案　　　D. 以上全是

12. "背景"组在功能区的(　　)选项卡中。
    A. 开始　　　　B. 插入　　　　C. 设计　　　　D. 动画

13. 下列不属于"设计"选项卡的工具命令的是(　　)。
    A. 页面设置、幻灯片方向　　　　B. 主题样式、主题颜色、主题字体、主题效果
    C. 背景样式　　　　　　　　　　D. 动画

14. 在"图片工具"选项卡下的(　　)组中可以对图片进行添加边框的操作。
    A. 图片样式　　　B. 调整　　　　C. 大小　　　　D. 排列

15. 在"切换"选项卡中,不可以进行的操作有( )
A. 设置幻灯片的切换效果　　　　　B. 设置幻灯片的换片方式
C. 设置幻灯片切换效果的持续时间　　D. 设置幻灯片的版式

16. 下列关于幻灯片动画效果的说法不正确的是( )。
A. 如果要对幻灯片中的对象进行详细的动画效果设置,就应该使用自定义动画
B. 对幻灯片中的对象可以设置打字机效果
C. 幻灯片文本不能设置动画效果
D. 动画顺序决定了对象在幻灯片中出场的先后次序

17. 在 PowerPoint 2010 中,"动画"选项卡可以对幻灯片上的( )进行设置。
A. 对象应用、更改与删除动画　　　B. 表、形状与图表
C. 背景、主题设计和颜色　　　　　D. 动画设计与页面设计

18. 按( )键可以启动幻灯片放映。
A. Enter　　　B. F5　　　C. F6　　　D. 空格

19. ( )视图是进入 PowerPoint 2010 后的默认视图。
A. 幻灯片浏览　　B. 大纲　　C. 幻灯片　　D. 普通

20. 下列视图中不属于 PowerPoint 2010 视图的是( )。
A. 幻灯片视图　　B. 页面视图　　C. 大纲视图　　D. 备注页视图

二、实践操作题

1. 新建一个 PowerPoint 2010 文档,保存在 D 盘自己的文件夹内,命名为:班级姓名幼儿园五大领域.pptx,操作后的类似效果如图 13－119 所示。

图 13－119　效果图

操作要求:
(1)第 1 张幻灯片
①版式:标题幻灯片,标题:幼儿园五大领域,副标题:班级姓名,如图 13－119 所示,格式设置任意。
②背景:填充:渐变填充;预设颜色:彩虹出岫Ⅱ;类型:射线;方向:中心辐射。其他设置,任意。
③添加动作按钮(样式自定义),超链接到最后一张幻灯片。
④自定义动画:"进入"区域:缩放;动画顺序:标题、副标题、动作按钮。
⑤幻灯片切换:"华丽"区域:涟漪,效果选项:居中。
(2)第 2 张幻灯片
①版式:标题和内容,标题:目录,内容:如图 13－119 所示,格式设置任意,"内容"部分

需要设置"项目符号",项目符号不能使用系统预设的,需要"自定义"样式好看的项目符号。

②背景:填充:图片或纹理填充;纹理样式:羊皮纸。

③文本超链接:"内容"部分的5行文本,分别超链接到第3-7张幻灯片。

④自定义动画:"进入"区域:飞入,效果选项:自右侧;动画顺序:标题、内容。

⑤幻灯片切换:"华丽型"区域:门,效果选项:垂直。

(3)第3张幻灯片

①版式:标题和内容,标题:健康,内容:如图13-119所示,格式设置任意,"内容"部分需要设置"项目符号",项目符号不能使用系统预设的,需要"自定义"样式好看的项目符号。

②背景:填充:图片或纹理填充;使用图片做背景,图片从素材库中选择,图片名为"健康.jpg"。

③超链接:插入一张剪贴画(示例剪贴画为一个棒球运动员,标题左上位置),放置在适当位置,如图13-119所示,由此剪贴画做超链接,超链接到第2张幻灯片。

④自定义动画:"强调"区域:脉冲,效果选项:默认;动画顺序:标题、内容、剪贴画。

⑤幻灯片切换:"华丽型"区域:框,效果选项:自右侧。

(4)第4张幻灯片

①版式:标题和内容,标题:科学,内容:如图13-119所示,格式设置任意,"内容"部分需要设置"项目符号",项目符号不能使用系统预设的,需要"自定义"样式好看的项目符号。

②背景:填充:图片或纹理填充;使用剪贴画做背景,剪贴画样式如图13-119所示。

③超链接:插入一个形状(示例形状为"燕尾形箭头"),设置形状样式,放置在适当位置,如图13-119所示,由此形状做超链接,超链接到第2张幻灯片。

④自定义动画:"强调"区域:跷跷板,效果选项:默认;动画顺序:标题、内容、形状。

⑤幻灯片切换:"动态内容"区域:旋转,效果选项:自底部。

(5)第5张幻灯片

①版式:标题和内容,标题:社会,内容:如图13-119所示,格式设置任意,"内容"部分需要设置"项目符号",项目符号不能使用系统预设的,需要"自定义"样式好看的项目符号。

②背景:填充:图案填充,图案样式自定义。

③超链接:插入一张剪贴画(示例剪贴画为"兔子"),放置在适当位置,如图13-119所示,由此剪贴画做超链接,超链接到第2张幻灯片。

④自定义动画:"进入"区域:旋转,效果选项:默认;动画顺序:标题、内容、剪贴画。

⑤幻灯片切换:"动态内容"区域:窗口,效果选项:水平。

(6)第6张幻灯片

①版式:标题和内容,标题:语言,内容:如图13-119所示,格式设置任意,"内容"部分需要设置"项目符号",项目符号不能使用系统预设的,需要"自定义"样式好看的项目符号。

②背景:填充:纯色填充,填充颜色自定义。

③文本超链接:使用标题文本"语言"做超链接,超链接到第2张幻灯片。

④自定义动画:"进入"区域:弹跳,效果选项:默认;动画顺序:标题、内容。

⑤幻灯片切换:"华丽型"区域:切换,效果选项:向左。

(7)第7张幻灯片

①版式:标题和内容,标题:艺术,内容:如图 13-119 所示,格式设置任意,"内容"部分需要设置"项目符号",项目符号不能使用系统预设的,需要"自定义"样式好看的项目符号。

②背景:填充:图片或纹理填充;使用剪贴画做背景,剪贴画样式如图 13-119 所示。

③超链接:插入一个形状(示例形状为"右弧形箭头"),设置形状样式,放置在适当位置,如图 13-119 所示,由此形状做超链接,超链接到第 2 张幻灯片。

④自定义动画:使用"动作路径"来实现,动作路径的设置分别为:"标题"设置为"心跳","内容"设置为"正弦波","形状"设置为"向右弹跳";动画顺序:标题、内容、形状。

⑤幻灯片切换:"华丽型"区域:蜂巢,效果选项:默认。

(8)第 8 张幻灯片

①版式:空白。插入一个艺术字,艺术字文本为:谢谢欣赏,艺术字样式自定义,如图 13-119 所示。

②背景:填充:图片或纹理填充;使用图片做背景,图片从素材库中选择,图片名为"自然.jpg"。

③超链接:插入一张剪贴画(示例剪贴画为一种植物,右上位置),放置在适当位置,如图 13-119 所示,由此剪贴画做超链接,超链接到第 1 张幻灯片。

④自定义动画:使用"动作路径"来实现,动作路径的设置分别为:"艺术字"设置为"心形","剪贴画"设置为"垂直数字 8";动画顺序:艺术字、剪贴画。

⑤幻灯片切换:"华丽型"区域:涡流,效果选项:默认。

2. 新建一个 PowerPoint 2010 文档,保存在 D 盘自己的文件夹内,命名为:班级姓名企业培训.pptx。

操作要求:

(1)单击"文件"→"新建"选项,在右侧任务窗格中的"可用的模板和主题"区域,单击"样本模板"→"培训"选项,再单击右侧的"创建"命令。

(2)在现有"培训"模板上,做一份符合企业培训的演示文稿。其中:内容自定义,其他效果可根据实际需求或者个人创意做适当修改。

三、拓展训练

编辑和格式化幻灯片

演示文稿是由多张幻灯片构成,因此创建一个完整的演示文稿的过程就是一张张幻灯片的制作过程,而单张幻灯片的制作过程,就是构成幻灯片中的内容要素:文本、图片、表格、图表、音频、视频等对象插入到幻灯片中,并进行编辑和格式化的过程。

在幻灯片的编辑和格式化过程中,将会执行如下操作:

1. 选中幻灯片

在对幻灯片编辑之前,首先要选择进行操作的幻灯片。在演示文稿的"普通视图"中,在左侧窗格的"幻灯片"选项卡中,单击所要操作的幻灯片即可。

2. 增加新幻灯片

当新建一个演示文稿后,系统会自动为该演示文稿添加一张幻灯片。在实际应用中,一张幻灯片远远不够,所以常常需要增加幻灯片。"插入"幻灯片的方法有:

(1)单击"开始"选项卡→"幻灯片"组→"新建幻灯片"命令,即可插入一张幻灯片。

(2)单击"开始"选项卡→"幻灯片"组→"新建幻灯片"命令按钮,打开"新建幻灯片"列表,如图 13-120 所示,单击"Office 主题"中的一个列表项,即可插入一张具有该版式的幻灯片。

(3)在图 13-120 中,选择"复制所选幻灯片(D)"命令,可以插入一张与当前幻灯片完全相同的幻灯片。

(4)在图 13-120 中,选择"幻灯片(从大纲)(L)…"命令,可以插入一张来自于另外一个演示文稿中的全部或部分幻灯片。

(5)鼠标右键,弹出快捷菜单,如图 13-121 所示,选择"新建幻灯片(N)"命令,即可插入一张幻灯片。

(6)在图 13-121 中,选择"复制幻灯片(A)"命令,可以插入一张与当前幻灯片完全相同的幻灯片。

(7)直接按组合键 Ctrl + M。

(8)在"幻灯片"选项卡中,将鼠标放置在当前幻灯片下方,直接按 Enter 键,即可插入一张幻灯片。

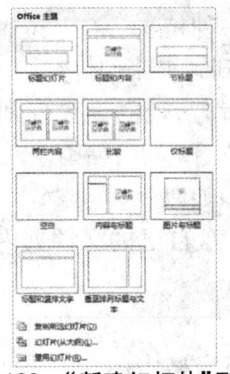 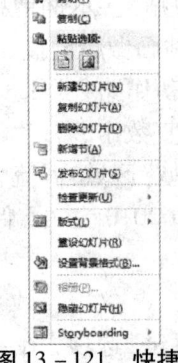

图 13-120 "新建幻灯片"列表　　图 13-121 快捷菜单

3. 编辑幻灯片

编辑幻灯片,主要是对幻灯片中的对象,例如:文本、图片、剪贴画、表格、SmartArt、图表、文本框、音频、视频等对象,进行编辑和格式化的过程。常见对象的编辑和格式化不做讲述,这里重点说一下音频的编辑和格式化,视频与其类似,就不过多讲述了。

● 音频的插入与格式化

在 PowerPoint 中,允许的音频格式有:wav、midi、mp3 等。

音频的插入

● 选中要插入音频的幻灯片。

● 单击"插入"选项卡,在"媒体"分组中,单击"音频"工具，打开"音频"列表,如图 13-122 所示,有三种方式可以插入音频。

(1)插入文件中的音频:单击"文件中的音频(F)…"命令,打开"插入音频"对话框,在该对话框中选择要插入的音频文件并插入。同时在幻灯片中显示一个小喇叭和一组播放工具,如图 13-123 所示。单击播放工具可以先试听插入的音频效果。

(2)插入剪贴画音频:单击"剪贴画音频(C)…"命令,打开"剪贴画"任务窗格。如果要搜索某个类别的音频,在"搜索文字"文本框中输入相应的关键字,单击"搜索"按钮,则在任务窗格下方的列表框中显示搜索结果,如图 13-124 所示。左键单击或双击需要的音频对象，或者选中需要的音频对象，右键单击，在弹出的快捷菜单中，选择"插入(I)"命令，可以将音频添加到幻灯片中，并显示一个小喇叭和一组播放工具。

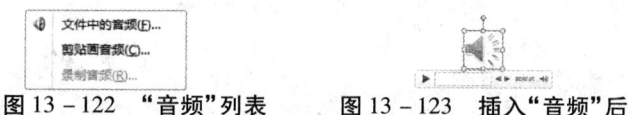

图 13-122 "音频"列表　　　图 13-123 插入"音频"后的状态

图 13-124 "剪贴画"任务窗格　　　图 13-125 "录音声音"对话框

（3）录制音频：单击"录制音频(R)…"命令，打开"录音声音"对话框，如图 13-125 所示。单击"录制"按钮，开始录音。录制完成后单击停止按钮，再单击"确定"按钮。

音频的设置

（1）裁剪音频

● 选择幻灯片中的小喇叭图标。

选择"音频工具"选项卡中的"播放"选项卡，在"编辑"分组中单击"剪裁音频"工具，或者鼠标右击，在弹出的快捷菜单中，选择"剪裁音频(T)…"命令，打开"剪裁音频"对话框，如图 13-126 所示。

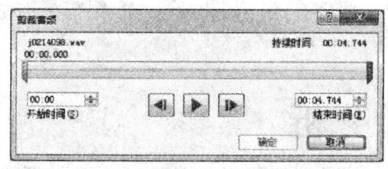
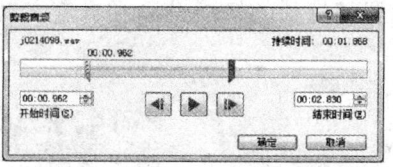

图 13-126 "剪裁音频"对话框　　　图 13-127 剪裁后的音频

● 若要修剪音频的开头，将鼠标移动到"起点"按钮（如图 13-126 中最左侧的绿色标记）。当鼠标变成双向箭头时，将"起点"按钮移动到音频的起始位置。

● 若要修剪音频的末尾，将鼠标移动到"终点"按钮（如图 13-126 中最右侧的红色标记）。当鼠标变成双向箭头时，将"终点"按钮移动到音频的结束位置。

● 剪裁后的音频，如图 13-127 所示。

（2）设置音频开始方式：选择幻灯片中的小喇叭图标，选择"音频工具"选项卡中的"播放"选项卡，如图 13-128 所示，在"音频选项"分组中单击"开始"工具，打开"开始播放方式"列表，如图 13-129 所示，根据需求进行选择。

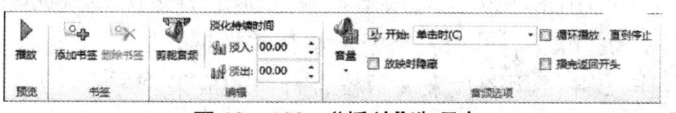
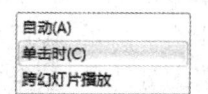

图 13-128 "播放"选项卡　　　图 13-129 播放方式

项目 14 "学院简介"演示文稿的设计与制作

14.1 项目提出

近几年来,学院的师资力量、实训条件、教学质量等有了明显的提高,招生规模也在不断扩大,为了进一步加强招生宣传工作的力度,在印刷大量宣传资料的同时,有一项工作需要做,就是制作"学院简介"演示文稿,主要包括学院概况、院系设置、办学条件、办学理念、办学特色、近 5 年招生人数、2017 年招生计划,以及校企合作等方面的内容。

小李同学辅助招生办公室的人员制作"学院简介"的演示文稿,先开始搜集相关素材,准备了一些文字、图片、表格等资料,然后开始制作,在制作过程中遇到了以下问题:

1. 如何使每张幻灯片具有统一的风格,使用相同的背景图片,并有背景音乐?
2. 如何使用组织结构图、图表、表格等制作一张张图文并茂的幻灯片,增强幻灯片的表现力?
3. 如何设置超链接和动作按钮,增加幻灯片的交互性?
4. 如何在每张幻灯片中添加日期和幻灯片编号?
5. 如何设置幻灯片的切换动画和自定义动画,提高幻灯片的播放效果?

14.2 项目分析

根据"学院简介"演示文稿的主要内容,为每张幻灯片选定合适的版式,在每张幻灯片添加文字、图形、图片、组织结构图、图表、表格等对象,从而制作出各张幻灯片。其中,

第 1 张幻灯片一般为标题幻灯片,主要包括学院的名称和背景音乐;

第 2 张幻灯片是"学院概况",可用文字来介绍学院的基本情况,并添加学院的相关图片;

第 3 张幻灯片是"院系设置",由于"院系设置"是层次结构,可用"组织结构图"来表示;

第 4 张幻灯片是"办学的有利条件",除了用文字说明之外,还可用图片加以辅助;

第 5 张幻灯片是"学院的办学理念",为了突出办学理念,可用"基本维恩图"来表示;

第 6 张幻灯片是"办学特色日益鲜明",可用各种图形和文字来综合展示;

第 7 张幻灯片是"学院近 5 年的招生人数",可用图表(三维簇状柱形图)来表示相关数据;

第 8 张幻灯片是"2017 年招生计划",可用表格来表示相关数据;

第 9 张幻灯片是"校企合作",主要用图片来展示校企合作的成果。

为了使每张幻灯片具有统一的风格,可在幻灯片母版中设置好幻灯片标题的格式、背景、

图片等,这是因为幻灯片母版中的格式设置、背景图片等会自动应用于每一张相关幻灯片。

各张幻灯片制作好后,为了在第6张和第9张幻灯片之间实现跳转,在第6张幻灯片中设置超链接,链接到第9张幻灯片;在第9张幻灯片中设置动作按钮,返回到第6张幻灯片.

在页眉和页脚中,可以添加日期、幻灯片编号等,为了使演示文稿更加生动活泼、形象逼真,获得最佳演示效果,还应设置幻灯片的动画效果。动画效果包括幻灯片之间的切换效果和幻灯片内部的自定义动画效果。设置所有幻灯片的切换效果均为"推进",自定义效果主要在第6张幻灯片内设置,设置相关图形为自动切入和触发切入/切出效果。

由以上分析,"学院简介"演示文稿的设计与制作,可以分解为五大任务:

任务1:设置母版。
任务2:制作9张幻灯片。
任务3:插入超链接和动作按钮。
任务4:插入日期和幻灯片编号。
任务5:设置动画。

14.3 相关知识点

1. 母版

母版是定义演示文稿中所有幻灯片或页面格式的幻灯片视图或页面。每个演示文稿的每个关键组件(幻灯片、标题幻灯片、演讲者备注和听众讲义)都有一个母版。PowerPoint 2010提供了幻灯片母版、讲义母版、备注母版三种母版。

幻灯片母版是幻灯片层级结构的顶层幻灯片,用于存储有关演示文稿的主题和幻灯片版式的信息,包括前景、颜色、字体、效果、占位符的大小和位置等。幻灯片母版用于设置幻灯片的样式,可供用户设定各种标题文字、背景、属性等,只需更改一项内容就可更改所有幻灯片的设计。

讲义母版可以为讲义设置统一的格式。在讲义母版中进行设置后,可以在一张纸上打印多张幻灯片,供会议使用。

备注母版可以为演示文稿的备注页设置统一的格式。如果打印演示文稿时一起打印备注,可以使用打印备注页的功能。

2. 模板

母版设置完成后只能在一个演示文稿中应用。如果想得到更多的应用,可以把母版设置保存为演示文稿模板(.potx文件)。模板可以包含版式、主题、背景样式和内容。可以创建自定义模板,然后存储、重用和共享。还可以从 office.com 以及其他合作伙伴网站上找到可以应用于演示文稿的数百种不同类型的 PowerPoint 免费模板。

3. 图表

图表是表格的图形化表现形式。在 PowerPoint 演示文稿中插入图表,不仅可以快速、直观地表达数字值或数据,而且还可以将图表转换成表格数据,来展示比较、模式和趋势等,给观众留下深刻的印象。

4. 表格

在 Office 办公软件中，表格是最常用的数据处理方式之一，主要用于输入、输出、显示、处理和打印数据，可以制作各种复杂的表格文档，甚至能帮助用户进行复杂的统计运算和图表化展示等。

5. SmartArt 图形

SmartArt 图形是信息和观点的可视化表示形式。创建 SmartArt 图形时，系统会提示选择一种 SmartArt 图形类型，例如：流程、层次结构、循环、关系等。类型类似于 SmartArt 图形的类别，并且每种类型包含几种不同的布局。在"选择 SmartArt 图形"库中显示了所有可用的布局，这些布局分为 8 种不同的类型，即：列表、流程、循环、层次结构、关系、矩阵、棱锥图和图片。每种布局都提供了一种表达内容以及所传达信息的不同方法。一些布局只是使项目符号列表更加精美，而另一些布局适合用来展现特定种类的信息。

6. 触发器

在 PowerPoint 2010 中，触发器是一种重要的工具。所谓触发器是指通过设置可以在单击指定对象时播放动画。在幻灯片中只要包含动画效果、视频或声音，就可以为其设置触发器。触发器可以实现与用户之间的双向互动。一旦某个对象设置为触发器，单击后就会引发一个或一系列动作，该触发器下的所有对象就能根据预先设定的动画效果开始运动，并且设定好的触发器可以多次重复使用。

14.4 项目实施

14.4.1 项目调研

分组调研"学院简介"演示文稿的设计与制作的各个组成部分，并讨论每个组成部分的细节。其中两组老师进行深入调研，其他组进行组内讨论，然后再进行组间交流，初步形成项目的大致框架。

14.4.2 确定项目

全体组及组员进行讨论，最终确定适合本班思想的"学院简介"演示文稿的设计与制作的整体方案，形成图片，作为后续操作的依据。

●项目说明：

(1)第 1 张幻灯片一般为标题幻灯片，主要包括学院的名称和背景音乐。

(2)第 2 张幻灯片是"学院概况"，可用文字来介绍学院的基本情况，并添加学院的相关图片。

(3)第 3 张幻灯片是"院系设置"，由于"院系设置"是层次结构，可用"组织结构图"来表示。

(4)第 4 张幻灯片是"办学的有利条件"，除了用文字说明之外，还可用图片加以辅助。

(5)第 5 张幻灯片是"学院的办学理念"，为了突出办学理念，可用"基本维恩图"来表示。

(6)第 6 张幻灯片是"办学特色日益鲜明"，可用各种图形和文字来综合展示。

(7)第 7 张幻灯片是"学院近 5 年的招生人数"，可用图表(三维簇状柱形图)来表示相关数据。

(8) 第 8 张幻灯片是"2017 年招生计划",可用表格来表示相关数据。
(9) 第 9 张幻灯片是"校企合作",主要用图片来展示校企合作的成果。

14.4.3 项目实施

任务 1:设置母版

使用母版可以统一幻灯片的风格,可在母版中设置标题格式、背景图片等。

步骤 1:启用 PowerPoint 2010 软件,在"视图"选项卡中,单击"母版视图"组中的"幻灯片母版"按钮 ,进入"幻灯片母版"视图。

步骤 2:在左侧窗格中选择第 1 个母版(Office 主题 幻灯片母版),然后选择右侧窗格中的标题文字"单击此处编辑母版标题样式",如图 14-1 所示。在"开始"选项卡中设置其字体格式为"华文行楷,44 磅,红色"。

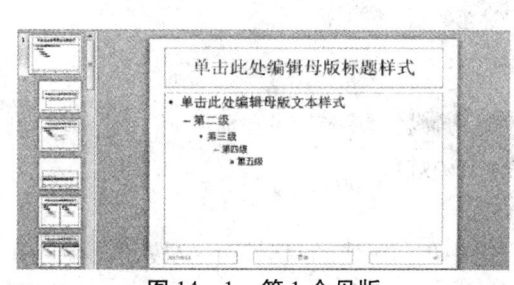 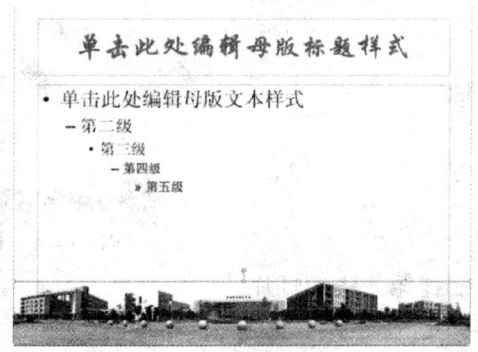

图 14-1　第 1 个母版　　　　　　图 14-2　设置母版背景图片

步骤 3:在"插入"选项卡中,单击"图像"组中的"图片"按钮,打开"插入图片"对话框,选择需要的文件"背景.jpg",单击"插入(S)"按钮。

步骤 4:移动背景图片至母版底部,并适当调整其大小至母版宽度,如图 14-2 所示,右击该背景图片,在弹出的快捷菜单中,选择"置于底层(K)"→"置于底层(K)"命令。

步骤 5:在"幻灯片母版"选项卡中,单击"关闭"组中的"关闭母版视图"按钮,返回"幻灯片"视图。

任务 2:制作 9 张幻灯片

通过选择合适的版式,再使用文字、图形、图片、组织结构图、图表、表格等制作出图文并茂的 9 张幻灯片,它们分别是"标题"幻灯片、"学院概况"幻灯片、"院系设置"幻灯片、"办学的有利条件"幻灯片、"学院的办学理念"幻灯片、"办学特色日益鲜明"幻灯片、"学院最近 5 年的招生人数"幻灯片、"2017 年招生计划"幻灯片和"校企合作"幻灯片。

1. 制作第 1 张幻灯片

步骤 1:在第 1 张标题幻灯片中,删除"副标题"占位符,在标题占位符中输入文字"XX 职业技术学院欢迎您"。选择该标题文字,设置其字体大小为 72 磅,并单击"字体"组中的"文字阴影"按钮 。

步骤 2:在"插入"选项卡中,单击"媒体"组中的"音频"下拉按钮,在打开的下拉列表中,选择"文件中的音频"选项,打开"插入音频"窗口,找到并选择"背景音乐.mp3"音乐文件,单击"插入"按钮。

步骤3:在"音频工具"选项卡的"播放"选项卡中,单击"音频选项"组中的"开始"下拉按钮,在打开的下拉列表中,选择"自动"选项,并选中"放映时隐藏"、"循环播放,直到停止"和"播放完返回开头"复选框,如图14-3所示。

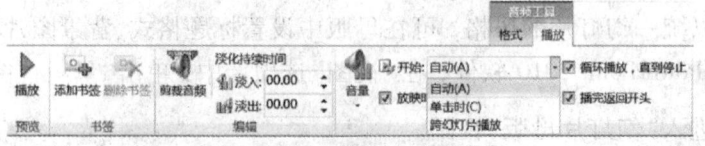

图14-3 "播放"选项卡

步骤4:拖动"喇叭"图标至第1张幻灯片的右上角位置,效果如图14-4所示。

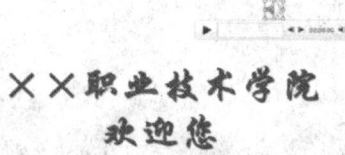

图14-4 第1张幻灯片

2. 制作第2张幻灯片

步骤1:在"开始"选项卡中,单击"幻灯片"组中的"新建幻灯片"下拉按钮,在打开的下拉列表中,选择"两栏内容"版式,如图14-5所示。插入一张新幻灯片,在标题占位符中,输入标题文字"学院概况"。

步骤2:在左侧的内容占位符中输入有关学院概况的文字内容,选择刚输入的所有文字,设置字号为20磅,再单击"段落"组中的"项目符号"下拉按钮,在打开的下拉列表中,选择第一行第三列的项目符号(实心正方形),如图14-6所示。

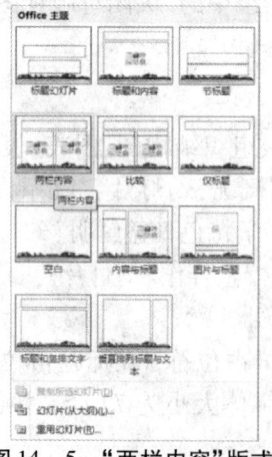

图14-5 "两栏内容"版式　　图14-6 "项目符号"下拉列表

项目 14 "学院简介"演示文稿的设计与制作

步骤3：在右侧的内容占位符中，单击"插入来自文件的图片"按钮，打开"插入图片"窗口，找到并选择"办公楼.jpg"文件，单击"插入(S)"按钮，适当调整图片的位置和大小，效果如图14-7所示。

图 14-7 第 2 张幻灯片

3. 制作第 3 张幻灯片

步骤1：在"开始"选项卡中，单击"幻灯片"组中的"新建幻灯片"下拉按钮，在打开的下拉列表中，选择"空白"版式，插入一张新幻灯片。

步骤2：在"插入"选项卡中，单击"插图"组中的SmartArt按钮，打开"选择SmartArt图形"对话框，在左侧窗格中选择"层次结构"选项，在中间窗格中选择第一行第一列的图形（组织结构图），如图14-8所示。单击"确定"按钮，在幻灯片中插入一张组织结构图，如图14-9所示。

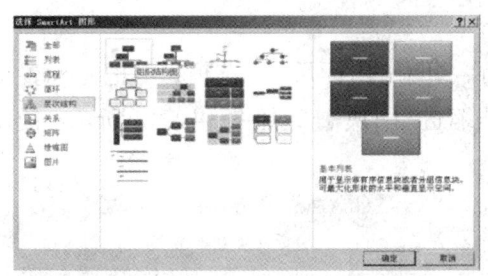 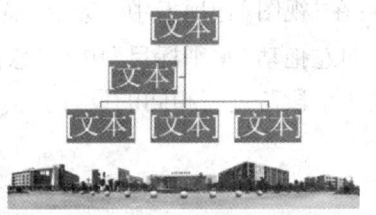

图 14-8 "选择 SmartArt 图形"对话框   图 14-9 新插入的组织结构图

步骤3：在组织结构图的第一个图形块中输入文字"院系设置"，删除（剪切）第二个图形块，在下面的3个图形块中分别输入文字"机电系"、"农业系"、"经管系"。

步骤4：右击"经管系"图形块，在弹出的快捷菜单中，选择"添加形状"→"在后面添加形状"命令，此时"经管系"图形块的右侧添加了一个空白的图形块。右击该图形块，在弹出的快捷菜单中，选择"编辑文字"命令，在该图形块中输入文字"文创系"。

步骤5：右击"农业系"图形块，在弹出的快捷菜单中，选择"添加形状"→"在下方添加形状"命令，此时"农业系"图形块的下方添加了一个空白的图形块。右击该图形块，在弹出的快捷菜单中，选择"编辑文字"命令，在该图形块中输入文字"园艺技术"。

步骤6：重复上面的步骤5，在"农业系"图形块的下方再添加"商品花卉"和"园林工程"2个图形块。

步骤7：右击"院系设置"图形块，在弹出的快捷菜单中，选择"更改形状"→"圆角矩形"命令，从而更改"院系设置"图形块的图形为圆角矩形。使用相同的方法，更改其他7个图形块的形状亦为圆角矩形。

步骤8:参照步骤5－7,在"经管系"图形块的下方,添加两个形状,分别为"工商管理"和"人力资源",操作后的效果,如图14－10所示。

图14－10　第3张幻灯片

4. 制作第4张幻灯片

步骤1:在"开始"选项卡中,单击"幻灯片"组中的"新建幻灯片"下拉按钮,在打开的下拉列表中,选择"两栏内容"版式,插入一张新幻灯片,在标题占位符中,输入标题文字"办学的有利条件"。

步骤2:在左侧的内容占位符中,单击"插入来自文件的图片"按钮,打开"插入图片"窗口,找到并选择"图书馆.jpg"文件,单击"插入(S)"按钮,适当调整图片的位置和大小。

步骤3:在右侧的内容占位符中输入有关学院办学的有利条件的文字内容,选择刚输入的所有文字,再单击"段落"组中的"编号"下拉按钮,在打开的下拉列表中,选择第一行第二列的编号(1., 2., 3.),如图14－11所示。

步骤4:在"视图"选项卡中,选中"显示"组中的"标尺"复选框,再把光标置于第1个段落中,适当向左拖动"水平标尺"中的"悬挂缩进"图块，如图14－12所示,使用相同的方法,对其他3个段落进行相同的设置。

图14－11　"编号"下拉列表

图14－12　第4张幻灯片

5. 制作第5张幻灯片

步骤1:在"开始"选项卡中,单击"幻灯片"组中的"新建幻灯片"下拉按钮,在打开的下拉列表中,选择"标题和内容"版式,插入一张新幻灯片,在标题占位符中,输入标题文字"学院的办学理念"。

步骤2:在内容占位符中,单击"插入SmartArt图形"按钮,打开"选择SmartArt图形"对话框,在左侧窗格中选择"关系"选项,在中间窗格中选择倒数第二行第二列的图形(基本维恩图),如图14－13所示,右击"确定"按钮,在幻灯片中插入一张"基本维恩图"。

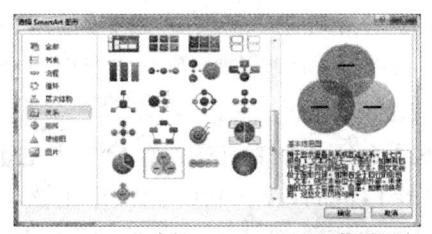

图 14-13 "选择 SmartArt 图形"对话框　　图 14-14 第 5 张幻灯片

步骤 3：在"基本维恩图"中，删除其中的一个圆形图块，在另两个圆形图块中分别输入文字"一技之长"和"综合发展"，适当调整"基本维恩图"的大小和位置，效果如图 14-14 所示。

6. 制作第 6 张幻灯片

步骤 1：在"开始"选项卡中，单击"幻灯片"组中的"新建幻灯片"下拉按钮，在打开的下拉列表中，选择"仅标题"版式，插入一张新幻灯片，在标题占位符中，输入标题文字"办学特色日益鲜明"。

步骤 2：单击"绘图"组中的"圆角矩形"按钮，在幻灯片中的合适位置拖出一个圆角矩形，然后右击该圆角矩形，在弹出的快捷菜单中，选择"大小和位置(Z)…"命令，打开"设置形状格式"对话框，如图 14-15 所示，在左侧窗格中选择"大小"选项，在右侧窗格中设置其高度为 2 厘米，宽度为 5 厘米。

步骤 3：在左侧窗格中选择"线条颜色"选项，在右侧窗格中选择"无线条"单选按钮。

步骤 4：在左侧窗格中选择"填充"选项，在右侧窗格中选中"渐变填充"单选按钮，并选择"预设颜色"为"碧海青天"，单击"关闭"按钮。

图 14-15 设置圆角矩形的大小　　图 14-16 第 6 张幻灯片

步骤 5：单击"绘图"组中的"等腰三角形"按钮，在圆角矩形内的右侧拖出一个等腰三角形，选择该等腰三角形，单击"绘图"组中的"排列"下拉按钮，在打开的下拉列表中，选择"旋转"→"垂直翻转"选项（或：绘图工具→格式→排列→旋转→垂直翻转）。

步骤 6：按住 Shift 键，同时选择等腰三角形和圆角矩形，右击，在弹出的快捷菜单中，选择"组合"→"组合"命令，使等腰三角形和圆角矩形组合成一个整体，便于一起复制和移动。

步骤 7：复制 2 个组合图形（共 3 个），并使这 3 个组合图形水平等距排列。

步骤 8：单击"绘图"组中的"右箭头"按钮，在合适位置拖出一个右箭头，并设置它的高度为 1 厘米，宽度为 2 厘米，填充颜色为浅绿色。

步骤14:复制另外1个同样的右箭头,并把这2个右箭头拖动到三个圆角矩形之间。

步骤10:单击"绘图"组中的"矩形"按钮 □,在第1个圆角矩形下方拖出一个矩形,并设置它的高度为8厘米,宽度为5.5厘米,填充颜色为蓝色。

步骤11:复制另外2个同样的矩形,并把这3个矩形放置在3个组合图形的下方。

步骤12:单击第一个组合图形,四周出现8个白色的控制柄后,再次单击该组合图形,四周再出现8个白色的控制柄,此时右击,在弹出的快捷菜单中,选择"编辑文字"命令,输入文字"要求严"(白色,加粗);使用相同的方法,在其他2个组合图形中分别添加文字"重实践"和"就业广"(白色,加粗),在3个矩形中添加相应的文字(1.5倍行距),如图14-16所示。

7. 制作第7张幻灯片

步骤1:在"开始"选项卡中,单击"幻灯片"组中的"新建幻灯片"下拉按钮,在打开的下拉列表中,选择"标题和内容"版式,插入一张新幻灯片,在标题占位符中,输入标题文字"学院最近5年的招生人数"。

步骤2:在内容占位符中,单击"插入图表"按钮,打开"插入图表"对话框,选择"柱形图"中的"三维簇状柱形图"选项,如图14-17所示,单击"确定"按钮,此时打开Excel窗口,输入如图14-18所示的数据。

步骤3:单击Excel窗口的"关闭"按钮,返回PowerPoint窗口,结果如图14-19所示。

8. 制作第8张幻灯片

步骤1:在"开始"选项卡中,单击"幻灯片"组中的"新建幻灯片"下拉按钮,在打开的下拉列表中,选择"标题和内容"版式,插入一张新幻灯片,在标题占位符中,输入标题文字"2017年招生计划"。

步骤2:在内容占位符中,单击"插入表格"按钮,打开"插入表格"对话框,设置表格列数为4,行数为5,单击"确定"按钮,从而插入一个5行4列的表格,输入如图14-20所示的数据,并设置表格中的数据"居中"显示。

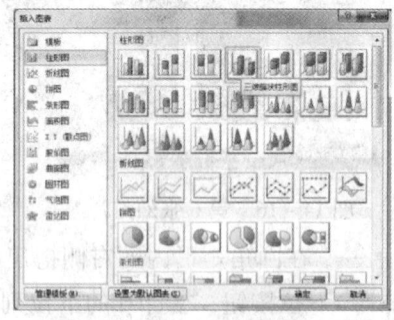

图14-17 "插入图表"对话框

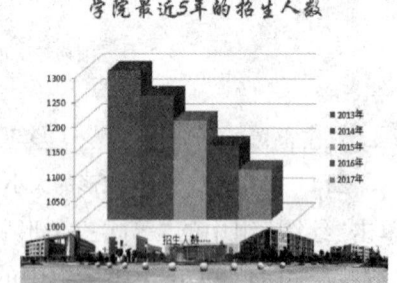

如图14-19 第7张幻灯片

	A	B	C	D	E	F	G
1		2013年	2014年	2015年	2016年	2017年	
2	招生人数	1300	1250	1200	1150	1100	
3							
4							
5	若要调整图表数据区域的大小,请拖拽区域的右下角。						

图14-18 图表所对应的数据表

图 14-20　第 8 张幻灯片

9. 制作第 9 张幻灯片

步骤 1：在"开始"选项卡中，单击"幻灯片"组中的"新建幻灯片"下拉按钮，在打开的下拉列表中，选择"空白"版式，插入一张新幻灯片。

步骤 2：在"插入"选项卡中，单击"图像"组中的"图片"按钮，打开"插入图片"窗口，找到并选择"校企合作.jpg"文件，单击"插入"按钮，适当调整图片的位置和大小。

步骤 3：在"插入"选项卡中，单击"文本"组中的"文本框"下拉按钮，在打开的下拉列表中，选择"横排文本框"选项，在图片的下方拖动鼠标，画出一个文本框，并在其中输入文字"校企合作"，设置其字体为"28 磅，加粗"，效果如图 14-21 所示。

　　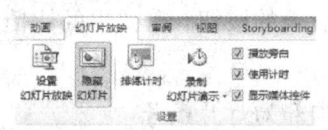

图 14-21　第 9 张幻灯片　　图 14-22　"隐藏幻灯片"按钮

步骤 4：在"幻灯片放映"选项卡中，单击"设置"组中的"隐藏幻灯片"按钮，如图 14-22 所示，隐藏第 9 张幻灯片（幻灯片放映时不播放该幻灯片）。

任务 3：插入超链接和动作按钮

演示文稿放映时，默认按顺序播放幻灯片。通过对幻灯片中的对象设置动作按钮和超链接，可以改变幻灯片的放映顺序，提高演示文稿的交互性。

步骤 1：在第 6 张幻灯片中，选择第三个矩形框中的文字"校企合作"，在"插入"选项卡中，单击"链接"组中的"超链接"按钮，打开"插入超链接"对话框，在左侧窗格中选择"本文档中的位置(A)"选项，在中央窗格中选择"(9)幻灯片 9"选项，如图 14-23 所示，单击"确定"按钮。

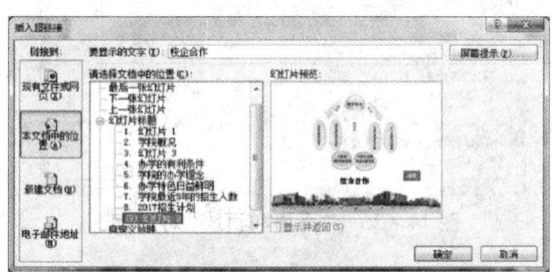

图 14-23　"插入超链接"对话框

步骤2：选择第9张幻灯片，在"插入"选项卡中，单击"插图"组中的"形状"下拉按钮，在打开的下拉列表中，选择"动作按钮"区域中的最后一个按钮（动作按钮：自定义），在图片的右下角拖动鼠标，画出一个适当大小的按钮。

步骤3：在打开的"动作设置"对话框中，选中"超链接到(H)："单选按钮，并在其下拉列表中选择"幻灯片…"选项，如图14-24所示。

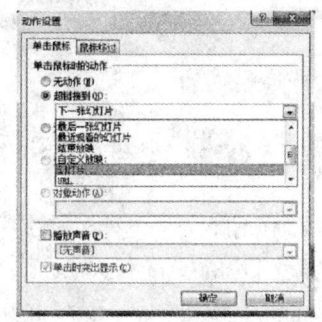
图14-24 "动作设置"对话框

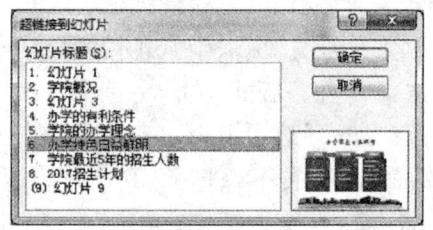
图14-25 "链接到幻灯片"对话框

步骤4：在打开的"超链接到幻灯片"对话框中，在"幻灯片标题(S)："下方的列表框中，选择"6.办学特色日益鲜明"选项，如图14-25所示，单击"确定"按钮，返回到"动作设置"对话框，再单击"确定"按钮。

步骤5：右击刚插入的按钮，在弹出的快捷菜单中，选择"编辑文字(X)"命令，在按钮中输入提示文本"返回"。

任务4：插入日期和幻灯片编号

在页眉和页脚中，可以设置日期和幻灯片编号等，日期可自动更新为当前日期。

步骤1：在"插入"选项卡中，单击"文本"组中的"页眉和页脚"按钮，打开"页眉和页脚"对话框，如图14-26所示。

步骤2：选中"日期和时间"和"幻灯片编号"复选框，再选中"自动更新"单选按钮，然后单击"全部应用"按钮。

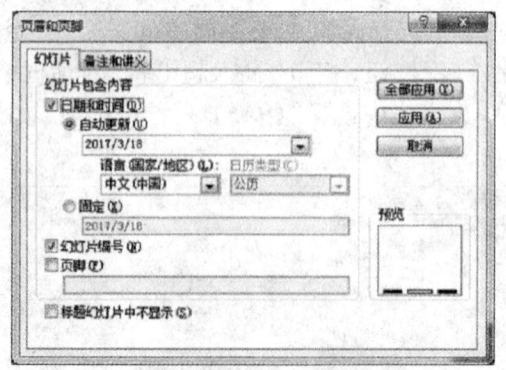
图14-26 "页眉和页脚"对话框

任务5：设置动画

在PowerPoint 2010中，动画分为幻灯片之间的切换动画和幻灯片内部的自定义动画。下面先设置幻灯片之间的切换动画,再设置幻灯片内部的自定义动画。

步骤1:在"切换"选项卡中,单击"切换到此幻灯片"组中的"推进"按钮,在"效果选项"下拉列表中选择"自右侧"选项,在"计时"组中的"声音"下拉列表中选择"照相机"选项,再单击"全部应用"按钮,表示所有幻灯片均采用"推进"切换效果。

下面设置第6张幻灯片的自定义动画。

步骤2:在第6张幻灯片中,选择第一个组合图形,在"动画"选项卡中,单击"高级动画"组中的"添加动画"下拉按钮 ,在打开的下拉列表中,选择"更多进入效果"选项,打开"添加进入效果"对话框,如图14-27所示,单击"基本型"区域中的"切入"选项,单击"确定"按钮。

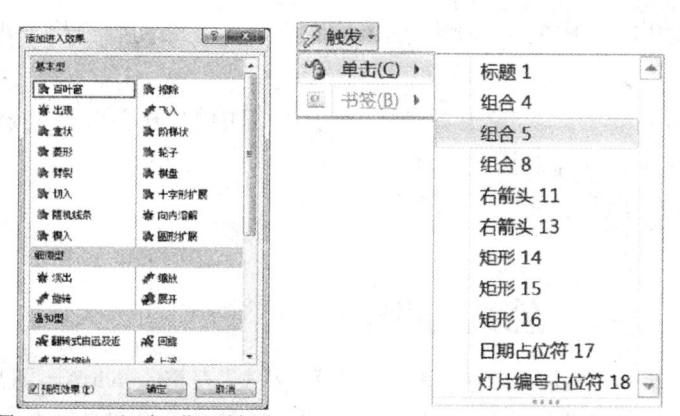

图14-27 "添加进入效果"对话框　　图14-28 "触发"命令　　图14-29 动画窗格

步骤3:单击"动画"组中"效果选项"下拉按钮,在打开的下拉列表中,选择"自左侧"方向;单击"计时"组中的"开始"下拉按钮,在打开的下拉列表中,选择"上一个动画之后"选项。

步骤4:重复上面的步骤2、步骤3,依次对其后的右箭头和组合图形做同样的动画效果设置。

下面设置左侧第一个矩形的触发切入效果。

步骤5:选择左侧第一个矩形,在"动画"选项卡中,单击"高级动画"组中的"添加动画"下拉按钮 ,在打开的下拉列表中,选择"更多进入效果"选项,打开"添加进入效果"对话框,单击"基本型"区域中的"切入"选项,单击"确定"按钮。

步骤6:单击"动画"组中"效果选项"下拉按钮,在打开的下拉列表中,选择"自顶部"方向;单击"计时"组中的"开始"下拉按钮,在打开的下拉列表中,选择"单击时"选项。

步骤7:单击"高级动画"组中的"触发"下拉按钮 ,在打开的下拉列表中,选择"单击"→"组合5"选项(对应于左侧第一个组合图形),如图14-28所示。

●说明:在实际操作时,由于操作顺序的不同,左侧第一个组合图形的名称可能不是"组合5",但名称一定是"组合X"的形式。

下面设置左侧第一个矩形的触发切出效果。

步骤8：选择左侧第一个矩形，在"动画"选项卡中，单击"高级动画"组中的"添加动画"下拉按钮 ，在打开的下拉列表中，选择"更多退出效果"选项，打开"添加退出效果"对话框，单击"基本型"区域中的"切出"选项，单击"确定"按钮。

步骤9：单击"动画"组中"效果选项"下拉按钮，在打开的下拉列表中，选择"到顶部"方向；单击"计时"组中的"开始"下拉按钮，在打开的下拉列表中，选择"单击时"选项。

步骤10：单击"高级动画"组中的"触发"下拉按钮，在打开的下拉列表中，选择"单击"→"组合5"选项(对应于左侧第一个组合图形)。

下面设置其他2个矩形的触发切入/切出效果。

步骤11：选择第二个矩形，重复以上步骤5～步骤10，触发条件为单击"组合6"选项(对应于左侧第二个组合图形)。

步骤12：选择第三个矩形，重复以上步骤5～步骤10，触发条件为单击"组合14"选项(对应于左侧第三个组合图形)。

步骤13：此时，单击"高级动画"组中的"动画窗格"按钮 ，打开的动画窗格如图14－29所示，查看触发的设置状态。

步骤14：在"幻灯片放映"选项卡中，单击"开始放映幻灯片"组中的"从头开始"按钮 ，从头开始播放所有的幻灯片，观看幻灯片的播放效果。

●说明：授课中根据学生的掌握程度去扩充知识点。

14.5 总结与提高

本项目主要介绍了在PowerPoint中使用文字、图形、图片、图表、表格、SmartArt图形等来制作图文并茂的幻灯片、插入超链接和动作按钮、设置日期和幻灯片编号、设置动画效果等。

在演示文稿设计中，除了每张幻灯片的制作外，最关键、最重要的就是母版设计，因为母版决定了演示文稿的风格，甚至还是创建演示文稿模板和自定义主题的前提。母版是定义演示文稿中所有幻灯片或页面格式的幻灯片视图或页面。每个演示文稿的每个关键组件(幻灯片、标题幻灯片、演讲者备注和听众讲义)都有一个母版。PowerPoint 2010提供了幻灯片母版、讲义母版、备注母版三种母版。

幻灯片母版是存储关于模板信息的设计模板的一个元素，这些模板信息包括字形、占位符的大小和位置、背景设计和配色方案。

设计模板：包含演示文稿样式的文件，包括项目符号、字体的类型和大小、占位符的大小和位置、背景设计和填充、配色方案以及幻灯片母版和可选的标题母版。

占位符：一种带有虚线或阴影线边缘的框，绝大部分幻灯片版式中都有这种框。在这些框内可以放置标题及正文，或者是图表、表格和图片等对象。

配色方案：作为一套的八种谐调色，这些颜色可应用于幻灯片、备注页或听众讲义。配色方案包含背景色、线条和文本颜色以及选择的其他六种使幻灯片更加鲜明易读的颜色。

幻灯片母版是幻灯片层级结构的顶层幻灯片，用于存储有关演示文稿的主题和幻灯片版式的信息，包括前景、颜色、字体、效果、占位符的大小和位置等。幻灯片母版用于设置幻灯片的样式，可供用户设定各种标题文字、背景、属性等，只需更改一项内容就可更改所有幻灯片的设计。

讲义母版可以为讲义设置统一的格式。在讲义母版中进行设置后，可以在一张纸上打印多张幻灯片，供会议使用。

备注母版可以为演示文稿的备注页设置统一的格式。如果打印演示文稿时一起打印备注，可以使用打印备注页的功能。

SmartArt 图形是信息和观点的可视化表示形式，SmartArt 图形是为文本设计的。使用 SmartArt 图形对于制作一些特殊图形，例如：列表图、流程图、循环图、层次结构图、关系图、矩阵图、棱锥图等非常方便。

为幻灯片上的对象（例如：文本、图形、表格和其他对象等）添加动画效果，可以突出重点，控制信息流，并增添演示文稿的趣味性，从而给观众留下深刻的印象。动画有时可以起到画龙点睛的作用。动画效果包括幻灯片之间的切换效果和幻灯片内部的自定义动画效果。

触发器是指通过设置可以在单击指定对象时播放动画。触发器可以实现与用户之间的双向互动。一旦某个对象设置为触发器，单击后就会引发一个或一系列动作，该触发器下的所有对象就能根据预先设定的动画效果开始运动，并且设定好的触发器可以多次重复使用。

14.6 思考与练习

一、单项选择题

1. PowerPoint 的功能是（　　）。
   A. 创建演示文稿　　　　　　　　B. 播放演示文稿
   C. 创建并播放演示文稿　　　　　D. 创建并播放电子表格
2. 一个 PowerPoint 2010 演示文稿是由若干个（　　）组成。
   A. 幻灯片　　　B. 图片和工作表　　　C. 电子邮件　　　D. Office 文档和动画
3. PowerPoint 文档不可以保存为（　　）文件。
   A. 演示文稿　　　B. 文稿模板　　　C. PDF　　　D. 纯文本
4. 在 PowerPoint 2010 中，采用"另存为"命令，不能将文件保存为（　　）。
   A. 文本文件（*.txt）　　　　　　B. PowerPoint 模板（*.potx）
   C. 大纲/RTF 文件（*.rtf）　　　　D. PowerPoint 放映（*.ppsx）
5. 在 PowerPoint 中，在母版中插入一个对象则（　　）。
   A. 该对象只出现在母版中　　　　　B. 该对象只出现在第一张幻灯片中
   C. 该对象只出现在最后一张幻灯片中　D. 该对象出现在所有幻灯片中
6. 在 PowerPoint 中，关于在幻灯片里的图片、图形等对象，下列操作描述正确的是（　　）。
   A. 这些对象放置的位置不能重叠
   B. 这些对象放置的位置可以重叠，重叠的次序可以改变
   C. 这些对象无法一起被复制或移动
   D. 这些对象各自独立，不能组成为一个对象

7. 在空白幻灯片中不可以直接插入( )。
A. 文本框　　　　B. 文字　　　　C. 艺术字　　　　D. Word 表格
8. PowerPoint 提供的幻灯片模板,主要是解决幻灯片的( )。
A. 文字格式　　　B. 文字颜色　　C. 背景图案　　　D. 以上全是
9. 在"插入图片"对话框中,以( )视图模式显示图片文件,可以直接浏览到图片效果。
A. 大图标　　　　B. 小图标　　　C. 浏览　　　　　D. 缩略图
10. 在 PowerPoint 2010 中,如果数据表没有显示出来,可以单击"图表工具"选项卡下的( )选项卡中"标签"组中的"模拟运算表"按钮来显示它。
A. 布局　　　　　B. 设计　　　　C. 格式　　　　　D. 图表
11. 在以下( )中插入徽标可以使其在每张幻灯片上的位置自动保持相同。
A. 讲义母版　　　B. 幻灯片母版　C. 标题母版　　　D. 备注页母版
12. 在 PowerPoint 中,为所有幻灯片设置统一的特有的外观风格,应运用( )。
A. 母版　　　　　B. 自动版式　　C. 配色方案　　　D. 联机协作
13. 在 PowerPoint 2010 的大纲窗格中,不可以( )。
A. 插入幻灯片　　B. 删除幻灯片　C. 移动幻灯片　　D. 添加文本框
14. PowerPoint 提供的幻灯片版式设计主要是为幻灯片设置( )。
A. 背景图案　　　B. 动画效果　　C. 对象颜色　　　D. 对象的种类和其间相互位置
15. 在幻灯片浏览视图中,可以进行( )操作。
A. 移动幻灯片　　　　　　　　　B. 为幻灯片中的文字设置颜色
C. 为幻灯片设置项目符号　　　　D. 向幻灯片中插入图表
16. 在 PowerPoint 2010 中,要想同时查看多张幻灯片,应选择( )。
A. 幻灯片视图　　B. 普通视图　　C. 幻灯片浏览视图　D. 大纲视图
17. 若要在 PowerPoint 2010 浏览视图中选择多个幻灯片,应先按住( )键。
A. Alt　　　　　　B. Ctrl　　　　C. F4　　　　　　D. Shfit + F5
18. PowerPoint 中,默认的视图是( )。
A. 备注页视图　　B. 普通视图　　C. 幻灯片浏览视图　D. 阅读视图
19. 编辑演示文稿时,要在幻灯片中插入表格、剪贴画等对象,应在( )中进行。
A. 备注页视图　　B. 幻灯片窗格　C. 大纲窗格　　　D. 幻灯片浏览视图
20. 在 PowerPoint 中可以对幻灯片进行移动、删除、添加、复制、设置切换效果,但不能编辑幻灯片具体内容的是( )。
A. 普通视图　　　B. 幻灯片放映视图　C. 大纲窗格　　D. 幻灯片浏览视图

二、实践操作题
1. 新建一个 PowerPoint 2010 文档,保存在 D 盘自己的文件夹内,命名为:班级姓名思考与练习.pptx,操作后的类似效果图,如图 14 – 30 所示。

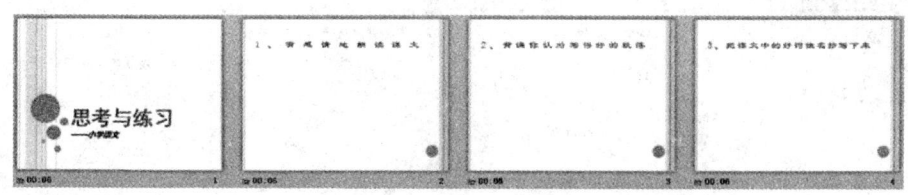

图 14-30　效果图

操作要求：

(1)第 1 张幻灯片：版式为"标题幻灯片"；标题内容为"思考与练习"，并将格式设置为：黑体、72 号；副标题内容为"——小学语文"，并将格式设置为：微软雅黑、28 号、倾斜。

(2)第 2 张幻灯片：版式为"仅标题"；标题内容为"1、有感情地朗读课文"，并将格式设置为：隶书、36 号、分散对齐；将标题设置"左侧飞入"的动画效果并伴有"打字机"的声音。

(3)第 3 张幻灯片：版式为"仅标题"；标题内容为"2、背诵你认为写得好的段落"，并将格式设置为：隶书、36 号、分散对齐；将标题设置"盒状缩小"的动画效果并伴有"照相机"的声音。

(4)第 4 张幻灯片：版式为"仅标题"；标题内容为"3、把课文中的好词佳名抄写下来"，并将格式设置为：隶书、36 号、分散对齐；将标题设置"自右侧切入"的动画效果并伴有"收款机"声音。

(5)将所有幻灯片的主题设置为"凸显"。

(6)将所有幻灯片的切换效果设置为"擦除"；切换方式只设置为"每隔 6 秒"换片。

2. 新建一个 PowerPoint 2010 文档，保存在 D 盘自己的文件夹内，命名为：班级姓名乘除法的知识.pptx，操作后的类似效果图，如图 14-31 所示。

操作要求：

(1)第 1 张幻灯片：版式为"空白"；插入艺术字"乘法、除法的知识"(选择"艺术字库"中第三行第四个样式)，并将格式设置为：华文新魏、72 号；将艺术字设置"从底部飞入"的动画效果并伴有"爆炸"的声音。

(2)第 2 张幻灯片：版式为"两栏文本"；标题内容为"1、乘法、除法的口算和估算"并将格式设置为：隶书、48 号、加粗；将标题设置"左侧擦除"的动画效果并伴有"疾驰"的声音。

(3)第 3 张幻灯片：版式为"比较"；标题内容为"2、乘、除法各部分间的关系"，并将格式设置为：楷体、48 号、加粗；将标题设置"垂直随机线条"的动画效果并伴有"捶打"的声音。

(4)第 4 张幻灯片：版式为"空白"；插入水平文本框，在其中输入文本"3、乘、除法的一些简便算法"，并将格式设置为：仿宋、48 号、加粗、左对齐；设置文本框的大小：高度为 2.5 厘米、宽度为 22 厘米，设置文本框的位置：距左上角，水平为 0 厘米、垂直为 5 厘米；将文本设置"下浮"的动画效果并伴有"打字机"的声音。

(5)将所有幻灯片的主题设置为"暗香扑面"。

(6)将所有幻灯片都插入幻灯片编号。

(7)将所有幻灯片的切换效果设置为"随机线条"；切换方式设置为"单击鼠标时"和"每隔 4 秒"换片。

(8)设置放映方式为"循环放映，按 Esc 键终止"。

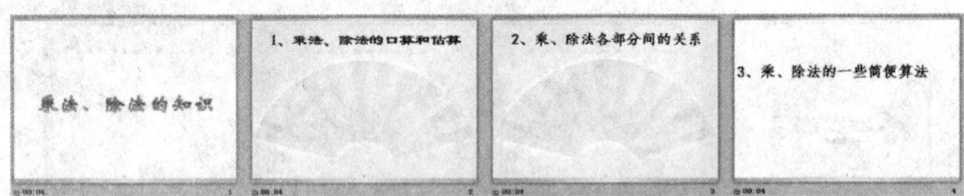

图 14-31　效果图

三、拓展训练

（一）幻灯片的放映设置

演示文稿制作完成后，都是在幻灯片放映视图中展示给观众的，因此为了让观众看到趣味性的播放效果，必须从以下几个方面设置演示文稿的放映效果：针对幻灯片中各个对象的动画效果、超链接效果；针对幻灯片的切换效果；针对整套演示文稿的放映方式设置。

1．动画设置

设置动画的对象是幻灯片中的各个基本对象，包括：文本框、文本占位符、图片、表格、图表等。它不仅可以为这些对象设置放映时的动画效果，而且可以设置这些对象的动画顺序。

（1）动画种类

对象的动画一共有四种。

①进入动画：是指对象从无到有的动态变化过程。

②强调动画：是指对象直接显示后再增加强调效果的动画效果。

③退出动画：是指对象从有到无的动态变化过程。

④动作路径：是指对象沿着已有的或者自己绘制的路径运动的动画效果。

（2）动画效果的设置

①选中待设置动画的对象。

②单击"动画"选项卡→"动画"分组→"其他"下拉按钮，在打开的"其他"下拉列表中，如图 14-32 所示，选择指定的动画。

A．动画效果的选择：可以从"进入"、"强调"、"退出"和"动作路径"4 类动画中选择适合的动画。

●说明：一个对象利用该列表只能设置一种动画效果，如果再要设置另一种动画，可以单击"高级动画"分组中的"添加动画"工具，在打开的动画列表中再选择一种动画效果，以此类推。一个对象可以设置多个动画效果。

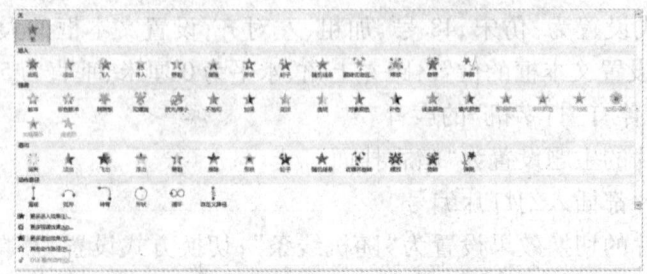

图 14-32　"其他"下拉列表

B．动画效果的修改：对象添加动画效果后，系统对动画进行了默认设置。如果对动画的

默认效果不满意,可以从以下几个方面进行修改:

[1]利用"动画"功能区的工具:主要有"动画"分组中的"效果选项"命令(如图 14-33 所示)和"计时"分组中的相关命令(如图 14-34 所示)。

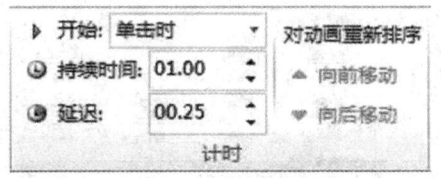

图 14-33 "效果选项"命令　　　　图 14-34 "计时"分组

[2]利用"动画窗格"设置动画效果:在"高级动画"分组中,单击"动画窗格"工具,打开"动画窗格"的任务窗格,如图 14-35 所示。选中待修改动画效果的对象所对应的列表项,单击其右侧的下拉按钮,打开如图 14-36 所示的修改列表。利用该列表可以设置:开始方式、效果选项、计时、删除等操作。单击"效果选项(E)…"命令,打开该动画的对话框,利用该对话框可以方便地修改动画效果。不同动画的效果对话框会有所不同,"飞入"动画效果的对话框,如图 14-37 所示。

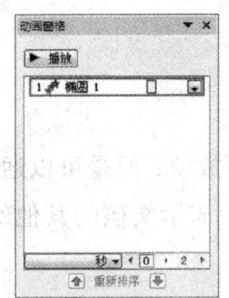 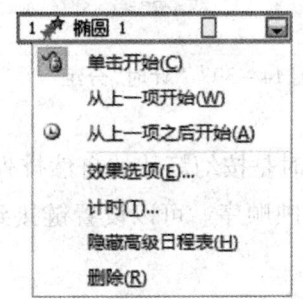 

图 14-35 "动画窗格"任务窗格　　图 14-36 "动画"修改列表　　图 14-37 "飞入"对话框

C.动画效果的复制:选择一个设置完成动画效果的对象。在"高级动画"分组中,单击"动画刷"工具 ，鼠标右键带有一个小刷子,此时单击幻灯片中的其他对象,该对象就复制了相同的动画效果。

2.幻灯片切换效果

幻灯片切换效果是指演示文稿播放过程中,幻灯片进入和离开屏幕时产生的视觉效果,也就是让幻灯片以动画方式放映的特殊效果。可以为每张幻灯片设置不同的切换效果,也可以为一组幻灯片设置相同的切换效果。

设置方法:

(1)选中一张或多张幻灯片。

(2)选择"切换"选项卡,在"切换到此幻灯片"分组中,单击"其他"按钮,打开"切换"下拉列表,如图 14-38 所示。

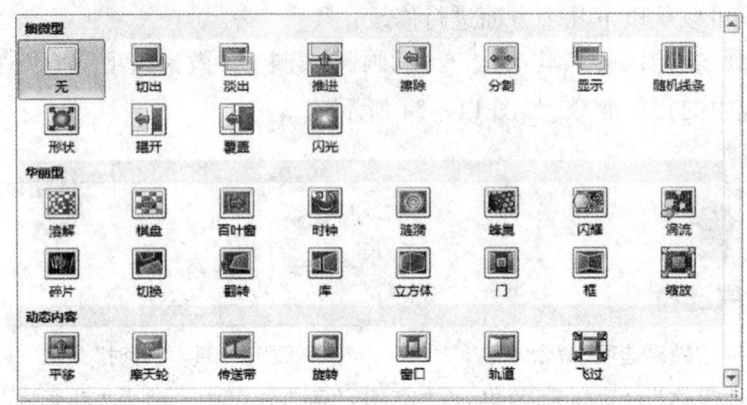

图 14-38 "切换"下拉列表

（3）在该列表中选择一种"切换效果"，即可以将该效果设置为选中幻灯片的切换效果。设置完成后，在"计时"分组中可以进行"声音"、"持续时间"、"全部应用"和"换片方式"4 种设置，如图 14-39 所示。

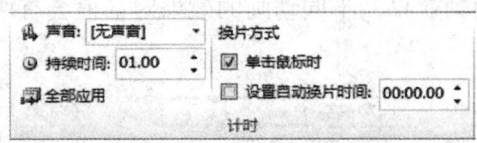

图 14-39 "计时"分组

3. 设置超链接

在默认情况下，演示文稿在播放时是按幻灯片的自然排列顺序放映，但是可以通过在幻灯片中设置超链接来改变幻灯片的放映顺序。可以设置链接到同一演示文稿的其他幻灯片、不同演示文稿、其他文件、网页等。

（1）利用幻灯片中的对象设置超链接

在幻灯片中选择要设置超链接的对象，可以是文本、图片或其他对象。

选择"插入"选项卡，利用"链接"分组中的工具可以设置超链接。

①利用"超链接"工具：单击"超链接"工具，打开"插入超链接"对话框，如图 14-40 所示。可以根据需求超链接到具体位置，主要有：现有文件或网页、本文档中的位置、新建文档和电子邮件地址。

②利用"动作"工具：单击"动作"工具，打开"动作设置"对话框，如图 14-41 所示。可以针对两个选项卡（单击鼠标和鼠标移过），进行具体的超链接设置。

（2）应用"动作按钮"创建超链接

● 选择"插入"选项卡，在"插图"分组中，单击"形状"工具，打开"形状"下拉列表，其中最下面的那一个区域就是动作按钮，如图 14-42 所示。

● 选择合适的按钮，在幻灯片合适位置绘制出合适大小的按钮后，弹出"动作设置"对话框，在该对话框中进行具体设置。

项目 14 "学院简介"演示文稿的设计与制作

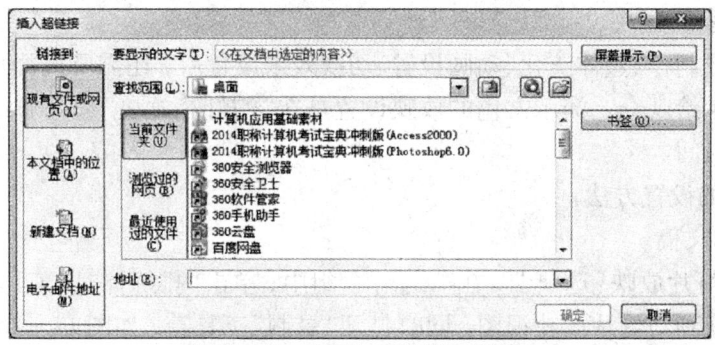

图 14-40 "插入超链接"对话框

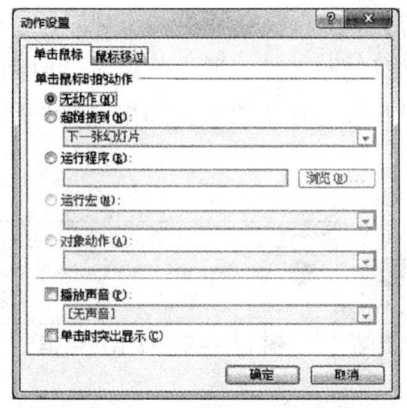

图 14-41 "动作设置"对话框　　　图 14-42 动作按钮

（3）删除超链接

①选择超链接对象：文本、图片或其他对象。

②如果是利用"超链接"工具设置的超链接，单击"超链接"工具，则会打开"编辑超链接"对话框，如图 14-43 所示，单击"删除链接(R)"按钮即可。

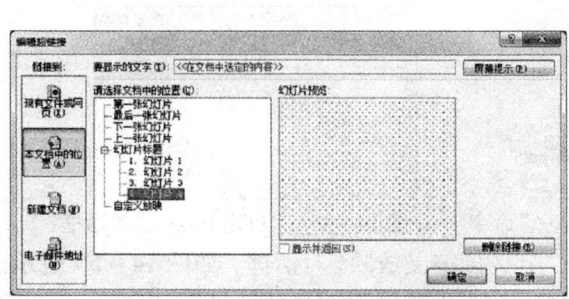

图 14-43 "编辑超链接"对话框　　　图 14-44 "取消超链接(M)"命令

③如果是利用"动作"工具设置的超链接，则再次打开"动作设置"对话框，在"单击鼠标"或者"鼠标移过"选项卡中均选择"无动作"选项，如图 14-41 所示。

④可以通过快捷菜单实现。选中超链接对象，鼠标右击，在弹出的快捷菜单中，选择"取消超链接(M)"即可，如图 14-44 所示。

（二）演示文稿的放映

演示文稿完成制作、整体美化、动画设置、切换效果设置后，还需要选择放映方式、设置放映时间等才能展示给观众。演示文稿的放映设置是在"幻灯片放映"选项卡中进行的。

1. 设置排练时间

"排练计时"的设置方法：

（1）打开演示文稿。

（2）选择"幻灯片放映"选项卡，在"设置"分组中，单击"排练计时"工具，如图 14-45 所示。系统自动切换到幻灯片放映视图，同时打开"录制"工具箱，如图 14-46 所示，进行排练计时的录制。

（3）当 PowerPoint 2010 放完最后一张幻灯片后，系统会自动弹出一个提示框，如图 14-47 所示，提示是否保留幻灯片的排练时间，如果选择"是(Y)"，那么所记录的时间就会保留下来，并在以后播放这一组幻灯片时，以此次记录下来的时间放映。如果选择"否(N)"，则不会保留幻灯片的排练时间。

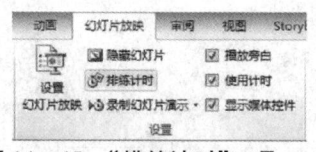
图 14-45 "排练计时"工具

图 14-46 "录制"工具箱

图 14-47 提示对话框

2. 自定义放映

若用户并不希望将演示文稿的所有幻灯片展现给观众，而是需要根据不同的观众选择不同的放映部分，可以根据需要自定义放映部分。

自定义放映的设置方法：

（1）打开演示文稿。

（2）选择"幻灯片放映"选项卡，在"开始放映幻灯片"分组中，单击"自定义幻灯片放映"工具，并选择其中的"自定义放映(W)…"命令，如图 14-48 所示，打开"自定义放映"对话框，如图 14-49 所示。

图 14-48 "自定义放映(W)…"命令

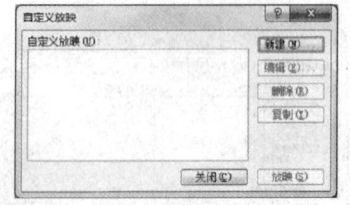
图 14-49 "自定义放映"对话框

（3）单击"新建(N)…"按钮，打开"定义自定义放映"对话框，如图 14-50 所示。

（4）在"幻灯片放映名称(N):"后的文本框中输入自定义放映的名称。

（5）依次在左侧的"在演示文稿中的幻灯片(P):"下方的列表框中选择要加入自定义放映中的幻灯片，单击"添加(A) >"按钮，则可以按顺序将幻灯片添加到右侧的"在自定义放映中的幻灯片(L):"，按要求添加完成后，即建立好了自定义放映。

（6）单击"确定"按钮，返回"自定义放映"对话框，如果不需要自定义放映进行编辑，单击"关闭(C)"按钮。

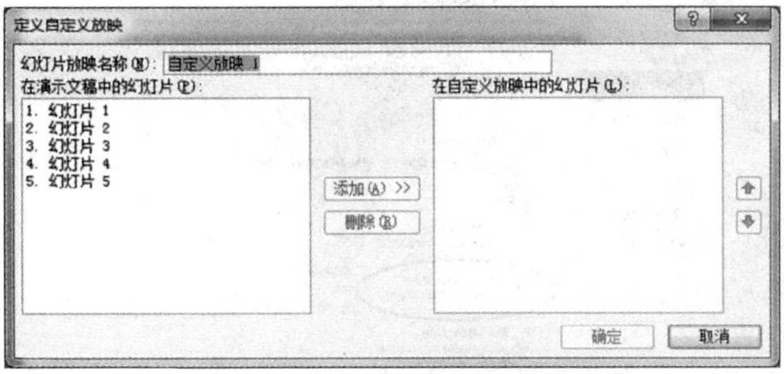

图 14-50 "定义自定义放映"对话框

3. 设置放映方式

设置放映方式的步骤如下：

(1) 打开要设置放映方式的演示文稿。

(2) 选择"设置幻灯片放映"选项卡，在"设置"分组中，单击"设置幻灯片放映"工具，如图 14-51 所示，打开"设置放映方式"对话框，如图 14-52 所示。可以从"放映类型"、"放映选项"、"放映幻灯片"和"换片方式"4 个区域进行具体设置。

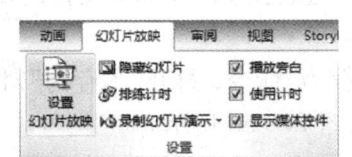

图 14-51 "设置幻灯片放映"工具

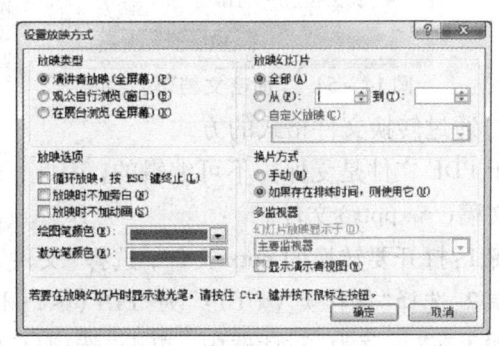

图 14-52 "设置放映方式"对话框

(3) PowerPoint 文档保护

对于 PowerPoint 文档，可以通过两种方式对其进行保护。第一种是通过对 PowerPoint 文档设置密码，来保证文件的安全性；第二种是将 PowerPoint 文档转换成其他文件格式来保存，例如：PDF 格式等。

(一) 通过加密的方式

步骤 1：选择"文件"→"信息"→"保护演示文稿"→"用密码进行加密(E)"选项，如图 14-53 所示，打开"加密文档"对话框，在"密码(R)："下方的文本框中输入要设定的密码，如图 14-54 所示。

步骤 2：单击"确定"按钮，打开"确认密码"对话框，在"重新输入密码(R)："下方的文本框中输入确认密码，如图 14-55 所示。输入确认密码后，单击"确定"按钮，完成对 PowerPoint 演示文稿的保护。

步骤 3：关闭 PowerPoint 演示文稿，当该 PowerPoint 演示文稿再次打开时，需要用户输入密码。

图 14-53 "保护演示文稿"下拉列表

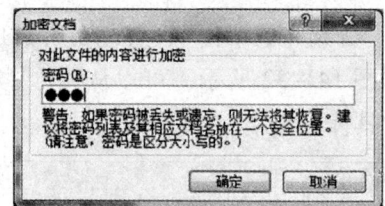 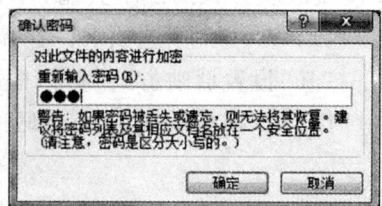

图 14-54 "加密文档"对话框　　　图 14-55 "确认密码"对话框

(二)通过转换文件格式的方式

由于 PDF 文件是受保护不可编辑的，因此，也可以通过转换 PowerPoint 文档的格式来保护演示文稿(*.pptx)文件。

步骤 1:打开要转换的 pptx 文件,选择"文件"→"另存为"命令,打开"另存为"对话框。

步骤 2:选择"保存类型(T):"为"PDF(*.pdf)",如图 14-56 所示。

步骤 3 在"另存为"对话框中,单击"选项(O)…"按钮,打开"选项"对话框,如图 14-57 所示,设置要转换成 PDF 格式文件的一些参数属性。

步骤 4:单击"确定"按钮,返回"另存为"对话框,单击"保存(S)"按钮,完成 pptx 文件到 PDF 文件格式的转换。

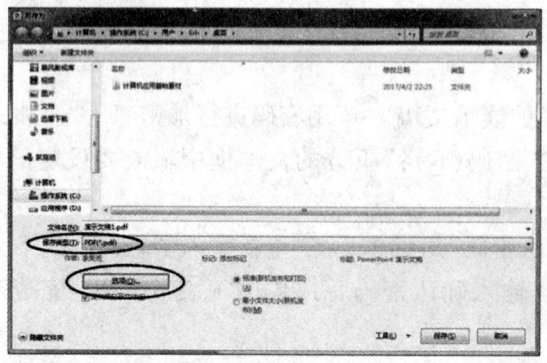 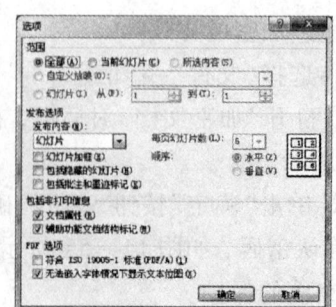

图 14-56 设置"保存类型(T):"为"PDF(*.pdf)"　　　图 14-57 "选项"对话框

项目 15　电子相册的设计与制作

15.1　项目提出

随着数码相机的普及，传统的相片形式已经不能满足人们的需要，而易于掌握和编辑的数码相册日益受到人们的喜爱。因此，能够制作出精美的电子相册已经成为很多人的追求。虽然这方面的专业软件很多，但是要想做到尽善尽美还需要提前做好很多学习工作，这样需要花费很多时间，最常见的 PowerPoint 软件可以帮助我们轻松制作出漂亮的电子相册。

小李同学平时喜欢摄影，经常用数码相机或手机拍照，计算机和手机中存储了很多照片。可是，浏览照片的方式比较单一，为了更好地展示拍摄效果，他想制作出精美的电子相册。可是一个精美的电子相册是怎么做出来的呢？制作电子相册需要哪些知识点和技能点？带着这些问题，小李同学不仅向计算机老师请教，而且自己查阅了很多资料。最后在计算机老师的指导和帮助下，他很快掌握了制作电子相册的基本流程和要点，并为此进行了规划和准备，在此过程中，小李同学主要遇到和解决了如下问题：

1. 如何利用 PowerPoint 2010 软件创建电子相册？
2. 如何插入并设置背景音乐、Flash 动画、视频动画等？
3. 如何控制电子相册的放映？
4. 如何打包并输出电子相册？

15.2　项目分析

电子相册的特点是新颖、生动、色彩鲜明，为了使电子相册更具风格，首先要分析并规划相片的主题和播放顺序等，然后选择适当的制作软件，这里选择 PowerPoint 2010 软件进行设计和制作。

PowerPoint 2010 提供了制作电子相册的功能。创建电子相册时，首先导入相册图片，根据需要，进一步设置相册版式，主要包括图片版式、相框形状、主题等，然后调整图片的前后位置，在第一张幻灯片（"标题"幻灯片）中，可以设置相册主题和相册的主要内容等。

相册创建后，根据需要，还可以进一步插入并设置相册的背景音乐、Flash 动画、视频动画等，制作出更具感染力的多媒体演示文稿。相册放映时，有多种换片方式，默认为单击手动换片。

最后，除了把相册保存为".pptx"格式的文件外，为了能在尚未安装 PowerPoint 软件的计算机中播放，可以把相册保存为.ppsx 文件、打包成 CD、复制到文件夹，还可以把相册创建为 PDF/XPS 文档、创建视频、创建讲义等。

由以上分析可知，"电子相册的设计与制作"可以分解为以下六大任务：

任务 1：创建相册。
任务 2：添加背景音乐。
任务 3：插入 Flash 动画。
任务 4：插入视频动画。
任务 5：控制放映。
任务 6：打包输出。

15.3 相关知识点

1. 电子相册

电子相册是指可以在电脑上观赏的区别于 CD/VCD 的静止图片的特殊文档，其内容不局限于摄影照片，也可以包括各种艺术创作图片。电子相册具有传统相册无法比拟的优越性：图、文、声、像并茂的表现手法，随意修改编辑的功能，快速的检索方式，永不褪色的恒久保存特性，以及廉价复制分发的优越手段。

2. 排练计时

幻灯片自动放映时，如果要求演示文稿中的各张幻灯片播放的时间互不相同，则利用 PowerPoint 的"排练计时"功能，可以帮助记录每张幻灯片的播放时间。此后，在自动放映时，就会按照排练时已经记录的每张幻灯片的播放时间进行自动放映。

3. 幻灯片放映

幻灯片在实际放映时的形式是比较灵活的，主要是通过：放映类型、放映选项、放映幻灯片的范围、换片方式等来方面实现。默认情况下，采用演讲者放映、全部幻灯片、手动换片方式。

4. 演示文稿打包

演示文稿制作完成后，往往不是在同一台计算机上进行放映，如果仅仅将制作好的演示文稿复制到另一台计算机上，而该机又未安装 PowerPoint 软件，或者演示文稿中使用的链接文件等支持文件在该机上不存在，则无法保证演示文稿的正常播放。将演示文稿打包成 CD，可以打包演示文稿和所有支持文件，包括链接文件等，并可从 CD 自动运行演示文稿。

15.4 项目实施

15.4.1 项目调研

分组调研电子相册的设计与制作的各个组成部分，并讨论每个组成部分的细节。其中两组老师进行深入调研，其他组进行组内讨论，然后再进行组间交流，初步形成项目的大致框架。

15.4.2 确定项目

全体组及组员进行讨论,最终确定适合本班思想的电子相册的设计与制作的整体方案,形成图片,作为后续操作的依据。

●项目说明:

(1)提前做好规划,需要哪些素材,并收集和处理好所需素材。

(2)创建相册。

(3)添加背景音乐。

(4)插入 Flash 动画。

(5)插入视频动画。

(6)控制放映。

(7)打包输出。

15.4.3 项目实施

任务1:创建相册

PowerPoint 2010 提供了制作电子相册的功能,创建电子相册的操作步骤如下:

步骤1:启动 PowerPoint 2010 软件,在"插入"选项卡中,单击"图像"组中的"相册"下拉按钮，在打开的下拉列表中,选择"新建相册(A)…"选项,如图15-1所示,打开"相册"对话框,在"相册内容"区域,单击"插入图片来自:"下方的"文件/磁盘(F)…"按钮,如图15-2所示。

步骤2:在打开的"插入新图片"对话框中,选择需要导入的图片。如果需要导入全部图片,则可按 Ctrl + A 组合键,选择全部图片文件,然后单击"插入(S)"按钮,如图15-3所示。

步骤3:返回到"相册"对话框,可以发现刚才选择的全部图片已经加入到"相册中的图片(R):"下方的列表框中。

(1)在"相册版式"区域,设置"图片版式(P):"为"2张图片","相框形状(M):"为"圆角矩形","主题(T):"为"跋涉"(Trek.thmx)。

(2)在"图片选项:"区域,选中"标题在所有图片下面(A)"复选框。

(3)在"相册中的图片(R):"区域,可以通过单击"↑"或"↓"按钮,调整"相册中的图片(R):"下方列表框中各个图片的顺序,把同类的2张图片放置在同一张幻灯片中。

(4)在"预览:"区域,可以通过单击其下方的相应按钮,来调整图片的对比度、亮度、旋转方向等。

(5)设置后的效果,如图15-4所示。

(6)如果想修改相册,可以单击"插入"选项卡→"图像"组→"相册"下拉按钮→"编辑相册(E)…"选项,如图15-1所示,弹出"编辑相册"对话框,本项目的更改设置为:调整"相册中的图片"的位置,修改"主题(T):"为"奥斯汀"(Austin.thmx),单击"更新(U)"按钮,如图15-5所示。

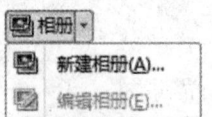
图15-1 "新建相册(A)..."选项

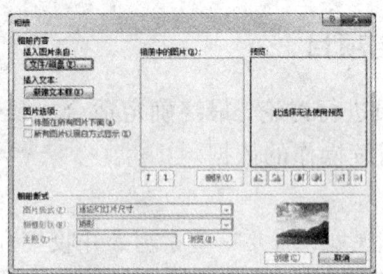
图15-2 "文件/磁盘(F)..."按钮

图15-3 "插入新图片"对话框

图15-4 "相册"对话框的设置

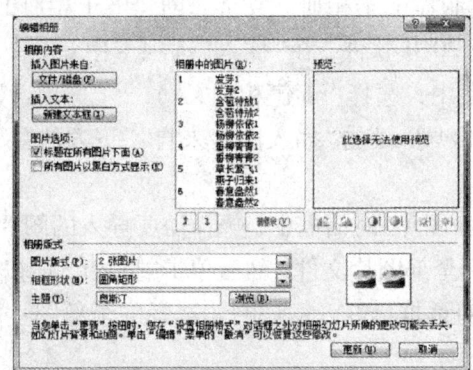
图15-5 "编辑相册"对话框

步骤4:单击"创建(C)"按钮,这时PowerPoint 2010会自动生成一个由X张(本项目幻灯片的数量为7)幻灯片组成的演示文稿,其中第1张幻灯片为"标题"幻灯片,将"标题"和"副标题"占位符中的内容修改为自己所需要的内容,并适当调整"副标题"占位符的大小和位置,如图15-6所示。

●说明:生成幻灯片的张数X由选择的图片总数及相册版式设置所决定。

图15-6 第1张幻灯片效果图

步骤5:修改第2~7张幻灯片的版式为"仅标题",设置2~7张幻灯片的标题分别为发芽、含苞待放、杨柳依依、垂柳青青、草长莺飞、春意盎然,如图15-7所示。

●说明:除了第1张以外的其他幻灯片版式均为"仅标题",其标题根据实际而定。

图15-7　第2~7张幻灯片效果图

任务2:添加背景音乐

为了提高演示效果,可以在电子相册中添加背景音乐、旁白、原声摘要等。

步骤1:单击窗口左上角的"快速访问工具栏"中的"保存"按钮 ![]，保存演示文稿,命名为"姓名相册.pptx",操作时要注意及时保存文件。

步骤2:选择第1张幻灯片,在"插入"选项卡中,单击"媒体"组中的"音频"下拉按钮 ![]，在打开的下拉列表中,选择"文件中的音频(F)…"选项,如图15-8所示。打开"插入音频"对话框,找到所需的音频文件,本项目所选歌曲为"春天在哪里.mp3"文件,单击"插入(S)"按钮,会出现一个"喇叭"图标和一个工具栏,如图15-9所示。

　　　　　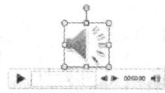

图15-8　"音频"下拉列表　　　图15-9　插入音频后的状态

步骤3:在"音频工具"选项卡下的"播放"选项卡中,单击"音频选项"组中的"开始"下拉按钮,在打开的下拉列表中,选择"自动(A)"选项,并选中"放映时隐藏"、"循环播放,直到停止"和"播完返回开头"复选框,如图15-10所示。

　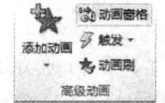

图15-10　"音频选项"组　　　图15-11　"动画窗格"命令

步骤4:在"动画"选项卡中,单击"高级动画"组中的"动画窗格"按钮 ![]，如图15-11所示。打开"动画窗格"任务窗格,如图15-12所示,右击"动画窗格"中的"声音"对象,在弹出的快捷菜单中,选择"效果选项(E)…"命令,如图15-13所示。

　　　　　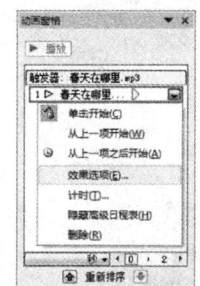

图15-12　"动画窗格"任务窗格　　　图15-13　"效果选项(E)…"命令

步骤5:打开"播放音频"对话框,在"效果"选项卡中的"停止播放"区域,选择"在(F):

张幻灯片后"单选按钮,并设置在"在7张幻灯片后"停止播放,如图15-14所示。单击"确定"按钮,关闭"播放音频"对话框,再关闭"动画窗格"的任务窗格。

●说明:根据实际情况,自行设定停止播放的幻灯片。

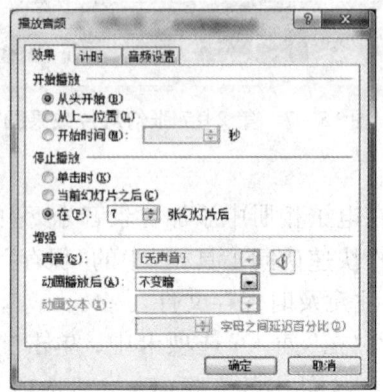

图15-14 "播放音频"对话框

步骤6:拖动"喇叭"图标至第1张幻灯片的左上角的位置,单击"播放"按钮▶,可以试听声音的播放效果,根据需要调节播放的音量。

任务3:插入Flash动画

在PowerPoint中,可以播放一段影片帮助观众理解演示文稿中的内容,也可以播放一段演讲录像或轻松愉快的节目来吸引观众。在娱乐性和感染力方面,没有什么可以与多媒体节目比拟。

步骤1:在最后一张幻灯片(本项目:第7张幻灯片)后插入一张"仅标题"版式的幻灯片(第8张幻灯片),在"标题"占位符中,输入标题内容"Flash动画欣赏:XXX",本项目的标题内容为"Flash动画欣赏:碧波荡漾"。

●说明:

(1)根据实际情况,自行确定最后一张幻灯片是哪一张幻灯片。

(2)输入标题内容中的XXX为个人选取的、具体的、Flash主题。

步骤2:在"插入"选项卡中,单击"媒体"组中的"视频"下拉按钮,在打开的下拉列表中,选择"文件中的视频(F)..."选项,如图15-15所示,打开"插入视频文件"对话框,找到所需的Flash动画文件,本项目所选择的Flash文件为"碧波荡漾.swf",单击"插入(S)"按钮,如图15-16所示。

 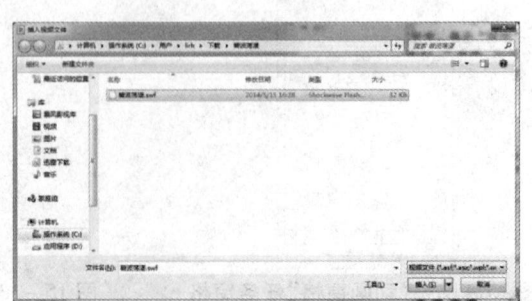

图15-15 "视频"下拉列表　　　　图15-16 "插入视频文件"对话框

步骤3:此时在幻灯片中央插入一个影片框(显示为黑色框),如图15-17所示,适当调整影片框的大小和位置,双击影片框可以预览Flash动画效果,如图15-18所示。

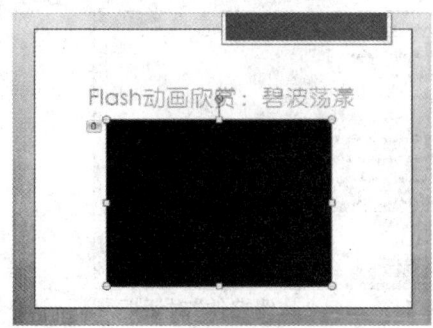
图15-17　影片框(显示为黑色框)

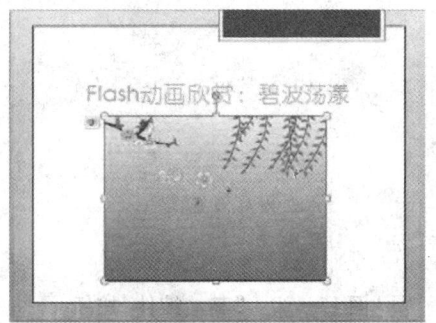
图15-18　Flash动画效果

任务4:插入视频动画

在电子相册中,除了可以插入Flash动画外,还可以插入视频动画,有些视频格式在PowerPoint中并不直接支持,此时需要通过插入相关的控件来实现视频播放。

步骤1:在最后一张幻灯片(本项目:第8张幻灯片)后插入一张"仅标题"版式的幻灯片(第9张幻灯片),在"标题"占位符中,输入标题内容"视频欣赏:XXX",本项目所选择的视频文件为"视频欣赏:野生动物"。

●说明:

(1)根据实际情况,自行确定最后一张幻灯片是哪一张幻灯片。

(2)输入标题内容中的XXX为个人选取的、具体的、视频主题。

步骤2:选择"文件"选项卡→"选项"命令,打开"PowerPoint选项"对话框,在左侧窗格中选择"自定义功能区"选项,在右侧窗格中的"主选项卡"下方的列表框中,选中"开发工具"复选框,如图15-19所示,单击"确定"按钮,在PowerPoint主窗口中将显示"开发工具"选项卡。

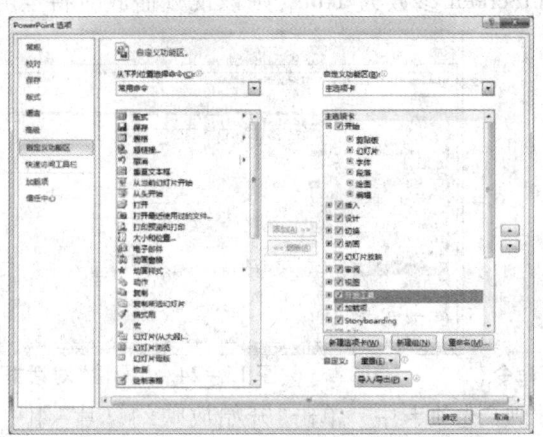
图15-19　"PowerPoint选项"对话框

步骤3:在"开发工具"选项卡中,单击"控件"组的"其他控件"按钮,如图15-20所示。打开"其他控件"对话框,拖动垂直滚动条至底部,然后选择其中的控件Windows Media Player，如图 15-21 所示，单击"确定"按钮。

● 说明：Windows Media Player 控件用于播放视频动画。

图 15-20 "其他控件"按钮

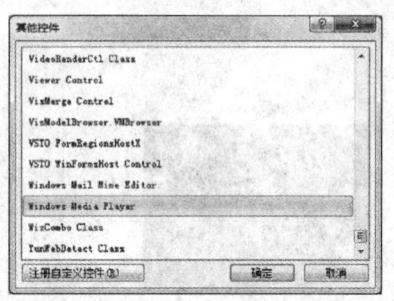

图 15-21 "其他控件"对话框

步骤 4：此时鼠标指针变为十字形状，拖动鼠标在幻灯片中央画出一个矩形框，该矩形框是 Windows Media Player 控件的播放窗口，如图 15-22 所示。

图 15-22 Windows Media Player 控件的播放窗口

步骤 5：右击该播放窗口，在弹出的快捷菜单中，选择"属性(I)"命令，如图 15-23 所示。打开"属性"对话框，在 URL 参数的右侧文本框中输入视频文件所在的实际路径，本项目视频文件的实际路径为：C:\Users\Public\Videos\Sample Videos\Wildlife.wmv，如图 15-24 所示，设置完成后，关闭"属性"对话框。

● 说明：如果设置 fullScreen 参数为 True，则该视频播放时将全屏播放。

图 15-23 "属性(I)"命令

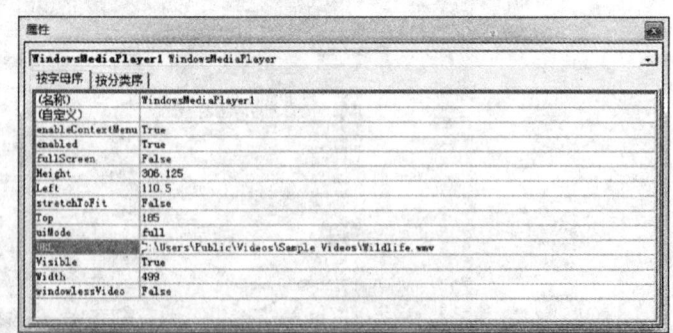

图 15-24 "属性"对话框

步骤 6：在"幻灯片放映"选项卡中，单击"开始放映幻灯片"组中的"从当前幻灯片开始"按钮，可以观看视频动画播放效果，如图 15-25 所示，双击视频动画对象可以实现全屏播放。

图 15-25　视频动画播放效果

任务 5：控制放映

幻灯片放映时，有多种换片方式，例如：单击手动换片、每隔一定时间自动换片、排练计时自动换片等，还可以设置循环放映。

步骤 1：在"切换"选项卡中，单击"切换到此幻灯片"组中的"其他"下拉按钮，在打开的列表中，选择"动态内容"区域中的"摩天轮"切换效果按钮，如图 15-26 所示。

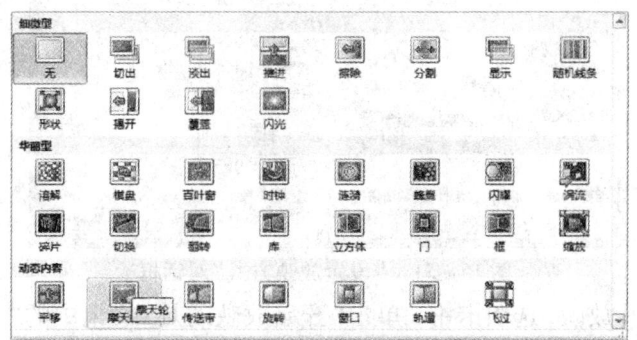

图 15-26　"其他"下拉列表

步骤 2：单击"计时"组中的"全部应用"按钮 ，即把所有幻灯片的切换效果都设置为"摩天轮"效果。在"换片方式"区域，选中"单击鼠标时"和"设置自动换片时间："复选框，并设置"设置自动换片时间："为 5 秒，如图 15-27 所示。

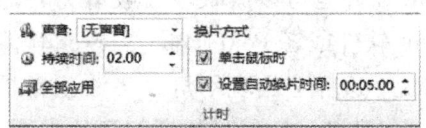

图 15-27　"计时"组

● 说明：

（1）默认换片方式为单击手动换片，如果同时还设置了每隔 5 秒自动换片，则开始放映后，如果在 5 秒内单击，可以实现换片；否则到 5 秒时间时，会自动实现换片。

（2）排练计时是另一种换片方式，它与每隔一定时间自动换片的方式略有不同，不同之处在于排练计时可以设置每张幻灯片具体不同的播放时间。

步骤 3：在"幻灯片放映"选项卡中，单击"设置"组中的"排练计时"按钮 ，如图 15-28 所示，开始手动放映幻灯片，并出现如图 15-29 所示的"录制"对话框，该对话框中部的时间是指当前幻灯片的已播放时间，右侧的时间是指所有幻灯片已播放的总时间。手动放映完毕后，会提示是否保留新的幻灯片排练时间，如图 15-30 所示。单击"是(Y)"按钮，则在下一次放映幻灯片时,可以按照每张幻灯片已排练好的时间自动换片。

图15-28 "排练计时"按钮

图15-29 "录制"对话框

图15-30 "排练计时"提示对话框

步骤4:可以设置幻灯片是否循环播放。在"幻灯片放映"选项卡中,单击"设置"组中的"设置幻灯片放映"按钮 ,打开"设置放映方式"对话框,如图15-31所示。在"放映选项"区域,选中"循环放映,按ESC键终止(L)"复选框;在"换片方式"区域,选择"如果存在排练时间,则使用它(U)"单选按钮,单击"确定"按钮。

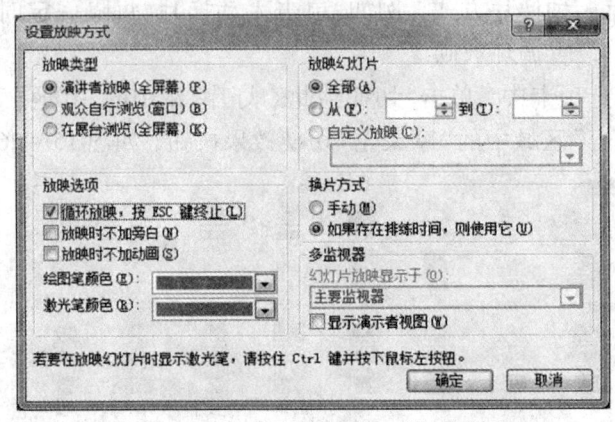
图15-31 "设置放映方式"对话框

步骤5:在"幻灯片放映"选项卡中,单击"开始放映幻灯片"组中的"从当前幻灯片开始"按钮 ,观看幻灯片播放效果。

任务6:打包输出

电子相册整体内容制作完毕后,一般保存为".pptx"格式的文件。如果保存为".ppsx"格式的文件,则不启用PowerPoint软件也可以放映。一般情况下,幻灯片是在计算机中播放的,而且计算机中安装了PowerPoint软件或者PowerPoint Viewer软件。然而有时会遇到计算机中尚未安装PowerPoint软件等情况,这样会出现幻灯片无法正常播放的问题。因此,为了解决上述问题,PowerPoint提供了打包功能,打包时包括幻灯片中所有的文字、音频、视频等元素。可将演示文稿直接刻录成CD,这种形式便于使用、携带和播放,无需有PowerPoint软件的支持,通常一张光盘中可以存放一个或多个演示文稿。

步骤1:单击窗口左上角"快速访问工具栏"中的"保存"按钮 ,保存演示文稿,命名为"姓名相册.pptx"。

步骤2:选择"文件"选项卡→"另存为"命令,打开"另存为"对话框,选择"保存类型(T):"为"PowerPoint放映(*.ppsx)",单击"保存(S)"按钮,然后关闭PowerPoint软件。

步骤3:双击刚保存的"姓名相册.ppsx"文件,不必启用PowerPoint软件即可观看播放效果。

步骤4:重新打开"姓名相册.pptx"文件,然后选择"文件"选项卡→"保存并发送"命令,在中间窗格的"文件类型"区域中,选择"将演示文稿打包成 CD"选项,再单击右侧窗格中的"打包成 CD"按钮,如图 15－32 所示。

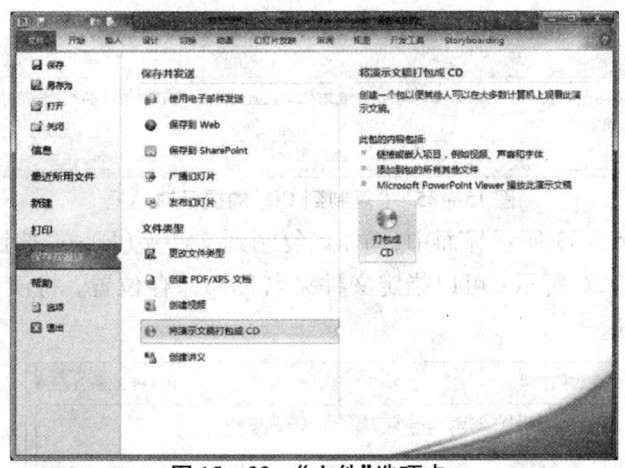

图 15－32 "文件"选项卡

步骤 5:打开"打包成 CD"对话框,在"将 CD 命名为(N):"后面的文本框内,可以命名 CD,如图 15－33 所示。

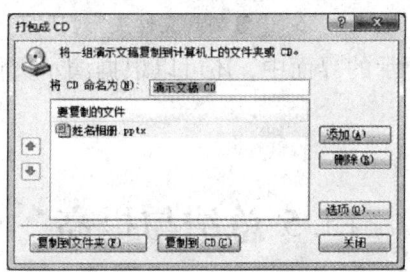

图 15－33 "打包成 CD"对话框

步骤 6:如果有多个演示文稿需要放在同一张 CD 中,则单击如图 15－33 所示界面中的"添加(A)…"按钮,添加相关演示文稿文件。

步骤 7:如果有更多设置需求,例如:设置密码,可以单击如图 15－33 所示界面中的"选项(O)…"按钮,打开"选项"对话框,如图 15－34 所示,在"增强安全性和隐私保护"区域,可以设置打开或修改每个演示文稿时所用密码,再单击"确定"按钮,关闭该对话框。

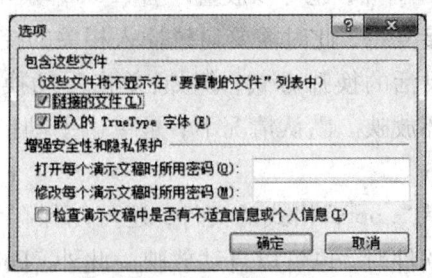

图 15－34 "选项"对话框

步骤 8:将空白的 CD 刻录盘放入到刻录机,单击如图 15－33 所示界面中的"复制到 CD (C)"按钮,会弹出提示对话框,如图 15－35 所示,可以自行选择是否包含链接文件。一般情况下,选择"是(Y)"按钮,打包时包含链接文件。这样就可以刻录成演示文稿光盘,如果出现演示文稿光盘无法播放时,则单击 Download Viewer 按钮,下载 PowerPoint Viewer 播放软件即可。

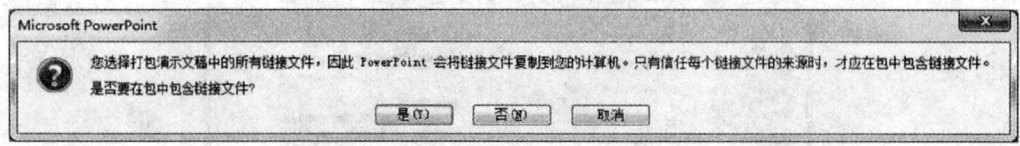

图 15-35 "复制到 CD"的提示对话框

步骤 9:在如图 15-33 所示界面中,单击"复制到文件夹(F)…"按钮,打开"复制到文件夹"对话框,如图 15-36 所示,可以指定文件夹名称和保存位置,将演示文稿保存到指定文件夹中,用作其他用途。

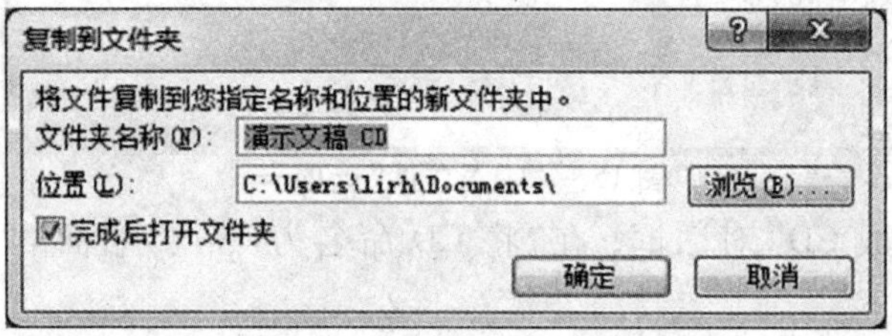

图 15-36 "复制到文件夹"对话框

步骤 10:在如图 15-32 所示的界面中,还可以根据演示文稿创建 PDF/XPS 文档、创建视频、创建讲义等。

15.5 总结与提高

本项目主要介绍了在 PowerPoint 2010 中创建电子相册文件、导入图片、添加背景音乐、插入 Flash 动画和视频动画、进行幻灯片放映设置、打包输出等相关知识点。

在掌握了一般演示文稿制作方法的基础上,再制作电子相册相对容易。电子相册的制作过程总结为:准备好相片文件和其他素材(包括:音频文件、Flash 文件、视频文件等)是制作电子相册的基础,建立相册和完善美化相册是制作的核心。

电子相册中不仅可以放置图片,还可以放置声音、Flash 动画、视频动画等文件,有些视频格式在 PowerPoint 中并不直接支持,此时需要通过插入相关的控件来实现视频播放。

幻灯片放映时,有多种灵活的换片方式,例如:单击手动换片、每隔一定时间自动换片、排练计时等,还可以设置循环放映。默认情况下,是单击手动换片,可以根据需要采取其他换片方式。

电子相册除了可以保存为".pptx"格式的文件,还可以保存为".ppsx"格式的文件,这样就可以在不启用 PowerPoint 软件时,也可以自动放映。此外,PowerPoint 提供了打包功能,可以打包成 CD 或复制到文件夹,打包时包括幻灯片中所使用的文字、图片、音频、视频等元素。还可以根据演示文稿创建 PDF/XPS 文档、创建视频、创建讲义等。

在制作演示文稿时,还要注意以下几个方面。

1. 制作幻灯片时，要充分利用 PowerPoint 2010 的视图方式。
2. 幻灯片制作完毕后，要预览放映，观看放映效果，在放映时要注意放映方式。
3. 要养成经常保存文件的习惯，以防发生意外，导致文件出错或丢失。
4. 电子相册中的图片选择要注意搭配，符合内容主题。

15.6 思考与练习

一、单项选择题

1. 要让 PowerPoint 2010 制作的演示文稿在 PowerPoint 2010 中放映，必须将演示文稿的保存类型设置为（　）。

   A. PowerPoint 演示文稿（*.pptx）

   B. PowerPoint 97-2003 演示文稿（*.ppt）

   C. XPS 文档（*.xps）

   D. Windows Media 视频（*.wmv）

2. 扩展名为（　）的演示文稿，不必直接启动 PowerPoint 即可浏览。

   A. .pptx　　　　B. .ppsx　　　　C. .potx　　　　D. .ppax

3. 由 PowerPoint 产生的（　）类型的文件，可以在 Windows 环境下双击即可直接放映。

   A. .pptx　　　　B. .ppsx　　　　C. .potx　　　　D. .ppax

4. 结合（　）键可以绘制出正方形和圆形。

   A. Alt　　　　　B. Ctrl　　　　　C. Shift　　　　D. Tab

5. 以下（　）不是 PowerPoint 允许插入的对象。

   A. 图形、图表　　B. 表格、声音　　C. 视频剪辑、数学公式　D. 数据库

6. 对于幻灯片中插入音频，下列叙述错误的是（　）。

   A. 可以循环播放，直到停止　　　　B. 可以播完返回开头

   C. 可以插入录制的音频　　　　　　D. 插入音频后显示的小图标不可以隐藏

7. 添加动画时，不可以对文本进行的设置是（　）。

   A. 整批发送　　B. 按字/词发送　　C. 按字母发送　　D. 按句发送

8. 如果要实现从第 3 张幻灯片转跳到第 9 张，可以使用（　）。

   A. 添加动画　　B. 添加超链接　　C. 添加幻灯片切换效果　　D. 排练计时

9. 如果希望在演示过程中，终止幻灯片的演示，则随时可以按的终止键是（　）。

   A. Delete　　　B. Ctrl + E　　　C. Shift + C　　　D. Esc

10. 以下（　）文件类型属于视频文件格式且被 PowerPoint 所支持。

    A. avi　　　　B. wpg　　　　C. jpg　　　　D. winf

11. 在 PowerPoint 2010 中，若要在"幻灯片浏览"视图中选择多个幻灯片，应先按住（　）键。

    A. Alt　　　　B. Ctrl　　　　C. F4　　　　D. Shift + F5

12. 在 PowerPoint 2010 中，要同时选择第 1、2、5 三张幻灯片，应该在（　）视图下操作。

A. 普通　　　　　B. 大纲　　　　　C. 幻灯片浏览　　　D. 备注

13. 在 PowerPoint 2010 中,不属于"开始"选项卡下工具命令的是(　　)。

　　A. 粘贴、剪切、复制　　　　　B. 新建幻灯片、设置幻灯片版式
　　C. 设置字体、段落格式　　　　D. 图片、剪贴画、形状

14. 在 PowerPoint 2010 中,不属于"插入"选项卡下工具命令的是(　　)。

　　A. 表格、公式、符号　　　　　B. 图片、剪贴画、形状
　　C. 图表、文本框、艺术字　　　D. 主题、背景

15. 在 PowerPoint 2010 中,"切换"选项卡中不可以进行的操作有(　　)。

　　A. 设置幻灯片的切换效果
　　B. 设置幻灯片的换片方式
　　C. 设置幻灯片切换效果的持续时间
　　D. 设置幻灯片的版式

16. 在"幻灯片放映"选项卡中,不可以进行的操作有(　　)。

　　A. 选择幻灯片的放映方式　　　B. 设置幻灯片的放映方式
　　C. 设置幻灯片放映时的分辨率　D. 设置幻灯片的背景样式

17. 下列视图中,不属于 PowerPoint 2010 视图的是(　　)。

　　A. 幻灯片视图　　B. 页面视图　　C. 大纲视图　　D. 备注页视图

18. 如果打印幻灯片的第1,3,4,5,7张,则在"打印"对话框的"幻灯片"文本框中可以输入(　　)。

　　A. 1-3-4-5-7　　B. 1,3,4,5,7　　C. 1-3,4,5-7　　D. 1-3,4-5,7

19. 若在 PowerPoint 2010 中设置了颜色和图案,为了打印清晰,应选择(　　)选项。

　　A. 图案　　　　　B. 颜色　　　　　C. 清晰　　　　　D. 黑白

20. (　　)是幻灯片缩小之后的打印件,可供观众观看演示文稿放映时参考。

　　A. 幻灯片　　　　B. 讲义　　　　　C. 演示文稿大纲　　D. 演讲者备注

二、实践操作题

1. 新建一个 PowerPoint 2010 文档,保存在 D 盘自己的文件夹内,命名为:班级姓名-大熊猫.pptx,操作后的类似效果图,如图15-37所示。

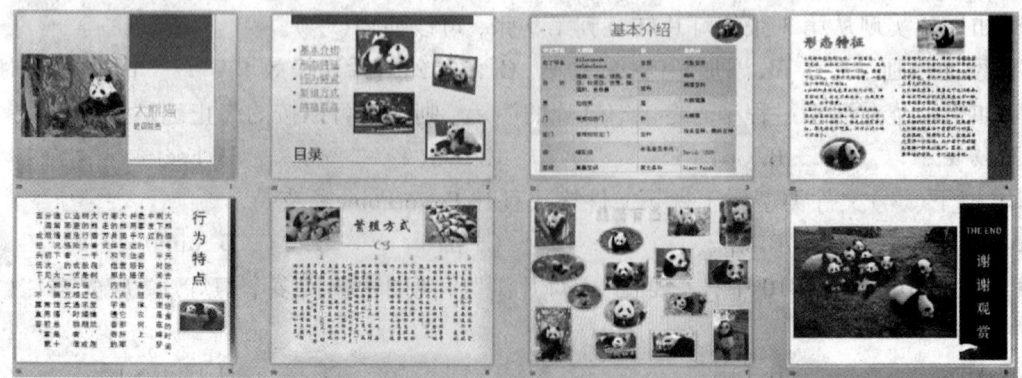

图15-37　效果图

操作要求:

(1)第1张幻灯片

①版式:标题幻灯片。标题内容:大熊猫,格式设置:48号;副标题内容:班级姓名,格式设置:24号,其他默认。

②主题:奥斯汀,应用于选定幻灯片。

③图片:插入图片,取自素材库的图片:大熊猫1-1.jpg,设置图片样式:居中矩形阴影,放置在幻灯片左侧居中位置。

④动画:统一设置成:进入效果:缩放;动画顺序:标题→副标题→图片。

⑤切换:细微型:推进、自右侧。

(2)第2张幻灯片

①版式:标题和内容,标题内容:目录,格式设置:黑体、48号;副标题内容:参见效果图,格式设置:黑体、24号。

②主题:新闻纸,应用于选定幻灯片。

③图片:插入图片,取自素材库的图片,大熊猫2-1.jpg~大熊猫2-4.jpg,图片样式、摆放位置、动画效果、动画顺序自行设定。

④动画:统一设置成:进入效果:飞入;动画顺序:标题→内容→图片。动画效果和动画顺序的局部细节自行设定。

⑤切换:华丽型:门、垂直。

(3)第3张幻灯片

①版式:仅标题,标题内容:基本介绍,格式设置:微软雅黑、48号、居中、颜色:浅黄,背景2,深色75%。

②主题:暗香扑面,应用于选定幻灯片。

③表格:插入一个9行4列的表格,表格内容参见效果图;设置表格样式:主题样式1-强调3。

④图片:插入图片,选自素材库中的大熊猫3-1.jpg,设置图片样式:棱台形椭圆,黑色;修改图片样式,设置其图片边框:绿色、1.5磅。

⑤动画:统一设置成:强调效果:脉冲,计时设置:重复次数为3;动画顺序:标题→表格→图片。动画效果和动画顺序的局部细节自行设定。

⑥切换:华丽型:时钟、顺时针。

(4)第4张幻灯片

①版式:两栏内容,标题内容:形态特征,格式设置:华文楷体、48号、加粗;两栏内容:文字取自素材库,样式参见效果图,格式设置:华文楷体、16号;行距:固定值、21磅。

②主题:华丽,应用于选定幻灯片。

③图片:插入图片。

[1]第1张图片:取自素材库的大熊猫4-1.jpg,图片样式:柔化边缘椭圆,放置在左下位置。

[2]第2张图片:取自素材库的大熊猫4-2.jpg,图片样式:映像圆角矩形,放置在右上

位置。

④动画:统一设置成:进入效果:浮入;动画顺序:标题→左栏内容→图片1→右栏内容→图片2。动画效果和动画顺序的局部细节自行设定。

⑤切换:华丽型:立方体、自底部。

(5)第5张幻灯片

①版式:垂直排列标题与文本,标题内容:行为特点,格式设置:华文细黑、48号、两端对齐;文本内容:取自素材库,样式参见效果图,格式设置:华文细黑、24号。适当调整文本占位符的大小,与图片相符。

②主题:复合,应用于选定幻灯片。

③图片:插入图片,选自素材库中的大熊猫5-1.jpg,图片样式:圆形对角,白色;修改图片样式,设置其图片边框的主题颜色:冰蓝,背景2,深色10%;设置图片效果:左下对角透视;放置在标题下方。

④动画:标题和内容设置成:强调效果:波浪形,计时设置:持续时间为0.75秒;图片设置成:强调效果:跷跷板,计时设置:重复次数为3;动画顺序:标题→内容→图片。动画效果和动画顺序的局部细节自行设定。

⑤切换:华丽型:涟漪、自右上部。

(6)第6张幻灯片

①版式:标题和竖排文字,标题内容:繁殖方式,格式设置:华文行楷、48号、居中;文本内容:取自素材库,样式参见效果图,格式设置:华文行楷、18号、行距:固定值、22磅。适当调整文本占位符的大小,与图片相符。

②主题:精装书,应用于选定幻灯片。修改主题,颜色设置:行云流水;字体设置:行云流水、华文行楷。

③图片:插入图片。

[1]第1张图片:取自素材库的大熊猫6-1.jpg,图片样式:映像棱台,白色;修改图片样式,设置其图片边框的主题颜色:深红,文字2,淡色90%;放置在标题左侧。

[2]第2张图片:取自素材库的大熊猫6-2.jpg,图片样式:透视阴影,白色;修改图片样式,设置其图片边框的主题颜色:深红,文字2,淡色90%,粗细:6磅;放置在标题右侧。

④动画:统一设置成:进入效果:擦除,擦除的效果选项分别设置为:标题:自左侧;内容:自右侧;图片1:自顶部;图片2:自底部。动画顺序:标题→内容→图片1→图片2。动画效果和动画顺序的局部细节自行设定。

⑤切换:动态内容:轨道,自顶部。

(7)第7张幻灯片

①版式:空白。

②主题:跋涉,应用于选定幻灯片。

③艺术字:插入艺术字,样式自选,艺术字文本为:熊猫百态,艺术字格式和动画效果自行设定。

④图片:插入图片,取自素材库的图片,大熊猫7-1.jpg~大熊猫7-15.jpg,图片样式

和摆放位置自行设定。

⑤动画:动画效果自行设定,动画顺序:艺术字→图片,其中图片顺序自行设定,其他的局部细节自行设定。

⑥切换:华丽型:涡流、自左侧。

(8)第8张幻灯片

①版式:图片与标题。

[1]标题内容:THE END,格式设置:28号、居中、对齐文本:中部居中。

[2]文字内容:谢谢观赏,格式设置:华文中宋、48号、分散对齐、对齐文本:居中。

[3]图片:

A. 插入图片:取自素材库的图片,大熊猫8-1.jpg。

B. 调整图片:颜色:深青,背景颜色2浅色;更正:亮度:-20% 对比度:+40%。

C. 图片样式:矩形投影,修改图片样式,设置图片效果为:"棱台"中的"草皮"效果。

●说明:调整图片,单击"图片工具"选项卡→"格式"选项卡→"调整"组中的"更正"下拉按钮和"颜色"下拉按钮,在相应的下来列表中,选择指定的命令即可。

②主题:网格,修改主题,颜色设置:凤舞九天。

③动画:统一设置成:进入效果:翻转式由远及近,计时设置:持续时间为2秒;动画顺序:标题、文字和图片同时出现。

④切换:华丽型:缩放、切出。

(9)超链接设置

①文本超链接:由第2张幻灯片的内容文字(5个),分别超链接到第3~7张幻灯片。

②图片超链接:由第3~7张幻灯片的右上位置的图片(说明:第5张幻灯片为右下位置的图片),分别超链接到第2张幻灯片。

2. 新建一个 PowerPoint 2010 文档,保存在 D 盘自己的文件夹内,命名为:班级姓名-群居大熊猫.pptx,操作后的类似效果图,如图15-38所示。

图15-38 效果图

操作要求:

(1)第1张幻灯片:版式:标题幻灯片。标题内容:群居大熊猫;副标题内容:班级姓名;其他设置默认。动画:统一设置成:进入效果:弹跳。动画顺序:标题→副标题。

(2)第2张幻灯片:版式:空白。插入图片,取自素材库的4张图片:大熊猫-喝奶.jpg、大熊猫-喝水.jpg、大熊猫-玩耍.jpg、大熊猫-围观.jpg。图片样式自行设定,图片的位置参见效果图。动画:自行设定。添加"前进"(前进或下一项)与"后退"(后退或前一项)2个动作按钮,设置形状样式:中等效果 - 橄榄色,强调颜色1,调整大小和位置,具体参见效果图。

(3)第3张幻灯片:版式:空白。插入图片,取自素材库的图片,大熊猫-聚集.jpg,将其调整到一个较小的比例。设置动画:单击此图片,图片不断放大,放大到原来尺寸的3倍,重复显示3次,其他设置默认。

● 提示:动画设置:强调效果:放大/缩小,设置其"效果"中的"尺寸"和"计时"中的"重复"。

(4)主题:设置所有幻灯片的切换效果为:纸张。

(5)编号:给所有幻灯片插入幻灯片编号。

(6)日期:给所有幻灯片插入日期,格式为:××××年××月××日,自动更新。利用幻灯片母版,调整日期居中。

(7)页脚:为第2张和第3张幻灯片设置页脚,内容为:国宝大熊猫。利用幻灯片母版,调整页脚内容居中。

(8)切换:设置所有幻灯片的切换效果为:细微型:推进、自左侧。计时设置:换片方式:可以单击进行手动切换,也可以实现每隔3秒自动切换。

三、拓展训练

(一)制作倒计时动画。

1. 知识目标

(1)幻灯片背景设置。

(2)动作按钮与插入超链接。

(3)添加动画效果与延迟设计。

(4)设置触发器。

2. 制作要求及效果图

自我学习制作三种形式的倒计时动画,制作后的类似效果图,如图15-39所示。

图15-39 倒计时动画-效果图

(二)演示文稿创作大赛

为了能够加强学生职业技能训练,促进学生之间的相互学习、相互交流,提高学生搜集材料、整理材料、制作演示文稿的能力,激发学生对计算机的学习兴趣,培养学生创新意识与实践能力,学校举办演示文稿创作大赛。比赛要求如下:

1.演示文稿的主题:发展、和谐与创新。

2.演示文稿的制作要求:

(1)演示文稿主题明确、内容健康。

(2)演示文稿结构清晰,逻辑性强。

(3)文字简练、少用术语、无错别字、无科学性和知识性的错误。

(4)以个人视角多角度展现社会、自然、学校、班级、家庭等各领域的精彩事件。

(5)充分利用文字、图片、表格、图表、声音、视频等多种表现元素。

(6)灵活运用超链接、动作设置、幻灯片切换设置、母版统一风格等效果。

(7)演示文稿要有封面、目录、正文、结束等部分,不低于8页。

(8)演示文稿的版面设计与动画效果设计要求有一定创意。

3.参赛对象:全校学生。

4.参赛要求:

(1)演示文稿的制作可以使用各种工具制作:例如:PowerPoint、WPS、Authware、Flash 等,但上交作品必须是原创作品。推荐使用 PowerPoint 工具。提交作品时,需要说明软件的版本。

(2)演示文稿的文件名,需要注明:学校、班级、姓名、作品名称等。

(3)演示文稿中所涉及到的素材(图片、音频、视频等)需要一起打包提交。

(4)演示文稿的创意、技能、技巧等需要特殊说明的,可以单独提交一份说明文档。

(5)一件作品只能署名一个参赛人的姓名。

(6)参赛人员用一种工具软件制作的作品只能上报一件。

(7)作品的大小不要超过 10M。如果超过,请自行对所使用的素材进行处理,例如:图片进行裁剪、转换格式等;音频和视频进行剪辑、转换格式等。

(8)作品的质量要保证,整体和谐美观、布局合理。

5.评比办法。

(1)比赛分为二个级别:专业组和非专业组。每个组分别设立一、二、三等奖各若干名。

(2)比赛分为初赛和复赛。初赛主要是提交作品,复赛主要是参赛者根据所提交的作品进行演讲,展现作品更深刻的内涵。

(3)按照"公平、公正、公开"的原则,将邀请有关计算机专业的教师对参赛作品进行集中评审。

(4)最后将参赛人和获奖作品进行公示,如无意见,正式确认。